宋代宰辅制度研究

诸葛忆兵 著

北方文艺出版社

图书在版编目（CIP）数据

宋代宰辅制度研究 / 诸葛忆兵著 . -- 哈尔滨 : 北方文艺出版社 , 2019.10
ISBN 978-7-5317-4612-6

Ⅰ . ①宋… Ⅱ . ①诸… Ⅲ . ①政治制度史 – 研究 – 中国 – 宋代 Ⅳ . ① D691.21

中国版本图书馆 CIP 数据核字 (2019) 第 136293 号

宋 代 宰 辅 制 度 研 究
SONGDAI ZAIFUZHIDU YANJIU

作　者 / 诸葛忆兵
责任编辑 / 宋玉成　曲丹丹
特约校对 / 苏碧铨
封面设计 / 琥珀视觉

出版发行 / 北方文艺出版社
发行电话 / (0451) 85951921 85951915
地　址 / 哈尔滨市南岗区林兴街 3 号
邮　编 / 150080
经　销 / 新华书店
网　址 / www.bfwy.com

印　刷 / 北京诚信伟业印刷有限公司
字　数 / 321 千
版　次 / 2019 年 10 月第 1 版
开　本 / 710mm × 1000mm　1/ 16
印　张 / 26.5
印　次 / 2019 年 10 月第 1 次印刷

书　号 / ISBN 978-7-5317-4612-6
定　价 / 79.00 元

前　言

历代职官制度，可分为中央和地方两大组成部分，而以中央职官制度居首要地位。在中央职官制度中，宰辅制度是其枢纽核心。中央政府的各种机关之设立和体制之设定，都是围绕着宰辅制度而一一展开。了解一个朝代宰辅制度的概貌，就能大致明了这一朝代的职官体制之设置，乃至基本国策、施政纲领和措施等，并进而把握这一朝代的政治概貌，做到提纲挈领，纲举目张。所以，宰辅制度研究一直是史学界研究的一个重点，是政治制度史研究中的“重头戏”。有关历代宰相制度研究，从秦汉至清代，大都有详尽的论著问世，如祝总斌的《两汉魏晋南北朝宰相制度研究》、袁刚的《隋唐中枢体制的发展演变》、张帆的《元代宰相制度研究》、谭天星的《明代内阁政治》等等，唯独宋代缺乏专著讨论。

宋代宰辅制度与宰辅机构的设置十分复杂。首先，它的范围包括二府机构，与前代相比，多了枢密院的建制；其次，由于官与差遣的分离，许多机构或该机构的部分职能被虚化，机构设置重叠，如吏部之外有审官院、刑部之外有审刑院等；其三，经神宗改革，机构的职能又发生不少变化，而后，北宋末年徽宗勇于改作，南宋期间高宗等又不得不改作，机构的重叠设置与不断改变之中贯彻着每一个皇帝的不同意志；其四，宋代宰辅权力的流动性极大，处于不断变化的阶段。后人的零星研究，往往抓住一点，不及其余，尤其很少从机构的实际运作和权力具体表现的过程中去梳理所有的史料，得出比较深入的、全面的结论。而且，宋代流传至今的史料庞杂繁多，今人未来得及做出全面的梳理，所以，宋代的宰辅制度到今天仍然如同一团迷雾，扑朔迷离。面对同一史实，学者常常得出两种截然相反的意见。

本书整体观照宋代宰辅制度，详尽地研究了宋代宰辅制度的演变、发展过程及其历史意义，阐述了相权的演化轨迹，以及宰辅内部权力之流动、宰辅与三司之关系、宰辅与台谏之关系等多方面内容，从而得出以下结论：其一，宋代宰辅制度正处在从三省制向一省制转化的衰变阶段，其间经过恢复三省制的尝试，最终完成了从三省制到一省制的转变。其二，在宋代宰辅集体领导制中，宰相个人权力不断膨胀，这是由宋代帝王“与士大夫治天下”的基本国策所决定的，到了南宋大致进入权相时期。其三，宋代参知政事是宰相的行政助手，偶尔发挥牵制宰相的作用，然多数时间受控于宰相。其四，宋代二府关系中宰相处主导地位，且逐渐吞并枢密院权职，最终两套班子合并为一。其五，宋代三司有一定的独立性，但始终隶属于宰辅领导，元丰改制后就融入尚书省，完全成为宰辅的下属机构。其六，宋代台谏最初尚能发挥对宰辅的监察作用，神宗以后逐步为宰辅所用，徽宗以来最终为宰辅所控制。其七，宋代宰辅的职权完全是在宰辅之间流动，即在宰相、参知政事、枢密院正副长官之间流动，此长彼消，这与三省制建立过程中，宰辅职权外流到当时仍非宰相机构的尚书台、中书省不一样。本书研究注重以下三点：其一，以能够收集到的、流传至今的宋代第一手史料的全面梳理为研究的基础；其二，重视机构和权力的实际运作过程，着重于动态的过程研究，而不仅仅停留于正史《职官志》之类的已成模式化的固定材料之复述；其三，在材料梳理和研究的基础上得出结论，力求贴近或“还原”历史。

值得注意的是，在“人治”社会里，国家和朝廷的每一项规章制度都是没有根基于“法”的意义上的根本保障，国家虽然有基本可遵循的法规制度，但永远要视独裁者的兴趣而定、而转移，每一项制度必然都有例外。所以，每一位宰辅的职能和职权，既要依据制度之规定，又往往因帝王的喜好而改变，宋代也不例外。这是必须引起研究者重视的一个问题。研究者需要澄清制度，辨别例外，既不因固定的制度而舍弃例外，又不因个别例外而否定制度。同时还必须辨明：这些例外是短期非正常态行为，在两宋历史流程中偶尔存在；还是不断地重复出现，以至成为惯例而实际上替代了制度。也就是说，在历史的演变过程中，制度有可能逐渐被例外所替代，成为新的制度。对宋代宰辅制度的某些侧面，不同学者得出完全不同的结论，往往是因为侧重的史料不同，没有很好地将制度与例外区分开来。本书所坚持的“动态”研究立场，就是注重了这些区别。

此外，在宰辅制度讨论过程中，宰相所处的位置当然最为显著的，他们是宰辅机构中日常工作的主持者与决策者，在宋代相权强化过程中他们的作用越来越变得举足轻重。自始至终，他们是宰辅机构中的主体成分与主流倾向。本书的研究也是以宋代宰相制度研究为核心的，带动其他宰辅制度研究的展开，力图形成主次分明、轻重突出的网状结构研究模式。

修订重记

回顾自己二十年前在北京师范大学历史系博士后流动站的研究工作，感慨良多。其一，宋代宰辅制度之梳理，让我比较宏观而清晰地把握宋代社会，对待宋代诸多问题能够深入一层去认识。其二，关于宋史的研究，为我二十年来的宋代文学研究提供了相对坚实的基础，培养了我以第一手文献说话的研究个性。

我的小学、初中、高中阶段学习都是在“文革”期间，一个无书可读的岁月。那时候，所有古今中外优秀作品都属于“封资修”（文革专用名词，指封建主义、资本主义、修正主义），都是禁书，小学到中学的语文课本里充斥着灌输仇恨、编造谎言的文章，内容极度贫乏。“文革”后期，唯有范文澜史学著作《中国通史简编》《中国近代史》可以公开出版发行，于是，我便无数次地阅读范文澜这几本书，由此培养了我对历史研究的浓厚兴趣。根据学科分类，我的研究领域大致在中国古典文学之范畴，但我总是时时生发出对宋史研究这样或那样的热情。《宋代宰辅制度研究》是我第一个宋史研究专题，而后还在中国人民大学出版社出版了《范仲淹研究》，在凤凰出版社出版了《宋代科举资料长编》，都是宋史研究的相关专题。这次对《宋代宰辅制度研究》之修订，同时是一个再度阅读宋史的过程，其中补充了我对历史的一些阅读心得，细心读者或许能够发现。

这次修订还做了一项重要工作，即语言的精简和引文的标注页码。引文标注页码，更便于读者查阅原文，是当下出版的一项基本要求。说到语言精简，我诧异自己二十年前行文之拖沓，文章中有那么多累赘之“的”“这”“也”“一种”等等，此次一律删除。我的导师陶尔夫先生、刘敬圻先生，特别强调语言的精炼扼要，反对使用过多的助词，我研究生阶段的论文总是在这方面被要求反复修改。回看自己二十年前之写作，才知道当年问题之严重。我现在也对研究生提出同样的要求，发现当年导师的教诲也已经成为我写作之习惯。修订旧著，因此也是对自己学习和研究过程的回望，对“活到老学到老”有了更为真切的体验。当然，我依然期待着学界对这本修订之作的批评指正。

2019 年二月于中国人民大学

目录

第一章　宰辅制度沿革与宋代宰辅制度

宰辅是历代帝王治理国家的辅佐大臣，在古代政治体制中发挥着举足轻重的主导作用。从先秦汉唐，一直绵延到宋代，宰辅制度有一个漫长的历史发展过程。当研究者的眼光定格在某一特定“时段”时，首先应该追溯这一制度的历史演变过程。

第一节　汉唐宰辅制度之沿革

中国古代宰相制度，经历了“三公制”“三省制”“内阁制”三个阶段变化。从两汉至隋唐，正处于前两个阶段的演变转化过程之中。司马光等曾简单回顾两汉魏晋南北朝的宰相制度发展历程：

> 西汉以丞相总百官，而九卿分治天下之事。光武中兴，身亲庶务，事归台阁，尚书始重，而西汉公卿稍已失职矣。及魏佐汉，初建魏国，置秘书令，典尚书奏事。文帝受禅，改秘书为中书，有令、有监，而亦不废尚书。然中书亲近，而尚书疏外矣。东晋以后，天子以侍中常在左右，多与之议政事，不专任中书，于是又有门下，而中书权始分矣。降及南北朝，大抵皆循此制。[1]

---

① 《续资治通鉴长编》卷四三一（以下简称《长编》），第 10408、10409 页。

如果要比较彻底地理解两宋宰辅制度，就必须对前一阶段的相关制度史有个简单的回顾了解。

一、宰相

在上古汉语中，宰与相原来不是一个固定词组，先秦时它们分别独立使用。

“宰”，在先秦血缘氏族社会中，最初是指掌管家务的总管。《韩非子·说难》云：“伊尹为宰，百里奚为虏……此二人者，皆圣人也，然犹不能无役身以进，如此其汙也。”春秋时期，家就是国，家臣就是国家官员，所以，“宰”就成为官吏的通称，如冢宰、内宰、里宰等等。《尚书·周官》云：“冢宰掌邦治，统百官，均四海”，冢宰为六卿之一，位置已相当于后代的宰相。冢宰又被称为“大宰”“太宰”，简称“宰”。

“相”，原有“辅助、扶助”之义，后用作官称。春秋战国时期，“相”的含义比较宽泛，大约指辅佐君王之责的大臣。[1]其后，“相”义渐趋明朗，其义与统领百官的“冢宰”相同。《吕氏春秋·举难》称：“相也者，百官之长也。”《左传》襄公二十五年载：“崔杼立而相之，庆封为左相。”[2]在这个意义上，“宰”与“相”是同义词。后人也将天子的辅佐之臣通称为“相”。《晋书》云：“成汤居亳，初置二相，以伊尹、仲虺为之。”[3]《管子·五行》云：“黄帝得六相而天地治。”《路史》称“舜得十六相而天地治”等等。

“宰相”一词连称大约是在战国时期。《庄子·盗跖》云：“仲尼、墨翟，穷为匹夫，今谓宰相曰‘子行如仲尼、墨翟。’则变容易色，称不足者，士诚贵也。”文中“宰相”即下面提及的“士”，

---

① 详见晁福林：《论战国相权》，载《中国社会科学》1998年第5期。

② 《春秋左传注》，第1099页。

③ 《晋书》卷二四《职官志》，第723页。

泛指有身份地位的贵人或士大夫。《韩非子·显学》云："故明主之吏，宰相必起于州部，猛将必起于卒伍。"与武将对称，这里的"宰相"显指文臣。《吕氏春秋·制乐》云："祸当于君，虽然，可移于宰相。"将"宰相"与"君"对举，其含义已接近于后人所理解的"宰相"。此后，历代一直沿用。

中国古代，"宰相"仅仅是一个通称或俗称，除了辽代以外，"宰相"从来不是正式官名。[①]所谓"宰相"，是指历代辅佐皇帝处理国家政务、行使中央职权的官员，其职权特点是统领百官、总揽政务。"宰辅"则是指宰相和他的副手组成的一个核心领导机构。宰相副手的官称繁多，如西汉的"御史大夫"、宋代的"参知政事"等等，某些朝代将他们合称为"执政"。所以，"宰辅"也可称为"宰执"，都是指宰相和他的副手们。

二、三公制

中国古代大一统的王朝是秦朝开始建立的，其中央官职中设"丞相"之职。《史记》载：秦武王二年（前 309），"初置丞相，樗里疾、甘茂为左右丞相"[②]。秦始皇统一全国，沿袭前制，设左右丞相。秦朝短命，资料匮乏，西汉代之而起，最初沿袭秦朝官职。所以，秦朝宰辅制度略而不提，直接从西汉谈起。

西汉前期沿用秦制，以丞相、御史大夫、太尉为宰相，习惯上被称为三公。《汉书》云："丞相、相国，皆秦官……掌丞天子，助理万机。秦有左右，高帝即位，置一丞相，十一年更名相国，绿绶。孝惠、高后置左右丞相，文帝一年复置一丞相。""太尉，秦官，金印紫绶，掌武事。""御史大夫，秦官，位上卿，银印青绶，

---

① 《辽史》卷四五《百官志一》："初，太祖分迭刺夷离堇为北南二大王，谓之北、南院……北、南府宰相总之。"第 685、686 页。

② 《史记》卷五《秦本纪》，第 209 页。

掌副丞相。”[1]

具体而言，西汉丞相事无不统，集政权、军权、财权于一身。《唐六典》卷一云：“秦变周法，天下之事皆决丞相府……汉初因之。”[2]置两员时分左右，以左丞相为首相。或更名为相国。秦始皇尊吕不韦，特置相国，故丞相与相国虽说是一官异名，然以相国为尊，如曹魏时司马师兄弟为相国即此意。汉文帝时周勃罢，以陈平为左丞相，后遂专置一相。丞相独置一员时，御史大夫其实就是次相。《汉书》引朱博言论称：汉高祖“置御史大夫，位次丞相，典正法度，以职相参，总领百官，上下相监临，历载二百年，天下安宁”[3]。太尉与丞相地位相等。西汉时丞相权力极大，武事亦属其职掌范围，故往往侵夺太尉的职权，架空太尉。所以，太尉一职经常空而不设。据《汉书》统计，汉初至武帝建元二年（前 139），任太尉者只有五人，约有三分之二的时间空而不设。汉宣帝说：“太尉官罢久矣，丞相兼之，所以偃武修文也。”[4]以丞相兼管太尉职事，显然又体现了汉代统治者的治国思想。

上述“三公”是后人对其的一种归纳称呼，其中因太尉不常设，时人则将丞相与御史大夫合称为“二府”。

“三公”是一种历史悠久的流行称呼。战国以来以“三公”为辅佐天子的最高官吏，具体所指则众说纷纭。西汉初期将负有宰相职责的丞相、御史大夫、太尉称之为“三公”，但三公之间地位并不平行，以丞相为核心。汉成帝绥和元年（前 8）变革宰相制度，太尉改称大司马，御史大夫改称大司空，与丞相合称“三公”，分职授政，地位平等，三公鼎立的制度得以确立。汉哀帝元寿二年

① 《汉书》卷一九上《百官公卿表七》，第 724、725 页。

② 《唐六典》卷一《尚书都省》，第 6 页。

③ 《汉书》卷八三《朱博传》，第 3405 页。

④ 《汉书》卷八九《黄霸传》，第 3634 页。

（前 1）又将丞相改为大司徒，与大司马、大司空合称“三公”，以大司马居首。东汉立国，采用了三公鼎立制度，以太尉、司徒、司空为三公，其后，“三公”官制又有反复变化，所领职事大致相同，皆为宰相之任。同时，也是从东汉光武帝开始，尚书权力不断扩张，逐渐取代宰相，三公因此缓慢演变成为一种荣誉虚衔，不再是握有实权的职事官。至宋代，仍保留三公称号，作为加官或寄禄官阶，大都是对宰辅表示优宠的措施。北宋前期以太尉、司徒、司空为三公，徽宗政和二年（1112）后，以太师、太傅、太保为三公。

三、三省制

相权与帝权是一对既统一又冲突的矛盾体。国家政权的正常运作要求在皇帝的专制之下宰相有效地行使职权，而宰相权力的扩大又必然削弱帝权。皇帝既依赖宰相治理国家，又对宰相存有疑忌之心，不时地采取各种措施限制相权，把剥夺回来的种种中央行政大权交给自己身边的亲信。于是，相权就逐步转移，“三公制”因此也就逐渐演变为“三省制”。皇权与相权的矛盾冲突，是宰相制度从“三公制”到“三省制”演变的内在推动力。

（一）尚书省

“尚书”设置在秦朝时就已经有了，《宋书》云：“尚书，古官也……秦世，少府遣吏四人在殿中主发书，故谓之尚书。尚犹主也。汉初有尚冠、尚衣、尚食、尚浴、尚席、尚书，谓之六尚。战国时已有尚冠、尚衣之属矣。秦时有尚书令、尚书仆射、尚书丞。”① 所谓“发书”，有两种解释：一说是启发文书，即臣下进呈的奏章，皆由尚书开启审读，向皇帝报告；一说是发布诏制，即皇帝下达的命令文告，都经尚书抄写登记，然后颁发。无论哪种说法，都可以断定：“尚书”是皇帝身边亲近的司秘书之职官员，或者

---

①《宋书》卷三九《百官上》，第 1233、1234 页。

说是皇帝的私人秘书。

汉武帝强化君主集权，侵夺“二府”权力，尚书职权大大扩张，越来越多的相权转移到尚书手中。武帝去世，昭帝登基，“大将军光秉政，领尚书事”①。霍光以“领尚书事”主持朝政，成为实际上的宰相。这是史书中记载最早的“尚书”秉政。此后，辅政大臣凡有权处理机密政务者，常兼有此头衔。如汉成帝登基，“以元舅侍中卫尉、阳平侯王凤为大司马、大将军，领尚书事”②。汉平帝即位，“新都侯王莽为大司马，领尚书事”③。由此发展成为“领尚书事”制度。“领”，即“治理”之意。

“领尚书事”之外，又有“平尚书事”。如，“宣帝立，大将军光领尚书事，条奏群臣谏昌邑王者皆超迁。定国由是为光禄大夫，平尚书事，甚见任用”④。又，“宣帝征敞为太中大夫，与于定国并平尚书事”⑤。“平”即“评议、讨论”之意，地位在“领尚书事”之下，对尚书事务具有参议、评议等权责，职权类似于副宰相。

西汉的“领尚书事”，除霍光作为特例外，基本上仍然是皇帝的私人秘书机构，机构设置也比较简单，只是部分侵夺相权，处于尚书省的形成阶段。他们的位置在宰相之下，并没有完全侵夺宰相的职权。

东汉光武帝则收三公之权，交与尚书，尚书的权力再度大大膨胀。《唐六典》称：“及光武亲总吏职，天下事皆上尚书，与人主参

---

① 《汉书》卷七《帝纪七》，第217页。

② 《汉书》卷一〇《帝纪一〇》，第302页。

③ 《汉书》卷一二《帝纪一二》，第347页。

④ 《汉书》卷七一《于定国传》，第3042页。

⑤ 《汉书》卷七六《张敞传》，第3216页。

决，乃下三府，尚书令为端揆之官。”[①]此时，尚书令在某种程度上已经发挥了宰相的作用。尚书机构和官吏设置，也大大扩张，其机构名称为“尚书台”。大约有令一人、仆射一人、尚书六人，称为“八座”。还有丞、侍郎、令史等部门长官。但东汉尚书分曹不稳定，成员多变化，说明当时尚书组织还处在不断自我完善阶段。

学者认为：东汉以来的三公，不仅仅是名义上或制度上的宰相，而且，在实际权力运作过程中，依然执行着相当部分的相权。史书上形容的三公与尚书的关系，有被夸大之处。[②]这是尚书机构发展和权力形成过程中的正常现象。尚书与三公的权利还处于此起彼伏的交替状态之中，这种状况一直持续到西晋时期。

曹魏后期，司马氏篡权，往往以“录尚书事”的名义总揽朝政，如“以卫将军司马景王为抚军大将军，录尚书事”[③]。又，“以卫将军司马文王为大将军，录尚书事”[④]。尚书台已经成为真正的宰相机构，尚书台长官也就成为事实上和名义上的宰相。西晋延续这种制度，三公才真正地成为虚衔，而与宰相职权无关。西晋还有“八公”的官衔，即太宰、太傅、太保、太尉、司徒、司空、大司马、大将军，然必须“录尚书事”兼“中书监令”者，始能参与机密，为真宰相。尚书省的建制、职官、职责，至此已经基本上形成。

（二）门下省

“门下”最初是一种泛称，与属下含义相近，常常用来指长官的亲信。与皇宫相联系时，意指“宫门之下”或“禁门之下”，与“禁中”是同义词。汉代凡入值宫殿、掌管宫内内勤事务的官吏，

① 《唐六典》卷一《尚书都省》，第 6 页。

② 参见祝总斌：《两汉魏晋南北朝宰相制度研究》，中国社会科学出版社 1990 年版，第 109—119 页。

③ 《三国志》卷四《魏书四》，第 124 页。

④ 《三国志》卷四《魏书四》，第 133 页。

大都属门下的范围。随着历朝皇帝加强君权措施的贯彻实行，禁中的决策作用显得越来越重要。

门下省的形成和发展，与侍中一职的演变有关。侍中，在西汉只是一种加官，没有定员。这些官员往往是皇帝身边的亲近大臣，很得皇帝信任。应劭注《汉书》曰："入侍天子，故曰侍中。"[①]汉武帝以前，他们更多的是在生活上照顾皇帝，不参与政治。汉武帝以后，侍中作为重大决策之参谋、顾问人员，逐渐参与政事。东汉时，侍中成为正式职官，但依然没有固定员数、职掌、机构。《通典·职官三》云："门下省，后汉谓之侍中寺。"此时的侍中寺，仅仅是侍中在禁中的值班室。东汉侍中，已经不断参与宫廷机密事务，其主要职掌是"掌侍左右，赞导众事，顾问应对"[②]。至东汉末年，侍中地位大大上升，有了固定的员数、职掌、机构，成为皇帝最亲近的官员。当时设侍中六员、侍中侍郎六员，他们接管宦官所领诸署，照料皇帝日常起居饮食，并兼有私人秘书的部分职责。

曹魏之侍中，已获得宰相的部分职权。曹操挟天子以令诸侯时期，所荐留守大员，皆兼侍中以自重。其时，侍中的主要职责是侍从左右，起参谋、谏诤作用。西晋因其掌管门下众事，始正式名其为门下省，明确规定其职掌是"备切问近对，拾遗补阙"[③]。东晋大将军王敦曾官侍中，自称"臣备位宰辅，与国存亡"[④]。门下省作用进一步加强，成为朝廷的"舌喉机要"，职掌出纳王命，即发布诏令须经门下省审核，《唐六典》注称其"掌诏令机密"[⑤]。此时，门下省的建制、职官、职权，也已经基本确立。

---

① 《汉书》卷一九上《百官公卿表七》，第739页。

② 《后汉书·百官三》，第3593页。

③ 《晋书》卷二四《职官志》，第733页。

④ 《晋书》卷九八《王敦传》，第2558页。

⑤ 《唐六典》卷八《门下省》注，第241页。

北朝职官制度，大都仿效南朝。北魏孝文帝改革时，门下省的作用得以加强，学界认为此时的门下省具有了真正宰相的权责。

（三）中书省

“中书”之称在西汉已经出现，原来叫“中尚书”。以士人充任称尚书。以宦官为之则称中尚书，掌管文书，通奏章，即以宦官身份在禁中工作的尚书人员。当尚书台逐渐独立、成为越来越正式的宰相机构时，中书也就逐渐从中独立出来，承当起原来尚书的部分职责。

汉宣帝时，中书在政治上的作用加强。霍光死后，宣帝与领尚书事霍光的侄孙霍山的矛盾加剧，宣帝有意识地从尚书手中夺权，交给中书处理。《汉书》载：“时霍山自若领尚书，上令吏民得奏封事，不关尚书……辄下中书令出取之，不关尚书。”[①]自此，宦官权力渐重。汉元帝在位，特别宠信中书令石显。时元帝“被疾，不亲政事，方隆好于音乐，以显久典事，中人无外党，精专可信任，遂委以政。事无小大，因显白决，贵幸倾朝，百僚皆敬事显”[②]。中书权力极度膨胀。

中书省的出现，还与秘书监机构紧密相关。东汉末年，曾设秘书监，掌图书档案。曹操受封魏王，《通典·职官八》称：“又置秘书令，典尚书奏事”，负责起草机要命令，已掌管了部分秘书职责。曹丕代汉建魏，《通典·职官八》又称：“黄初初，乃置中书令，典尚书奏事，而秘书改令为监，掌艺文图籍之事。”也就是说，此时的中书，是将皇帝机要秘书的职责独立出来。

两晋承袭中书制度，中书权力进一步扩大，时而凌驾尚书台之上，成为实际上的宰相。最典型的例子是荀勖因功由中书监升任尚

① 《汉书》卷六八《霍光传》，第 2951、2954 页。

② 《汉书》卷九三《石显传》，第 3726 页。

书令，《晋书》载："勖久在中书，专管机事。及失之，甚罔罔怅恨。或有贺之者，勖曰：'夺我凤皇池，诸君贺我邪！'"[①]尚书令位尊而权力缩水，故荀勖非常不满意。《文献通考·职官考三》云：魏晋以来，"凡任中书者，皆运筹帷幄、佐命移祚之人"[②]。至南朝，寒族崛起，中书监、令逐渐演化成清闲无事的荣誉头衔，由中书舍人代替他们发挥作用。

（四）三省制的建立

三省在发生、发展、完善的过程中，各领风骚。王应麟《玉海》卷一二一《官制·台省》云："政归尚书，汉事也；归中书，魏事也；元魏时，归门下。……后世相承，并号三省。"从西汉至隋朝大约近六百年之长时期内，三公制逐渐消亡，三省各自发展，交替职权，此长彼消。到隋代，才形成比较完整的"三省制"。隋朝设立尚书省、门下省、内史省（中书省），三省长官皆为宰相。

唐朝沿袭隋制，"以三省之长中书令、侍中、尚书令共议国政，此宰相职也。其后，以太宗尝为尚书令，臣下避不敢居其职，由是仆射为尚书省长官，与侍中、中书令号为宰相"[③]。三省的具体职责是："中书出令，门下封驳，尚书受而行之。"中书省起草的诏令要经过门下省下发，尚书省的奏案要经过门下省审读。不经过门下省，尚书省的政令和中书省起草的诏令都不是合法的。这时的三省制已经具备了三省首长制（三省首长共同为宰相）、三省并重制（三省地位平等、权力平衡）、三省分权制（出令、封驳、执行三者分权，互相牵制）三个要素。

职官设置如下：尚书省（又称中台、文昌台），有尚书令一人、左右仆射各一人、左右丞各一人、郎中、员外郎等。门下省（又称

---

① 《晋书》卷三九《荀勖传》，第 1157 页。

② 《文献通考》卷四十九《职官考三》，第 1408 页。

③ 《新唐书》卷四六《百官一》，第 1182 页。

东台、鸾台、黄门），有侍中（左相、纳言）二人、门下侍郎（黄门侍郎）二人、左散骑常侍、左谏议大夫、给事中等。中书省（又称西台、凤阁、紫微），有中书令（右相、内史）二人、中书侍郎二人、中书舍人六人、主书、右散骑常侍、右谏议大夫、起居舍人、通事舍人等。

第二节 两宋宰相制度的演变

两宋时期，宰相制度从名义到部分实质内容，都是承袭了隋唐的三省制度，只不过此时的三省制度正处在演化衰变的阶段，职官和机构设置乃至宰辅的称谓都不断更变，其总体趋势是三省走向合一，三省制蜕变为一省制。

一、唐五代宰相制度的演变

唐代三省制健全之后，又开始向后期形态发展演变。这种演变，简单归纳起来就是一句话：三省制向二省制、一省制过渡。其演变的动机是便于皇帝对相权的控制和提高权力运作效率。演变的结果形成“皇帝专权——群相分权——政事堂集权”之中央集权新体制。这种发展演变，大约表现在以下两个方面，直接影响了宋代宰辅制度的形成和发展。

第一，三省首长仅存虚名，或作为一种清闲高贵的荣誉虚衔，而渐渐与宰相无关。皇帝往往用其他品位、职务较低的官员临时差遣为宰相，遂成制度。《新唐书》载：

> （尚书令、侍中、中书令）其品位既崇，不欲轻以授人，故常以他官居宰相职，而假以他名。自太宗时，杜淹以吏部尚书参议朝政，魏徵以秘书监参预朝政，其后或曰“参议得失”、“参知政事”之类，其名非一，皆宰相职

> 也。贞观八年，仆射李靖以疾辞位，诏疾小瘳，三两日一至中书门下平章事，而“平章事”之名盖起于此。其后李勣以太子詹事同中书门下三品，谓同侍中、中书令也，而“同三品”之名盖起于此。然二名不专用，而佗官居职者犹假佗名如故。自高宗已后，为宰相者必加“同中书门下三品”，虽品高者亦然；惟三公、三师、中书令则否。其后改易官名，而张文瓘以东台侍郎同东西台三品，“同三品”入衔，自文瓘始。永淳元年，以黄门侍郎郭待举、兵部侍郎岑长倩等同中书门下平章事，“平章事”入衔，自待举等始。自是以后，终唐之世不能改。①

以某官带“同中书门下平章事”衔者为宰相，一直沿袭至宋。唐长兴四年（933）为避讳（慕容延钊父名章），曾改为“同中书门下二品”，因为尚书仆射是职事官从二品。

名实不相符，必然缓慢地导致实质内容的改变。多以他官临时差遣，意味着三省首长和职能的淡化和虚化。唐代中叶以后，三省制逐渐向二省制、一省制演化，首先从真正任宰相者的称呼上反映出来。

第二，三省合并议事、办公，三省职能逐渐趋向混同合一。三省分权，带来部门之间的权力之争，势必造成相互扯皮、效率低下等弊病。为了三省之间协调行动，使中央权力行之有效，三省首长定期在门下省的政事堂议事。当时，中书、门下二省在禁中，尚书在宫外，尚书省的权力首先被削弱，这也与前代三省之中尚书省最早获得宰相权、也是最早被削弱权力的部门之演变的轨迹相合。高宗弘道元年（683），裴炎自侍中迁中书令，迁政事堂于中书省，自

① 《新唐书》卷四六《百官一》，第1182页。

此，中书权势凌驾门下之上，成为事实上的首相。三省议事和首相的作用，使得三省渐渐趋同。唐玄宗开元十一年（723），中书令张说奏改政事堂为“中书门下”，政事堂印改为“中书门下之印”，设置吏、枢机、兵、户、刑礼五房，三省向着名存实亡的方向发展，决策机构渐趋混一。

二、宋代宰辅制度的沿革

宋代宰辅制度，沿袭唐五代而加以完善发展，正处在三省制变化衰落的阶段。它虽然围绕三省制设立官制，但往往有名无实，而且宰相的机构和名称也多次改变。又增加了枢密院设置，分掌军政，号称二府。

宋代官制特点显著，具体而言：

> 其官人受授之别，则有官、有职、有差遣：官以寓禄秩、叙位著，职以待文学之选，而别为差遣以治内外之事。其次又有阶、有勋、有爵。故仕人以登台阁、升禁从为显宦，而不以官之迟速为荣滞；以差遣要剧为贵途，而不以阶、勋、爵邑有无为轻重。①

唐朝以来的临时差遣，至宋演变为固定制度。

宋代“宰辅”所指范围，亦与他朝不同。宋代增加了参知政事之差遣，是辅助宰相的副职；此外又有枢密院。宋代将中书门下与枢密院并称二府，宰辅指二府正副首长。宰相之外，其余官员通称“执政”。也就是说，二府长官共同组成宰辅领导班子。在这个班子中，有时强调集体的领导作用，有时突出个人的领导作用，因人、因时而异。

① 《宋史》卷一六一《职官一》，第3768页。

（一）宰相制度沿革

宋代宰相制度的沿革，大致可以划分为三个阶段，以下分别阐述。

第一，北宋前期制度。北宋前期沿袭唐五代制度，“中书令，侍中，及丞郎以上至三师同中书门下平章事，并为正宰相”[①]。揆之史实，北宋前期无以中书令为宰相者，中书令与尚书令一样，都是荣誉虚衔。偶有以侍中为宰相者，其他皆以同中书门下平章事拜相。[②]《古今源流至论》后集卷二《三省》曰：“国初三省长官第为空名，惟侍中有真拜者。”[③]《山堂考索续集》卷三〇《官制门》曰：“宋初三省长官皆为空门，不与朝政，其命官必曰同中书门下平章事。惟其真拜侍中则不带平章，然前后所除亦不过五人。”《宋会要·职官》详细叙述说：

> 中书令国朝罕除，侍中虽常除亦罕预政事，同平章事是为宰相之职，掌邦国之政令，弼庶务，和万邦，佐天子，执大政。无常员，有二人则分日知印。以丞郎以上至三师为之。其上相为昭文馆大学士、监修国史，亦有不带

① 《宋会要·职官》一之六八，第 2363 页。

② 或以为：宋代三省长官尚书令、中书令、侍中都不预朝政，仅为“序进之位”，而以同中书门下平章事为宰相。陈振等先生认为：“北宋前期的宰相制度，是以侍中和同平章事为正宰相，而以同平章事为主。”并统计说：“元丰五年以前的一百二十多年中，总计任宰相的有四十五人（二任、三任者不计），都是以同中书门下平章事拜相，其中七人曾以侍中拜相（二人因恳辞而改以平章事拜相）。”详见陈振：《关于北宋前期的宰相制度》，载《中州学刊》1985 年第 6 期；姜锡东：《关于北宋前期宰相制度的几个问题》，载《中州学刊》1990 年第 2 期。

③ 《古今源流至论》后集卷二《三省》，第 942 册，第 176 页。

昭文馆大学士而为监修国史者；其次为集贤殿大学士。或置三相，则昭文、集贤两学士并监修国史并除焉。①

《春明退朝录》载：

唐制，宰相四人，首相为太清宫使，次三相皆带馆职，洪（弘）文馆大学士、监修国史、集贤殿大学士，以此为次序。本朝置二相，昭文、修史，首相领焉；集贤，次相领焉。三馆职，惟修史有职事，而颇以昭文为重，自次相迁首相乃得之。②

宋代一般设二位宰相，有时设一相或三相。设三相时，首相兼昭文馆大学士，称昭文相；次相监修国史，称史馆相；末相兼集贤殿大学士，称集贤相。如果只有二相，往往首相兼昭文馆大学士、监修国史，其他情况较少见。

宰相兼馆职，始于唐朝，分别叙述之。一为昭文馆。唐高祖武德四年（621），始设修文馆；武德九年（626），改称弘文馆。唐中宗神龙元年（705），为避唐中宗兄李弘之讳，改称昭文馆。此后，或改称修文馆、或为昭文馆，到唐玄宗开元七年（719）改称弘文馆后不变。唐中宗景龙二年（708），中书令李峤领修文馆大学士，开宰相领弘文馆大学士之端。北宋为避太祖父亲赵弘殷之讳，改弘文馆大学士为昭文馆大学士。二为史馆。唐太宗贞观三年（629）设史馆，以尚书左仆射房玄龄监修国史，开宰相监修国史之端。三为集贤院。唐玄宗开元十三年（725），始设集贤殿书院，简称集贤院，以中书

---

① 《宋会要·职官》一之一六，第 2337 页。

② 《春明退朝录》卷上，第 12 页。

令张说领集贤院学士，开宰相领集贤院大学士之端。唐代后期到五代形成宰相的三个兼衔，依次为：弘文馆大学士、监修国史、集贤院大学士，首相领弘文馆大学士，次相监修国史、再次领集贤院大学士。

监修国史的含义很清楚，昭文馆和集贤院都是皇家图书馆。所以，《古今合璧事类备要后集》卷四二《史馆》称："三馆职，惟修史有职事"，"宰相监修，但提大纲"。三馆主要用于储备人才，且为皇帝备顾问。

第二，神宗改制。唐中叶以后至北宋的宰相制度之沿革，使三省制的内容发生了很大变化。北宋前期的中书门下，已非真正意义上的三省制。宋人对此屡有意见，多次提出恢复古制的主张，多数意见是要求恢复到三省并立之制度。嘉祐三年（1058）十二月，翰林学士韩绛言："中书门下，宰相所职，而以他官判省，名不相称，请更定其制。"于是，知制诰刘敞等上条奏详细讨论：

> 唐制虽以尚书、门下、中书三省长官为宰相，然尚书、中书之名，本非宰相之实。即欲改正官制，仍须别立政事府，如丞相之类。唐制无枢密院，自五代用兵，始与中书对掌机务，名体不正，无甚于此。即欲改正官制，当废院名，以曹事还中书。尚书二十四司既为虚名，所以官冗员众，蠹财害政。即欲改正官制，当罢三司，复二十四司及九卿官，使有定员，其郎官不在本省治职事者，并以前资及散官处之。文武散官及检校、兼官、勋、爵、实封等，在开元以前颇有实事，于今唯散官犹叙服色，粗系轻重，其余悉皆虚名，无益治体。即欲改正官制，当例行省罢，此所谓改正者也。大理寺决天下狱，刑部覆之，于事已足，又加审刑院，则为骈衍。即欲裁损官制，当废审刑院。一吏部尚书、侍

> 郎、郎中分领铨事，则当差次轻重，分别流品。今审官院掌京朝官磨勘，而尚书铨惟典州县幕职官，体制不伦。即欲裁损官制，当罢审官院，以其职事归尚书铨。群牧司、提举司、纠察司之类，皆古无此官。即欲裁损官制，悉当省罢，还属尚书九卿，此所谓裁损者也。谏官、史官依唐制并当随宰相入立仗下，今欲申明复此制。中书出制敕，唐制并经门下审覆，然后尚书出告身，经历三省。比来唯于中书发敕，虚置三省官名，今欲申明复此制。唐制学士不领外职，所以重机密，舍人分判六曹事，所以谨政令，今欲申明复此制。[1]

刘敞等主张参照唐代三省制，一一予以恢复。然“丞相”称呼，又用“三公制”。宋人事实上没有很好地厘清“三公制”与“三省制”之界定和变化，也不太理解制度变化的原因，只是针对现实官制弊病，从厚古薄今的角度出发，倡议恢复前朝制度。神宗改制，就是出现在这样的背景之下。

元丰三年（1080）六月，“诏中书置局详定官制，命翰林学士张璪、枢密副都承旨张诚一领之，祠部员外郎王陟臣、光禄寺丞李德刍检讨文字，应详定官名制度，并中书进呈。其后又以著作佐郎、秘阁校理何洵直兼检讨文字”[2]。元丰五年（1082）四月，颁布新官制，“诏中书五月朔行官制”[3]。官制变革，据说其中许多直接是神宗的构思，史臣称神宗“将定官制，独居阁中，考求沿革，一年而成，人皆不知”[4]。结合前后臣僚的讨论、专门设置改制部门和

① 《长编》卷一八八，第 4537、4538 页。

② 《长编》卷三〇五，第 7424 页。

③ 《长编》卷三二五，第 7825 页。

④ 《长编》卷三五三，第 8457 页。

改制的内容，此说又是神话帝王的无据之辞。

官制改革，其意图是恢复完善的三省制度。三省分权制衡，且使官职名实相符，既可以减少重叠的政府机构，提高行政效率；又可以平衡宰相之间的权力，避免独相专权局面的出现。所以，神宗以三省首长为宰相，去掉差遣名称，而以本官治本省或本部门之事。三省首长尚书令、中书令、侍中，依然官高不除。以尚书左、右仆射为宰相。左仆射兼门下侍郎，为门下省首长；右仆射兼中书侍郎，为中书省首长，“门下、中书省执政官兼领尚书省者，先赴本省视事，退赴尚书省”①。又，元丰五年（1082）六月诏：

> “自今事不以大小，并中书省取旨，门下省复奏，尚书省施行。三省同得旨事，更不带‘三省’字行出。”是日，辅臣有言：“中书独取旨，事体太重。”上曰：“三省体均，中书省揆而议之，门下省审而复之，尚书省承而行之。苟有不当，自可论奏，不当缘此以乱体统也。”先是，官制所虽仿旧三省之名，而莫能究其分省设官之意。乃釐中书门下为三，各得取旨出命，既纷然无统纪。至是，上一言遂定体统也。②

尚书省左右仆射兼中书、门下二省长官，意味着尚书省并不独立行使职权，尚书省依然有虚化的倾向，只是其下属的各个机构已投入运作。中书省仍然权重一时，门下省有时也形同虚设（详说见后）。

改制完毕，机构尚在磨合阶段，神宗已有悔意。神宗认为改制

① 《长编》三二三，第7775页。

② 《长编》三二七，第7871页。

后公事“日告留滞，比之旧中书稽延数倍，众皆有不办事之忧”。神宗此时“意颇悔改官制”。宰相蔡确“等虑上意随欲罢之，乃力陈新官制置禄，比旧月省俸钱二万余贯，上意遂止”。[①]官制变革因此才得以持续下去。

第三，建炎改制。神宗改制后，宰相称谓还有数次改变，然制度内容不变，宰相制度的改变则只有一次，分别予以叙说。

首先是政和二年（1112）九月，废尚书令，改侍中为左辅、中书令为右弼，皆虚其位；并改左仆射为太宰，右仆射为少宰，仍兼中书、门下两省侍郎。宋徽宗是宋代自我感觉最良好的一位皇帝，勇于改作，然所做的都是表面文章，没有实际意义。其次是靖康元年（1126），因金人入侵，徽宗匆匆传位其子。朝中大臣开始清算宣政年间奸佞的所作所为，十一月，复以尚书左、右仆射为宰相，三省长官名称皆依元丰官制。再次，宋高宗南渡后，试图恢复北宋前期的太平景象，在宰相制度和称谓上也做恢复原状的变革。建炎三年（1129）四月，尚书左、右仆射皆加同中书门下平章事，同时合并中书与门下二省，基本上恢复到神宗改制前的状态。[②]最后，宋孝宗乾道八年（1172），朝廷认为诸种称谓皆不符合古制，尚书左、右仆射复改称左、右丞相，废侍中、中书令、尚书令虚称，遂为定制。

将宋代宰相制度的变化列成简表，附录于此：

时间	宰相机构	宰相	副宰相
建隆元年（960）至元丰五年（1082）四月	中书门下，简称中书	侍中、同中书门下平章事（昭文相、史馆相、集贤相）	乾德二年（964）四月设参知政事

① 《长编》三二六，第7848页。

② 详见第二章“宋代的三省制”之第三节“三省的再度趋同”。

元丰五年（1082）四月至政和二年（1112）九月	三省	左仆射兼门下侍郎、右仆射兼中书侍郎	门下侍郎、中书侍郎、尚书左丞、尚书右丞
政和二年（1112）九月至靖康元年（1126）闰十一月	三省	太宰兼门下侍郎、少宰兼中书侍郎	门下侍郎、中书侍郎、尚书左丞、尚书右丞
靖康元年（1126）闰十一月至建炎三年（1129）四月	三省	左仆射兼门下侍郎、右仆射兼中书侍郎	门下侍郎、中书侍郎、尚书左丞、尚书右丞
建炎三年（1129）四月至乾道八年（1172）二月	三省（中书与门下已合并）	左仆射、右仆射加同中书门下平章事	参知政事
宋孝宗乾道八年（1172）二月至宋亡	三省（中书与门下已合并）	左丞相、右丞相	参知政事

（二）平章军国事

哲宗元祐元年（1086）五月，朝廷增设平章军国重事、同平章军国重事，用来安排德高望重的老臣，以三朝老臣文彦博首任，位居宰相之上。诏："可一月两赴经筵，六日一入朝，因至都堂与执政商量事。如遇军国机要事，即不限时日，并令入预参决。其余公事，只委仆射以下签书发遣，俸赐依宰臣例。"[①] 元祐三年（1088）四月，再以吕公著为同平章军国重事，"仍一月三赴经筵，二日一朝，因至都堂议事"[②]。事实上，文彦博并不过多参与朝廷政事参议和决策，只是偶尔提供咨询意见等，年龄和精力已经不允许他参政，他自己也懂得谦让。吕公著虽然更多地参与了朝政，但是大量的日常政务，他也是置身事外。元祐时设立此职，更多的是"优待元勋重德之意"。

① 《长编》卷三七七，第9148页。

② 《长编》卷四〇九，第9963页。

南宋以后，权臣往往借用“平章军国事”的名目操纵权柄，成为真正凌驾宰相之上的又一级行政领导，或者说成为事实上的宰相，名义上的宰相则沦为副手。开禧元年（1205）七月，“诏韩侂胄平章军国事，立班丞相上，三日一朝，赴都堂治事”①。“尚书省印亦纳于其第，宰相仅比参知政事，不复知印矣。”② 咸淳三年（1267）二月，“诏贾似道太师、平章军国重事，一月三赴经筵，三日一朝，治事都堂”③。其实贾似道多在私邸决国事，独揽大权。这时的平章军国事，相当于真正意义上的宰相。

又有“公相”一说。北宋“政和初，蔡京自杭州还朝，何执中已任左仆射，难以去之。遂改令仆之名，冠以公相之号，总领三省，废尚书令，自治令厅”④。“特许三日一造朝”，“三日一知印，当笔不赴朝日，许府第书押”。⑤ 这里“公相”的意义和作用都相当于南宋权臣所拜的平章军国事，所以，《宋会要》将二者放在一起讨论，称其“侵紊”宰相职事，即事实上的宰相。

（三）执政

宋代将副宰相和枢密院正副长官并称为执政，与宰相一起组成宰辅班子。曾巩说：“以参知政事、枢密使副、知院、同知院、签书院事，并为执政官。”⑥《宋会要》亦载：“（门下侍郎）与知、同知枢密院、中书侍郎、尚书左右丞为执政官。”⑦ 关于副宰相和枢密院长官，以及他们与宰相之间的相互关系，后文还有详细讨论，此

① 《宋史》卷三八《宁宗本纪二》，第 738 页。

② 《建炎以来朝野杂记》乙集卷一三，第 495 页。

③ 《宋史》卷四六《度宗本纪》，第 897 页。

④ 《宋会要·职官》一之四三，第 2351 页。

⑤ 《宋会要·职官》一之三一，第 2345 页。

⑥ 《隆平集校证》，第 94 页。

⑦ 《宋会要·职官》二之三，第 2373 页。

处只是简单地介绍各自的称谓。副宰相，有参知政事、门下侍郎、中书侍郎、尚书左丞、尚书右丞等。枢密院正副长官，有枢密使、枢密副使；知（领、判）枢密院事、同知枢密院事、签书枢密院事、同签书枢密院事等。

第三节　元明清宰相制度的演变

三省制到了元代，已经走到尽头，明清时期则转变为“内阁制”。

一、元代宰相制度

元代宰相机构已经明确地演化为一省制。刘敏中《奉使宣抚言地震九事》云：“中书省，宰相之府，所以临百司、统万机、定谋画、出政令，佐天子以安天下者也。”又说：“天子理万物，不能独为，责之中书。中书，所以行天子之令，而制裁天下者也，其事权不可不专。”[①] 元代权力集中到中书省。“中书令一员，银印。典领百官，会决庶务……右丞相、左丞相各一员，正一品，银印。统六官，率百司，居令之次。令缺，则总省事，佐天子，理万机。”[②] 中书令依然不常设，设时亦多为荣誉虚衔。以下用右、左丞相各一员，蒙古国俗，右在左上，故右丞相地位尊于左丞相。其次还有平章政事、右左丞、参知政事等。

元代曾三度设立尚书省，并一度夺中书省之权。然三次设省时间加起来还不足八年，而且很快权力重归中书省所有。所设立的尚书省，也不是为了制衡中书省，而是权相争权的结果。所以仍然是一省制。元代还多次提出门下省设立的方案，却始终没有付诸实践。三省制演变至此，已经走到了它的最后阶段。

---

① 《中庵集》卷一五，四库全书本。

② 《元史》卷八五，第 2120、2121 页。

二、明清内阁制度

明清的宰相制度已由三省制转入内阁制，这是中国古代专制社会宰相制度的最后一种形态。也是皇权进一步扩大、相权进一步萎缩的结果。

第一，明代内阁制的形成。明初沿袭元中书省制度，是向内阁制过渡的一个时期。洪武十三年（1380），朱元璋以谋反的借口诛杀左丞相胡惟庸等人，便决定进一步强化君主专制权，废除宰相制度。他说："自古三公论道，六卿分职，并不曾设立丞相。自秦始置丞相，不旋踵而亡。汉、唐、宋因之，虽有贤相，然其间所用者多有小人，专权乱政。"①

《明史》载："自洪武十三年罢丞相不设，析中书省之政归六部，以尚书任天下事，侍郎贰之。而殿阁大学士只备顾问，帝方自操威柄，学士鲜所参决。"② 朱元璋废除宰相后，将相权收归已有，同时将部分相权分流。一是"政归六部"，提高六部官秩和职权，将部分相权分给六部。二是设立内阁，前期是四辅臣，后期是内阁大学士（一般是三人），共同参政、议政，备顾问，充任皇帝的机要秘书。至此，帝权和相权高度合而为一。明代内阁曾有宰相化的发展倾向，个别内阁辅臣俨然获得宰相的权力，如张居正、严嵩等。但这种倾向一直得到有效抑制，内阁大学士始终没有成为真正的宰相。谭天星《明代内阁政治》总结说："内阁虽无相名，实有相职；虽有相职，实无相权；既无相权，却有相责。"③

第二，清代内阁制度。清代内阁制度沿袭明代，内阁大学士四人，满、汉各二员，往往兼六部尚书衔。其次有尚书协办大学士满、汉各一人。"大学士掌钧国政，赞诏命，厘宪典，议大礼、大

① 《皇明祖训·首章》，四库全书本。

② 《明史》卷七二《职官一》，第 1729 页。

③ 谭天星：《明代内阁政治》，第 15 页。

政，裁酌可否入告。协办佐之。”① 如此，六部尚书都得以入内阁，六部的职权和地位进一步提高。

清代又有“军机处”的设置，军机大臣握有部分相权。“军机处”全名是“办理军机事务处”，最初所掌仅限军务。雍正七年（1729）因西北用兵，皇帝为亲授机宜而设“军机房”，雍正十年改名军机处。有军机大臣满、汉各一员，称“大军机”，由大学士、各部尚书、侍郎、总督等奉特旨应召入值，是兼差。以下有军机京章，称“小军机”，也是兼差。军机处的权力不断扩大，以至军国大事莫不总揽，削弱了内阁参政的权力。初称“内阁之分局”，到了清代后期，几乎取代内阁的作用，成为大政所出的宰辅之区。军机处体制特殊，职官简练，有官无吏。它的全部事务，由军机大臣主持，军机京章办理。

① 《清史稿》卷一一四《职官一》，第 3267 页。

第二章　宋代的三省制

宋代沿袭唐制，仍处于三省制时期，名义上以三省长官为宰相。两宋期间，三省的含义都在发生不断变化。建立起比较健全的三省机构并大致能够真正投入运作，则是神宗改制后的事情。首先要对宋代三省的内部建构和沿革之复杂变化有所了解，方能厘清宋代宰辅制度之演变脉络。

第一节　中书门下

北宋前期，不存在“三省并重”的宰相制度，只有权力独大的“中书门下”机构，这是从唐朝政治体制中沿袭下来的。回溯唐代制度，是理解宋初制度的关键枢纽。

一、“政事堂”制度的沿革

唐初沿袭隋制，分设三省，相互制衡。三省之中，尚书省由于历史和现实操作的原因，较早地被排挤出宰相行列，真正发挥彼此制衡作用的是中书和门下二省。[①]权力制衡，虽然可以抑制宰相权力的膨胀，但是，意见相左，更容易相互扯皮，争论不休，降低行政效率。贞观元年（627），唐太宗曾对黄门侍郎王珪分析隋朝三省制之弊病，说：

> 国家本置中书、门下以相检察，中书诏敕或有差失，则门下当行驳正。人心所见，互有不同，苟论难往来，务求至当，舍己从人，亦复何伤？比来或护己之短，遂成怨隙。或苟避私怨，知非不正，顺一人之颜情，为兆民之深患，此乃亡国之政也。[②]

贞观三年（629）四月，唐太宗又对大臣们说：

> 中书、门下，机要之司，诏敕有不便者，皆应论执。

① 从历史的沿革来看，在三省之中尚书省是最早获得宰相权利的机构，因此也最早引起皇帝的疑忌而遭排挤，魏晋以后就逐渐被中书省和门下省取而代之，至唐代因袭了这种制度的变革。从现实操作来看，中书省出令，门下省封驳，尚书省执行，尚书省成为中书省和门下省之下的行政执行机构，也难以与中书省和门下省并起并坐。《石林燕语》卷三说：“自两汉以来，谓中书为政本。盖中书省出令，而门下省复之，王命之重，莫大于此。故唐以后，以同中书门下平章事为宰相也者，此也。尚书省但受成事而行之耳。”所以，有学者认为唐代实际上是“二省制”。参见李湜《论唐代宰相中书门下二省制》（《中国史研究》1996 年第 1 期）和刘兆君《隋唐“三省宰相制度”辨》（《辽宁师范大学学报》1991 年第 1 期）。

② 《资治通鉴》卷一九二，第 1288 页。

比来唯睹顺从，不闻违异。若但行文书，则谁不可为？何必择才也。①

隋唐之际，还处于三省制初创时期，太宗就发现中书与门下之间运作的诸多弊病。或者是相互包庇、“唯睹顺从”，或者是钩心斗角，“护己之短，遂成冤隙”。唐太宗将此提高到“亡国之政”的高度来认识，尤其是“护己之短”，甚至使中枢机构陷于瘫痪。于是，中书和门下先行集议，统一意见，然后出为诏令，就成为一种制度的需要。《文献通考》卷五〇《职官考》解释中书门下出现的必然性说：

唐初始合中书门下之职，故有同中书门下三品、同中书门下平章事。其后又置政事堂，盖以中书出诏令，门下掌封驳，日有争论，纷纭不决，故使两省先于政事堂议定，然后奏闻。开元中，张说奏改政事堂为中书门下，自是相承，至于国朝，莫之能改。非不欲分也，理势不可复分也。②

从政事堂的设立到中书门下的出现，有一个发展过程。大约在唐初高祖武德年间，就已经出现政事堂议事的模式，到太宗贞观年间，则演变成固定的制度。③最初，政事堂设在门下省，后迁往中书省。《通典》云：“旧制，宰相常于门下省议事，谓之政事堂。至永

① 《唐鉴》卷二《太宗》，第 32 页。

② 《文献通考》卷五〇《职官考四》，第 1422—1423 页。

③ 政事堂创设的时间，有武德年间和贞观年间两说，笔者认为“武德年间”说的考辨比较有说服力。详论请参见姚澄宇《唐朝政事堂制度初探》（《中国史研究》1982 年第 3 期）和王超《政事堂制度辨证》（《中国史研究》1983 年第 4 期）。

淳二年（683）七月，中书令裴炎以中书执政事笔，其政事堂合在中书，遂移往中书省。开元十一年（723），张说奏改政事堂为‘中书门下’，其政事印亦改为中书门下之印。”①《新唐书》亦云：“初，三省长官议事于门下省之政事堂。其后，裴炎自侍中迁中书令，乃徙政事堂于中书省。开元中，张说为相，又改政事堂号‘中书门下’。”② 门下省为政令审议机构，于此议事，顺理成章。但是，三省之中，中书省掌出令权，在权力中枢处于最关键的位置，所以，中书省长官的位置越来越重要，逐渐凌驾于它省长官之上，政事堂迁往中书也就成为理所当然的事情。这是中书省长官在政事堂取得独断权力的标志，意味着政事堂的群言制向一言制转化。③

政事堂初设，仅仅是宰相集体议事的一个场所。随着政事堂议事的制度化，政事堂在议政和决策方面发挥越来越重要的作用，逐步朝着政府机构的方向演变。中书省长官在政事堂取得独断权力后，集体议事的制度已经被破坏，政事堂作为政府机构的功能便被突显出来。因此，开元年间中书令张说奏改政事堂为中书门下，政事堂印也改为中书门下印，且于其后分列吏、枢机、兵、户、刑礼五房。从此，中书门下正式成为宰相的办事机构，依据习惯，仍然被称作“政事堂”。

二、北宋前期的中书门下

宋代在神宗改制前，沿袭唐制，禁中设“中书门下”，为宰相治事之所，又称“政事堂”，在朝堂西面，题榜只曰“中书”，印文行敕曰“中书门下”，平时简称“中书”，与枢密院并举，称为“二府”。并以他官判省事，称“同中书门下平章事”，乾德二年

① 《通典》卷二一《职官三》，第542页。

② 《新唐书》卷四六《职官一》，第1183页。

③ 参见魏向东：《论唐玄宗时期的政事堂宰相独断制》，载《中国史研究》1992年第4期。

（964）设参知政事以为宰相副职。

中书门下后设五房：孔目房、吏房、户房、兵礼房、刑房，总称制敕院，后又有生事房、勾销房，职官有提点中书制敕院五房公事、堂后官、主事、录事、主书、守当官等，熙宁三年（1070）增设中书逐房检正公事与中书五房检正公事，共同协助宰相处理日常政务，统称“宰属”。五房各设堂后官三员，俗称“堂吏”，是中书门下主要职员。太宗淳化四年（993），压缩堂后官编制，每堂各设一员，另设“都提点五房公事”。其他编制为：孔目房、吏房、兵礼房，设录事、主书、守当官各一员；户房设录事一员，主书三员，守当官四员；刑房设录事一员，主书三员，守当官五员；生事房设主书一员掌管，勾销房设守当官一员掌管；又设守当官二员掌管堂印。[①]此外，隶属中书门下的主要机构有舍人院、起居院、差遣院、考课院、审官院、审刑院、礼仪院、官告院、通进司、银台司等等，替代原来尚书省六部二十四司行使各种职能。

第二节　三省的建构

两宋自始至终分设三省。神宗改制前，三省仅有虚名，少有实际职权。《山堂考索续集》云：“宋初三省，虽曰沿唐，而实异于唐。盖三省为空官，而以平章为宰相者，宋初制也。”[②]《宋史》载：“尚书、门下并列于外，又别置中书禁中，是为政事堂，与枢密对掌大政。天下财赋，内庭诸司，中外管库，悉隶三司。中书省但掌册文、覆奏、考帐；门下省主乘舆八宝，朝会板位，流外考较，诸

① 参见《宋会要·职官》三之二二、二三，第2408、2409页。

② 《山堂考索续集》卷三〇《官制门》，第1095页。

司附奏挟名而已。”[1]即：政事堂为实际宰相机构，朝廷于皇城之外设尚书省、中书省和门下省，中书省和门下省又称中书、门下外省（下省），仅存其名，不预中央政务。神宗改制后，三省才各自得以独立，行使职权。但是，很快许多机构功能又趋于合一。可以说，宋代沿袭唐中叶以来三省制的发展变化，名义上保留三省制，实际上向一省制趋向发展。其间虽有神宗改制的反复，但这个大的发展趋势没有改变。

一、中书省

北宋前期，中书省仅仅是皇城外挂牌机构，不参与政务。“中书省判省事一人，以舍人充，掌供郊祀及皇帝册文、幕职州县官较考、斋郎室长诸司人年满复奏、并受文官改赐服章、僧道紫衣师号、举人出身、寺观名额、正宣之事。”[2]神宗改制后，中书省成为宰辅机构的核心部分，宰辅权力大致集中到中书省。神宗改制前，在“中书门下”机构中，宰相的核心权力是起草和发布诏令之职能部分，这部分职权原来属于中书省，这是中书能够独大的根本原因，也是“中书门下”简称“中书”的理由所在。改制以后，中书省因此始终处于权力中心位置。

（一）职掌和职官

北宋前期之政事堂，及神宗改制后的中书省，其职掌大致相当。《宋史》载：

掌进拟庶务，宣奉命令，行台谏章疏、群臣奏请兴创改革，及中外无法式事、应取旨事。凡除省、台、寺、监长贰以下，及侍从、职事官，外任监司、节镇、知州军、

① 《宋史》卷一六一《职官一》，第3768页。

② 《宋会要·职官》三之一，第2398页。

通判，武臣遥郡横行以上除授，皆掌之。[①]

《宋会要·职官》记载更加详细：

> 中书省掌承天子之诏旨及中外取旨之事。凡职事官，尚书省自员外郎，门下、中书省自正言，御史台自监察御史，秘书省自正字，寺监自宗正、太常丞、博士，国子监自正录，侍从官自待制，带职官自直秘阁，寄禄官自中散大夫，宗室自防御使，外任官自提举官、藩镇节镇、知州，内命妇自掌计，东宫自庶子以上，除授皆主之。立后妃，封亲王、皇子、公主，拜三师、三公、侍中、中书、尚书令，则用册；颁赦、降德音、命尚书左右仆射、开府仪同三司、节度使，则用制；应迁改官职命词则用诰，非命词则用敕牒；赐中大夫、观察以上则用诏，布告大号令则用御札，赐脯及戒励百官、晓谕军民则用敕榜。皆承制画旨，授门下省，令宣之，侍郎奉之，舍人行之，书其所得旨为底。大事则奏禀，其底曰画黄。小事则拟进，其底曰录黄。凡事干兴革增损而非法式所载者，论定而上之。诸司传宣特旨，承报审覆，然后行下。[②]

中书省职权几乎达到“事无不统”的地步，其核心职掌则是处理日常政务，起草诏令并取旨，任命中下层职官等。设官十一：有令、侍郎、右散骑常侍各一人，舍人四人，右谏议大夫、起居舍人、右司谏、右正言各一人。中书令官高不除，改制后，以右仆射

---

① 《宋史》卷一六一《职官一》，第3782、3783页。

② 《宋会要·职官》三之三，第2399页。

兼中书侍郎行中书令之职，另置中书侍郎以为副职。南渡后，只设左、右丞相，不设本省长官，逐渐恢复到神宗改制前的状况。

（二）机构设置

最初设八房：吏房，“主行除授、考察、升黜、赏罚、废置、荐举、假故、一时差官，及本省杂务”。户房，“主行废置升降郡县、调发边防军须、给借钱物”。兵礼房，“主行郊祀陵庙典礼，后妃、皇子、公主、大臣封册，驸马都尉、内命妇官封，科举考官，外夷书诏”。刑房，“主行赦宥、契勘刑狱，除授官贬降叙复”。工房，“主行计度营造、开塞、河防”。主事房，“主行受发文书”。班簿房，“主行百官名籍及具员之事”。制敕库房，“主行编录供检敕令格式及架阁库”。元祐以后，析兵礼房为二，增加催驱房和点检房。催驱房，“主行催驱在省诸房行遣文字稽违之事”。点检房，“专点检诸房文字差失之事”。共计十一房。后又改主事房为开拆房。其中兵房仅“掌行除授诸蕃国王爵、官封”。[①] 军政大事归枢密院掌管。

（三）中书省独尊的位置

中书省独尊局面，由来已久。“自两汉以来，谓中书为政本。盖中书省出令，而门下省复之，王命之重，莫大于此。故唐以后，以同中书门下平章事为宰相者，此也。”[②] 唐代，“中书之权独重，宋朝亦最重中书。盖以造命可否、进退皆由之也。门下虽有缴驳，依旧经由中书，故中书权独重”。[③] 北宋前期中书门下，统领百官，总揽大政，所行使的职权大都等同于中书省。宋真宗就对宰相吕蒙正等说：“中书事无不总，赖卿等宿望，副朕意焉。”[④]

---

① 均见《宋会要·职官》三之三、四、五，第 2399、2400 页。

② 《石林燕语》卷三，第 39 页。

③ 《山堂考索别集》卷一八《人臣门》，第 1385 页。

④ 《长编》卷四八，第 1055 页。

神宗改制，有所变易。“旧制，两省中书在门下之上，元丰易之。”[1]改制后，虽置中书省于门下省之下，但中书省因为是朝廷政令所出之地，事实上仍然凌驾尚书、门下二省之上。《长编》这一段制度变易云：

> 初，上欲仿《唐六典》修改官制，王珪、蔡确力赞之。官制：以中书造命，行无法式事；门下审覆，行有法式事；尚书省奉行。三省分班奏事，各行其职令，而政柄尽归中书。确先说珪曰：“公久在相位，必拜中书令。”故珪不疑。一日，确因奏事罢留身，密言：“三省长官位高，恐不须设，只以左仆射兼门下侍郎，右仆射兼中书侍郎，各主两省事可也。”上以为然。已而确果独专政柄，凡除吏，珪皆不与闻。后累月，珪乃言：“臣备位宰相，不与闻进退百官，请尚书省官及诸道帅臣许臣同议。”上许之。[2]

当时，王珪以左仆射兼门下侍郎，蔡确以右仆射兼中书侍郎。蔡确善心计、好揽权，以“中书令”哄骗王珪，最终独霸中书，形成以下局面：“自元丰五年改官制，政柄皆归中书省，王珪以左相在门下，拱手不复校。”[3]甚至，蔡确试图在三省来往文书之间也显示出中书省独尊的地位。《长编》载：“蔡确既为右仆射且兼中书侍郎，欲以自大，乃议尚书省关移中书，当加‘上’字以重之。”[4]此说虽然未得神宗首肯，但蔡确有此想法，也是当时中书省实际地位的一种体现。中书、门下二省侍郎，也是中书侍郎权大。“官制

---

① 《老学庵笔记》卷四，第 47 页。

② 《长编》卷三二七，第 7871 页。

③ 《长编》卷三五八，第 8561 页。

④ 《长编》卷三二七，第 7872 页。

既行，惟重中书……两省侍郎，由中书过门下，虽名为迁，实抑其权。”①

哲宗即位初，曾试图改变中书独尊的局面。元丰八年（1085）九月，“诏三省合取旨事及台谏章奏，并同进拟，不专属中书”②。然在实际运作中，中书省由于处在“拟旨出令”的有利位置，独尊的情况一直得以延续。元祐元年（1086）五月，殿中侍御史吕陶奏曰：“朝廷差除，虽云三省同奉圣旨，其根本次序、拟议、进呈皆出中书。”③同年十一月，吕公著奏曰：“今虽分三省，事多同呈，然机务之本并在中书。”④元祐六年（1091）正月，御史中丞苏辙言及范纯礼任职之事时说：“窃缘旧例，从官出入，尽系三省商量，然后进呈取旨行下。今中书独专其事，中外莫不惊怪。”⑤凡此种种，皆一再证明官制变革后，始终无法撼动中书独尊的局面。中书独大，就使得三省权力的分配有了轻重主次之分，也为三省的重新合一奠定了基础。

二、门下省

门下省前期名存实亡。《宋会要·职官》云：“用两制以上官一员判门下省事，其通进、银台司及门下封驳事，又离为别司，而领于他官，名具实废，散无统纪。”⑥《长编》载群牧判官司马池天圣七年（1029）三月转对之言说：“唐制：门下省，诏书出有不便者，得以封还。今门下虽有封驳之名，而诏书一切自中书下，非所以防

① 《山堂考索续集》卷三〇《官制门》，第1095页。

② 《长编》卷三五九，第8596页。

③ 《长编》卷三七七，第9154页。

④ 《长编》卷三九一，第9505页。

⑤ 《长编》卷四五四，第10889页。

⑥ 《宋会要·职官》二之二，第2372页。

过举也。”[1] 此时的门下省，仅是皇城外保留的挂牌机构，“主乘舆八宝、朝会位版、流外较考，诸司附奏挟名而已”。[2] 门下省原来职掌的部分封驳权，归于通进、银台司，银台司下面专设“封驳房”。然宋初门下省承袭制度传统，封驳权并未完全失去，偶尔仍有类似职责的履行。太祖乾德五年（967）三月，门下省言：“准制书，进士、九经，判入初等职事官。又制，桂、应、洮等州书记选判成职事官充。今流内铨以前进士开封李肃拟保顺军节度掌书记，有违元制，准格下。”开宝八年（975）十二月，“户部员外郎、知制诰王祐判门下省，与判吏部流内铨侯陟不协。陟所拟注，祐多驳正……祐坐陟事，黜为镇国行军司马”。天圣元年（1023）十月，“门下省言：吏部流内铨注拟选人，请如旧制过堂押定”。[3] 这些都是明显的门下省封驳事例。

门下封驳司职责，在北宋初期也是非常不稳定。太宗淳化四年（993）六月，“以左谏议大夫魏庠、知制诰柴成务同知给事中事。凡制敕有所不便者，宜准故事封驳，其余常程公事依例施行者不得辄有留滞。应后来行下制敕，并仰旋具编次。更有合举行之事，条奏以闻。九月诏：停废知给事中封驳公事，令枢密直学士向敏中、张咏点检、看读、发放敕命，不得住滞差错”[4]。旋设旋废，部门职责不清晰。真宗咸平四年（1001）五月，以吏部侍郎陈恕知通进、银台封驳司，陈恕言：“封驳之任，实给事中之职，隶于左曹，虽别建官局，不可失其故号，请为门下封驳司，隶银台司。”得朝廷同意。同年九月，“知封驳司陈恕请铸本司印。诏：如有封驳事，取

① 《长编》卷一〇七，第 2505 页。

② 《宋会要·职官》一之一七，第 2338 页。

③ 《长编》卷八、卷一六、卷一〇一，第 192、355、2339 页。

④ 《宋会要·职官》二之四二，第 2392 页。

门下省印用之。因遂改知封驳司为兼门下封驳事”。[①]此后，通进、银台司长官时常兼门下封驳事[②]，门下封驳权逐渐得以恢复。嘉祐四年（1059）四月，吏部郎中、天章阁待制何郯同知通进银台司兼门下封驳事，“时封驳职久废”，何郯上言“本朝设此司，实代给事中封驳之职。乞准王曾、王嗣宗故事，凡有诏敕，并由银台司”。得仁宗同意。[③]有时，这个部门直接被简称为“门下”。如嘉祐五年（1060）七月，以“知谏院唐介知荆南”，“敕过门下，知封驳事何郯封还之”。[④]神宗即位初，范镇知通进银台司，范镇上言：“故事：门下封驳制敕、省审章奏、纠举违滞，著于所授敕，其后刊去，故职寖废。请复之，使知所守。”得神宗同意。[⑤]此处通进银台司简称为“门下”，并非“门下外省”，只是该部门行使的封驳权原属门下省，故对话时予以简称。北宋前期之门下省，大致徒有其名。改制后，罢银台司，通进司隶属门下省，以左仆射兼门下侍郎为门下省长官，居首相位置。其实际权力常常不如中书右相，但已经是朝廷两相之一。

（一）职掌和职官

元丰改制以后，门下省成为实权宰相机构，职掌范围与职官设置也有了明确规定。《宋史》载：

> 受天下之成事，审命令，驳正违失，受发通进奏状，

① 《长编》卷四八、卷四九，第1061、1071页。

② 例：《宋会要·职官》二之二七：真宗大中祥符八年（1015）三月，“命吏部尚书王钦若知通进、银台司，兼门下封驳事”。“天禧二年（1018）五月，以御史知杂事吕夷简同勾当通进、银台司，兼门下封驳事。”第2385页。

③ 《长编》卷一八九，第4561页。

④ 《长编》卷一九二，第4635页。

⑤ 《苏轼文集》卷一四《范景仁墓志铭》，第439页。

进请宝印。凡中书省画黄、录黄，枢密院录白、画旨，则留为底。及尚书省六部所上有法式事，皆奏复审驳之。给事中读，侍郎省，侍中审。进入被旨画闻，则授之尚书省、枢密院。即有舛误应举驳者，大则论列，小则改正。凡文书自内降者，著之籍。章奏至，则受而通进，俟颁降，分送所隶官司。凡吏部拟六品以下职事官，则给事中校其仕历、功状，侍郎、侍中引验审察，非其人则论奏。凡迁改爵秩、加叙勋封、四选拟注奏钞之事，有舛误，退送尚书省。复刑部、大理寺所断狱，审其轻重枉直。不当罪，则以法驳正之。①

《宋会要》载元丰五年（1082）十二月二日诏曰：

门下省，凡中书省、枢密院文字应复驳者，若干事体稍大，入状论列；事小，即于缴状内改正行下。若事不至大，虽不足论列，而其门曲折、难于缴状内改正者，即具进呈，以应改正。事送中书、枢密院取旨。②

门下省主要工作是审核上发之诏令、下呈之奏章、六部任命、断案等等，并保留档案。所谓“审而复之”。设官十一：侍中、侍郎、左散骑常侍各一人，给事中四人，左谏议大夫、起居郎、左司谏、左正言各一人。侍中官高不除，改制后，以左仆射兼门下侍郎行侍中之职，另置门下侍郎以为副职。南渡后，只设左、右丞相，不设本省长官，逐渐恢复到神宗改制前的状况。

---

① 《宋史》卷一六一《职官一》，第3776页。

② 《宋会要·职官》二之四，第2373页。

改制以后，朝廷有意识地加强门下省的独立作用。元丰五年（1082）十二月，"诏门下省：凡本省事，从本司取旨"[①]。门下省长官由首相尚书省左仆射兼任，依据制度，其位序在中书省长官之上，实际中却反处其下。至元丰八年（1085）五月，左仆射王珪去世，右仆射蔡确迁左仆射，才有意识地加强左相的权势。原来"百官差除……尽归中书"，蔡确"以左仆射进兼门下侍郎，以谓去中书之位，则无差除之权，不便也。即时阴令御史中丞黄履上言以为请，朝廷从之，于是差除方归三省合班取旨矣"。[②] 有时左仆射会因为个人的因素，权力超越中书右相。或此时左相深得皇帝信任，或相权独大，都会出现这种现象。如章惇绍圣年间为左仆射，一度时间内独相，当然就侵夺中书省职权。中书侍郎李清臣奏云："近日尚书省官侵紊职事，将生事文字合送中书省取旨者，更不送中书省，便于尚书省将上取旨，画定指挥，签书押送中书省降敕。臣已曾面奏，乞宣谕章惇已下合依官制旧法。自是以来，稍觉减少。今又公然放纵，侵紊朝廷纪纲。伏望早赐指挥辨正。"[③] 中书同僚再有意见，却也无可奈何，毕竟三省是在宰相的领导下运作。门下省权力超越中书省，一定是个别的短期现象，整体上仍然不能改变中书权重的格局。

门下省中，正副长官既然都是朝廷宰相、副宰相，就是朝廷的决策者，就不能自我封驳，此时行门下封驳之职的往往是给事中。如元丰六年（1083）六月，"知青州、龙图阁待制邓绾试礼部侍郎。于是，给事中陆佃、韩忠彦封驳绾命，言绾奸回颇僻，使典邦礼，恐玷清选。诏罢之"[④]。又，同年十一月，"给事中韩忠彦言：'奉

① 《长编》卷三三一，第 7989 页。

② 《长编》卷三六三，第 8677 页。

③ 《宋会要·职官》一之二九，第 2344 页。

④ 《长编》卷三三五，第 8083 页。

议郎蔡延嗣除蔡河拨发纲运。按：延嗣形质怪恶，每于班列之中，人多指为戏笑，有玷朝选。’诏罢之”①。

（二）机构设置

门下省所设机构与尚书、中书二省对应，初共有九房。前六房为吏房、户房、礼房、兵房、刑房、工房，“皆视其房之名而分尚书省六曹二十四司所上之事，以主行之，惟班簿、本省杂务则归吏房”。余三房，开拆房“主行受发生事”，章奏房“主行受发通章奏事”，制敕库房“主行供检编录敕令格式，及拟官爵、封勋、黄甲与架阁库”。②元丰八年（1085）十一月，“诏门下省置催驱房”，掌检查、催促本省诸房文书按期限发送。元祐三年（1088），增设班簿房，“籍记初入流官”。③

三、尚书省

尚书省前期名存实亡，掌管朝廷部分礼仪之事。“今尚书省尚书、侍郎至诸司郎中、员外，止为正官，以叙位禄，皆不职本司之事。”④名义上，朝廷规定“国家每有大事，必集议于尚书省”，然往往流于形式，赴议者多为一些官职不重要者，“本省官自三司副使已带职者，多移牒不赴”。⑤官署旧址在典国坊梁太祖旧第，太平兴国中迁往利仁坊孟昶旧第。

宋代官与差遣分离，尚书省六部大都是没有职能的虚设机构，但又不可一概而论。尤其是宋初，沿袭唐五代制度，尚书省六部与后来逐渐设置的差遣机构重叠并行，政府机构和官制设置比较紊乱，尚书六部仍保留一定的行政职能，例如：建隆三年（962）三

① 《长编》卷三四一，第 8199 页。

② 《宋会要·职官》二之二，第 2372 页。

③ 《长编》卷三六一、卷四一九，第 8646、10159 页。

④ 《宋会要·职官》四之一，第 2437 页。

⑤ 《宋朝事实》卷九《职官》，第 140 页。

月，控鹤右厢都指挥使尹勋擅斩部属，兵部尚书李涛“以病卧家”，“力疾草奏，乞斩勋”，家人劝其不要过问，李涛说：“我为兵部尚书，知军校无辜杀人，岂得不论？”又，同年同月，太祖下令说：“诸州自今决大辟讫，录案闻奏，委刑部详覆之。”又，《长编》载乾德年间事说：张昭“为吏部尚书领选事，凡京官七品以下犹属铨。及昭致仕，始用它官权判，颇更旧制。京官以上无选，并中书门下特除，使府不许召署，幕职悉由铨授矣”[①]。上述几例，都说明六部仍是具有一定行政职能的部门。只是随着北宋社会的逐渐稳定和差遣制度的逐渐完善，六部的行政职能才渐渐被完全剥夺，机构完全虚化。

（一）恢复尚书省的要求及付诸实践

北宋前期，中央政府机构设置重叠，行政效率低下，许多官员将弊病归结到尚书省的有名无实，从各个部门的变革角度，提出恢复尚书省的要求。如，端拱元年（988）十二月，著作郎罗处约上疏讨论三司制度，云：“以臣管窥，莫若复尚书都省故事，其尚书丞郎、正郎、员外郎、主事、令史之属，请依六典旧仪，以今三司钱刀、粟、帛、管榷、度支之事，均在二十四司。”要求将三司职责还给尚书省二十四司。[②]至道二年（996）二月，王炳上书论尚书省职能，言“尚书省，国家藏载籍、兴治教之府……尚书六曹，名虽存而其实亡矣”[③]。强调恢复尚书省“藏载籍、兴治教”的职责。宋初，也有大臣提出全面恢复尚书省的建议。淳化二年（991）九月，御史中丞王化基献《澄清略》言五事，首言“复尚书省”：

国家立制，动必法天，并建官属，以尊王室。且尚书

① 《长编》卷三、卷五，第 63、123 页。

② 《长编》卷二九，第 661 页。

③ 《长编》卷三九，第 829 页。

省上应天象，对临紫垣，六卿拟喉舌之官，郎吏应星辰之位，斯实乾文昭著，政事具明。方今省曹之名，未称朝廷之盛。夫三司使额，乃近代权制，判官、推官、勾院、开折、磨勘、凭由、理欠、孔目、勾押前行后行，皆州郡官司吏局之名也。臣今请废三司，止于尚书省设六尚书分掌其事；废判官、推官，设郎官分掌二十四司及左右司公事，使人掌一司；废孔目、勾押前行后行为都事、主事、令史、书令史；废勾院、开折、磨勘、凭由、理欠等司，归比部及左右司。如此，则事益精详，且尽去其州郡职局鄙俗之名也。六卿如阙本官，即选名品相近、有才望者权；其尚书郎官如阙本官，即于两省三院选明干有清望者依资正除。所贵尚书省无驳杂之官。其二十四司公事，若繁简不同，望下本官属参酌其类，均而行之。①

王化基居然将尚书省的设置上升到“上应天象”的高度，从天人感应的角度立论，阐述恢复尚书省的必要性，并由此提出具体机构改正、官员任命等方案。前后时期内，大量的官员提出恢复尚书省的要求。如：“咸平中杨亿首言文昌会府宜复其旧……至和中吴育亦言尚书天下之大，有司当渐复之。”② 大中祥符九年（1016）三月，真宗对宰辅们言及尚书省制度时，云：“言事者屡请复二十四司之制，杨砺尝言行之不难，但以郎中、诸司使同领一职，则渐可改作。”③ 至嘉祐三年（1058）十二月，翰林学士韩绛再次提出宰相机构更正事宜，仁宗令翰林学士胡宿、知制诰刘敞等讨论，其上条奏云：

① 《长编》卷三二，第 721 页。

② 《山堂考索续集》卷二九《官制门》，第 1089 页。

③ 《长编》卷八六，第 1978 页。

> 唐制无枢密院，自五代用兵，始与中书对掌机务，名体不正，无甚于此。即欲改正官制，当废院名，以曹事还中书。尚书二十四司既为虚名，所以官冗员众，蠹财害政。即欲改正官制，当罢三司，复二十四司及九卿官，使有定员，其郎官不在本省治职事者，并以前资及散官处之……大理寺决天下狱，刑部复之，于事已足，又加审刑院，则为骈衍。即欲裁损官制，当废审刑院。一吏部尚书、侍郎、郎中分领铨事，则当差次轻重，分别流品。今审官院掌京朝官磨勘，而尚书铨惟典州县幕职官，体制不伦。即欲裁损官制，当罢审官院，以其职事归尚书铨。群牧司、提举司、纠察司之类，皆古无此官。即欲裁损官制，悉当省罢，还属尚书九卿，此所谓裁损者也……中书出制敕，唐制并经门下审复，然后尚书出告身，经历三省。比来唯于中书发敕，虚置三省官名，今欲申明复此制。[1]

其宗旨依然是废除后来逐步设置的差遣机构，恢复三省制，尤其是恢复尚书省二十四司之职能。可以说，要求恢复尚书省制度，在神宗改制前，几乎已在朝野达成普遍共识。

神宗改制后，大臣们的建议得以付诸实践，尚书省六曹二十四司转为职能单位，尚书省也成为名义上的宰相机构，且以尚书省都堂为政事堂，宰相们议政、决策于此。尚书省各曹司职能恢复后，人员大量增加，办公场地明显过于狭小，最初临时借用其他部门办公场所。“以新省营缮未毕，凡寓治四所：一旧三司，二旧司农寺，

① 《长编》卷一八八，第4537、4538页。

三旧尚书省，四三司使廨舍。”[1] 神宗于元丰五年（1082）开始在大内之西建尚书新省。“尚书省即殿前司廨舍地为之，自令、仆厅事下至吏舍，为屋四千楹有奇。以五年五月癸巳即工，六年十月庚子而成。上稽古董正治官，既复尚书二十四司职事，并作新省，其规摹区处详密曲折，皆出制旨裁定。用臣承诏督工作，壮伟雄盛，近世所未见也。”神宗夸耀说：“新省宏壮，甚与官制相称。”[2] 有都省、令庭、左仆射庭、右仆射庭、左丞庭、右丞庭等等办公处所。元丰五年（1082）五月，还下诏云：“如闻官制新行，诸司不知所属，可一切申尚书省。”[3] 尚书省真正成为总理朝政的部门机构。徽宗政和四年（1114）四月五日，驾临尚书省，即赐御笔手诏曰：“尚书，政事之本。董正治官，自我烈考。”[4] 不过，尚书省长官由中书、门下二省长官兼任，尚书省不免与中书、门下二省呈现合而为一的倾向。如元丰八年（1085）三月，“诏尚书省权于门下、中书省治事”。元符三年（1100）正月诏：“尚书省官权于门下、中书省治事。”[5] 就是这种倾向的一种体现。

（二）职掌和职官

元丰改制后，尚书省有了确定的职掌和机构设置。《宋史》载：

> 掌施行制命，举省内纲纪程式，受付六曹文书，听内外辞诉，奏御史失职，考百官庶府之治否，以诏废置、赏罚……凡天下之务，六曹所不能与夺者，总决之；应取裁者，随所隶送中书省、枢密院。事有成法，则六曹准式具

① 《宋会要·职官》四之六，第 2439 页。

② 《宋会要·职官》四之八，第 2440 页。

③ 《长编》卷三二六，第 7840 页。

④ 《宋会要·职官》四之一五，第 2444 页。

⑤ 《长编》卷三五三、卷五二〇，第 8462、12378 页。

> 钞，令、仆射、丞检察签书，送门下省画闻。审察吏部注拟文武官及封爵承袭、赐勋定赏之事。朝廷有疑事，则集百官议其可否。凡更改申明敕令格式、一司条法，则议定以奏复，太常、考功谥议亦如之。季终，具赏罚劝惩事付进奏院，颁行于天下。大祭祀则誓戒执事官。[①]

尚书省属下的六部，是中央政令的具体实施和执行机构，神宗总结其职能便是“尚书省承而行之”。设官九位：尚书令，左、右仆射，左、右丞，左、右司郎中，员外郎各一人。尚书令官高不除；左、右仆射兼门下、中书二省长官，为宰相；左、右丞为副宰相。

（三）机构设置

尚书省机构设置有十房：吏房、户房、礼房、兵房、刑房、工房，“各视其房之名分掌六曹诸司所行之事”。开拆房“主受发文书”，都知杂房“主行进制敕目、班簿、具员赏功罚罪、都事以下功过迁补、及在省杂务”，催驱房“主行钩考六曹稽失”，制敕库房“主行编类供检敕令格式、簡纳架阁文书”。[②]后增设点检房、奏钞班簿房等。各房之上，设尚书省左右都司，“掌受付六曹诸司出纳之事，而举正其稽失，分治省事。左司治吏、户、礼、奏钞、班簿房，右司兵、刑、工、案钞房，而开拆、制敕、御史、催驱、封桩、知杂印房则通治之”[③]。

---

① 《宋史》卷一六一《职官一》，第 3787、3788 页。

② 《宋会要·职官》四之四，第 2438 页。

③ 《宋会要·职官》四之一九，第 2446 页。

第三节　三省的再度趋同

三省再度趋同并合一，是元丰改制后宰相机构的演变大方向。此后，宋代宰相制度最终完成了从三省制到一省制的转变。

一、三省制的不合理性

三省制的发生和发展，如前所言，并不是同时出现，并举并重，而是交替出现，各领风骚，相互排斥的。政归中书，尚书省便有被逐渐架空的危险；侍中参政，便分割了中书的权力。在隋代之前，并不存在着地位对等的三省制，所以，此前三省制的弊病也没有充分暴露出来。至隋朝，方企图建立均衡的三省制，唐初沿袭之，三省制的弊病才彻底暴露出来。因此，三省制内部就进行了自我调整，很快就向二省甚至一省制演化。北宋前期官僚，离唐初完整的三省制已约有三百多年历史，他们并不理解真实的三省制，他们要求恢复三省制，更多的是一种传统的“厚古薄今”保守思潮的体现。所以，嘉祐三年（1058）十二月知制诰刘敞等上条奏要求变革官制时，就曾经将“三公制”混淆其中，开篇要求恢复的是秦汉古制，说：“唐制虽以尚书、中书、门下三省长官为宰相，然尚书、中书之名，本非宰相之实，即欲改正官制，仍须别立政事府，如丞相之类。”①

三省体均，平分事权，相互制衡，始终是一种理想化的职官制度。在实际操作中，不可能完全真正体现。如果真正做到三省体均，必然加重相互扯皮、推诿搪塞、效率低下等机构官僚病。即使一定程度的体现，也必然相互争权，使彼此间的矛盾日益趋于尖锐化。唐代初年，唐太宗对此就有敏锐的认识。官制改革初期，王安礼就对神宗说：“政畏多门，要当归于一，特所经历异耳。今也别

① 《长编》卷一八八，第4537页。

而为三，则本末不相见，是何异秦、齐二王教与诏敕杂行，安所适从？”[1]于是，在实际操作中，便有所调节，中书省地位依然独尊，“政柄尽归中书”，以减少三省之间的矛盾冲突和机构官僚病。这既是二省争权的结果，也是实际操作过程中机构所发挥的一种自然调节功能。其后，也有权归左相或合二相权力于一人的时候。但是，神宗重新确立三省制、分割事权的旨意同样得到一定程度的贯彻实施。其中，因为尚书左右仆射分兼门下、中书二省长官，尚书省自然很容易与其他二省取得一致的步调，三省之间的矛盾冲突集中体现在中书与门下二省的相互争权夺利之中。

宋人已经深刻认识到三省制的不合理性，《古今源流至论》后集卷二《三省》概括三省制在实际运作过程中权力偏于一端的三大弊病云：

> 元丰正名，三省并建，分职设局，如贯绳然。然愚所深惜者，小人用事，托公济私，其弊有三，盖不可不论。且王珪以左仆射兼门下侍郎、蔡确以右仆射兼中书侍郎，二省宜相兼矣。夫何确专政柄，惟重中书，凡有除吏，珪不与闻。盖仆射为相，命令进拟，皆所由出，安有省复之举。二省进对，同得预闻，既已奉行，又复有审驳之理，此事权所以尽归于右仆射之手，蔡确偏重右相之弊一也。自吕公著有同舟共济之说而执政皆协力。又韩缜以犹子避亲，改授之命，而三省同取旨，三省宜同心矣。夫何子厚任左仆射，有欲更分班奏事之制者，子厚惧权之去己，乃曰：此先帝之志不可易。故终哲宗之世，不置右仆射，而文书有合送中书取旨者，则以为无条有例，由尚书省径

① 《长编》卷三二七，第7872页。

上，但过门下而已。蔡京奸臣尤而效之，子厚偏重左相之弊二也。又有甚者，京相既久，奸谋日长，请改左仆射为太宰、右仆射为少宰，自以太师兼总三省，号为“公相”。宰执大臣皆居其下，益肆其无忌惮之心。噫！可叹也。是则蔡京偏重公相之弊，其变已三，流害尤甚欤。嗟夫！右相偏重之弊王珪非不言之，言之卒不胜；左相偏重之弊李清臣非不辩之，辩之卒不能；至公相专恣之弊，宣和诏令非不言罢，而或以为噬脐之悔。甚至绍兴权臣窃之，开禧权臣又窃之，识者盖为浩叹。①

或右仆射专权，或左仆射专权，或公相专权，权力集中于一端，三省权力操纵于一人之手。这不仅仅是权相的权力欲望无边所导致，更是制度运作的必然性。

况且，将原来中书门下的职权一分为三，冗官问题非但没有解决，甚至有所增加。同时，又带来行政效率低下的新问题。元祐三年（1088），翟思上言说：“今天下之事，其烦简多寡，盖无异于未改制之前。然昔以一官治之者，今析而为四五；昔以一吏而主之者，今增而为六七。故官愈多而吏愈众，禄愈广而事愈烦。每朝廷文移下尚书省，又付吏部，又下寺监，又下所领库务。自下而达上者亦然。”② 改制欲简省官吏的目的，并没有很好地得到落实，官僚体制更加膨胀。

二、三省的趋同演变

三省制实际操作过程中的弊端，促使其再次发生变化，趋向合一。

---

① 《古今源流至论》后集卷二《三省》，第176—177页。

② 《山堂考索续集》卷二九《官制门》，第1090页。

三省再度趋同演变的第一步是由三省分班奏事改为三省合班奏事。神宗改制，三省各行其是，由皇帝统一操纵，实际上是分割宰相事权、扩大皇权的一种措施。神宗去世，哲宗以 8 岁幼龄登基，当然无法如神宗一样指挥三省，尚书左丞吕公著即上言说：

> 唐太宗用隋制，以三省长官共议国政，事无不总，不专治本省事。国朝之制，每便殿奏事，止是中书、枢密院两班。昨来先帝修定官制，凡除授臣僚及兴革废置，先中书省取旨，次门下省审覆，次尚书省施行，每各为一班。虽有三省同上进呈者，盖亦鲜矣。此盖先帝临御岁久，事多亲决，执政大臣大率奉行成命，故其制在当时为可行。今来陛下始初听政，理须责成辅弼。况执政之臣，皆是朝廷遴选，安危治乱，均任其责。正当一心同力，集众人之智，以辅惟新之政。譬如共舆而驰，同舟而济，人无异心，则何求而不得？何为而不成？伏望圣慈留神省察，明降指挥，应三省事合进呈取旨者，并令三省执政官同上奏禀，退就本省，各举官制施行。[①]

吕公著的建议被垂帘听政的太皇太后接受，诏“应三省合取旨事及台谏章奏，并同进呈施行”[②]。三省合班奏事，更需要的是三省长官之间的协调合作，而不是皇帝在其间的操纵把握。由于尚书省左、右仆射兼中书省和门下省长官，实际上只是中书省和门下省的长官合班奏事。北宋后期，宰相奏事往往称“中书、门下省言”[③]。

① 《长编》卷三五八，第 8561 页。

② 《长编》卷三五八，第 8561 页。

③ 如《宋会要·职官》二之三〇：“政和三年十二月二十二日，中书门下省言……”又，“宣和元年二月十二日，中书门下省言……”第 2386 页。

三省再度趋同演变的第二步是中央出现独相的格局，左、右仆射中只设一位，三省权力在实际上逐渐归拢到一个核心。这种格局首先出现在哲宗亲政期间，中央一直只设左仆射，由章惇出任。不过，哲宗信任知枢密院事曾布，遇事多与曾布商议，唯一的权力核心尚未形成。至徽宗政和二年（1112），蔡京以太师兼总三省，号为“公相”，“总理三省众务，使宰辅丞弼殆成备员”[1]，三省权力在实际操作中已经合并为一。宣和七年（1125）四月，因蔡京再度致仕，徽宗发布诏书，明确“公相”设置的不合理性，重申神宗制定的三省制度，说：“三省并依元丰成宪，毋复侵紊。敢辄议者，以大不恭论。”[2]蔡京等人的所为，使三省合一在现实操作中成为可能。

三省再度趋同演变的第三步是中书与门下二省合并为一。三省分设，中书出令，尚书执行，二者之间无太多的矛盾。中书出令，门下驳议，二者之间则往往容易形成相互争执、争持不下的局面，中央行政机构的工作效率就自然会降低。如果是朝廷要事、急事，这种争持必然会贻误事机。在皇帝与二省大臣的讨论中，对中书与门下的制衡关系也时常出现“虑成重复”的顾忌。于是，在具体操作过程中便有所调节。神宗改制初，元丰五年（1082）九月七日便下诏：“凡指挥边事，更不送门下省复奏。”[3]而后，“一曰机速更不关录门下省，一曰急速更不录送门下省”之类的事情经常发生。[4]门下省给事中的书读、封驳之职，也常常被无意或有意地忽略。如元祐元年（1086）闰二月，给事中范纯仁提意见说：“近除门下侍郎吕公著文字，并不经臣书读，兼不得见。尚书吏部，合与不

① 《宋朝事实》卷三《诏书》，第 36 页。

② 《宋朝事实》卷三《诏书》，第 36 页。

③ 《宋会要·职官》二之四，第 2373 页。

④ 《宋会要·职官》一之三九，第 2349 页。

合将不经门下省文字直便行下，及虑别有被授指挥。”朝廷因此下诏重申：“别出画黄，送门下省。仍今后急速不系出告文字，不过门下省，并关门下省照会。”[1]朝廷在听取范纯仁意见的同时，仍然强调“急速文字不过门下省”。同月，除安焘知枢密院敕命，因门下省封驳未得颁布，朝廷直接绕开这一道手续，“已有指挥门下省，更不送给事中书读，令疾速施行”[2]。门下省一再被架空，门下省官员在很多时候干脆放弃作为。甚至，“时吏堕不虔，凡命令之出于门下者，预列衔，使书名而徐填其事，谓之‘空黄’”[3]。部门作用，已如同儿戏。

门下省逐渐被架空，政事越发清简，门下相无所事事。元祐六年（1091），“右仆射刘挚过都省，左仆射吕大防不至。大防为挚言，欲间日入，就当笔日故也。挚以为若如此，则两揆于都省遂无聚议，恐未安。兼门下事简，三日一留亦无害，况旧例已如此。是日挚过都省，大防亦至，盖觉前所云就当笔日始入为未安也。大抵都省不可阙宰相，又不可不集也。间行官制后，左相日日入省，以门下无事耳。右揆间日留中书，自有法，以中书事繁也”[4]。“门下无事”与“中书事繁”形成鲜明对比。三省之中，尚书省听命于中书省，门下省架空，三省合一的趋势日渐明显。

此外，三省长官相互兼职，容易出现各部门权力重复，有名无实等弊病。叶梦得《石林燕语》云：

> 左右仆射既为宰相，则凡命令进拟，未有不由之出者。而左仆射又为之长，则出命令之职，自己身行，尚何

① 《长编》卷三六八，第8878页。

② 《长编》卷三七〇，第8946页。

③ 《宋史》卷三五三《张叔夜传》，第11141页。

④ 《长编》卷四五五，第10914页。

> 省而复之乎？方其进对，执政无不同，则所谓门下侍郎者，亦预闻之矣，故批旨皆曰："三省同奉圣旨。"既已奉之，而又审之，亦无是理。门下省事惟给事中封驳而已，未有左仆射与门下侍郎自驳已奉之命者，则侍中、侍郎所谓省审者，殆成虚文也。元祐间，议者以诏令稽留，吏员冗多，徒为重复，因有并废门下省之意。后虽不行，然事有当奏禀，左相必批送中书，左相将上而右相有不同，往往或持之不上，或退送不受，左相无如之何，侍郎无所用力，事权多在中书。自中书侍郎迁门下侍郎，虽名进，其实皆未必乐也。①

门下省正副长官，即为正副宰相，他们同样是出令者，何来自我审覆？门下省权力有名无实，于此可见。所以，权归中书是制度的必然。

针对三省制重新确立后中央权力行使过程中出现的弊病，朝中大臣则提出了重新合并三省的主张，具体落实为中书与门下二省的合并。元祐四年（1089）八月，"司马康奏其父（司马）光遗稿，其一，乞合中书、门下两省为一，盖光与吕公著、韩维、张璪同具奏"。奏疏分析了三省制发生、发展、趋同之过程和神宗改制前的官制之后，认为三省合一是一种必然的倾向，"至于国朝，莫之能改。非不欲分也，理势不可复分也"。神宗改制后，许多弊病便暴露出来，奏疏说：

> 神宗皇帝以唐自中叶以后，官职繁冗，名器紊乱，欲革而正之，诚为允当。然但当据今日之事实，考前世之讹

① 《石林燕语》卷三，第 39 页。

谬，删其重复，去其冗长，必有此事，乃置此官，不必一依唐之《六典》，分中书为三省，令中书取旨，门下复奏，尚书施行。凡内降文书及诸处所上奏状、申状至门下、中书省者，大率皆送尚书省。尚书省下六曹，付诸案勘会，检寻文书，会问事目。近则寺监，远则州县，一切齐足，然后相度事理，定夺归著，申尚书省，送中书取旨。中书既得旨，送门下省复奏画可。然后翻录下尚书省，尚书省复下六曹，方得符下诸处。以此文字太冗，行遣迂回，近者数月，远者逾年，未能结绝。或四方急奏待报，或吏民词讼求决，皆困于留滞。又本置门下省，欲以封驳中书省录黄、枢密院录白，恐有未当。若令举职，则须日有驳正，争论纷纭，执政大臣遂成不协。故自置门下省以来，驳议甚少。又门下不得直取旨行下，虽有驳议，必须却送中书取旨。中书或不舍前见，复行改易。又内批文字及诸处奏请，多降付三省同共进呈，则门下之官已经商量奏决，若复有驳正，则为反复。又近日中书文字有急速者，往往更不送门下省，然则门下一官殆为虚设，徒使吏员倍多，文字太冗，无益于事。臣等今众共商量，欲乞依旧令中书、门下通同职业，以都堂为政事堂。每有政事差除及台谏官章奏，已有圣旨三省同进呈外，其余并令中书、门下官同商议，签书施行。事大则进呈取旨降敕札，事小则直批状指挥，一如旧日中书门下故事。并两省十二房吏人为六房，同共点检钞状，行遣文书……如此，则政事归一，吏员不冗，文书不繁，行遣径直。[①]

① 《长编》卷四三一，第10409、10410、10411页。

司马光等人的奏议指出三省分权有五方面缺陷：第一，公文在三省之间周转烦琐，“文字太冗，行遣迂回”，困于留滞。第二，门下省封驳甚少，若有封驳，易造成执政大臣之不协。第三，中书省取旨，可以不理会门下省的封驳。第四，门下省也参与朝政商量奏决，“若复有驳正，则为反复”。第五，近日中书文书往往不送门下省，“门下一官殆为虚设，徒使吏员倍多，文字太冗，无益于事”。此奏疏呈上之后，左谏议大夫梁焘也上疏“伏乞检会（司马）光议，审酌其当而施行。如旧日中书、门下通治政事，省十二房为六房，事可归一，吏无冗员，文书不繁，行遣径直”。[①] 但垂帘听政的太皇太后没有听取臣下意见，诏曰“不必更改”。

司马光等准备上疏是元祐元年（1086）之事，司马光于该年闰二月除左仆射，九月去世，梁焘上述奏疏中称“议草未及上而光薨”。时吕公著任右仆射，韩维任门下侍郎，张璪任中书侍郎。也就是说，要求重新合并中书、门下二省是正副宰相们的一致意见。此时距元丰五年（1082）的改制仅四年。

元祐元年，右司谏苏辙也上言分析三省制的弊病，认为改制以后，三省之间“参考之益未见，而迂滞之害先著。见今三省文书，节次留碍，比官制未行以前，颇觉其弊”。原因大约有以下四点：其一，“凡事皆中书取旨，门下复奏，尚书施行，所以为重谨也。臣谓国之大事，及事之已成者，依此施行则可；至于日生小事，及事之方议者，一切依此，则迂缓之弊所从出也”。其二，“三省文书，法许吏人互相点检差误，毫末之失，皆理为赏罚。故被罚者畏避谴呵，巧作迁延，以求细密；被赏者希望劳绩，吹毛求疵，务为稽缓，因此文书无由速了”。其三，“文书至尚书省，自省付诸部，自部付诸司，其开拆、呈复、用印皆有日限，逐处且以五日为率，

① 《长编》卷四三一，第 10414、10415 页。

凡十五日。其堪当于外，日数又多。幸而一出得备具者，自诸司申部、申省，其限日如前，则已一月余日矣。不幸复有问难，又复一月，自此盖有不可知者”。其四，“古者因事设官，事不可已，然后置官。今官仿唐制，事本不须如此，而为官生事者，往往而有”。苏辙认为自己所言的四点，仅仅是三省制弊病中的“一二而已”，所以，必须以“事清吏简”为官制变革之目的。[①]

应该注意北宋宰相制度变革这样一个事实：改制前，大臣们零零散散地提出恢复三省制的要求，大都是宏观而空洞，没有听到不同的意见，慢慢达成朝野共识；改制后，宰辅和其余臣僚却迅速集体提出合并主张，马上达成共识。这说明恢复三省制确实是不切实际的。如同司马光等宰辅所强调的：“非不欲分也，理势不可复分也。”

机构重叠，效率低下，在和平时期还可以勉强应付。战争岁月，戎马倥偬，军务、政务往来频繁，就亟须改变这种状况。宋室南渡初年，高宗用李纲为相，李纲上书言十事，其一曰“政出多门，纪纲紊乱，宜一归之于中书，则朝廷尊”[②]。明确提出一省制的建议。吕颐浩建炎三年（1129）四月拜右仆射，“便举行司马光之言，欲并合三省，诏侍从、台谏集议。（张）守言光之所奏，较然可行，若更集众，徒为纷纭。既而悉无异论，竟合三省为一”[③]。《宋史》载：“建炎三年（1129）指挥，中书、门下省并为一。”[④]门下省因此不复存在，《宋会要·职官》二之六在“门下省”条目末尾注云：“中兴《乾道会要》无此门”，原因是门下省作为一个独立部门已经消失。此后，门下省职官虽还存在，但已极少行封驳之权力。绍兴元年（1131）四月，诏曰：“中书、门下两省已并为中书

① 《长编》卷三七三，第 9034、9035 页。

② 《宋史》卷三五八《李纲传》，第 11252 页。

③ 《宋史》卷三七五《张守传》，第 11612 页。

④ 《宋史》卷一六一《职官一》，第 3787 页。

门下省，其两省合送给、舍文字，今后更不分送，并送给事中、中书舍人。”[①]事实上就是取消了门下的封驳作用。乾道五年（1169）二月，中书舍人汪涓说：“近年以来，间有驳正，或中书舍人、给事中列衔同奏，是中书、门下混而为一。”[②]至此，门下省职官已形同虚设。孝宗隆兴元年（1163）四月二十七日对给事中金安节说：“近日都不见缴驳，有所见，但缴驳来，朕无不听。”[③]宋孝宗是宋代最后一位特别想有所作为的皇帝，所以他还要求臣下行使封驳权。以后的皇帝皆庸碌之辈，且权相接二连三当政，封驳权基本废除。建炎三年的三省合并，宣告了三省制的寿终正寝，自此以后，再也没有帝王试图恢复三省制。

神宗变革官制，废除重叠的临时性差遣机构，恢复尚书省六部二十四司的职能，这对机构设置的规范化是很有好处的，而且，尚书省六部二十四司的行政职能分工也比较合理妥善。所以，南宋初期再次合并三省，就不再设北宋时期那些依附于中书门下的重叠机构，尚书省六部二十四司的建制和职能得以保存，这是南宋三省合并之后与北宋前期官制最大的不同之处。即使是明代废除宰相，六部的分工建制和部门职能仍然得以延续，且一直绵延到晚清。

三、三省演变原因

三省制发生、发展和演变之原因，应该从中央专制的内部权力构成和相权与帝权的此长彼消等角度来分析观察。中央专制权力由相权与帝权两大部分构成，两者的基本目标是一致的，即正常地、有效地发挥中央权力机构的领导作用，治国安邦，以求国泰民安、天下大治，保证一姓王朝的代代相传。两者的基本关系是要求在帝

① 《宋会要·职官》一之七九，第 2369 页。

② 《宋会要·职官》一之八二，第 2370 页。

③ 《宋会要·职官》二之九，第 2376 页。

权的有效控制下，更好地发挥相权的作用。然而，相权与帝权又是一对统一的矛盾，任何一方的膨胀都是以削弱另一方为代价的，呈现出此长彼消的态势。

相权的膨胀，大致有两点原因：第一，宰相的智商和才能都超越了在位的帝王。从理论上来说，宰相只有议政权，决策权在皇帝手中。历代皇帝都是凭借血缘关系一脉相传，具有相对的不可选择性。多数帝王，“生于深宫之中，长于妇人之手”，缺乏应有的行政实践经验。甚至，有时登基的皇帝，或是智力未发展健全的幼童，或是智力低下的白痴，或是性格懦弱者。宰相则往往是在官场中摸爬滚打中磨炼出来而崭露头角的佼佼者，他们熟悉官场，富有政治斗争经验。即使有贵族或外戚家庭背景的宰相，他们能够在家族中脱颖而出，也必须具有相当的政治才干。所以，在多数情况下，宰相的才能总是要超过在位皇帝的。繁重的中央政务处理需要这种才干，复杂的官场人际关系调节也需要这种才干。因此，宰相在许多时候，实际上侵夺了皇帝的决策权，皇帝仅仅是作为权力的一种象征。

第二，宰相机构一经健全、投入运作，就具有相对的独立性。在没有皇权控制的情况下，也将依据惯性自行运转，其对皇权的离心率将越来越大。秦汉的三公制和东汉以后各领风骚的三省，都有这样一个发展过程。宰相机构从起草政令，到复核审查、贯彻实施，或完成各级官员的任命，都可以在不受皇权干涉的情况下独立完成。一旦皇帝昏庸或无能，这种独立性就会被突出出来。

相反，当雄才大略的帝王在位时，他们总是要扩展皇权，削弱相权，以增加自己对中央集权的控制力，以便施展自己的宏图，贯彻个人意志。或者疑忌心过重的帝王，过度自信的帝王，也都会过分侵夺相权。观察历代宰相制度演变的轨迹，都能证明这一点。东汉光武帝以尚书取代三公，魏文帝扩大中书职权，宋太祖以中书、枢密对掌大柄，乃至神宗改制，皆其例。

三省的分而复合、合而复分，其根本原因也就在于皇权与相权之矛盾统一与力求提高行政效率、加强中央集权之追求这两个方面。

第三章　宋代相权之强化

宋代宰相有多大权力，与前后朝代相比究竟是扩大还是缩小了？这一直是一个众说纷纭的学术问题。史学界以往有两种截然相反的意见：第一种观点认为宋代的相权缩小了，宋代把军权分给枢密院，财权分给三司，设审官院分宰相的用人之权，同时，宰相还要接受台谏的严密监督，在中书门下又分设参知政事，以牵制宰相，所以，宋代宰相的权力已经萎缩到令人难堪的地步。钱穆的《论宋代相权》就持这种“宋代宰相权弱”的观点①，以后史学界所论大致沿袭这样的观点，几成定论。近十几年以来，部分学者在认真排比了宋代第一手史料后，得出完全相反的意见。如王瑞来先生在《宋宰辅编年录研究》（代前言）中总结说：“在不断与皇权抗争中，宋代的相权总的看比以往任何一个朝代都重要。有宋三百年的政治舞台，基本上是由这群掌握实权的宰辅导演的，而皇帝在多数情况下，不过是一个任人摆布的尊贵的偶像而已。”②张其凡先生考察宋初中书事权之后，同样得出相权强化的结论：“中书的权力不是削弱了，而是加强了。”③

上述两种意见，都是从皇权与相权对立的角度观察史实。张邦炜先生则改从两者统一的角度考虑问题，认为宋代皇帝的最高统治

① 《中国文化汇刊》第二卷，1942 年 9 月。

② 《宋宰辅编年录校补》，第 29 页。

③ 《宋初政治探讨》，第 41 页。

权和宰相的最高行政权是相辅相成的，“宋代的皇权和相权都有所加强”①。这种意见很具启发性。咸平元年（998）十月，真宗与宰相张齐贤等有这样一段对话：

> 宰相张齐贤、李沆入对，上谕之曰：“上下和睦，同济王事，忠孝之诚，始终如一。”齐贤曰：“君为元首，臣为股肱，上下一体，岂有不同其心而能济国家政事者哉。”上曰：“推其公共，思而后行，惟宜谨审，无至差失，况先朝皆有成宪，但与卿等遵守，期致和平尔。”②

两者对话，非常具有启发性，皇权与相权，首先是统一的。其实，这是一个历史常识。忽略这一点而讨论历史问题，各种偏颇就会产生。宋代帝王与宰相在许多时期内确实基本上做到了“上下一体”，所以，两者的地位和权力都得以加强。宋代“积贫”“积弱”，在强敌环拱下赵宋王朝却依然能存在三百多年，主要原因之一就是得力于君臣的同心同德。翻检两宋史料，有一个十分明显的事实：两宋基本上没有后妃、外戚、宗室、宦官擅权乱政之事发生，只有权相架空皇帝，独揽中央大政。这个简单的事实，以最简洁的方式证实了宋代相权之强化。宋代相权的强化，在很长时期内，就是皇权的强化。

讨论宋代相权的强化或削弱，还必须澄清一个问题：即以哪个朝代作为参照系。西汉前期，实行丞相开府的个人领导制，丞相可以开府自辟僚属并独立行使各项权力，包括选用朝廷和地方官吏，统辖百官，主管郡国上计考课，自行诛罚予夺，总领百官朝议奏

---

① 张邦炜：《论宋代的皇权和相权》，载《四川师范大学学报》1994年第2期。

② 《长编》卷四三，第918页。

事，封驳谏议等，可以自行惩办千石左右的太中大夫等中级官员，对内史之类的二千石大臣，也可以先斩后请。与这一阶段的宰相相比，宋代的相权当然是削弱了。从突出个人领导作用的三公制到隋唐强调集体领导的三省制，逐渐建立起宰相的集体领导制度，集体领导制中的每位宰相，权势都不如个人开府负责时期的宰相。讨论宋代相权的强化，是在宰相集体领导制的范围内，主要是与隋唐时期三省制度下的宰相比较所得出的结论。

全面排比两宋史料，就能发现宋代在不同的时期或皇权和相权都得到强化；或相权过度膨胀，确实削弱了皇权，不可一概而论，但以前一种情况占主导地位。

第一节 与士大夫治天下

在专制独裁社会里，一切权力来自独裁者。换言之，宋代的相权来自皇权。即：宋代相权强化的最根本原因是帝王的抉择，宋代帝王确定的基本治国方针是：与士大夫共治天下。柳诒徵先生说：“盖宋之政治，士大夫之政治也。政治之纯出于士大夫之手者，惟宋为然。故惟宋无女主、外戚、宗室、强藩之祸。宦寺虽为祸而亦不多。”①

宋代中央集权大大加强，这一点史学界都没有异议。宋代中央集权，包括皇权和相权两个组成部分，这是在一个整体中互相依赖的一对矛盾。当双方的统一性占主导地位时，任何一方的强化都是对另一方的支持；当双方的矛盾性被凸现出来时，任何一方的强化都是以削弱另一方为代价的。两者关系的一般模式是“委任责成”，即皇帝委治国重任于宰相，责其成功。其中，皇帝握有最终决策权

① 《中国文化史》，第580页。

和最高统治权，宰相仅有最高议政和行政权。在常态模式之下，相权的充分发挥，便是皇权的最好体现。

专制政体的权力结构呈金字塔型，皇帝处于金字塔的塔尖，由他支配权力并操纵权力的运转。但是，作为个体，皇帝的能力、精力、时间都是有限的，他必须要依赖某一政治群体或某几个政治群体，委托他们共同治理国事，共同组成权力中心。贞观四年（630），唐太宗对萧瑀评价隋文帝时说：隋文帝“不肯信任百司，每事皆自决断，虽则劳神苦形，未能尽合于理。朝臣既知其意，亦不敢直言，宰相以下，惟即承顺而已”①。唐太宗将此作为一条历史经验教训来汲取。宋真宗与宰相们议论唐朝政治时，也说：“天下至大，人君何由独治也？”②历史上，皇帝或信任亲近内臣，或依靠同姓宗亲，或仗恃外姓国戚，或听命身边后妃，中央权力机构中分别出现宦官、宗室、外戚、后妃擅权的局面。

宋代开国帝王，深刻反思历史的经验教训，做出“与士大夫治天下”的选择，将士大夫群体作为唯一可信赖依托的对象。这种治国方针，固定为“祖宗家法”，为历朝皇帝所遵循。宋太宗对宰相李昉等说：“中书、枢密，朝廷政事所出，治乱根本系焉。且天下广大，卿等与朕共理，当各竭公忠，以副任用。”③宋徽宗诏曰：“人君所与共治者，惟辅弼大臣。同寅协恭，率职励行，以仪风俗。”④吕诲则云：皇帝“所与朝夕谋议者，二三执政而已。苟非其人，将败国事”⑤。文彦博从“祖宗法制具在”的角度，对宋神宗强调说：

① 《贞观政要》卷一《政体》，第 15 页。

② 《长编》卷八六，第 1972 页。

③ 《长编》卷二六，第 600 页。

④ 《宋会要·职官》一之三二，第 2345 页。

⑤ 《宋宰辅编年录校补》卷七，第 385 页。

“为与士大夫治天下，非与百姓治天下也。”[①]文彦博的话语，是宋代君主治理国家根本方针的最好总结。御史彭汝砺对神宗说：“今陛下所与共天下事者，惟一二执政之臣……使得其人，则可以弥缝其缺，而告所未至，或非其人，则窃弄权柄，卖鬻恩宠，服谗以相倾，搜慝以自卫，其害亦岂浅哉！”[②]左司谏王岩叟对哲宗说：“臣窃以陛下所与共天下之治者，惟二三执政大臣而已。得其人，则陛下不劳而天下蒙福；非其人，则天下受弊而陛下独劳。”[③]殿中侍御史里行吴中复将其归纳为“威福在于人主，而治乱要在辅臣”[④]。与士大夫共治天下，宋代皇帝和士大夫已经达成共识。

一、历史的反思和重文轻武的基本国策

宋代皇帝以史为鉴的意识非常强烈，宋代国家层面的诸多重大决策，都是汲取唐王朝盛衰之历史经验和教训而制定的。所以，“与士大夫治天下”同样源于对历史的反思。宋朝开国之前，中国专制社会已经经历了上千年的发展，积累了丰富的国家盛衰兴亡之经验教训。历代明智的帝王，尤其是开国帝王皆懂得“以史为鉴”，制定切实可行的建国、治国方针政策。

（一）以文抑武

帝王“以史为鉴”，总是对时间距离最近的一个朝代的历史记忆最为深刻。宋代统治者面对的是曾经有过强盛繁荣、疆域辽阔的大唐帝国，这个帝国后期又曾经陷入战火遍野、四分五裂的局面。绵延至五代十国，更是政权更换频仍，“乱哄哄你方唱罢我登台”。究其最为关键的原因，无非是其武人跋扈、拥兵自重、争权夺利、割据一方。蔡襄云：“唐末失御，外方将帅臣窥衅辄发，籍土地，

① 《长编》卷二二一，第5370页。

② 《长编》卷二八五，第6978页。

③ 《长编》卷三七〇，第8935页。

④ 《长编》卷一七六，第4263页。

聚货财，招徕慓勇士，务刺击争斗以为强。甚者，格弛天子法令，专逐帅臣，盗有其众，患日寖长。梁朱氏卒乘此势以取天下。其后五十余年，易四姓，大率由是废兴。武人绾重兵，收天下安危大柄在掌握间，更世移祀，若提持食饮器东西左右耳。”① 宋太祖就是依靠兵变黄袍加身。个中因由，宋代统治者十分清楚。

宋代的建国、治国方针政策，几乎都是针对唐五代的历史经验教训而建立和制定的，以致后来沿袭为“祖宗家法”。宋初所面临的第一个大问题就是唐末五代延续而来的武人为非作歹，不顾国家法纪，势力恶性膨胀。如，铁骑左厢都指挥使王彦昇是“陈桥兵变”的功臣之一，开国后居功飞扬跋扈，居然“夜抵宰相王溥私第，溥惊悸而出。既坐，乃曰：‘此夕巡警困甚，聊就公一醉耳。’然彦昇意在求货，溥佯不悟，置酒数行而罢。翌日，溥密奏其事，上益恶之”②。龙捷左厢都指挥使马仁瑀，“尝私以士属知贡举薛居正，居正实不许而阳诺之。及闻喜宴日，仁瑀乘醉携所属士慢骂居正，御史中丞刘温叟劾奏仁瑀，上虽怒，曲为容忍”③。权侍卫步军司事王继勋“纵令部下掠人子女，里巷为之纷扰”④。这些武人往往没有文化教养，为官素质极差。太祖曾对赵普说：“五代方镇残虐，民受其祸。朕今选儒臣干事者百余，分知大藩，纵皆贪浊，亦未及武臣一人也。”⑤ 太祖认为，最次的文臣也要优于武臣，一百余位贪浊的文官给国家带来的灾难，不如一位跋扈的武将。太祖一再强调“宰相须用读书人”，显然，太祖是将信任给予文人士大夫。

宋代开国帝王既对武人深具警惕之心，便采取了系列防范措

---

① 《全宋文》卷一〇一四蔡襄《送马承之通判仪州序》，第 47 册，第 121 页。

② 《长编》卷一，第 11 页。

③ 《长编》卷四，第 102 页。

④ 《长编》卷六，第 159 页。

⑤ 《长编》卷一三，第 293 页。

施，最根本的一条就是“以文抑武”，充分信任文人士大夫，在各种岗位上委文人士大夫以重任，甚至地方统率之职责与中央军事首脑枢密院长官也都由文人士大夫充任。宋太宗以后，逐渐形成以文臣任统兵官、督率武将的定例。宋哲宗时大臣刘挚更将其归纳为“祖宗之法”，云：“祖宗之法，不以武人为大帅，专制一道。必以文臣为经略，以总制之。武人为总管，领兵马，号将官，受节制，出入战守，唯所指挥。国家承平百有二十余年，内外无事，以其制御边臣得其道也。”[①] 甚至到了南宋初年戎马倥偬的岁月，宰相李纲仍然要求“于沿河、沿淮、沿江置帅府，以文臣为安抚使带马步军都总管，武臣一员为之副，许便宜行事”[②]。枢密使副之职多数时间里皆由文臣出任。宋仁宗时，蔡襄说：“国家既定四方，追鉴前失，凡持边议、主兵要，内宥密而外方镇，多以儒臣为之任。武人剟去角牙，磨治壮戾，妥帖处行伍间，不敢亢然自较轻重。然则今天下安危大计，其倚重于儒臣乎！”[③]

“以文抑武”基本国策的贯彻实施，在宋代培养起一种轻蔑武人的观念。尹洙曾比较说：“状元及第，虽将兵数十万，恢复幽蓟，逐强敌于穷漠，凯歌劳还，献捷太庙，其荣亦不可及。”[④] 又，南宋光宗为太子时，其太子妃李氏与太子左右争吵，以至诉于高宗、孝宗两宫，李氏出身于武将之家，高宗因此轻蔑地说：“终是将种。”[⑤]

（二）崇文措施

宋代帝王倚重文臣，以文治国，便有一系列尊崇文人士大夫的措施出台。

---

① 《历代名臣奏议》卷二三八《任将》。

② 《宋史》卷一六七《职官七》，第 3961 页。

③ 《全宋文》卷一〇一四蔡襄《送马承之通判仪州序》，第 47 册，第 121 页。

④ 《儒林公议》，第 88 页。

⑤ 《四朝闻见录》乙集，第 56 页。

首先，宋代统治者改革科举制度，拓宽文人的发展道路。宋代帝王依赖科举制度选拔官员，由此塑造文人士大夫新的精神面貌。所以，宋代帝王对科举制度做出系列变革，努力贯彻考场公平的录取原则。宋代科举取消了门第限制，社会各阶层的优秀子弟都被允许应试入仕。同时废除“公荐”制度，实行弥封、誊录、编排、锁院之法以严格考试制度，最大限度地防止考场内外的徇私舞弊活动，以保证科举考试中“一切以程文为去留”的公平竞争原则的落实。科举录取名额大量增加。宋太宗登基次年举行科举考试，录取进士与诸科“凡五百人，皆先绿袍、靴、笏，锡宴开宝寺，上自为诗二章赐之”①。与前朝相比，“自隋大业中，始设进士科，至唐以来尤盛。当时每岁不过三十人，咸亨、上元中，增旧额为七十人，寻亦复故。开成中，连数岁放四十人，旋复旧制。进士外，以经术登科者，亦不及百人”②。太宗此年录取名额数倍增加。而后，科举录取名额不断增加，宋真宗景德二年（1005）录取竟达千余人。此后，一届录取千余人成为常态。宋仁宗庆历六年（1046），“十三日，帝御崇政殿，试礼部奏名进士……得贾黯已下五百三十八人，第为五等，并赐及第、出身、同出身。翌日，试诸科，得九经刘孝显已下四百十五人，并赐本科及第、出身。十六日，试特奏名进士……得郭震已下二百二十三人，并赐同九经、五经、《三礼》学究出身，授长史、司马、文学。同日，试特奏名诸科，得一千六百五十五人，并赐同本科出身，长史、司马、文学”③。数项相加，录取人数高达 2831 人。宋代增加殿试，由皇帝亲自主持，考中者均为“天子门生”，荣耀无比。进士及第，即释褐授官，升迁较快。《宋史·宰辅表》列宋宰相 133 名，科举出身者高达 123 名，

① 《长编》卷一八，第 393 页。

② 《宋会要·选举》七之二，第 4356 页。

③ 《宋会要·选举》七之一六、一七，第 4363、4364 页。

占 92%。状元及第，更是荣耀无比，荣华富贵，指日可待。真宗咸平五年（1002），王曾连中三元，成为新科状元，翰林学士刘子仪便对他开玩笑说："状元试三场，一生吃着不尽。"① 宋人有《鹧鸪天》词咏状元及第说："五百人中第一仙，等闲平步上青天。绿袍乍著君恩重，黄榜初开御墨鲜。龙作马，玉为鞭，花如罗绮柳如绵。时人莫讶登科早，自是嫦娥爱少年。"②

其次，宋代统治者宽厚待士。据说，宋太祖曾立下誓碑，不许杀士大夫和上书言事者。北宋基本上没有诛杀大臣之事。南宋权力之争复杂化，出现权臣独断、宫廷政变等白刃化的权力争夺事件，然诛杀大臣之事依然极少。宋代还将有才华的文学之士选入馆阁，侍奉于皇帝左右，"高以备顾问，其次与议论，点校雠。得之为荣，选择尤精"③。

再次，宋代统治者所依赖的是位于权力核心的中枢大臣，因此这些大臣的俸禄十分丰厚，为官收入名目繁多，有正俸（包括俸钱、衣赐、禄粟），加俸（包括职钱、傔人、衣粮、傔人餐钱、茶酒厨料、薪蒿炭盐、各种添支及爵勋供给），职田等。所以，清人赵翼有"宋制禄之厚""恩逮于百官惟恐其不足"之说。④

（三）以文为贵

宋太祖、太宗出身行伍，早年缺乏必要的文化教育。作为一代开国君主，他们确实具有较为远大的目光，深知"马上得天下，马

① 《东轩笔录》卷一四，第 159 页。

② 《全宋词》，第 3671 页。

③ 《宋史》卷一六二《职官二》，第 3818 页。

④ 宋代职官俸禄丰厚的问题要区别看待。《中国俸禄制度史》考察史料后得出结论：宋代"俸禄分配高低悬殊，五品以上的高级官员，俸禄高得惊人……而广大的低级官员，俸禄很低，连基本生活都有一定困难。"黄惠贤、陈锋：《中国俸禄制度史》，武汉大学出版社 1996 年版，第 301—304 页。

下治天下”的道理，把建立赵宋稳固江山、治国平天下的热望寄托于文人士大夫。《宋史·太祖本纪》载其“晚好读书”，且云：“欲武臣尽读书以通治道”，“作相须读书人”。太宗即位后，大量扩充科举录取名额，太宗解释此举意图时说：“吾欲科场中广求俊彦，但十得一二，亦可以致治。”“自是连放五榜，通取八百余一人，一时名臣，悉自此出矣。”[①]太宗又以三馆新修书院为崇文院，集中才学之士修纂《太平广记》《太平御览》《文苑英华》等大型类书，弘扬儒家文化。自太宗朝开始，进士出身的文人士大夫迅速获得朝廷重用，大量涌入二府中枢机构，成为执掌朝政的主要政治力量。宋代第三位皇帝真宗“崇尚文儒，留心学术，故武毅之臣无不自化”[②]。或真宗还作《劝学文》说：“书中自有千钟粟”“书中自有黄金屋”“书中车马多如簇”“书中有女颜如玉”。这一切并不是空头许诺，是实实在在的现实。北宋蔡襄说：

> 今世用人，大率以文词进。大臣，文士也；近侍之臣，文士也；钱谷之司，文士也；边防大帅，文士也；天下转运使，文士也；知州郡，文士也。[③]

宋代汪洙《神童诗》开篇就说：“天子重英豪，文章教尔曹。万般皆下品，唯有读书高。少小须勤学，文章可立身。满朝朱紫贵，尽是读书人。”

太祖、太宗对文人士大夫的渴望，对读书的崇尚，以及对武人的防范，逐渐形成了“重文轻武”的基本国策，演化为宋人“以文为贵”的思想意识，并积淀成一种下意识的心理仰慕和追求。宋人

① 《石林燕语》卷五，第 72 页。

② 《长编》卷六〇，第 1347 页。

③ 《全宋文》卷一〇〇三蔡襄《国论要目·任材》，第 46 册，第 378 页。

求学读书之风甚盛，“为父兄者，以其子与弟不文为咎；为母妻者，以其子与夫不学为辱”[1]。历年参加贡举的人数不断增加，太宗即位第一次贡举时（977），已有5300人参加考试；真宗即位第一次贡举时（998），激增到2万人。北宋晁冲之《夜行》诗说：“孤村到晓犹灯火，知有人家夜读书。”风气之盛，一至于此。

二、权力收纵自如

晚唐五代，士风败坏。士人寡廉鲜耻，惟利益之所趋，少道义之所存。欧阳修对此感慨良多，云:“五代之乱极矣,《传》所谓‘天地闭，贤人隐’之时欤！当此之时，臣弑其君，子弑其父，而搢绅之士安其禄而立其朝，充然无复廉耻之色者皆是也。吾以谓自古忠臣义士多出于乱世，而怪当时可道者何少也？”[2]北宋田况也感慨说：“自朱梁至郭周五十余年，凡五易姓，天下无定主。文武大臣朝比肩，暮北面，忠义之风荡然矣。”[3]北宋初年，承五代旧习，士风衰弊，士大夫少有气节。宋太祖朝士大夫，在五代时大多随时更变主子。如宰相范质，五代时历仕后唐、后晋、后汉、后周四朝，入宋为相，宋太宗评说其“欠世宗一死”。甚至“更事四姓及契丹”的冯道在北宋初年去世时，“时人皆共称叹，以谓与孔子同寿”。[4]时论颠倒如此，正是当时士风的真实体现。朱熹说:“如五代冯道者，此真乡愿也。本朝范质，人谓其好宰相，只是欠为世宗一死尔。如范质之徒，却最敬冯道辈。”[5]宋代统治者要“与士大夫治天下”，首先必须改变文人士大夫的精神品质。宋代君王通过教育、科举等手段打造新型士风，最终使得宋代士风发生了巨大转变。

---

① 《容斋随笔》四笔卷五，第683页。

② 《新五代史》，卷三四，369页。

③ 《儒林公议》，第88页。

④ 《新五代史》卷五四《冯道传》，第615页。

⑤ 《朱子语类》，1188页。

（一）出身孤寒，依附皇权

宋代士大夫阶层的组成成分，与前代相比，已经有了根本性的改变。隋唐以后重科举取士，为中下层的寒族知识分子进入仕途打开方便之门。不过，隋唐之际士族还有相当势力，他们对科举考试有相当大的操纵能力，因为当时考试还没有采取弥封制，录取是直接面对考生的。宋代庶族与士族的势力对比再度发生变化，经唐末五代的扫荡，士族势力进一步衰落，加上科举考试公平原则的具体贯彻实施，来自中下层的知识分子成为科举考试的主要受益者。

通过科举取士，宋代帝王有意识地让中下层知识分子进入仕途，在国家政治生活中发挥重要作用。为了能够替中下层知识分子拓清仕进之路，宋初帝王的作为甚至在不同程度上违背了“公平”原则，对高级官员子女参加科举考试设置重重障碍。如，开宝元年（968）三月，因翰林承旨陶穀之子陶邴试进士合格，名列第六，太祖“遽命中书复试”，并诏曰：“自今举人凡关食禄之家，委礼部具析以闻，当令复试。”[①] 太宗雍熙二年（985）三月，殿试之后，“宰相李昉之子宗谔、参知政事吕蒙正之从弟蒙亨、盐铁使王明之子扶、度支使许仲宣之子待问，举进士试皆入等。上曰：‘此并势家，与孤寒竞进，纵以艺升，人亦谓朕为有私也！’皆罢之”[②]。大中祥符元年（1008）四月，真宗特别“召所谓势家子弟者，别坐就试”[③]。太祖要求世家子弟复试，太宗所说的“谓朕有私”，真宗要求的“别坐就试”都是借口，宋朝开国后前三位帝王，都一致打压高官子弟通过科举进入仕途，抑制“势家”的形成，以免尾大不掉。如此一来，自然为中下层“孤寒”出仕拓清道路。开宝八年（975）二月，太祖在殿试时对举人们说：“向者登科名级，多为势

① 《长编》卷九，第 200 页。

② 《长编》卷二六，第 595 页。

③ 《长编》卷六八，第 1533 页。

家所取，致塞孤寒之路，甚无谓也。今朕躬亲临试，以可否进退，尽革畴昔之弊矣。”①把帝王的良苦用心说得一清二楚。

在帝王的有意识抑制之下，北宋前期达官贵族的子弟甚至都不敢参加科举考试。《石林燕语》载：范杲是宰相范质的侄子，“见知陶穀、窦仪，皆待以甲科，会有言‘世禄之家不当与寒畯争科名’者，遂不敢就试。李内翰宗谔已过省，以文正为相，因唱名辞疾不敢入，亦被黜”。李宗谔因其父李昉为相，故自动退出。又：“旧制，执政子弟多以嫌不敢举进士，有过省而不敢就殿试者，盖时未有糊名之法也。其后法制既备，有司无得容心，故人亦不复自疑。”②即：科举考试弥封等制度确立之后，达官贵人子弟才敢大胆参加科举考试。此时考场录取公平，通过考试的都是家族中勤奋好学的佼佼者，纨绔子弟就无法通过艰难选拔一关，只能另寻“恩荫”途径。

进入仕途后，这些来自中下层的知识分子成为文人士大夫阶层的主要组成部分。如，太宗朝宰相张齐贤，“孤贫力学，有远志”；名臣王禹偁“世为农家，九岁能文”；真宗、仁宗时的宰相王曾“少孤，鞠于仲父宗元，从学于里人张震，善为文辞”；名臣范仲淹“二岁而孤，母更适长山朱氏”；欧阳修“家贫，至以荻画地学书。幼敏悟过人，读书辄成诵”（均见《宋史》诸人本传）。这些人都依赖科举进入官场，位至显赫，成为宋室的腹心大臣，宋代统治者所信任和托付国事的就是这个阶层的文人士大夫。通过科举进入仕途的青年才俊，升迁相当迅捷，很快就成为赵宋王朝的栋梁之材。如，吕蒙正于太平兴国二年（977）状元及第，时 37 岁；太平兴国八年（983）十一月便出任参知政事，中间相隔不到七年时间。

---

① 《长编》卷一六，第 336 页。

② 《石林燕语》卷五、卷八，第 65、112 页。

晏殊 15 岁进入仕途，35 岁便官至枢密副使。此类事例，在宋代屡见不鲜。“朝为田舍郎，暮登天子堂。”在宋代成为社会现实。

这一大批出身贫寒、门第卑微的知识分子能够进入领导核心阶层，出将入相，真正肩负起“治国平天下”的历史使命，完全依靠朝廷和帝王的大力提拔，因此他们对宋王室感恩戴德、誓死效忠，即使仕途屡遭挫折，也此心不变。范仲淹在《岳阳楼记》中提出文人士大夫必须“进亦忧，退亦忧”，“先天下之忧而忧，后天下之乐而乐”。这种“进退皆忧”“先忧后乐”的意识成为宋代文人士大夫从政的主体精神，与前代士大夫“达则兼济天下，穷则独善其身”的意识有很大的差异。范仲淹本人就以身作则，他登第为官后，便开始施展自己的政治才能和抱负，积极给朝廷上书，倡言变革。经过数十年的不断努力，终于在庆历年间仁宗托付范仲淹着手整顿吏治，改革朝政。“仲淹亦感激眷遇，以天下为己任，遂与富弼日夜谋虑，兴致太平。”[①]“庆历革新”虽然很快就失败了，但并没有改变范仲淹“先忧后乐”的一贯精神。范仲淹还曾捐地建校、推俸助人、建立义田，即使是在母丧大悲之际，也“不以一心之戚而忘天下之忧”[②]。范仲淹坚持不懈、以身作则的“进退皆忧”“先忧后乐”的精神，被宋代文人士大夫广泛地接受下来，成为人们学习的现实楷模，从而改变了五代以来士风颓败的局面。《宋史》言范仲淹“每感激论天下事，奋不顾身，一时士大夫矫厉尚风节，自仲淹倡之”[③]。范仲淹的言行作为引导着一代士风的转变，同时代表着一代士风演变过程的完成，从而成为后代士人学习的榜样。欧阳修就是“天资刚劲，见义勇为，虽机穽在前，触发之不顾。放逐流

---

① 《长编》卷一五〇，第 3637 页。

② 《范仲淹全集》卷九《上执政书》，第 183 页。

③ 《宋史》卷三一四《范仲淹传》，第 10268 页。

离，至于再三，志气自若也”[①]。无论得志在朝还是贬官外邑，欧阳修都以朝廷、百姓忧乐为己之忧乐。又如富弼，年轻时即被范仲淹誉为“王佐才也”，政治上是范仲淹的积极追随者。庆历时出使辽国，“以死拒之”，将个人安危置之度外。后又与范仲淹共同主持“庆历新政”。其为人“好善嫉恶”，耿直刚强。宋王室当然欣赏这种感激奋发的忠诚，因此也坚定了他们依赖这一批文人士大夫的信心和决心。

宋代这些经科举严格选拔出来的文人士大夫，出身寒微，没有世家势力作为社会背景，故也没有深厚的社会根基和实力，其荣辱盛衰皆掌握在帝王手中，即使位极人臣，也不会对赵宋王朝构成潜在威胁。布衣卿相的仕宦经历决定了他们对赵宋王朝的耿耿忠心，对皇室的依附性极强。他们一旦被罢免，就不再对朝政发挥影响，如果不是皇帝对老臣的恩惠，他们甚至在朝廷中不会留下太多的政治根基。这与魏晋以来的门阀世族士大夫阶层的作为大相径庭。东晋时，王、谢诸世家的势力足以与皇室分庭抗礼，即使家族中屡出叛逆罪徒而被朝廷剿灭，也不影响家族势力的延续。

宋代宰相时而自称“措大”，即一介穷书生，这是他们对自己身份的一种体认。宰相所体现出来的权威和权势，就是皇帝的权威和权势的反映。赵普三度入相，且独相近十年，不可谓不显赫，然他深自警惕，告诫其子弟说：“吾本书生，偶遇昌运，受宠逾分，固当以身许国，私家之事，吾无预焉。”[②]英宗即位初，因病废事，国家大事皆取决于二府大臣，此时宰辅们的权力不可谓不大，然当时的参知政事欧阳修对太后说：“臣等五六措大尔，举动若非仁宗遗

---

① 《宋史》卷三一九《欧阳修传》，第 10380 页。

② 《长编》卷二九，第 653 页。

意，天下谁肯听从？”[①]元祐初年，司马光推荐文彦博重新出任宰相，有人认为文彦博有“震主之威”，司马光辩护说：“窃惟彦博，一书生耳……非有兵权、死党可畏惧也。假使为相，陛下一旦欲罢之，止烦召一学士，授以词头，白麻既出，则一匹夫耳，何难制之？”[②]文彦博被起用为平章军国重事后，“对上恭甚，进士唱名，侍立终日，上屡曰：‘太师少休。’公顿首谢，立不去，时公年九十矣”[③]。仁宗时宰相杜衍将他们的进退出处讲得更谓清楚，他说：“衍本一措大尔，名位爵禄、冠冕服用，皆国家者。……一旦名位爵禄国家夺之，却为一措大，又将何以自奉养耶？”[④]

王銍《默记》卷上载丁谓罢相过程很有典型性。仁宗即位初年，太后垂帘听政，“丁谓当国，权势震主”。当时的参知政事是王曾，因丁谓的荐引而入中书。王曾却设计独见太后，“尽言谓之盗权奸私”，“太后大怒，许之”。当天，丁谓就被罢免，后贬窜远方。丁谓“阴谋诡诈，多智数”，真宗末年为首相，权倾一时，太后新当政，片言便可使其所有的权势冰消瓦解。可见宋代相权虽重，却完全操纵在皇室手中。

（二）“看不见篡夺”的时代

宋代史实已经充分证明了帝王抉择的正确性。北宋学者邵雍称当代有五大超越前人的盛事，其一是“百年无心腹患”[⑤]，即没有其他政治势力对赵宋皇位构成威胁。赵宋王朝是被一而再、再而三的外族入侵势力所颠覆，从王朝内部来说，横亘两宋三百多年时间，始终没有一股政治势力膨胀到足以威胁赵宋皇位的稳固。日本学者

① 《长编》卷一九九，第 4838 页。

② 《长编》卷三六八，第 8855 页。

③ 《邵氏闻见录》卷一四，第 154 页。

④ 《言行龟鉴》卷二。

⑤ 《邵氏闻见录》卷一八，第 196 页。

宫崎市定将宋代视为“看不见篡夺”的时代，说：“宋以后，便看不见篡夺了，天子的地位非常稳定。”[①]“宋以后”的说法值得斟酌，然对宋代的概括是准确的。宋代基本上没有皇帝被屏弃、其他政治势力成为国家主导力量的政变事件发生，维系、支撑宋王朝的主要政治力量就是以宰相为代表的文人士大夫势力。

在两宋316年漫长历史过程中，曾有过三次类似于“宫廷政变”的篡权，一次失败，两次成功。这三次宫廷政变都发生在南宋兵荒马乱年月，士大夫于其间所起的正是稳固赵宋王室的作用。可以简单回顾一下。

第一次政变发生在建炎三年（1129）三月。时值南渡伊始，高宗皇位未稳，统制官苗傅和御营右军副都统制刘正彦由于赏薄、不满枢密院大臣、嫉恨内臣用事等原因率兵作乱。这一次叛乱仅一个月就被平定，四月高宗复位。叛乱之所以迅速被平定，内赖宰相朱胜非的安排调度，外靠张浚、吕颐浩鼓动组织的勤王大军。这是一次典型的武人势力扩张、飞扬跋扈作乱的事例，士大夫朱胜非、张浚、吕颐浩等人在平乱过程中发挥了决定性的作用。史家评论三人云：“儒者之于国家，能养其正直之气，则足以正君心，一众志，攘凶逆，处忧患，盖无往而不自得焉。若张浚者，可谓善养其气者矣。观其初逃张邦昌之议，平苗、刘之乱，其才识固有非偷懦之所敢望。”又云：“朱胜非、吕颐浩处苗、刘之变，或巽用其智，或震奋其威，其于复辟讨贼之功，固有可言矣。”[②]此处评说儒者对于国家的重要性，在宋代表现得非常突出。苗刘兵变后，只能使皇帝更加信赖文人士大夫，而对武人更多一层提防。高宗任用秦桧，夺张俊、韩世忠、岳飞三大帅的兵权，乃至自毁长城，诬杀岳飞，上述

① 《宫崎市定论文选集》上卷，第130页。

② 《宋史》卷三六一、卷三六二，第11313、11332页。

事实肯定是祸因之一。

第二次政变发生在绍熙五年（1194）六月。光宗从绍熙二年（1191）十一月始，就因疾不视朝，失去政务处理的基本能力，受到皇后和内臣的一定控制。又与孝宗反目，公然违背“以孝治天下”的原则，失去皇帝治国的象征意义。矛盾至绍熙五年六月因孝宗去世而激化，光宗坚持不执丧礼，引起朝野震动，“中外讹言，靡所不至”。左丞相留正逃离京城，“都人大骇”，“京口诸军讹言汹汹，襄阳归正人陈应祥亦谋为变”。[①]事态的发展已经威胁到赵宋王朝统治。知枢密院事赵汝愚等二府大臣，借太皇太后圣旨，扶持皇子嘉王登位，尊光宗为太上皇帝。政局因此得以稳定，形势转危为安。史家高度评价赵汝愚在此次整治危机中的作用，云：“方孝宗崩，光宗疾，大丧无主，中外汹汹，一时大臣有畏难而去者矣。汝愚独能奋不虑身，定大计于顷刻，收召明德之士，以辅宁宗之新政，天下翕然望治，其功可谓盛矣。”[②]在威胁到赵宋王朝的这场风波之中，显然是依赖士大夫，政权才得以平稳过渡。

第三次政变发生在开禧三年（1207）十一月。韩侂胄自庆元元年（1195）开始专擅朝政，开禧二年（1206）五月发动北伐战争。韩侂胄不知审时度势，不了解敌我双方力量之对比，没有充分的战前准备，不懂用将用兵，贸然发动战争。所以，战争一经发动，南宋军队便全线溃败，金兵渡过淮河，步步紧逼。韩侂胄仓皇之下又欲议和，金人执意要得韩侂胄首级始肯议和，韩侂胄恼羞成怒，便欲孤注一掷，再次发动战争。南宋已没有可再战的资本，战争的持续将危害到宋室的统治。宫内杨皇后与朝臣礼部侍郎史弥远、两位参知政事钱象祖和李壁密谋政变，诛杀韩侂胄，结束了战争。这次

① 参见《续编两朝纲目备要》卷三，第35—38页。

② 《宋史》卷三九二，第11993页。

政变不涉及皇位更替，矛头只对准权臣韩侂胄，政变的结果对平稳局势是有利的。“侂胄死，宁宗谕大臣曰：‘恢复岂非美事，但不量力尔。’”[①]此语中的。

从上面简单回顾来看，三次政变皆因士大夫在其中发挥决定性作用，使事态向着有利于赵宋王室的方向发展，与历史上曾经发生过的皇位篡夺政变截然不同。这三次事变都能说明宋代帝王选择“与士大夫治天下”的正确性和士大夫在宋代所发挥的重要政治作用。

此外，以宰相为代表的士大夫政治势力还曾经多次将未成型的宫廷政变或宫廷危机消弭于萌芽状态之中。太宗晚年曾确定真宗皇太子的皇位继承权，太宗病危时，宦官王继恩忌真宗不听操纵，与参知政事李昌龄、知制诰胡旦共谋，欲立真宗兄楚王元佐以代之，并得太后同意。“宰相吕端问疾禁中，见上（真宗）不在旁，疑有变，乃以笏书‘大渐’字，令亲密吏趣上入侍。及太宗崩，继恩白后至中书召端议所立。端前知其谋，即绐继恩，使入书阁检太宗先赐墨诏，遂锁之，亟入宫。后谓曰：‘宫车宴驾，立嗣以长，顺也，今将奈何？’端曰：‘先帝立太子政为今日，岂容更有异议！’后默然。上既即位，端平立殿下不拜，请卷帘，升殿审视，然后降阶，率群臣拜呼万岁。”[②]吕端因此被夸奖为“大事不糊涂”。在这一新旧政权的交替过程中，士大夫政治势力起决定性作用。

又，英宗以外藩入继大统，惊悸成疾，时太后曹氏垂帘听政。《长编》载：“帝初以忧疑得疾，举措或改常度，其遇宦官尤少恩，左右多不悦者，乃共为谗间，两宫遂成隙。太后对辅臣尝及之，韩琦因出危言感动太后曰：‘臣等只在外见得官家，内中保护，全在太后。若官家失照管，太后亦未安稳。’太后惊曰：‘相公是何言！自

① 《宋史》卷四七四，第13777页。

② 《长编》卷四一，第862页。

家更切用心。’琦曰：‘太后照管，则众人自然照管矣。’同列为缩颈流汗。或谓琦曰：‘不太过否？’琦曰：‘不如此不得。’间有传帝在禁中过失事，众颇惑之，琦曰：‘岂有殿上不曾错了一语，而入宫门即得许多错！固不信也。’传者亦稍息。”宰相韩琦每每之调度，遂能弥合两宫，使政局得以稳定。[1]总之，两宋期间的每一次政权更替，或政局有所波动，都是依赖士大夫的力量来平稳局势，平衡各种政治势力，保证国家的久治长安。

第二节　对后妃、外戚、宗室、宦官的抑制

宋代相权强化，还与宋代帝王对后妃、外戚、宗室、宦官等各种政治势力的认识与压制有关，这也是宋代帝王从历史中汲取的经验教训，尤其是唐代的历史。

宋代之前，上述政治势力都曾经在政坛上独领风骚，并给中央政治造成极大的危害，侵害帝王的独裁权，甚至直接导致一个王朝的最终覆灭。汉代一开始就有吕后专权、吕氏外戚跋扈的动乱，绵延至东汉，宦官和外戚交替把持朝廷大政，外戚又依仗后妃的势力兴风作浪。西晋则亡于皇族宗室的“八王之乱”。被宋人视为最直接的借鉴的大唐王朝，上述四种政治势力都曾经作乱一时。论宗室之祸，兄弟、父子相残或反目成仇屡见不鲜，如唐太宗兄弟、唐玄宗父子、唐顺宗父子等等；论后妃之祸，武后、韦后的专权几乎颠覆李唐王朝；论外戚之祸，杨国忠曾成为“安史之乱”的直接导火索；论宦官之祸，唐中后期帝王的拥立、生杀大权皆操纵在宦官手中，他们也是唐朝灭亡的直接原因之一。这一幅幅触目惊心的历史画面，给宋人以深刻的印象，使他们对这四种政治势力同样深具警

① 《长编》卷一九八，第4815、4816页。

惕之心。《邵氏闻见后录》载：

仁皇帝问王懿敏素曰："大僚中孰可命以相事者？"懿敏曰："下臣其敢言！"帝曰："姑言之。"懿敏曰："唯宦官、宫妾不知姓名者，可充其选。"帝怃然，有间，曰："唯富弼耳。"懿敏下拜曰："陛下得人矣。"[①]

对此，皇帝与士大夫之间是有共识的。元丰年间，吕公著对神宗说："自古亡国乱家，不过亲小人、任宦官、通女谒、宠外戚等数事而已。"[②] 神宗深以为然。所以，宋代帝王对这几种政治势力采取极力抑制的方针策略。对中央各种政治群体的抑制，就造成了文人士大夫势力的一枝独秀。

一、对后妃的抑制

后妃是皇帝生活中最亲近的一个群体，也是最靠近政治权力中心的群体之一，她们最容易卷入政治旋涡，代替皇帝发号施令。尤其在母子之间，依据儒家伦理"孝"道，便有了上下等级的区别。宋代允许在皇帝年幼、病废等特殊情况下，由母后垂帘听政，以弥补一姓家天下皇位继承过程中不可避免要产生的缺陷。但是，宋代帝王对后妃政治势力采取了有效控制措施，使后妃之当政，始终成为皇权的一种补充，而基本上没有威胁到皇权的稳固。

（一）后妃的权力欲望

人们对权力都有一种追求的欲望，一旦权力在手，如同鸦片上瘾，难以释手。后妃当政，也必然如此。宋代太后垂帘听政共有九次，只要假以时日，让她们坐稳权力的位置，她们就无论如何不肯

① 《邵氏闻见后录》卷二〇，第 154 页。

② 《长编》卷三〇三，第 7372 页。

自动让出政权，至死方休。

宋代第一次太后垂帘是在真宗去世、仁宗即位之时。真宗晚年，“久疾居宫中，事多决于后”。皇后刘氏实际上已经操纵了朝政。乾兴元年（1022）二月，仁宗以 12 岁幼龄登基，“遗诏尊后为皇太后，军国重事，权取处分”①。刘太后垂帘听政共 11 年，明道二年（1033）三月去世，仁宗始亲政，此时仁宗已 23 岁。

北宋第二次太后长时间垂帘听政是在神宗去世、哲宗即位之时。元丰八年（1085）三月，哲宗以 10 岁幼龄登基，太皇太后高氏“权同听政”。高太后掌政共 8 年，元祐八年（1093）九月去世，哲宗始亲政，此时哲宗已 18 岁。

这两次太后垂帘有以下共同特点：当政时间长，皇帝成年尚不肯还政，直到去世才自然中断听政。成人后的皇帝当然极不甘心形同傀儡，只因形势所迫，隐忍不言。一旦亲政，内心蓄积的怨恨立即爆发出来。《铁围山丛谈》载：

> 哲宗即位甫十岁，于是宣仁高后垂帘而听断焉。及寖长，未尝有一言。宣仁在宫中，每语上曰：“彼大臣奏事，乃胸中且谓何，奈无一语耶？”上但曰：“娘娘已处分，俾臣道何语？”如是益恭默不言者九年。时又久已纳后。至是上年十有九矣，犹未复辟。一旦宣仁病且甚，尚时时出御小殿，及将大渐，谓大臣曰：“太皇以久病，惧不能自还，为之奈何？”大臣同辞而奏：“愿供张大庆殿。”宣仁未及答，上于帘内忽出圣语，曰：“自有故事。”大臣语塞，既趋下，退相视曰：“我辈其获罪乎？”翌日，自上命轴帘，出御前殿，召宰辅，谕太皇太后服药，宜赦天下。不数日，

① 《宋史》卷二四二《后妃上》，第 8613 页。

宣仁登仙，上始亲政焉。上所以衔诸大臣者，匪独坐变更，后数数与臣僚论昔垂帘事，曰："朕只见臀肉。"[1]

郁积已久，一旦爆发，朝廷政局便大起波澜。

仁宗和哲宗亲政时也有以下共同特点：其一，在短时期内全部或大部分罢免二府大臣，重组中枢班子。仁宗即位，首相吕夷简，枢密使张耆，枢密副使夏竦、范雍、赵稹，参知政事陈尧佐、晏殊同日被免职；哲宗即位，首相吕大防、次相范纯仁、门下侍郎苏辙、签书枢密院事刘奉世皆罢。其二，更新朝政，与太后执政时异趣。仁宗"亲政，裁抑侥幸，中外大悦"[2]。哲宗亲政，尽废元祐旧法，恢复神宗新法，成为新旧党争的一大转变。其三，言及太后当政时的事情，皇帝颇多怨言，臣下迎合帝意者，也借诽谤已故太后进身。仁宗还是比较明智宽厚，听从范仲淹的劝说，"诏中外勿辄言皇太后垂帘日事"[3]。哲宗的怨恨极深，"至以'老奸擅国'之语阴斥宣仁"[4]，并谋议追废太皇太后。其四，废除由垂帘时太后选定的皇后。宋代只有两次废后事件，即仁宗废郭后和哲宗废孟后，事实上仍然是对太后垂帘听政不满的一种宣泄。

其余的七次太后垂帘（哲宗孟后两次），或根基未稳即被迫还政，或只是被抬出来作为一种象征而不实际操纵政柄，或适逢亡国、匆匆了结，都没有时机或时间让她们独擅国政。

宋代偶尔也有皇帝还在位，皇后即篡权干政的事例。真宗暮年，已形成这种情势。更为典型的是光宗皇后李氏的擅政。李氏个性倔强，与光宗的懦弱形成鲜明对比，光宗"不视朝，政事多决于

① 《铁围山丛谈》卷一，第 5 页。

② 《宋史》卷一〇《仁宗二》，第 195 页。

③ 《宋史》卷一〇《仁宗二》，第 195 页。

④ 《宋史》卷三四三《林希传》，第 10913 页。

后，后益骄奢”[①]。其结果是导致以赵汝愚为首的士大夫阶层发动的一场宫廷政变，推送宁宗登基。

上述事例充分说明后妃对权力所具有的、与常人相同的渴望和野心。宋人自我美言：“本朝世有母后之圣。”[②]孝宗也说：“本朝后妃却是多贤”[③]，既是史实，也是一种表面现象。后妃的权力欲与常人相同，所谓“人同此心，心同此理”。如果进一步任其发展，难免不会出现前代吕后、武后之事，刘太后执政之后期，就有这种倾向。只是抑制得法，宋代才始终避免了前代多次发生的后妃乱政之祸。

（二）皇帝对后妃的抑制

《玉海》载：“五年（1194）正月，右史彭龟年直前奏事，且进《内治圣鉴》二十卷，奏以‘祖宗家法，集为此书’。光宗曰：‘祖宗家法最善，汉唐所不及，待外戚尤严。’龟年曰：‘此书宦官、女子之防尤严，恐不得进御。’”[④]这里言及宋人三条祖宗家法：防外戚、宦官、女子。宋代帝王严厉打压后妃的干政作为，平日不许后妃及外戚参与朝政，且定为祖宗家法。此为制度根源，其他抑制后妃的力量皆源于此，两宋多数帝王都能遵循此祖宗家法。宋人认识到：“唐氏政衰，或母后专制，或妃主擅朝，树恩私党。”[⑤]所以，正常情况下决不允许后妃预政。仁宗与二府大臣商量立嗣之事，曾说：“此岂可使妇人知之，只中书行可也。”[⑥]个别得宠后妃，恃宠干政，皇帝一旦发现，也予以严裁。高宗妃刘婉仪，“恃恩招权”，

---

① 《宋史》卷二四三《后妃下》，第 8654 页。

② 《宋史》卷四六五《外戚下》，第 13596 页。

③ 《建炎以来朝野杂记》卷一，第 38 页。

④ 《玉海》卷一三〇《官制·宗戚》，第 2417 页。

⑤ 《宋史》卷二九五《尹洙传》，第 9836 页。

⑥ 《长编》卷一九五，第 4727 页。

高宗觉察后，“大怒，托以他过废之”①。孝宗曾对大臣们说：“朕每厌宦官、女子之言，思与卿等款语，欲知朝政阙失，民情利病，苟有所闻，可极论之。”②皇帝的表率作用，固定为“祖宗遗训”，深入人心，转化为朝野人士的自觉愿望，这是对后妃势力最有力的制裁。大臣时常会提醒帝王：“夫妇人女子，与小人之性同。宠幸太过，则渎慢之心生；恩泽不节，则无厌之怨起，御之不可不以其道也。”③御之以道，即必须遵守祖宗家法，处理后妃事宜。

（三）士大夫势力对后妃的抑制

宋代经常发挥抑制后妃势力作用的是以宰相为代表的文人士大夫阶层。太后垂帘听政，皇帝或年幼或病废，都失去自主能力，唯一与后妃抗争的政治势力就是士大夫阶层。宋代帝王“与士大夫治天下”的基本国策，赋予士大夫阶层以很大的权力，使他们在关键时刻往往发挥极其重要的作用，抑制住后妃势力的膨胀，并最终使其回归到正常的轨道上来。

在皇帝正常行使权力情况下，宋代宰相权力极大，可以插手宫中一切事务。宋人认为：本朝能够将前人“以外统内”“以内属外”④等原则真正落实到位，即以宰相为领袖的外朝可以统辖内廷后妃、宦官等。如，仁宗时张贵妃有宠，举措有所逾制。然仁宗“守法度，事无大小，悉付外廷议。凡宫禁干请，虽已赐可，或辄中却，妃嬖幸少比，然终不得紊政”⑤。“事无大小，悉付外廷”，即为宋代常规制度，沿袭为“祖宗家法”。这种制度措施，已经赋予宰相抑制内廷后妃的权力。

---

①《宋史》卷二四三《后妃下》，第 8650 页。

②《宋史》卷四〇〇《汪大猷传》，第 12144 页。

③《宋史》卷三〇二《范师道传》，第 10026 页。

④《古今源流至论》后集卷五《内朝》，第 226 页。

⑤《长编》卷一七六，第 4249 页。

宋代士大夫自视甚高，在与后妃的相互关系上，往往保持孤傲独立的态度。太后刘氏垂帘，欲抬高自己，知朝臣刘烨为世家，单独召见询问说："知卿名族，欲一见卿家谱，恐与吾同宗也。"后有多次追问，刘烨则始终婉言推辞。[①]南宋度宗时，"策杨妃"，吏赞宰相下拜，宰相"（叶）梦鼎以笏挥之，趋出。明日，乞还田里，诏勉留之"[②]。这种态度，来自士大夫认为自己的权势和地位当在内宫之上的自信，来自"祖宗家法"。

士大夫阶层对后妃势力的抑制主要表现在两个方面。

第一，对垂帘听政的太后之决策实行监督，及时驳正其缺失。尤其是太后欲违制擅权时，虽然有部分大臣慑于太后权势，不敢反对，然而，总是会有相当部分士大夫站出来，大胆反驳，抑制后妃野心的过度膨胀。举三则章献太后刘氏垂帘听政时之事：

> 太后尝以上卧起晚，令内侍传旨中书，欲独受群臣朝，（丁）谓适在告，冯拯等不敢决，请谓出谋之。及谓出，力陈其不可，且诘拯等不即言，由是稍失太后意。[③]

> 太后临朝，（鲁）宗道屡有献替。太后问唐武后何如主，对曰："唐之罪人也，几危社稷。"后默然。时有上言请立刘氏七庙者，太后以问辅臣，众不敢对，宗道独曰："不可。"退谓同列曰："若立刘氏七庙，如嗣君何！"帝与太后将同幸慈孝寺，欲以大安辇前帝行，宗道曰："妇人有三从：在家从父，嫁从夫，夫殁从子。"太后命辇后乘舆……疾剧，帝幸其第临问，赐白金三千两。既卒，皇太

① 《长编》卷一〇三，第2380页。

② 《宋史》卷四一四《叶梦鼎传》，第12435页。

③ 《长编》卷九八，第2285页。

后临奠之，赠兵部尚书。[1]

太后谒太庙，欲被服天子衮冕，（薛）奎曰：“必御此，若何为拜？”力陈其不可，终不见听。及太后崩，帝见左右泣曰：“太后疾不能言，犹数引其衣若有所属，何也？”奎曰：“其在衮冕也。服之岂可见先帝于地下！”帝悟，卒以后服敛。[2]

章献太后刘氏垂帘最久，最有野心，所以与士大夫阶层的冲突也最为频繁。至于平日因政事缺失士大夫们与太后发生争执的事情就更多了。刘氏当政期间，枢密使曹利用、昭文相丁谓、昭文相王曾、集贤相张士逊、参知政事任中正、枢密副使晏殊等，先后皆因忤太后旨意被罢免，然二府大臣等仍然时时与太后相抗争。宋代后妃势力始终没有失控，完全有赖于此。章献太后临终，仍然不肯退出政治舞台，遗制庄惠太后杨氏继续垂帘听政，“同议军国事”，就是在士大夫们的坚决反对之下，此事才未付诸实施，政权才顺利回归到仁宗手中。富弼后来回顾这段历史说：“昔庄献临朝，陛下受制，事体太弱。而庄献不敢行武后故事者，盖赖一二忠臣救护之，使庄献不得纵其欲，陛下可以保其位，实忠臣之力也。”[3]

第二，太后垂帘期间，一旦皇帝成年或身体康复，大臣们便时时敦促太后还政，让皇帝早日亲政。

帝既益习天下事，而太后犹未归政，（左司谏刘）随

① 《长编》卷一〇七，第 2494 页。

② 《宋史》卷二八六《薛奎传》，第 9631 页。

③ 《长编》卷一一三，第 2652 页。

请军国常务专禀帝旨，太后不悦。[①]

秘阁校理范仲淹……奏疏请皇太后还政。[②]

殿中丞滕宗谅、秘书丞刘越准诏上封事。宗谅言：……“国家以火德王天下，火失其性，由政失其本。”因请太后还政。而越请太后还政，言尤鲠直，皆不报。[③]

翰林学士梁焘言：“惟是政机之繁，久劳同听，归权人主，不可过时，此陛下今日甚盛之举也。退托深宫，颐神内典，远光前人，垂法万世，岂不美欤！愿早赐处分，以彰全德。”贴黄：“惟愿早出睿旨，直以还政为指挥，不须更问故事。如臣下别有献议，伏望断然勿听。”[④]

闻有臣僚奏请东朝还政者，（陈）衍辄诋之曰：“此不忠不孝之人。”匿其奏置柜中，不以闻东朝，亦不以闻于上。[⑤]

韩琦久欲太后罢东殿垂帘，尝一日取十余事并以禀上，上裁决如流，悉皆允当……于是诣东殿，复奏上所裁决十余事，太后每事称善。同列即退，琦独留，遂白太后（言己欲退休）……太后曰：“相公安可求退，老身合居

---

① 《长编》卷一〇六，第 2476 页。

② 《长编》卷一〇八，第 2527 页。

③ 《长编》卷一一一，第 2588 页。

④ 《长编》卷四七三，第 11289 页。

⑤ 《长编》卷四九五，第 11773 页。

深宫，却每日在此，甚非得已，且容老身先退。”琦即称前代如马、邓之贤，不免贪恋权势，今太后便能复辟，马、邓之所不及。因再拜称贺，且言台谏亦有章疏乞太后还政，未审决取何日撤帘。太后遽起，琦厉声命仪鸾司撤帘，帘即落，犹于御屏微见太后衣也。[1]

上述六例，前三例是谏太后刘氏还政，第四、五例是谏太皇太后高氏还政，皆没有结果。这两位太后当政时间长，都已坐稳位置，决不愿意拱手让权。即使两位太后不愿还政，然士大夫一而再、再而三地敦促还政，也足以抑制她们进一步的非分之想。第六例谏太后曹氏还政，得以成功。英宗病废，曹氏垂帘，时间很短，故在宰相韩琦的逼迫下，只得仓皇还政。

有时，大臣们还以行动表达自己的愿望。天圣二年（1024）七月，朝廷命李若谷为契丹妻生辰使，“若谷等辞日，不俟垂帘请对，遽诣长春殿奏事，太后不悦”，立即以章得象等人代之。[2]李若谷等人所为，是当时士大夫要求太后刘氏还政舆论的一种行为表达，表现出对太后垂帘的某种不认可。

其时外戚受到“祖宗成规”的熏染，思想意识也同于士大夫。高宗皇后吴氏，在光宗退位、宁宗即位的政权交替过程中被朝臣推举出来垂帘听政，其外甥吴琚“言于后曰：‘垂帘可暂不可久。’后遂以翌日撤帘。”宁宗皇后杨氏，在宁宗去世、理宗即位初垂帘听政，其外甥杨石“乃密疏章献、慈圣、宣仁所以临朝之由，远及汉、唐母后临朝称制得失上之，后览奏，即命择日撤帘”[3]。

《宋史》赞曰：

---

① 《长编》卷二〇一，第4865、4866页。

② 《长编》卷一〇二，第2364页。

③ 《宋史》卷四六五《外戚下》，第13592、13596页。

> 方仁宗初立，章献临朝，颇挟其才，将有专制之患。（李）迪、（王）曾正色危言，能使宦官近习，不敢窥觎。而仁宗君德日就，章献亦全令名。古人所谓社稷臣，于斯见之。①

这段赞语概括说明了士大夫阶层在抑制后妃势力方面所起的积极作用。

反之，宋代数次太后专权，也都与宰辅等人谋一己私利而不顾及朝廷大局有关。太后刘氏是垂帘后妃中最有野心的，最初就是士大夫私心纵容所致。真宗去世，刘氏垂帘，先讨论两宫同听政制度：

> 辅臣请皇太后所御殿，太后遣内侍张景宗、雷允恭谕曰："皇帝视事，当朝夕在侧，何须别御一殿也。"乃令二府详定仪注。王曾援东汉故事，请五日一御承明殿，皇帝在左，太后坐右，垂帘听政。既得旨，而丁谓独欲皇帝朔望见群臣，大事则太后与帝召对辅臣决之，非大事悉令雷允恭传奏，禁中画可以下。曾曰："两宫异处而柄归宦者，祸端兆矣。"谓不听……太后忽降手书，处分尽如谓所议。盖谓不欲令同列预闻机密，故潜结允恭使白太后，卒行其意。及学士草词，允恭先持示谓，阅讫乃进。②

这是太后刘氏专柄之肇始，起于宰相丁谓之欲擅权。又，太皇

① 《宋史》卷三一〇，第 10192 页。

② 《长编》卷九八，第 2272、2273 页。

太后高氏是宋代另一位垂帘听政至去世的后妃。初，以宰相司马光为首的元祐士大夫们欲借其力废除新法，故支持太后专柄。以后他们又竭力奉承太后，以维持己身之政治地位，完全忽视哲宗，种下了“绍圣”之祸端。士大夫立场的扭曲，就会对政局产生极其不利的影响。

（四）后妃的自我抑制

在“祖宗家法”的熏陶和士大夫阶层的严格抑制下，后妃也形成一定的心理定式，深知后妃预政不被统治集团所认可，是体制所不允许的，自我掩抑。太皇太后高氏垂帘听政，自言“性本好静，昨止缘主上冲幼，权听政事，盖非得已。母后临朝，非国家盛事”①。为哲宗选择皇后时，阿谀奉承者建议从高氏家族中挑选，太皇太后明确表示反对，传达旨意说：“本朝未有一家二后，嫌于太盛。”②即使是最有野心的太后刘氏，也知道分寸的掌握，垂帘初，即声称：“候上春秋长，即当还政。”③《宋史》又载：

> 先是，小臣方仲弓上书，请依武后故事，立刘氏庙，而程琳亦献《武后临朝图》，后掷其书于地曰：“吾不作此负祖宗事。”④

徽宗即位初，因为以皇弟入继大统，恐皇位不稳，坚请神宗皇后向氏垂帘，向氏对二府大臣说：“皇帝长成，本不须如此，只为皇帝再三坚请，故且勉从。非久便当还政，只如慈圣故事甚好。”宰

① 《长编》卷三九六，第 9647 页。

② 《长编》卷四六八，第 11188 页。

③ 《长编》卷九九，第 2296 页。

④ 《宋史》卷二四二《后妃上》，第 8615 页。

相章惇等“皆称赞皇太后圣德谦恭，德音如此，实近世所罕有”[1]。向太后果然在六个月后便还政了。

司马光在太后曹氏垂帘时，为调和英宗与曹氏的矛盾，曾对太后解释后妃与皇室的共同利益，其《上皇太后疏》说：

> 臣闻妇人内夫家而外父母家，况后妃与国同体，休戚如一。若赵氏安，则百姓皆安，况于曹氏，必世世长享富贵明矣。赵氏不安，则百姓涂地，曹氏虽欲独安，其可得乎！[2]

后妃与皇帝是皮与毛相依附的关系，皮之不存，毛将焉附？此理也是被后妃们所认同的。正因为后妃们的自我抑制，才能与士大夫阶层对她们的控制相协调，在一定范围内达成共识，两者之间的矛盾从来不会被激化到不可调和的地步。

宋代后妃预政，以母后垂帘最为典型，偶尔也有后妃因得皇帝宠爱或皇帝病疾而在内宫预政的，如真宗末年之皇后刘氏、光宗皇后李氏，然总是短期行为，所发挥的作用也是微乎甚微，“终不得紊政”。前文事例中已经涉及，此处略而不论。

二、对外戚的抑制

外戚，是指后妃的亲戚或皇室的驸马。由于历代公主大都远离朝政，如唐朝太平公主这样干预朝政的，十分罕见，所以，外戚势力主要是后妃势力的一种延伸。

前朝帝王，鉴于外戚乱政的历史教训，也曾制定防范外戚的制

① 《长编》卷五二〇，第 12370 页。

② 《长编》卷一九八，第 4801 页。

度措施，如东汉时，“后宫之家，不得封侯与政”[①]。但是，这些制度在现实中总是不能得到很好的落实，甚至变为一纸空文。唯独宋代，十分有效地抑制住后妃势力的膨胀，自然外戚的势力也无法得以扩张。《宋史》云：“自西汉有外戚之祸，历代鉴之，崇爵厚禄，不畀事权。然而一失其驭，犹有肺附之变焉。宋法待外戚厚，其间有文武才谞，皆擢而用之。怙势犯法，绳以重刑，亦不少贷。”[②]这只是言其大概。其实，宋代使用外戚，有许多的限制，防微杜渐，防患于未然。如宋代为皇帝选皇后，故意“选于衰旧之门，庶免他日或挠圣政”[③]。南宋时吏部侍郎彭龟年上疏曰：“祖宗待外戚之法，远鉴前辙，最为周密：不令预政，不令管军，不许通宫禁，不许接宾客。不惟防禁之，使不害吾治，亦所以保全之，使全吾之恩也。”[④]这里罗列四条“不令”“不许”，都是宋代的祖宗家法。

（一）对外戚使用的限制

宋代对外戚一个总的要求是不干预政事，特别是中央政事。宰相吕大防曾对哲宗解释系列“祖宗之法”，言及外戚时说：“前代外戚多预政事，常致败乱，本朝皇后之族皆不预事，此待外戚之法也。”[⑤]徽宗回顾说：“朕观前世外戚擅事，终至祸乱。天下唯我祖考，创业垂统，承平百有余年，外戚之家，未尝与政，厥有典则，以贻子孙。”[⑥]做到外戚不预政，就必须对其使用有所限制。

宋代外戚除一小部分科举出身外，多数依赖恩荫入仕，这些外戚为官素质自然较差。朝廷既要厚待外戚，又要避免陷他们于法，

① 《后汉书》卷二《明帝纪》，第 124 页。

② 《宋史》卷四六三《外戚上》，第 13535 页。

③ 《长编》卷一〇二，第 2367 页。

④ 《全宋文》卷六二九九彭龟年《论韩侂胄干预政事疏》，第 278 册第 186 页。

⑤ 《长编》卷四八〇，第 11416 页。

⑥ 《宋会要·职官》一之三〇，第 2344 页。

折中的措施是不让他们出任文职。“祖宗之法，后族戚里，不得任文资，恐挠法而干政。”[①]宋代重文轻武，外戚“不得任文资”，就不可能占据要职，自然也形成不了太大的政治势力。

宋代有少量外戚科举出身，有的甚至官至显赫后才与皇帝联姻的。这部分外戚当然可以“任文资”，但是，任职范围仍然有所限制。具体来说有两点：其一，不许任侍从官；其二，不许任二府要职。[②]

宋代凡带殿阁待制以上职名，皆为侍从官，这是文臣的贴职，“以待文学之选”，“资望极峻，无吏守，无职掌，惟出入侍从备顾问而已”。[③]殿阁侍从官往往用来储备人才，任职者多出将入相。王安石云：“待制，朝廷近官，职任已高，入则议论朝廷政事，出则镇抚一路。”[④]宋代“重侍从以储将相”[⑤]，不许外戚任侍从官，就意味着断绝了他们通向权力核心的仕进之路。北宋末期，政局混乱，对外戚的限制有所放宽。建炎初年，高宗册封皇后邢氏，同时，以邢后父亲邢焕为徽猷阁待制。“右谏议大夫卫肤敏、殿中侍御史张浚言‘祖宗之法，后族戚里，不得任文资，恐挠法而干政。’上纳其言，改焕光州观察使，著为令。”[⑥]诏书云：“历考祖宗朝，后父无文臣侍从官者，朕欲遵依旧制，以复祖宗平治之时，岂可以

① 《建炎以来朝野杂记》甲集卷一，第 35 页。《中国政治制度通史》第六卷，对这个问题有较详细的例举，可参看。朱瑞熙：《中国政治制度通史》第六卷，人民出版社 1996 年版，第 60—62 页。

② 参见苗书梅：《宋代宗室、外戚与宦官任用制度述论》，载《史学月刊》1995 年第 2 期。又，后文讨论宗室、宦官问题，皆参阅了苗文。

③ 《宋史》卷一六二《职官二》，第 3816 页。

④ 《长编》卷二二一，第 5384 页。

⑤ 《宋史》卷三九一《周必大传》，第 11967 页。

⑥ 《建炎以来朝野杂记》甲集卷一，第 35 页。

近亲违戾彝宪？邢焕可特换光州观察使，依旧提举亳州明道宫。”[①]建炎三年正月十八日，再度下诏：“后族自今不许任侍从官，著为甲令。”[②]

宋代二府权重，外戚出任二府长官，离擅权则只有一步之遥，朝廷因此明令禁止。仁宗皇祐二年（1050）闰十一月，“诏后妃之家，毋得除二府职位”[③]。宋代偶有破坏这一条“祖宗成规”的，立即遭受朝野攻击，外戚很难在二府大臣位置上久留。仁宗即位初年，枢密使钱惟演以其妹嫁太后兄刘美，宰相冯拯马上奏云：“惟演以妹妻刘美，乃太后姻家，不可与机政，请出之。”[④]钱惟演立即被罢免出朝，此后再也没有回到二府。

又，元祐四年（1089）六月，韩忠彦除尚书左丞，其弟嘉彦娶神宗之女，舆论立即要求罢免韩忠彦。范祖禹奏云：“臣伏见国朝以来，祖宗诸公主婚姻之家，皆无预政事者。今嘉彦已选定宣系，而忠彦执政，此非祖宗故事，不可为子孙法，使后世姻戚预政，自陛下始，臣窃惜之。陛下一言一动，当以祖宗为法，况执政系安危治乱，最为大事，一开此例，后不可止……自用忠彦以来，外议藉藉，至今未已……臣与忠彦是亲，素无嫌隙，但不忍上负陛下任使，不欲陛下有所不知耳……祖宗以来，无强族根据朝廷，今忠彦执政，弟尚公主，恐权威太盛，宜防其渐。”[⑤]这里不断以“祖宗家法”为原则，并阐明外戚入掌二府后将来的严重后果。

又，徽宗即位初，韩忠彦再次被召拜为宰相，舆论同样一片哗然。罢相时，徽宗特地诏曰：“朕观前世外戚擅事，终至祸乱天下。

① 《宋会要·后妃》二之一，第233页。

② 《宋会要·后妃》二之一，第233、234页。

③ 《长编》卷一六九，第4067页。

④ 《宋史》卷三一七《钱惟演传》，第10341页。

⑤ 《长编》卷四三〇，第10385、10386页。

唯我祖考，创业垂统，承平百有余年，外戚之家未尝与政，厥有典则，以贻子孙。即政之初，以驸马都尉韩嘉彦兄忠彦为门下侍郎，继除宰相。方朕恭默，弗敢有言。给事中刘拯抗疏论驳，亦不果听，上违祖宗成宪，下袭前世祸乱之失。自今勿援忠彦例，以戚里宗属为三省执政官，世世守之，著为甲令。”①徽宗不仅发布诏书，甚至推脱责任，以外戚为宰辅乃朝政之大忌。

南宋孝宗年间，钱端礼任参知政事，且窥伺宰相之位。端礼女为皇长子邓王夫人，殿中侍御史唐尧封即论“端礼帝姻，不可任执政”，吏部侍郎陈俊卿也上言“祖宗家法，外戚不与政，最有深意，陛下所宜守”。②钱端礼虽受孝宗信任，终不得宰相之位。邓王立为太子，钱端礼即引嫌离开二府。

上述任职限制大致上能够得以落实执行，偶有例外，在“人治”的社会里永远不能排除人为的因素。但是，即使破例，也有大概规律可寻觅。首先，地位越高、职权越重的官职，对外戚的限制也就越严格，从“文资”、侍从官到二府大臣，外戚破例得任职者依次减少。其次，与皇室比较疏远或难以与宫廷结成势力的姻亲，比较容易获得朝廷的宽容。如韩忠彦弟尚公主，仅仅是间接姻亲，何况公主不预朝政，韩忠彦也不能因此获得更多的政治势力背景。所以，韩忠彦元祐四年（1089）七月遭舆论攻击，次年三月才罢左丞之职，却同时被任命为知枢密院事，依然未离开二府，徽宗时还能再次入相。钱惟演也是间接姻亲，所以他被罢二府之职后，窥伺之心一直未死。南宋中期之后朝纲紊乱，时有突破种种限制，下文还将论及。

皇帝对待外戚的另外一种经常性的措施，就是予以高官厚禄，

---

① 《宋会要·职官》一之三〇，第 2344 页。

② 《宋史》卷三八五《钱端礼传》，第 11831 页。

却不给予实际职权，所谓“崇爵厚禄，不畀事权”。高宗对待自己舅舅韦渊的做法，就是一个很好的事例：“渊性暴横，不循法度。高宗以其不可近民，恐居官有过，难以行法，终不予官。积十有余年，闻后将入境，乃封平乐郡王。”[①]

（二）后妃对外戚的抑制

在各种政治势力打压之下，宋代后妃特别注意不违制任用或纵容外戚。宋代母后垂帘却不威胁赵宋皇室的最根本原因之一就是后妃没有与外戚结成庞大的政治集团。前代后妃执政，多数是信任自己的父兄子侄，太后垂帘决策于内，外戚遍布朝廷操纵于外，内外沆瀣一气。宋代则相反，由于后妃和外戚受到诸多“祖宗之法”的限制，所以母后垂帘时就没有、也不可能任用外戚执掌朝廷大政。

出于“正人先正己”的目的或警惧于士大夫的监督力量，后妃往往对自家亲戚采取更为严厉的措施，以免他们仗势跋扈、酿成祸乱，或自身授人以话柄、招致朝野舆论的谴责。真宗妃杨氏，照料幼年仁宗有功劳，仁宗即位，欲以诸司副使职务授予其侄杨永德，杨妃辞曰：“小儿岂胜大恩，小官可也。”仁宗后曹氏垂帘，“检柅曹氏及左右臣仆，毫分不以假借，宫省肃然”。英宗后高氏从父高遵裕“坐西征失律抵罪”，高氏垂帘初，宰相“蔡确欲献谀以固位，乞复其官”。太后回答说：“遵裕灵武之役，涂炭百万，先帝中夜得报，起环榻行，彻旦不能寐，圣情自是惊悸，驯致大故。祸由遵裕，得免刑诛，幸矣！先帝肉未冷，吾何敢顾私恩而违天下公议。”[②] 神宗孝事太皇太后曹氏，“本朝故事，外家男子未尝得入谒，后既高年多疾，弟佾亦老，上为后言，宜数召见，以自慰怿，后辙

① 《建炎以来朝野杂记》甲集卷一，第 34 页。

② 均见《宋史》卷二四二《后妃上》，第 8618、8621、8626 页。

不许，请迁俗官，亦不许”[1]。元祐高氏垂帘期间，或拒绝从高氏家族中为哲宗选择皇后，或抑裁推恩皇后诸亲，从未对外戚假以颜色。她曾经说过：“吾辈家人，所患官高，不患官小。”[2]官高则易跋扈，官小则能谨慎守法。

后妃在使用外戚问题上不自我检点，往往导致非议，甚至会有更为严重的后果。太后刘氏垂帘时颇垂顾外戚，其兄“刘美家婢出入禁中，大招权利”[3]。朝臣对此早有警惕，刘氏垂帘初，丁度便“献《王凤论》于皇太后，以戒外戚云”[4]。光宗皇后李氏擅权期间，“后归谒家庙，推恩亲属二十六人、使臣一百七十二人，下至李氏门客，亦奏补官，中兴以来未有也”[5]。李氏的种种行为，引发了一场宫廷政变，牵累到光宗，使其被迫退位。

（三）外戚的士大夫化

外戚与士大夫阶层本来就是一个交叉的概念，一部分外戚自身就是士大夫，甚至先是士大夫，后来才成为外戚的。宋代外戚受到很好的抑制，外戚们根本没有形成势力集团，因此也就没有前代外戚那种特殊的“群体意识”，即他们不会依恃外戚身份，努力膨胀家族势力，以达到擅权或篡权的目的。另一方面，宋代士大夫被授予治国重任，他们“以天下为己任”的使命感十分突出。宋代一切“祖宗家法”，依赖于士大夫这种使命感得以贯彻实施或传递延续。宋代士大夫们有一种强烈的“群体意识”或“群体责任感”。

宋代“外戚意识”的淡化和“士大夫意识”的强化，使得外戚们的思想意识向士大夫方向靠拢，或者干脆是一种同化。其具体表

---

① 《长编》卷三〇〇，第 7313 页。

② 《龙川略志》第六，第 33 页。

③ 《长编》卷一〇九，第 2544 页。

④ 《长编》卷一〇〇，第 2320 页。

⑤ 《宋史》卷二四三《后妃下》，第 8654 页。

现在方方面面都显露出来，最主要的有两个方面：一是懂得自我掩抑。《宋史·外戚传》论及诸外戚，常有“以循谨闻于时”“持身谨畏”“能远权势”“小心静默，推远权势”“远谦自保”“自安绳检”的评语。仁宗景祐元年（1034），曹琮兄之女被册封为后，礼典都是曹琮主办的，同时，曹琮奏曰：“陛下方以至公厉天下，臣既备后族，不宜冒恩泽，乱朝廷法。族人敢因缘请托，愿置于理。”[①]受到时论好评。二是自觉抑制后妃势力，上面例举吴琚和杨石劝太后还政之事例，已经说明了这一点。

外戚思想意识士大夫化，是一种长期心理积淀的结果，在防范外戚弄权过程中起着重要作用。

（四）南宋两例外戚擅权之剖析

宋代偶尔也有外戚官至宰辅、进入中央权力核心的，如官至执政的有钱惟演、王贻永、孟忠厚、钱端礼、张说等人，官至宰相的有韩忠彦、郑居中、韩侂胄、贾似道四人。独柄国政、把持朝廷、弄权舞弊的只有韩侂胄和贾似道，他们都出现在南宋后期朝纲混乱、赵宋王室势力大为削弱的时候，已经是亡国之前的非正常态。但是，即使在这种特殊情况下，这两位外戚权相所作所为，也与前代擅权的外戚有很大的不同。

韩侂胄是韩琦的曾孙，出身士大夫世家，他的父亲韩诚娶高宗皇后吴氏的妹妹为妻，是非常间接的姻亲。韩侂胄在逼迫光宗退位、扶持宁宗登基的宫廷政变中夤缘际遇，登上政治舞台。自庆元元年（1195）二月宰相赵汝愚被罢免，至开禧三年（1207）十一月韩侂胄被诛杀，韩一共独揽朝政十二年零九个月。其间，“侂胄凡所欲为，宰执惕息不敢为异。自强至印空名敕札授之，惟所欲用，三省不预知也。言路厄塞，每月举论二三常事而已，谓之月课……

① 《长编》卷一一五，第 2707 页。

自置机速房于私第，甚者假作御笔，升黜将帅，事关机要，未尝奏禀，人莫敢言”①。

贾似道姊为理宗贵妃，有宠。贾似道是位至宰相四人中与后妃关系最直接的姻亲，让贾似道这样亲近的外戚当政，只能发生在南宋灭亡前夕，两宋仅此一例。贾似道自开庆元年（1259）十月拜右丞相，至德祐元年（1275）二月被废罢，独揽朝政十五年零四个月。其间，“权倾中外，进用群小。取先朝旧法，率意纷更……赐第葛岭，使迎养其中。吏抱文书就第署，大小朝政，一切决于馆客廖莹中、堂吏翁应龙，宰执充位署纸尾而已……言路断绝，威福肆行”②。

韩侂胄自庆元元年始虽已独掌朝政，却始终不敢为自己正名分，即不敢公然出任宰相之职，而是用其党陈自强等为相，操纵于幕后。嘉泰三年（1203）夏允中阿谀韩侂胄，“请侂胄平章国政”，韩侂胄还假意“为辞谢，乞致其仕”。直到开禧元年（1205）七月，拜平章军国事，始正其名位。这与前代外戚先得宰相之类要职、再一步步揽权，直至独擅大政的过程截然不同。而贾似道官职的提升与其权力的扩张同步，这种做法倒类似于前代擅权的外戚。其间也可以看出朝政日益腐败过程中外戚擅权做法的转变。

上面所谈的还是一种表层次的现象，韩、贾作为外戚擅权与前代外戚不同的根本一点是他们虽有外戚身份、却无外戚意识，表现为具体的行动就是不引用同姓宗亲占据要害、把持朝政。前代外戚擅权，肯定要形成王氏集团、武氏集团等外戚同姓集团，以血缘关系构成政治权力网。这种同姓权力网一经形成，就会对异姓皇室构成极大的威胁，前进一步就是改朝换代，如汉末王莽所为。韩、贾

① 《宋史》卷四七四《韩侂胄传》，第13774、13775页。

② 《宋史》卷四七四《贾似道传》，第13782、13783、13784页。

二人所为却不是如此。韩侂胄用自己的启蒙老师陈自强、腹心苏师旦等，贾似道用馆客廖莹中、堂吏翁应龙等。贾似道专擅朝政后，甚至“勒外戚不得为监司、郡守”，以至“子弟门客敛迹，不敢干朝政”。[①]《宋季三朝政要》云：“理宗之季，官以贿成，宦官、外戚用事。似道为相年深，逐巨珰董宋臣、李忠辅，勒戚畹归班，不得任监司、郡守，百官守法，门客、子弟敛迹，不敢干政。”[②]《癸辛杂识》对此也有公正评价，说：

> 似道误国之罪，上通于天，不可悉数。然其制外戚、抑北司、戢学校等事，亦是所不可及者，固不可以人而废也。外戚诸谢，惟堂最深崄，其才最颉颃难制。似道乃与之日亲狎而使之不疑，未几，不动声色，悉皆换班，堂虽知堕其术中，然亦未如之何矣。北司之最无状者董宋臣、李忠辅，前是当国者，虽欲除之，往往反受其祸。似道谈笑之顷，出之于外，余党慑伏，惴惴无敢为矣……福邸，帝父也，略不敢以邪封墨敕以丐恩泽。内庭无用事之人，外阃无怙势之将，宫中、府中，俱为一体。凡此数事，世以为极难，而似道乃优为之。[③]

韩、贾所为，显示出被士大夫意识同化的明显痕迹。他们的专擅朝政，与两宋期间之权相擅权的作为大致相同。所以，与其说他们是外戚擅权，不如说他们是权相专柄。

三、对宗室的抑制

宋代对宗室干政的控制，最为严厉。宗室作为血缘同族，最容

① 《宋史》卷四七四《贾似道传》，第13782、13783、13784页。

② 《宋季三朝政要》卷三，第262页。

③ 《癸辛杂识》后集，第67、68页。

易在不知不觉中篡夺皇位，导致内乱。宋代“宗王襁褓即裂土而爵之，然名存实亡”[①]。他们所获得的是“高爵厚禄”，却没有任何实权。宋代官与差遣分离，官只是用来“寓禄秩、叙位著”，差遣才是实权官职。宗室可以授官，且在朝廷的各种庆典中不断升迁，升迁速度极快，“近属自初除小将军，七迁为节度使，遂为定制”[②]。但是，宗室不得差遣，因此就与实际事权无关。为了断绝宗室掌握实权的可能，北宋前期甚至不允许宗室参加科举考试。为了防止宗室借与皇帝的亲近关系，面求私利，庆历七年（1047）正月，“知大宗正寺允让请：‘自今宗室辄有面祈恩泽者，罚一月俸，仍停朝谒。’从之”[③]。

北宋中期，宗室人数大量增加，且许多已是五服以外的宗亲，关系十分疏远。朝廷为了减轻奉养宗室的财政负担，仁宗以后开始放宽对宗室的限制，神宗时则允许“亲尽无服者”参加科举考试，除授各种实职差遣。宋人云：“祖宗时，宗子无预科举。神宗始诏有官者许锁应，未命者从其应举，自是宗子始得预进士第。”[④]而后，“（赵）令铄进士及第，为本朝宗室登科第一”[⑤]。与外戚相比，宗室除授差遣时限制更多，他们不得任边缘地区官职，不可出任“差试官”，不得为二府大臣等等。这些规定执行起来，仍有例外，但要比对待外戚严格多了。尤其是宰辅之职，宗室绝少除授的。高宗曾说：“宗室贤者，如寺监、秘书省皆可以处之。祖宗不用宗室为宰相，其虑甚远，可用至侍从而止。”高宗解释这种做法的原因时说：

---

① 《宋史》卷二四四《宗室一》，第 8665 页。

② 《梦溪笔谈》卷二，第 11 页。

③ 《长编》卷一六〇，第 3860 页。

④ 《云谷杂记》卷三，第 34 页。

⑤ 《挥麈前录》卷一，第 6 页。

“乃所以安全之也。”[①] 把限制宗室的意图说得一清二楚。

两宋只有一次例外，即南宋时赵汝愚曾官至宰相。赵汝愚是太宗七世孙，已在五服之外，参加科举考试高中，享受状元恩例。绍熙四年（1193）三月，除同知枢密院事，进入二府，当时便有言官汪义端奏曰：“高宗圣训：不用宗室为宰执者。”[②] 赵汝愚也家居力辞，未得许可。后在拥立宁宗的过程中，又立大功，才得拜右丞相。然为相仅半年，韩侂胄即唆使言官谓“汝愚以同姓居相位，将不利于社稷，乞罢其政”[③]。赵汝愚因此罢相而去。赵汝愚被罢相虽然是因为韩侂胄与之争权夺利的结果，但是祖宗成规也发挥了作用。后史弥远独相期间，其姻家赵善湘“日夜望执政”之职，史弥远云：“天族于国有嫌，高宗有诏止许任从官，不许为执政。绍熙末，庆元初，因汝愚，彦逾有定策功，是以权宜行之。某与善湘姻家，则又岂敢？”[④] 史弥远独相26年，权焰熏天，却也不敢破此“祖宗家法”，可见宋代对宗室控制之严厉。

在这种严密的控制下，宗室科举中高第、或任亲近要职，都是非常少的。《朝野杂记》有两个统计：其一曰“本朝宗室侍从，自宣和至嘉泰凡十九人”。其二曰：“宗室为状元者：乾道初汝愚中词科者；淳熙初彦中中童子举者；庆元中崇禨、三年六月己卯崇禨以能诵六经，免文解云。”[⑤] 人数既少，而且多出现在北宋末年以后。

宋代限制使用宗室，表面上说来是恐怕他们“自陷非法”，好让他们安享富贵，实际上是为了避免“干弱而枝强”，威胁到皇位的正常继承。

---

① 《续两朝纲目备要》卷二，第 29 页。

② 《续两朝纲目备要》卷二，第 29 页。

③ 《宋史》卷三九二《赵汝愚传》，第 11988 页。

④ 《宋史》卷四一四《史弥远传》，第 12418 页。

⑤ 《建炎以来朝野杂记》甲集卷一，第 55 页。

四、对宦官的抑制

宦官是侍候皇帝日常生活起居的一大群仆役，他们与皇帝交往最为频繁，被皇帝视为家奴，特别容易获得皇帝的信赖。他们的言论常常对皇帝产生潜移默化的影响，他们也时常从皇帝的最高权力中分得一杯羹，进而操纵皇帝，口含天宪，将皇帝的决策权转移到自己手中。另一方面，宦官出身卑微，文化层次低下，身体的残缺更容易使得他们的心态趋于变异。所以，宦官弄权，多数时间给朝廷带来的只是混乱、黑暗。宋人总结前代经验教训说："汉有天下四百年，唐有天下三百年，及其亡也，皆由宦官。想去五百余年，如循一轨……观汉、唐亡国之祸，其酷如此，后之人主，岂可不以为剖肌刻骨之戒哉！"[①] 鉴于前代宦官乱政的教训，宋人进而得出"宦官、宫女，左右使令之人，往往小人也"[②] 的绝对结论，因此，对宦官的限制十分严格。真宗对宰辅们说："前代内臣恃恩恣横，蠹政害物，朕常深以为戒。"[③] 真宗所言所为，亦是宋人祖宗家法之一，几乎被两宋多数帝王所共同遵循。在中国历史上，宋代是一个基本免除了宦官擅权乱政的少有的朝代。

宋代对宦官的抑制主要体现在三个方面：

第一，以外统内。这是宋代抑制宦官势力膨胀最关键、也是最有效的措施。外廷宰辅，有权过问内廷事务，参议宦官之任用或升迁，而内侍则不允许干涉朝政。吕中言：

> 宦官、宫妾，便于小人而不便于君子者也。后世人主除拜大臣，不询于外朝，而询于内朝，则过矣。故石显者，贡禹、玄成之所倚也；梁冀者，胡广、赵戒之所托

---

① 《宋朝诸臣奏议》卷六三范祖禹《上哲宗论自古及今用内臣之害》，第700页。

② 《长编》卷一八四，第4452页。

③ 《长编》卷六五，第1444页。

也；高力士者，杨国忠之所恃也。此自古小人未尝不与宦官、宫妾、外戚为一者。我朝所以无内朝之患，以外朝之除拜，在内不得而知；内廷之请谒，在外可得而抑之也。[1]

宋代帝王三令五申："严前后省使臣与兵将官往来之禁，著内侍官不许出谒及接见宾客之令……中官只令承受宫禁中事，不许预闻他事。"[2] 严令禁止宦官与外臣交往联络，不许干预宫廷杂务以外政务，将内臣的作用真正限制在宫廷之内。

宋代大臣抑制宦官的事例甚多。如，仁宗至和元年（1054）正月，《长编》载：

延福宫使、武信留后、入内内侍省都都知王守忠，罢延福宫使，为武信留后，他毋得援例。故事，宦官未有真为留后者，守忠介东宫旧恩，数求之，上亦欲予之。先是，高若讷为枢密使，持不可，故止。及是，守忠疾，复求为节度使。宰相梁适曰："宦官无除真刺史者，况真节度使乎！"上曰："朕盖尝许守忠矣。"适曰："臣今日备位宰相，明日除一内臣为节度使，臣虽死有余责。"御史中丞孙抃闻之，亦奏疏力争谏，乃罢节度使不除，然犹得真为留后。言者方奏疏论列，翼日守忠卒。[3]

宦官王守忠临终之际，求一荣誉头衔，皇帝已许之，以宰相为首的大臣们纷纷反对。如果不是王守忠立即去世，弹劾奏疏还将雪片般飞来。

① 《长编》卷一九三转引《宋史全文》，第 4667 页。

② 《宋史》卷一六六《职官六》，第 3941 页。

③ 《长编》卷一七六，第 4251、4252 页。

又，元祐元年（1086）十月，特诏内侍梁惟简迁官，“范纯仁等累谏未允，韩维于帘前争之尤力。及惟简迁官，（苏）辙缴还词头，维因面奏论内降，且言：‘仁宗宽仁，每若近习、贵戚幸求恩泽，宣谕执政：卿等但依公执奏，可以寝罢。臣备位执政，自可执奏，不敢避人怨憎。’惟简遂罢迁官”[①]。一内侍迁官，惊动如此多大臣，苏辙甚至“缴还词头”。绍兴年间赵鼎为左仆射，“一日入朝，见自外移竹栽入内。奏事毕，亟往视之，方兴工于隙地。元镇询谁主其事，曰：‘内侍黄彦节也。’元镇即呼彦节诟责之曰：‘顷岁艮岳花石之扰，皆出汝曹，今将复蹈前辙邪！’命勒军令状，日下罢役……上喻曰：‘前日偶见禁中有空地，因令植竹数十竿，非欲以为苑囿。然卿能防微杜渐如此，可谓尽忠尔。’”[②]宰相可以随意巡视内廷施工，可以不问青红皂白呼主事宦官“诟责”，皇帝还要予以表彰，宋代的“以外统内”落到实处，被比较严格地执行。此类事例，不胜枚举。

“以外统内”，在紧急情况下，就可以由宰相来统领大局，平稳人心，避免宦官的趁乱擅权。嘉祐元年（1056）正月仁宗病废，时文彦博、富弼为宰相。《长编》载：

> 彦博与两府俟于殿阁，久之，召入内副都知史志聪、邓保吉等问上至禁中起居状，志聪等对以禁中事严密，不敢泄。彦博怒，叱之曰：“主上暴得疾，系宗社安危，惟君辈得出入禁闼，岂可不令宰相知天子起居，欲何为耶？自今疾势小有增损，必一一见白。”仍命引至中书取军令状，志聪等素谨愿，皆听命。及夕，皇城诸门白当下锁，

① 《长编》卷三八九，第9451、9452页。

② 《挥麈后录余话》卷一，第178、179页。

志聪曰："汝自白宰相，我不任受其军令。"由是禁中事，宰相无不知者……上既不能省事，两府但相与议定，称诏行之。两府谋以上躬不宁，欲留宿禁中而无名。辛酉，彦博与富弼建议设醮祈福于大庆殿，两府监之，昼夜焚香，设幄宿于殿之西庑。史志聪等白：故事，两府无留宿殿中者。彦博曰："今日何论故事也。"……两府求诣寝殿见上，史志聪难之。富弼责之曰："宰相安可一日不见天子。"志聪等不敢违。两府始入福宁殿卧内奏事，两制、近臣日诣内东门问起居，百官五日一入。[①]

在这种特殊情况下，宰相们敢于打破常规，独断专行，令宦官"取军令状""留宿禁中"，面见皇帝，所依据的就是"以外统内"赋予的权力和建立起来的威望。反观其他朝代，皇帝病昏，内外隔绝，此时正是宦官们上下其手的大好时机。

第二，限制人数。宋代君臣认为宦官"人多则党盛"，所以严格限定宦官人数。《宋史》载："宋世待宦者甚严。太祖初定天下，掖庭给事不过五十人，宦寺中年方许养子为后。又诏臣僚家毋私蓄阉人，民间有阉童孺为货鬻者论死。去唐未远，有所惩也。"[②]而后，宫廷规模逐渐扩大，宦官人数也日益增多，继任君主始终注意这个问题。仁宗皇祐五年（1053）闰七月，"诏内侍省：自今内侍供奉官至黄门，以一百八十人为额"[③]。哲宗元祐二年（1087）三月，"又诏内侍省：供奉官以下至黄门，以一百人为定额"[④]。北宋末年，徽宗宠信宦官，宦官人数才大大增加，"至宣、政间，动以

① 《长编》卷一八二，第4394、4395页。

② 《宋史》卷四六六《宦者一》，第13599页。

③ 《长编》卷一七五，第4221页。

④ 《长编》卷三九六，第9668页。

千数矣”[①]。南渡初因战乱宦官人数骤然减少，孝宗时最终“定以二百人为额焉”[②]，后因侍奉太上皇的需要再增加了五十名。

第三，限定官阶。宋代为宦官单独设立官阶体系，以别于外朝文、武官阶。真宗大中祥符二年（1009）二月定为六等[③]，徽宗政和二年（1112）九月则确定为叙迁之阶十一等。[④]限定官阶，对阻止宦官进入权力核心发挥一定的牵制作用。得皇帝宠信的宦官力图突破这种限制，北宋末年这种情形就时常发生。但在两宋多数时间内都是被控制得比较严格的，即使到了南宋后期朝纲紊乱的时候，依然保持了对宦官的抑制势头。上文列举中已经有所涉及，再举数例。元丰年间，神宗欲用内侍李宪为节度使，尚书右丞王安礼坚决反对说：“国朝之制，内臣无任节度使者。其宠任之极，不过畀之稍廪而已。”尚书左丞蒲宗孟阿谀神宗说：“陛下擢材，无所不可。”王安礼斥责他说：“孰遣君出声，几乱朝廷事！”此事因此作罢。[⑤]南宋宁宗时，“宦者王德谦除节度使，（京）镗乃请裂其麻，上曰：‘除德谦一人而止可乎？’镗曰：‘此门不可启。节钺不已，必及三孤；三孤不已，必及三公。愿陛下以真宗不予刘承规为法，以大观、宣、政间童贯等冒节钺为戒。’上于是谪德谦而黜词臣吴宗

---

① 《燕翼诒谋录》卷五，第46页。

② 《建炎以来朝野杂记》甲集卷一〇，第211页。

③ 《长编》卷七一：“改入内内侍省内侍供奉官为内东、西头供奉官，殿头高品为内侍殿头，高品为内侍高品，高班内品为内侍高班，黄门为内侍黄门，凡六等，并冠本省之号。其初补者曰小黄门，经恩迁补则为黄门。其内侍省供奉官、殿头、高品、高班、黄门，准此。”第1593页。

④ 详见《宋大诏令集》卷一六三，第622、623页。参见龚延明：《宋代官制辞典》，中华书局1997年版，第36—37页。

⑤ 《长编》卷三三一，第7976、7977页。

旦"[①]。

此外，还有许多限制内侍弄权的措施。如，宦官代传圣旨时，有严格的复查规定。真宗天禧四年（1018）十二月，"诏中书、枢密院，自今内臣传旨处分公事，并须复奏"[②]。还有"不以内侍典兵权"之类的规定。宦官虽然时常被派出监军，但只是一种临时性或违制的措施，宋代宦官始终没有像唐朝宦官一样长期操纵军队，甚至完全掌握军权。又，嘉祐六年（1061）九月，知谏院杨畋、司马光等言："故事，凡臣僚上殿奏事，悉屏左右。内臣不过去御座数步，君臣对问之语皆可听闻，恐漏泄机事非便。"仁宗立即听纳台谏建议，"诏：自今止令御药使臣及扶持四人立殿角，以备宣唤，余悉屏之"[③]。种种措施，甚至到了详细琐碎的地步，这一切都有效地防止了宦官干政。

北宋末期，徽宗纵容宦官，童贯、杨戬、梁师成等皆嚣张一时，所作所为多所违制。蔡绦追溯宦官恃权过程说：

> 本朝宦者之盛，莫盛于宣和间。其源流嘉祐、元丰，著于元祐。而元丰时有李宪者，则已节制陕右诸将。议臣如邓中司润甫力止其渐，不可，宪遂用事矣。至元祐，又以垂帘者久，故其徒得预闻政机，关通廊庙，且争事名誉。有陈衍者迹状既露，后又撼太子。太上惧，多以邸中旧宝带赂之，得稍止，及亲政而竟杀之焉。然势已张，若禁网则具在也。及崇宁初，上与鲁公勿能戒，于是开寄班法，因寖任事。大观后，遂有官至皇城使，官达者至引进客省矣。至外廷，旧规余风则犹尚存也。时士大夫自由公

① 《宋史》卷三九四《京镗传》，第 12038 页。

② 《长编》卷九六，第 2228 页。

③ 《长编》卷一九五，第 4720 页。

辅而进，耻从此徒，亦罕敢交通。及政和三四年，由上自揽权纲，政归九重，而后皆以御笔从事，于是宦者乃出，无复自顾藉，祖宗垂裕之模荡矣。盖自崇宁既踵元丰任李宪故事，命童贯监王厚军下青唐，后贯因尽攘取陕右兵权。鲁公再从东南召复相而力遏之，朝廷降诏，差方劭察访五路，然遏之不得，更反折角。政和末，遂寖领枢管，擅武柄，主庙算。而梁师成者则坐筹帷幄，其事任类古辅政者。一时宰相执政，悉出其门，如中书门下徒奉行文书。于是国家将相之任，文武二道，咸归此二人……是后大小百司，上下之权，悉由阉寺。①

两宋期间，唯有此一阶段宦官最为跋扈，权力最为膨胀。北宋灭亡，此为主要原因之一。靖康之难后，朝廷拨乱反正。建炎三年（1129）四月，高宗诏曰："自崇宁以来，内侍用事，循习至今，理宜痛革。自今内侍不许与主管兵官交通、假贷、馈遗、借役禁军、非所管职务擅行移文、取索贴占屋宇、陈乞提领外朝官职事、干预朝政，外朝非亲戚亦不得往还。如违，并行军法，委台谏纠察弹劾。仍许诸色人陈告，如委得实，量事加赏。"② 南宋初年苗、刘兵变，矛头之一也是针对内侍。"内侍省押班康履颇用事，威福由己出，其徒夺民居，肆为暴横。傅等恨之，曰：'天子颠沛至此，犹敢尔耶！'……分捕内官，凡无须者尽杀之。"③ 兵变平定之后，宦官势力又得到更加有效的控制。

在诸多有力措施的制裁下，宋代宦官多数时间没有形成凌驾于外廷大臣之上的势力，一有弄权苗头，总是得到及时抑制。仁宗

① 《铁围山丛谈》卷六，第 109 页。

② 《宋会要·职官》三六之二四，第 3083 页。

③ 《宋史》卷四七五《苗傅传》，第 13803、13804 页。

时，宦官阎文应得宠信，“专恣，事多矫旨付外，执政不敢违。天章阁待制范仲淹将劾奏其罪，即不食，悉以家事属其长子，曰：‘吾不胜，必死之。’上卒听仲淹言，窜文应岭南，寻死于道”[①]。元祐年间，宦官陈衍得太皇太后高氏信赖，御史中丞梁焘即上言“风闻中贵陈衍采访外事，密奏两宫。衍近来颇自表异，陵狎群辈，气岸不逊。衍近来颇自表异，陵狎群辈，气岸不逊。臣以谓两宫圣明，辅陛下施为有宰执，论事得失有台谏，百司各守其职，循名责实，则事无废弛，岂可使阉竖贱隶上玷聪明？若人言为信，有伤圣德，渐不可长”[②]。多数宦官在此制度下，自然无非分之想，老老实实听命于宰相。柳永《玉楼春》词咏此政绩云：“星闱上笏金章贵，重委外台疏近侍。”

宋代帝王打压、屏除其他一切政治势力预政，唯有文人士大夫势力一枝独秀，这就充分保证了“与士大夫共治天下”国策的贯彻实施。宰相在皇帝之下，便可真正统揽所有大政。

纵观唐宋两代相权的演变发展，就能发现这样一种有趣的历史现象：唐朝的相权是随着唐王朝国家势力的衰败而削弱，相权的强弱与国力成正比；宋朝的相权则是随着宋王朝国家势力的衰败而膨胀，相权的强弱与国力成反比。唐朝地方政治、军事势力跋扈，中央又存在着多种政治势力，各具千秋，如后妃、外戚、宦官、宗室等。在国家体制运转正常的情况下，唐代宰相集体还能够发挥比较正常的作用，随着唐王朝的逐步崩溃，国家对各种政治势力的约束越来越小，相权也随之萎缩，相权完全依赖于皇权。宋代则汲取唐王朝的经验教训，抑制地方和中央其他政治势力，权力集中到以宰相为代表的士大夫手中。这样的权力结构模式，又带来另一种

① 《长编》卷一一七，第 2764 页。

② 《长编》卷四四二，第 10640 页。

现象，即相权能够脱离皇权独立运作，相权对皇权的离心力越来越强。对相权的抑制主要倚赖赵宋帝王和正常的朝纲制度，随着朝纲的破坏和国家势力的衰弱，对相权的约束力也就越来越微弱，宋代相权自然走向恶性膨胀。北宋末年和南宋的相权演变史实，雄辩地证明了这一点。以下讨论宰相任期等等方面时，可以明显看出这种演变轨迹。

第三节　地方权力收归中央

地方权力收归中央，是宋人治国的基本方针之一，是宋代行政制度的一大特色。宋代统治者有鉴于唐中叶以来“方镇之重，君弱臣强”的历史经验教训，将“安内靖国”“守内虚外”作为调整中央与地方关系的基本原则，大力加强中央集权。朝廷对地方采取“稍夺其权，制其钱谷，收其精兵”等具体措施，将原来被地方“方镇”势力所侵夺的以及本来就应该属于地方的民、军、司法、财权全部收归中央所有。“朝廷以一纸下郡县，如身使臂，如臂使指，无有留难，而天下之势一矣。”[①] 皇帝则是将中央行政权力托付给以宰相为首的宰辅领导班子，在中央主持政体机制运转并且控制实际权力的大都是宰相们。从地方收归的权力，一般也都是交付到宰相手中，统一领导、调度、指挥。所以，地方势力的削弱，中央集权的加强，就意味着相权的强化。

一、地方行政建制与官员的任命

宋代地方行政建制分为县、州、路三级。县是地方行政系统中的基层组织，设令、簿、尉、丞等。朝廷直接派遣京朝官掌管重要县份，称知县。州级行政组织则摆脱了节度使的控制，听命于朝

---

① 《宋史纪事本末》卷二，第 11 页。

廷。长官称知某州军州事，有设一至三员通判，为知州副贰，然同时负有“监州”之职责。与州平行的行政机构还有府、军、监。中央政府在政治、军事、经济都十分重要的地区设府，地位略高于州；在边境关隘等有重兵防御的军事要地设军，用于抵御外敌的需要；在生产盐、铁等国家专卖商品的地区设监，直隶京师。路为宋代创设的新型地方监司机构，负责数州县的控制、管理与监察工作，机构设置不如县、州两级严密，由安抚使司、转运使司、提点刑狱司、提举常平司等诸司并立。数司中往往转运使的权力最重，以致“一路之事，无所不总”，成为事实上的路级最高行政长官。然路级各司互不统摄，各自负责所属职事，同时又负有相互监督的责任，以便中央政府的控制。宋代从路至县级的大小官员，多数由朝廷直接派遣，其重要地区官员之任命大都归入宰相“堂除”的范围。并由中央政府负责地方官员的考课、磨勘、迁转等考核和升迁贬黜工作。地方行政权与官员任免权牢牢地掌握在朝廷手中。哲宗时礼部侍郎范祖禹总结说：

伏自祖宗肇造区夏，刬削藩镇，分天下为十八路，路置转运使副、提点刑狱。有州三百，州置守，皆得专达于朝廷。有县一千二百，县置令，皆命于天子。其始也，收乡长、镇将之权，悉归于县；收县之权，悉归于州；收州之权，悉归于监司；收监司之权，悉归于朝廷。监司者，古州牧、连帅之职也；郡守者，古公侯之国也；县令者，古子男附庸之君也。自本朝之法，上下相维，轻重相制，民自徒以上，吏自罚金以上，皆出于天子。藩方守臣统制列城，付以数千里之地，十万之师，单车之使，尺纸之诏，朝召而夕至，则为匹夫。是以百三十余年，海内晏然，不惟祖宗仁恩德泽深结于民，亦由制置郡县最得其道，前世所未有也。[①]

“祖宗家法”体现为制度，充分保证地方各级官员的任命权收归中央。

二、对地方财政的控制

地方割据、分裂势力的形成，必须以相当的财政积累为基础。招兵买马、抗衡中央，都需要一定的财力。有鉴于此，宋代中央集权统治大大加强了对地方财政的控制。

宋代征收税赋的方式大致沿袭了唐中叶以来的“两税法”，夏税以布帛为主，秋税以粮食为主。对于财赋收入的分配方式同样参照唐代实行两税法之后的“上供、送使、留州”之三分法。然而，其分配比例却大不相同。宋代初年，太祖即着手财政改革。乾德三年（965）三月，《长编》载：

> 自唐天宝以来，方镇屯重兵，多以赋入自赡，名曰留使、留州，其上供殊鲜。五代方镇益强，率令部曲主场院，厚敛以自利。其属三司者，补大吏临之，输额之外辄入己，或私纳货赂，名曰贡奉，用冀恩赏。上始即位，犹循常制，牧守来朝，皆有贡奉。及赵普为相，劝上革去其弊。是月，申命诸州，度支经费外，凡金帛以助军实，悉送都下，无得占留。时方镇阙守帅，稍命文臣权知，所在场院，间遣京朝官廷臣监临，又置转运使通判，为之条禁，文簿渐为精密，由是利归公上而外权削矣。[②]

---

① 《长编》卷四六八，第 11177 页。

② 《长编》卷六，第 152 页。

京朝官出任地方行政长官，最为重要的工作之一是财政管理。“诸州通判官到任，皆须躬阅帐籍所列官物，吏不得以售其奸。主库吏三年一易。市征、地课、盐曲之类，通判官、兵马都监、县令等并亲临之，见月籍供三司，秩满较其殿最。欺隐者置于法，募告者，赏钱三十万……外州无留财，天下支用悉出三司。”[①] 经过系列改革，财政权大致收归中央。

宋代地方上即使有少量“送使”与“留州”的财物，原则上不能擅自支用。地方政府每年需要开列该年度收支总数，年终汇总申报一次，并预计下一年度支用总数。中央政府则不断加强对地方财政的审计工作，宋太宗端拱二年（989）设置了“三司都磨勘司”，“掌覆勾三部帐籍，以验出入之数”。[②]

宋代中央政府主要通过派出的路转运使实施对地方财政的行政控制。路转运使的首要任务是督促州县地方征收赋税，依照朝廷的规定“责州县认供”，列数逐级上报，并负责催促已经征收完毕的财赋输送到京都。此外，路转运使还需要计度供应所辖州县机构的费用，包括地方官吏的俸禄廪给与驻扎该路军队的供应给养等。同时，他们有权力擅自向州县增派税额，作为“羡余”进贡朝廷。通过路级转运使的有效监督，中央集权牢牢控制住地方财政大权。宋代的用人权与财政权，在中央一级归宰相调度、领导，从地方收回的财政大权，再度集中到宰相的手中。

三、地方兵权归上

防止地方异己势力形成，最根本的手段是剥夺地方兵权。赵匡胤依赖兵变黄袍加身，深知个中奥秘。宋朝统治者采取的一条最基本措施是挑选天下精兵，充实中央禁军，将全国的大部分精锐部队

① 《宋史》卷一七九《食货下一》，第4348页。

② 《宋史》卷一六二《职官二》，第3809页。

集中到京师，强干弱枝，重内轻外。“宿重兵于京师，以消四方不轨之气，番休互迁，使不得久而生变，故百余年天下无事。”[①]乾德三年（965），“令天下长吏择本道兵骁勇者，籍其名送都下，以补禁旅之阙。又选强壮卒，定为兵样，分送诸道。其后以木梃为高下之等，散给诸州、军，委长吏、都监等召募教习，俟其精练，即送都下”[②]。据记载：“艺祖养兵止二十万，京师十余万，诸道十余万。使京师之兵足以制诸道，则无外乱；合诸道之兵足以当京师，则无内变。内外相制，无偏重之患。天下承平百余年，盖本于此。”[③]即使是“诸道”守卫兵卒，也是由中央禁军轮番外出“更戍”，即上文提及的“番休互迁”制度。宋代地方上的强兵精将全部转归中央禁军，地方上没有正规部队，只留下老弱之徒充“厢军”等以“供杂役”。南宋初年为应付纷繁复杂的战争局面，兵权一度下放，诸将帅皆独当一面。随着南北局势的渐趋稳定，朝廷便收回三大帅韩世忠、张俊、岳飞兵权，“皆除枢府，罢其兵权”[④]。以升任枢密使副的方式架空诸大帅，兵权又回到朝廷手中。

朱熹总结说：“本朝鉴五代藩镇之弊，遂尽夺藩镇之权。兵也收了，财也收了，赏罚刑政一切收了，州郡遂日渐困弱。”[⑤]诸种收地方之权、加强中央集权的措施，在两宋大部分时间里都得到了很好的落实，以宰相为领导的中央行政班子确实拥有了更多的权力并且能够得到贯彻实施。

---

① 《长编》卷三〇一，第 7324 页。

② 《长编》卷六，第 156 页。

③ 《曲洧旧闻》卷九，第 213 页。

④ 《宋史》卷三八〇《范同传》，第 11712 页。

⑤ 《朱子语类》卷一二八，第 3070 页。

第四节　相权短暂萎缩

宋代相权曾经一度萎缩，这是个别皇帝不遵循规章制度、过分揽权的短期行为，在宋代并不具典型意义。这种情况主要发生在宋太宗掌政时期，是在特殊历史背景下形成的。其他帝王在位期间，偶尔也有发生。

一、太宗登基特殊背景

太祖与太宗的权力交替，有许多不明不白的神秘之处，后人从中嗅到了宫廷政变的可疑气味。这一次政权更替，破坏了已成习惯的“父终子代”继承法，而代之以“兄终弟代”的方式。这样的皇位继承方式，据说是太祖和太宗的母亲杜太后临终遗命。《长编》载：

> （杜后）疾革，召普入受遗命。后问上曰：“汝自知所以得天下乎？”上呜咽不能对。后曰：“吾自老死，哭无益也。吾方语汝以大事，而但哭耶？”问之如初。上曰：“此皆祖考及太后余庆也。”后曰：“不然。政由柴氏使幼儿主天下，群心不附故耳。若周有长君，汝安得至此？汝与光义皆我所生，汝后当传位汝弟。四海至广，能立长君，社稷之福也。”上顿首泣曰：“敢不如太后教。”因谓普曰：“汝同记吾言，不可违也。”普即就榻前为誓书，于纸尾署曰“臣普记”。上藏其书金匮，命谨密宫人掌之。[①]

这就是关于著名的“金匮之盟”之记载，近代史学家张荫麟则对此提出质疑，认为其中有五大破绽，断其为伪造。[②]

---

① 《长编》卷二，第 46 页。

② 张荫麟：《宋太宗继统考实》，载《文史杂志》1 卷 8 期，1941 年。

宋太宗很可能是用编造谎言的方式来证实自己入继大统的合法性，已经可以隐约看出这一次皇位交替的不可告人之处。开宝九年（976）太祖去世时，太宗38岁，太祖次子德昭25岁，第四子德芳18岁，太祖就是传位于子，也称得上是“立长君”。据说，太祖临终，“内侍王继恩就建隆观设黄箓醮，令守真降神，神言：‘天上宫阙已成，玉锁开。晋王有仁心。’言讫不复降。上闻其言，即夜召晋王（太宗），属以后事，左右皆不得闻。但遥见烛影下晋王时或离席，若有所逊避之状。既而上引柱斧戳地，大声谓晋王曰：‘好为之’”①。装神弄鬼，留下“烛影斧声”的千古疑案。《长编》中的这一段是根据文莹《湘山野录》载入，当时《实录》与《正史》皆避而不谈，后人则怀疑其中有政变的阴谋，太宗或是杀兄夺位。太祖皇后宋氏则曾试图让德芳承继皇位，《长编》载：

上崩于万岁殿。时夜已四鼓，宋皇后使王继恩出，召贵州防御使德芳。继恩以太祖传国晋王之志素定，乃不诣德芳，径趋开封府召晋王，见左押衙程德玄先坐于府门。德玄者，荥泽人，善为医。继恩诘之，德玄对曰：“我宿于信陵坊，乙夜有当关疾呼者曰：‘晋王召。’出视则无人，如是者三。吾恐晋王有疾，故来。”继恩异之，乃告以故，扣门与俱入见王，且召之。王大惊，犹豫不行，曰：“吾当与家人议之。”入久不出，继恩促之曰：“事久，将为它人有矣。”时大雪，遂与王于雪中步至宫。继恩使王止于直庐，曰：“王且待于此，继恩当先入言之。”德玄曰：“便应直前，何待之有！”乃与王俱进至寝殿。后闻继恩至，问曰：“德芳来耶？”继恩曰：“晋王至矣。后见王，愕然，

① 《长编》卷一七，第378页。

遽呼官家，曰："吾母子之命，皆托于官家。"王泣曰："共保富贵，勿忧也。"[①]

前后两段记载，宦官王继恩都是关键人物。太宗即位，王继恩"自是宠遇莫比。喜结党邀名誉，乘间或敢言荐外朝臣……及真宗初，继恩益豪横，颇欺罔，漏泄机事"[②]。最终被贬谪流放。其间可以看出北宋初年承唐末五代弊政，宦官仍有相当政治舞台。太祖十月去世，太宗登基后，于当年十二月便改元为太平兴国，《长编》云："上以亲政逾月，特与天下更始，非故事也。"[③]凡此种种，皆使得太宗的皇位承继笼上一团浓浓的疑雾。

二、太宗疑忌心态

太宗以不明不白手段夺得皇位后，疑忌之心特重，对他人时时戒备，不惜采取残酷打击的手段。太平兴国四年（979）八月，逼死侄子德昭；太平兴国七年（982）四月，以谋反罪一贬再贬皇弟廷美，并将其逼死在贬所；并因此逼疯儿子元佐。这一系列惨不忍睹的骨肉相残情景，在皇位承继相对平稳的宋代是十分罕见的。直到晚年，对自己亲手确定的皇太子，依然猜疑重重，对寇准说："四海心属太子，欲置我何地？"[④]

对自己的亲生儿子都信不过，对待二府大臣更是如此。太宗其实没有信任过一位二府大臣，认为他们无非都是依附皇权、贪慕荣华富贵的自私之徒。太宗与钱若水有过多次这方面的对话：

刘昌言罢，太宗问赵镕等曰："见昌言否？"镕等曰：

---

① 《长编》卷一七，第 380、381 页。

② 《宋史》卷四六六《王继恩传》，第 13604 页。

③ 《长编》卷一七，第 387 页。

④ 《长编》卷三八，第 818 页。

> “屡见之。”上曰：“涕泣否？”曰：“与臣等言，多至流涕。”太宗曰：“大率如此。当进用时，不能悉心补职，一旦斥去，即汍澜涕泗。”若水曰：“昌言实未尝涕泗，盖镕等迎合上意尔。”吕蒙正罢，太宗又谓若水曰：“人臣当思竭节以保富贵，蒙正前日布衣，朕擢为宰相，今退在班列，想其目穿望复位矣。”若水对曰：“蒙正虽登显贵，然其风望亦不为忝冒。仆射师长百僚，资品崇重，又非寂寞之地也。且蒙正固未尝以退罢郁悒。当今岩穴高士，不求荣爵者甚多，如臣等辈，但苟贪官禄，诚不足以自重。”太宗默然。若水因自念，人主待辅臣如此，盖未尝有秉节高迈、不贪名势、能全进退之道以感动人主故也，将俟满岁即移疾。①

刘昌言时为同知枢密院事，吕蒙正为宰相，太宗认为他们皆贪图荣华富贵之辈，以致钱若水欲辞职而去，以正视听。正是因为对大臣的品质有这种极其轻蔑的认识，太宗就不会放心地将权力交给臣下。雍熙元年（984），右补阙田锡上奏章云：

① 《长编》卷四一，第868页。这一条史料，李心传《旧闻证误》卷一引王巩《闻见近录》曰：“钱公若水为枢密副使时，吕相端罢。太宗明日谓辅臣曰：‘闻吕端命下哭泣不已。’钱公厉声曰：‘安有此！’退谓诸公曰：‘我辈眷恋爵禄，上见薄如此。’遂力请罢。”李心传按曰：“钱公以至道元年正月除同知枢密院事。四月，吕公相。三年三月，太宗崩。六月，钱公罢。咸平元年十月，吕公免相。皆与此不合。”按：李心传考辨甚是，王巩所记误。依《长编》卷四一所言，刘昌言至道元年正月罢职，四月吕蒙正罢职。钱若水至道元年正月除同知枢密院事，二度见太宗鄙薄宰辅大臣，已心有寒意，故当面出言顶撞。太宗去世后，钱若水欲“秉节高迈，不贪名势，能全进退之道以感动人主”，特以“母老请解机务，章再上，乃得请”，与史实相吻合。当以《长编》所言为是。

《尚书》曰："临下以简。"又曰："得师者王。"今宰臣若贤，愿陛下信而用之；宰相非贤，愿陛下择可用而任之。何以置之为具臣，而疑之若众人也。百官各举其职，愿陛下听而用之；百官未称其职，愿陛下量其才而用之，何以置之为备员，而待之若冗秩也。臣谓百职若举，则万务从而自理，百官未修，则万务从而亦隳。必若任而疑之，则上下非一心；疑而用之，则君臣非一体。何则？疑能生谤，谤能生疑。疑从谤生，则父子之道偶亏于慈孝；谤因疑起，则君臣之际或变成于怨仇。魏文侯焚谤书，陛下故尝知之；令狐楚有《辩谤论》，陛下时宜览之。若然，则保得臣下始终，全得君上恩信，方谓君为元首，臣作股肱也。①

一大段的批评，都是针对太宗的疑忌心理。太宗不仅仅对待宰相是"置之为具臣，而疑之若众人"，对待百官同样是"置之为备员，而待之若冗秩"，太宗是宋代猜疑心最重的一位君主。

三、相权萎缩

太宗在位期间，由于过分的猜忌心理作怪，对臣下一概不放心，大权独揽，事无巨细，皆喜欢插手过问，其勤政发奋，在两宋帝王中亦属罕见。至道元年（995）十二月，太宗对臣下云："有司常职，米盐细事，朕亦不惮劳苦，并躬亲裁断。"又云："朕自君临，未尝一日不鸡鸣而起，听四方之政。至于百司庶务，虽细微者，朕亦常与询访。所以周知利害，深究安危之理，故无壅蔽陵替之事。"宰相吕

① 《长编》卷二五，第585页。

端等只能回答:“臣等待罪庙堂，曾无裨益。”[1]太宗对此洋洋得意，自我夸耀，以为如此才避免了“壅蔽陵替”之弊。此时离太宗去世仅剩两年时间，可见田锡等臣僚的劝谏毫无作用。

这一切并不是太宗的自我夸大之辞。在军事方面，因为对将帅的猜疑，边塞作战时太宗喜欢亲授前敌指挥员以阵图。太宗年间，是宋朝对周边民族之军事势力由优势转为劣势的关键时期，王禹偁认为主要原因在于“所蓄之兵冗而不尽锐，所用之将众而不自专故也”[2]。即太宗对将帅的不信任是宋朝军事势力由盛转衰的重要原因之一。民政方面，或“躬亲听断，京城诸司狱有疑者，多临决之”[3]。财政方面“孜孜庶务，或亲为裁断”[4]。行政方面，则“亲选多士，殆忘饥渴，召见临问，以观其材，拔而用之”[5]。

宰辅群体是太宗最为猜忌的对象之一，太宗自然设法侵夺他们的职权。太平兴国六年（981）九月，置差遣院以分中书用人权。“诏应京朝官除两省、御史台自少卿监以下奉使从政于外受代而归者，并令中书舍人郭贽、膳部郎中兼御史知杂事滕中正、户部郎中雷德骧同考校劳绩，品量材器，以中书所下阙员，类能拟定，引对而授之，谓之差遣院。……国初以来，……除授皆出中书，不复由吏部。至是，与朝官悉差遣院主之。”[6]淳化二年（991）八月，置审刑院以分中书司法权。“凡狱具上奏者，先由审刑院印讫，以付大理寺、刑部断复以闻，乃下审刑院详议，中复裁决

① 《长编》卷三八，第823、824页。

② 《长编》卷四二，第897页。

③ 《长编》卷二二，第492页。

④ 《长编》卷三四，第746页。

⑤ 《长编》卷二四，第547页。

⑥ 《长编》卷二二，第499、500页。

讫，以付中书。”[①]

太宗如此作为，部分相权或被收归皇帝所有，或被新设的机构所分割，相权不可避免地受到损害。宰相吕蒙正对太宗说：“今陛下躬决万几，臣下止于奉行圣旨。”[②]实际情况也大致如此。太宗喜欢用才能相对平庸、阿顺听话者为相，如宰相李昉去世，太宗评价居然是这样的：“昉本以文章进用，及居相位，自知才微任重，无所弥纶，但忧愧而已。”[③]太宗曾责怪李昉等二府大臣“竞为循默，曾不为朕言事”[④]。既然太宗深知李昉性格与行政方面的缺陷，何以任用为相，直至去世？太宗的意图非常清楚。太宗既责怪宰辅，又不反思自身。太宗在位期间，是宋代相权最为萎缩的时期。

四、神宗短期作为

宋代与此类似的还有神宗朝。神宗是一个极想有所作为的皇帝，个性鲜明，有相当的才能和开拓意识。神宗开始时完全信赖王安石，自王安石第二次罢相去职，神宗越来越自信，逐渐独揽朝纲。元丰改制，神宗规定三省轮班奏对，以便自己一手统领。其时，“上临御日久，群臣畏上威严，莫敢进规”[⑤]。当时宰辅们，也多阿顺神宗旨意，王安礼说：“吾侪今日曰：‘诚如圣谕’，明日曰：‘圣学非臣所及’，安得不谓之小人。”[⑥]如此一来，朝廷越来越缺乏真正的人才。某次“宰执同对，上有无人材之叹”[⑦]。独裁政体，庸君当政，不够自信，或者会更多地依赖臣下。独裁者自以为英明

① 《长编》卷三二，第718页。

② 《长编》卷三六，第788页。

③ 《长编》卷三九，第829页。

④ 《长编》卷三四，第748页。

⑤ 《长编》卷二八八，第7051页。

⑥ 《长编》卷三三六，第8104页。

⑦ 《长编》卷三三八，第8149页。

伟大，信心满满，往往会给国家与人民带来巨大的灾难。当然，平庸之主在位，却自以为英明伟大，给百姓带来的灾难同样巨大。这被古今中外独裁政体一再证明。神宗后期，相权又一度萎缩，只是与太宗朝相比，时间更为短暂。

宋代两次相权萎缩，原因错综复杂，与皇帝的登基背景、个性、才能、志向等等有着千丝万缕的联系。后人讨论的设置差遣机构以分相权等作为，更多地发生在这些时期。这些特殊现象值得注意，但不能以偏概全，将短期行为夸张为普遍行为，以至对宋代相权产生不应有的误解。太宗朝相权之萎缩大约持续二十余年，神宗朝则不到十年，二者相加，亦不过三十年左右。在宋代三百余年历史长河里，所占时间不过是十分之一。

第五节　宰辅集体领导制

宋代帝王与士大夫群体治天下，宰辅是士大夫群体的领袖人物，权力集中。于是，帝王采用宰辅集体领导制，以防范个人势力过度膨胀，避免因相权过重而走向失控。这种集体领导制，是对唐人“政事堂”制度的承继。然而，唐朝由于没有解决好各种政治势力相互平衡、对后妃和宦官势力加以抑制等一系列问题，集体领导制已被破坏无遗。宋人在唐人经验教训基础上，加以重建和完善。宰辅集体领导班子中，包括枢密院正副长官，下文有专章讨论，此章不做详尽介绍。

一、集体领导制重建和完善

宋太祖从孤儿寡母手中夺得政权，内部存在着新旧政权交替、稳定政局的难题，外部又必须面对北汉、南唐、契丹等等强敌环伺的危难局面，百废待兴。在这多事危亡之秋，所采用的手段也是临时性的应急措施，宰辅集体领导制等等规范化的制度，还未被纳入考虑的范畴。

首先，太祖为了保持从周室合法获取皇位的正统承继表象，保留了前朝三位宰相范质、王溥、魏仁浦，却将真正的中枢权力操纵在自己和个别心腹赵普等人手中。乾德二年（964）正月，范、王、魏三相并罢，同月，赵普拜相。一直到开宝六年（973）八月，太祖对赵普信任有加，中书只有赵普独相，这段时间持续将近十年。显然，在这一阶段，宰辅集体领导制并未得以建立，这仅仅是从唐末五代到宋代的一个制度过渡期。

宰辅集体领导制的形成是以参知政事的设立为标志的。乾德二年（964）四月，太祖为赵普置副手，称参知政事。“不宣制，不押班，不知印，不升政事堂。”①赵普恩宠衰替后，集体领导制也相应地发展健全起来。开宝六年（973）六月，太祖连下数诏，使参知政事获得了与宰相共同议政、轮流执政的权力。赵普罢相后，既以薛居正、沈义伦为相，以卢多逊为参知政事。至此，宰辅集体领导制正式得以确立。②

集体领导制大致贯彻两条原则：第一，宰辅集体议事制。国家重大事务皆由中书宰辅或二府大臣集体议定，然后奏报批准。③第二，宰相“分日知印”、轮流当笔。这就使得每位宰相在处理日常政务时，具有了同等的权力。有时，参知政事也参与到这个行列之中，如《长编》载：“中书省言：‘尚书省文书，自来左右仆射轮日当笔。’……诏令左右丞权轮日主印当笔。”④

为了保证集体领导制顺利贯彻实施，一般说来需要宰相之间政

① 《长编》卷五，第125页。

② 北宋前期宰相和参知政事之关系，以及权力的此长彼消，参阅后文“参知政事”章节。

③ 具体操作过程参阅下一章节“议政权”部分。

④ 《长编》卷三七四，第9075页。参见以下“参知政事”章节。

见的大致相同。任用二位矛盾对立者同时为宰相，显然无法协调工作。庆历七年（1047）二月，进陈执中为昭文相，三月，召夏竦为集贤相，越三日，即改命夏竦为枢密使，因为“谏官御史言：竦与执中在永兴尝议论不合，不可同为宰相。故改名焉”①。

二、宰辅人数

宋代宰相常设二员。北宋前期，大致设昭文相和集贤相，史馆之职一般都是兼任。偶尔有设三相的时候，除宋初特殊情况外，太宗于开宝九年（976）十月登基，以薛居正为昭文相、沈义伦为史馆相、卢多逊为集贤相，薛居正去世后，又以赵普为昭文相代替，三相并设的局面一直延续到太平兴国七年（982）四月；仁宗至和二年（1055）六月，以文彦博为昭文相、李沆为史馆相、富弼为集贤相。到神宗改制，以左右仆射为宰相，后又更名为太宰和少宰、左右丞相等，宰相员数就再也没有超过二人。

参知政事的员数则在二到四人之间。宋初曾一段时间维持一相（赵普）三参（薛居正、沈义伦、刘熙古）的局面；薛居正、沈义伦、卢多逊并相期间，又不设参知政事（三相无参政）；文彦博、李沆、富弼并相期间，只有程戡一位参知政事（三相一参）；至道三年（997）还出现一相（吕端）四参（温仲舒、王化基、李至、李沆）的情况。神宗改制后，以门下侍郎、中书侍郎、尚书左丞、尚书右丞取代参知政事，实际上是设置二相四参。南宋恢复参知政事名称后，员数又在一到三人之间摇摆。

宋代中书或三省宰辅的员数，最为常见的是二相二参。元祐二年（1087）七月，右仆射吕公著说：“今三省职事，与旧日中书一般，中书宰相、参政，本以四员为额。”②如有伸缩，大约也保持在

① 《宋会要·职官》一之七六，第2367页。

② 《长编》卷四〇三，第9821页。

三到六人之间。

三、宰相任期

宋代宰相任期，没有年限规定，时间长的达二三十年，短的仅数月。如史弥远居相位二十六年，杜衍则只有四个月。宋代多数宰相任期都在一年以上五年以下，任期二三年的最为常见。元祐年间左仆射吕大防任期满三年以后，便向太皇太后乞退，云："姚崇、宋璟作相，亦不过三年。本朝吕夷简虽三入，然每亦不过三年。"①吕大防引用从唐到宋的实例，说明任期三年左右是常态。宋代"文资三年一迁，武职五年一迁，谓之磨勘"②。宰辅任期对此有所参照。

许多人则是数次入相。宋代四度入相的有蔡京；三度入相的有赵普、吕蒙正、寇准、王钦若、吕夷简、张士逊、文彦博等人；二度入相的有李昉、张齐贤、向敏中、王曾、李迪、陈执中、富弼、王安石、范纯仁、赵挺之、朱胜非、吕颐浩、张浚、赵鼎、秦桧、汤思退、陈康伯、史浩、曾怀、郑清之、乔行简、吴潜等人。

宰相只有相对坐稳位置，才谈得上有所作为，皇帝的"委任责成"才能得以落实，所谓"久任专责"。真宗即位初，王禹偁上疏要求"既得宰相，用而不疑，使宰相择诸司长官，诸司长官自取僚属，则垂衣而治矣"③。柳开上书言："宰相、枢密，朝廷之大臣，委之必无疑，用之必至当。"④大约都是有鉴于太宗对宰辅的不信任，提出改正意见。元祐时签署枢密院事王岩叟曾进言说："天子重大臣，则人尽其力；轻去就，则物不自安。"⑤这是一个浅显的

① 《长编》卷四五八，第 10958 页。

② 《长编》卷一四三，第 3431 页。

③ 《长编》卷四二，第 900 页。

④ 《长编》卷四三，第 924 页。

⑤ 《长编》卷四六七，第 11156 页。

道理。“官守数易，弊法也。”[1]《宋史全文》引吕中总结太祖朝用人经验语说：“盖其始也择之精，其终也任之久。择之精，则小人不得以滥其选；任之久，则君子举得以尽其职。”而后举“赵中令之相凡十一年”之类例子，说明“皆久任而成功也”。[2]由于独裁者揽权之常态和皇帝的疑忌心理，皇权与相权时而冲突，皇帝往往很难做到对宰相推心置腹，更多时候，二府宰辅的迁移就显得过于频繁。景祐元年（1034）知制诰李淑上时政“十议”，其一云：

> 两府迁易稍频。……夫大臣者，国之股肱，固须审择。太祖定天下，用周朝三相犹六年，始以赵普代之。凡十一年，始以薛居正、沈伦代之。太宗嗣位，惟一相卢多逊，又六年而用赵普。自后十八年中，虽三四易相，然所用者惟李昉、宋琪、吕蒙正、张齐贤、吕端五人。当是时，进者竞于纳忠，退者惧而修省，盖进退宰相，皆出睿断也。真宗景德以前，三次迁改，惟李沆、向敏中、王旦、毕士安、寇准五相而已。其任王旦十二年，次者向敏中再相亦十年。此二人在位之日，非无疑似之说，诚以大度并容，推任无间，而不重以权故也。[3]

李淑举了大量实例，着重说明宋初三朝治绩得益于皇帝对宰相的信任，久其任，责以成功。为了形成这种中央政治的祥和简静局面，需要皇帝和宰相的双方努力。皇帝应该“大度并容，推任无间”，宰相应该“不重于权”。

① 《山堂考索续集》卷三九《官制门》，第1151页。

② 《长编》卷一二，第268页。

③ 《长编》卷一一四，第2665页。

何郯讨论仁宗所用宰辅以及任职效果说：

> 自始即位及今，所命二府之臣已数十人。以三朝所任人较之，皆不若今之多也。然而亟用亟罢，不能持久。其远者五、七年，次者二、三年，下者又不及之。唯吕夷简在相位十数年，中间两罢而复用之。李迪两被进拜，始任之数月，其再也才逾年。杜衍之拜，甫及百日。虽进退用舍，圣虑所决，必皆有为，然而，人情见陛下始用之不闻其尽贤，即退之不知其有过，其谓诸臣出入二府皆其常也。……用二府之臣，计非陛下苟用之，必以其有称天下之望矣，天下之人亦有望于诸臣焉。……二府无一定之任，而欲议天下之治，其无日矣。……其于二府大臣也，必知其贤然后用之；既用之，必使久于职矣；既久矣，必待之以勿疑焉。审处此数端，旷日历年而责其成功，人虽中材，荷陛下信任之固，必将勉强为陛下宣力而讲长世之谋。况任得贤材而又久，则尧舜之治无难及矣。[①]

仁宗在这方面的表现还是比较令人称道的。至和二年（1055）六月，仁宗对庞籍夸奖新相文彦博和富弼，庞籍曰："陛下既知二臣之贤而用之，用之则当信之坚，任之久，然后可以责成功。若以一人言进之，未几又以一人言疑之，臣恐太平之功，未易猝致也。"仁宗即云："卿言是也。"[②] 正因为仁宗重视臣下谏诤之言，所以，这一时期大臣对宰相的任期就有更多的讨论。

一般说来，皇帝有才干，能够控制住二府班子，而且又信任宰

① 《全宋文》卷六一四何郯《论宰相择贤材而久其任奏》，第29册，第108、109页。

② 《长编》卷一八〇，第4354页。

相，宰相在位的时间就比较长，容易出政绩。这种情况大都发生在北宋初期和中期，李淑举的所有例子都是在北宋前期。王旦任相时间较长（1006—1017），魏野献诗曰："太平宰相年年出，君在中书十二秋。"① 北宋末年以来，任相已经失去客观标准，宰相的任期，或者因皇帝的疑忌而比较短暂，或者因为权相蒙蔽帝王而过于长久。任期久者如蔡京、秦桧、史弥远等。任期短者在南宋时表现尤为突出，高宗时御史周葵批评皇帝任宰相不专云："陛下即位，已相十许人，其初皆极意委之，卒以公议不容而去，大臣亦无固志。"② 叶梦得统计说："本朝宰相，自建隆元年至元祐四年，一百三十年，凡五十人；自元祐五年至今绍兴六年，四十六年，凡二十八人，几倍于前也。"③

宰相专权，一定程度上操控了皇帝，那么，宰相在位往往演变为终身制。这不是一种正常态，而且，容易将国家拖入危险的深渊。此时宰相的权力大都失控，权力机制失去平衡，政局的黑暗随之而来。这种情况大致发生在北宋末年和南宋时期。下面讨论集体领导制破坏时，还将涉及许多实例。

总体上来看，两宋宰相任期经历过"长 — 短 — 长"的变化过程。北宋中期以前，皇帝与宰相之间有较好的合作关系，宰相任期相对稳定，时间也较长。北宋中期以后至南宋孝宗时期，皇帝与宰相之间的猜疑加深，虽然出现过秦桧这样个别的权相，但多数宰相皆不安于位，宰相人选更换频繁。南宋后期，权相更迭执政，朝纲失常，宰相的任期时时变得不受时间限制。

四、"和而不同"原则

集体领导制，必须避免两种不良倾向出现：一是二府宰辅朋比

① 《鹤林玉露》乙编卷三，第 169 页。

② 《宋史》卷三八五《周葵传》，第 11833 页。

③ 《石林燕语》卷二，第 26 页。

为奸，结党营私；二是二府大臣政见相背、争吵不休乃至钩心斗角。孝宗取孔子“君子和而不同，小人同而不和”之意说：“执政于宰相，固当和而不同。”① “和而不同”是最理想的群僚相处原则，适用于宰相之间、参知政事之间、枢密院使副之间、中书与枢密院之间等等。“和而不同”的前提一定是一心为国为民，所谓“先天下之忧而忧，后天下之乐而乐”，这是“和”的基础。同僚之间能够协调工作，关系和睦，又能够各抒己见，不苟同附和，由皇帝居上调度、控制，这自然是最理想的宰辅工作合作关系。

宰辅争吵不休、钩心斗角，朝廷就无法贯彻统一的施政方针，也无法落实朝廷的法规政令，势必降低二府工作效率，这是皇帝不愿意看到的。宋代二府大臣之间出现不可调和的矛盾时，或者罢免双方，更换宰辅，或者做局部调整，以保证中书或枢密院小范围内的协调统一。真宗大中祥符七年（1014）六月，枢密使王钦若、陈尧叟和枢密副使马知节俱罢。时马知节鄙薄王钦若为人，在皇帝面前“具斥其奸状”，“争于上前者数矣”，“面讦钦若之短”，真宗云：“钦若等异常不和，事无大小，动辄争竞”，枢密院已经无法正常工作，故俱罢之。② 仁宗景祐四年（1037）四月，昭文相吕夷简、集贤相王曾、参知政事宋绶和蔡齐并罢。二相矛盾过大，“夷简专决，事不少让，曾不能堪，论议多不合，曾数求去，夷简亦屡匄罢”。二人且相互攻击，“至交论帝前”，宋绶助吕夷简，蔡齐助王曾，中书分裂成两派，集体领导制就无法运作，故四人一起被罢免。③ 仁宗庆历六年（1046）八月，参知政事吴育自己要求改任枢密副使，因为吴育在中书“遇事敢言，与宰相贾昌朝数争议上前，殿中皆失色，育论辨不已”。因此

① 《宋史》卷三九一《周必大传》，第11969页。

② 《长编》卷八二，第1882、1883页。

③ 《长编》卷一二〇，第2826、2827页。

与枢密副使丁度调换位置。① 此后，两人依然“数争论帝前”，次年三月，贾昌朝和吴育因此双双被免职。②仁宗嘉祐五年（1060）四月，枢密副使程戡罢，“戡与枢密使宋庠同府，戡语多俗，庠鄙之，自是不协，争议屡至失声色”③。

在执政任免时，班子是否能够协调合作也是被考虑的因素之一。元祐六年（1091）二月，苏辙除尚书右丞，左司谏兼权给事中杨康国认为苏辙任御史中丞时曾弹劾中书侍郎傅尧俞、同知枢密院事韩忠彦，且与其他宰执吕大防、刘挚、苏颂皆发生过争执，杨康国驳议说：“陛下选用执政之意，将欲垂衣拱手，坐享安静乎？常欲烦渎圣聪，汩汩而不已乎？必欲安静，则不宜用辙，盖与今执政相睽矣。臣愚以谓睽乖不共事，睚眦不同室，其势然也。故自圣朝祖宗以来，官吏之有嫌隙不和者，率许相避。盖其情终不可以强同，而适足以败事故也。”④ 杨康国所言“终不可以强同，而适足以败事”，是所有君主希望避免的局面，当然成为组织二府班子的原则之一。

“和而不同”的理想关系是很难实现的，两宋时期，偶尔二府也曾出现类似理想景况。吕中言：“一相独任则有专权之私，二相并命则有立党之患。以赵中令权专任重，而能与新进之吕蒙正共事；以毕士安德尊望隆，而能与使气之寇准共政，不惟无分朋植党之风，抑且尽同寅和衷之义。”⑤ 所举都是宰辅合作融洽之典范事例。最为典型的是庆历年间朝廷用杜衍为宰相、范仲淹为参知政事、韩琦和富弼为枢密副使，欧阳修评价说：“杜衍为人清审而谨守规矩，

① 《长编》卷一五九，第 3845 页。

② 《长编》卷一六〇，第 3865 页。

③ 《长编》卷一九一，第 4620 页。

④ 《长编》卷四五五，第 10903 页。

⑤ 《长编》卷四七，第 1033 页。

仲淹则恢廓自信而不疑，韩琦则纯正而质直，富弼则明敏而果锐。四人为性，既各不同，虽皆归于尽忠，而其所见各异，故于议事，多不相从。至如杜衍欲深罪滕宗谅，仲淹力争而宽之；仲淹谓契丹必攻河东，请急修边备，富弼料九事，力言契丹必不来；至如尹洙，亦号仲淹之党，及争水洛城事，韩琦则是尹洙而非刘沪，仲淹则是刘沪而非尹洙。”[1]四人尽心为公，对朝政各有所见，却又同心协力，共同主持了“庆历新政”。仁宗却不是如此认识问题，而将这些大臣认定为“朋党”。杜衍为相仅百余日，范仲淹、韩琦和富弼在二府不到二年，皆一一被排斥出朝廷。又如，元祐年间范纯仁为右仆射、王存为尚书左丞，二人志趣“多合”，遇事则各抒己见，“论者亦称其不相苟比云”[2]。

上述二府关系真正“和而不同”者，时间都是很短暂的。多数时间则有赖于皇帝的调节、二府大臣的矛盾制衡、权相的操纵等等手段，保持二府班子的协调合作关系。

五、宰辅回避制度

树立了“和而不同”的集体合作原则，就必须防范一切可能危害到这个原则实施的人为因素。独裁专制社会，通常情况下，“裙带风”盛行，一人得道，鸡犬升天。宋代当然也是如此，统治者为了笼络大臣，甚至特地扩大“恩荫”数量和范围，助长“裙带风”的流行。但是，宋代统治者坚持一条原则，即二府宰辅乃至高层官员之间必须实行回避制度，防止高级领导层的“裙带风”和结党营私。努力做到既能够笼络大臣人心，又不危害到集体领导制的正常运行。

首先是二府大臣之间的回避。交叉复杂的亲戚关系并不一定在

---

① 《长编》卷一五五，第 3764 页。

② 《长编》卷四二九，第 10358 页。

每次二府大臣的任命时都被注意到，或者二府大臣是在任职期间结为儿女亲家的，身在嫌疑之地的大臣往往自己出来说明，要求回避。仁宗庆历年间，枢密副使庞籍女嫁参知政事宋庠之子，“庠因言于上，以亲嫌不可共事”[①]。庆历三年（1043）八月，以富弼为枢密副使，时晏殊为枢密使兼平章事，“晏殊以弼其女婿，引嫌求罢相，上不许；又求解枢密使，亦不许”[②]。熙宁三年（1070）八月，神宗问参知政事王安石“吴充可为两府否”，王安石回答说：“充乃臣亲家”，自觉要求回避。[③]次月，神宗仍欲用吴充为参知政事，王安石再次强调“充与臣有亲嫌”，于是改任吴充为枢密副使。[④]元祐五年（1090）三月，朝廷任命韩忠彦同知枢密院事，“忠彦弟纯彦妻，知枢密院孙固女也，各以亲嫌乞罢，不许”[⑤]。这些关系一经说明，皇帝一般要对二府班子做合理调整，以维护“回避”制度。然也有皇帝特别信任大臣，坚决不允许他们回避的，如上述的晏殊与富弼、韩忠彦与孙固。皇帝偶尔有意放宽尺度，已经为制度的破坏留下了隐患。

推而广之，二府内部长官与主要官员之间也需要实行回避制度。淳化四年（993）十月，赵昌言为参知政事，其女婿王旦时为知制诰，王旦因此“上奏，以知制诰中书属官，引唐独孤郁避权德舆故事，固求解职，上嘉而许之”[⑥]。熙宁八年（1075）二月，王安石再次拜相，王安礼“罢检正中书孔目房公事，避兄安石也”[⑦]。元

① 《长编》卷一五九，第3845页。

② 《长编》卷一四二，第3417页。

③ 《长编》卷二一四，第5207页。

④ 《长编》卷二一五，第5239页。

⑤ 《长编》卷四三九，第10574页。

⑥ 《涑水记闻》卷七，第141页。

⑦ 《长编》卷二六〇，第6348页。

丰七年（1084）五月，朝廷以王存为兵部尚书，“存固辞，且言：‘左丞王安礼之妻乃臣故妻之妹，法亦当回避。’诏不许。后旬日，改户部尚书”[①]。元祐元年（1086）八月，“用著作郎范祖禹兼侍讲”，范祖禹是当时右仆射吕公著的女婿，自己“请避嫌”，左仆射司马光认为“宰相不当以私嫌废公议”，门下侍郎韩维认为“以执政妨用人，不可”。[②]元祐四年（1089）十一月，“枢密都承旨王岩叟除中书舍人，岩叟自言亡妻乃孙固女，乞避亲嫌也”[③]。元祐六年（1091）二月，苏轼拜为吏部尚书，因其弟苏辙时任尚书右丞，故复改苏轼为翰林学士承旨。相对于二府宰辅而言，宰辅与其主要下属官员的回避制度更没有被严格地执行，随时有更多的例外。

六、集体领导制的破坏

宋代相权有一个逐渐膨胀的过程，当相权集中到个人身上时，就意味着集体领导制的破坏。在体制正常运转的情况下，朝廷一般需要防范独相局面的出现，以免破坏集体领导制。元祐四年（1089）六月，右仆射范纯仁出知颍昌府，中书只剩下一位宰相吕大忠，右谏议大夫范祖禹进言说：“独任一相，……未免益劳圣虑，太平之期，未可望也。……皇帝未亲庶政，尤不可使宰相权重，宜防其渐。”[④]

在“人治”独裁社会，宰辅集体领导制时常会因为种种人为的因素而遭受破坏。在两宋时期，这种制度不断地处于动荡摇摆之中，不时地滑向一相独断的局面。首先，宋代没有从制度上对一相独断做出限定，相反，制度是允许独相格局存在的。所以，宋代深受皇帝信赖的宰相或善于操纵皇帝的权相，往往在中枢独揽大权，

① 《长编》卷三四五，第 8286、8287 页。

② 《长编》卷三八四，第 9368 页。

③ 《长编》卷四三五，第 10489 页。

④ 《长编》卷四三〇，第 10389 页。

破坏集体领导制。北宋时期的一相独断，大多还是在皇帝的控制之下，南宋时期，则时常演变成权相弄柄的失控局面。

其次，宋代依然实行首相制度，以昭文相为首相，后来则是以左仆射、左丞相为首相。出任首相的大臣，常常是最受皇帝信任的，于是，形成了集体领导制之中的核心，有时，其他宰相须依照首相意志行事。再向前发展一步，集体领导制自然就遭到了破坏。当然，也有首相受制于次相、形同傀儡者。如熙宁三年（1070）九月，参知政事韩绛为陕西路宣抚使，负责西北边事；十二月，以参知政事韩绛为昭文相，“遣使即军中拜之”，又以参知政事王安石为史馆相。一直到熙宁四年（1071）三月韩绛罢相，韩绛始终在西北军中，未真正回朝廷任职，朝中只有史馆相王安石独断独行。

再次，权力对多数人来说都具有不可抗拒的诱惑力。在任宰相总是想通过多种手段，更多地获得皇帝的信赖，从而更多地获取权力，凌驾于其他宰相之上。皇帝也希望保持宰相之间的一定程度的矛盾，以便于操纵控制。这些手段包括“留身独对”、密疏奏事等。

中书出现独相局面，十分容易导致集体领导制的破坏。《石林燕语》对北宋独相时段有过统计：

> 国朝宰相，自崇宁以前：乾德二年，范质、王溥、魏仁浦罢，赵普相，开宝六年罢，独相者十年；雍熙二年，宋琪罢，李昉在位，端拱元年罢，独相者四年；淳化元年，赵普罢，吕蒙正在位，独相者逾年；景德三年，寇准罢，王旦相，祥符五年向敏中相，旦独相者七年；天圣七年，王曾罢，吕夷简在位，明道元年张士逊复相，夷简独相者三年；皇祐三年，宋庠、文彦博罢，庞籍相，独相者三年；元祐九年，吕大防罢，章惇相，七年罢（章惇以

绍圣元年相，元符三年罢，前后凡七年），独相者七年。七朝独相者七人，惟赵韩王十年，其次王魏公、章申公七年，最久云。[①]

在约316年两宋历史长河里，其中只设一位宰相的时间近140年。有时，是因为前后宰相更替的空缺而造成几个月或一二年的独相局面，并不意味着集体领导制的破坏。如北宋之独相，既在皇帝的控制之下，又必须与二府其他宰辅共同执政。有时，权臣虽然未出任宰相，或有其他宰相与他并处中枢，但事实上早已形成权臣独裁的局面，集体领导制实质上已被破坏，如南宋韩侂胄、史弥远擅权时期。按权臣独裁的实际时间核算，赵普约10年，秦桧约17年，韩侂胄约12年，史弥远约26年，贾似道约17年，共约82年。[②]赵普独相时期，是集体领导制的发生、形成阶段，且中央权力完全控制在皇帝手中，实质上算不得权相独裁。剩下的权相真正独裁的七十多年时间，全部在南宋。南宋历时近150年，而接近一半的时间是权相独裁，集体领导制至南宋已严重遭受破坏。宁宗以后，绝大多数时间都是权相独裁，集体领导制破坏殆尽。

七、集体领导制下易出平庸之辈

集体领导制意味着集体负责制，在这种制度下，有才能、有个性的宰辅往往要受到保守集体的排斥而难以久其任，如范仲淹、王安石、史浩等等。大量不求有功、只求无过的平庸官僚，却能尸居其位，碌碌度日。在集体领导制之下，非常容易出庸常之徒。

北宋是集体领导制健全的时期，也是大量出现庸常之辈的时

① 《石林燕语》卷八，第122页。

② 以上核算，依照《宋史》卷210—214《宰辅表》。

期。李昉“在位小心循谨，无赫赫称”[①]。孙沔以为宰相吕夷简“以姑息为安，以避谤为知”，吕夷简知道奏疏内容后，感慨说：“药石之言，但恨闻此迟十年尔。”[②]宰相章得象“在中书八年……上锐意天下事，进用韩琦、范仲淹、富弼，使同得象经画当世急务，得象无所建明，琦等皆去，得象居位自若”[③]。庆历八年（1048）三月，御史中丞鱼周询言：“今执政大臣，心知某事可行，某法可罢，但拱默自安，不肯为朝廷当事，致文武大政，因循弛废。”[④]庆历八年（1048）四月，参知政事丁度罢。御史何郯言丁度“务保身而寡过，曾无经国之远图”[⑤]。嘉祐七年（1062）三月，参知政事孙抃罢。“抃居两府，年益耄，颓惰无所可否，又善忘，语言举止多可笑，好事者至传以为口实。”[⑥]神宗朝宰相吴充，“为相务安静，不遣使，不滋长法令”[⑦]。元祐二年四月，御史中丞傅尧俞与侍御史王岩叟要求罢免尚书左丞李清臣，太皇太后说“为无显过”。王岩叟对太皇太后说：“执政无补，即是显过，非当如他人论一事一节为显过也。”[⑧]如此大量列举，正是为了说明北宋宰辅以平庸者居多。

集体领导制中，平庸者往往被认为是贤相，与上文曾提及平庸的独裁者对国家和人民反而有利是同样的道理。真宗朝宰相李沆，“自言居重位，实无补万分，惟四方言利事者，未尝一施行，聊以

---

① 《宋史》卷二六五《李昉传》，第 9138 页。

② 《长编》卷一三九，第 3346、3347 页。

③ 《长编》卷一五五，第 3769 页。

④ 《长编》卷一六三，第 3933 页。

⑤ 《长编》卷一六三，第 3943 页。

⑥ 《长编》卷一九六，第 4743 页。

⑦ 《长编》卷三〇三，第 7364 页。

⑧ 《长编》卷三九八，第 9717 页。

此报国尔"[①]。这样平庸的为相标准，居然能得到朝论的认可，并被奉为至理名言。仁宗景祐二年（1035）九月，"参知政事宋绶上所编修《中书总例》四百一十九册……先是，吕夷简奏令绶为此，既而谓人曰：'自吾有此例，使一庸夫执之，皆可为宰相矣'"[②]。任何一位庸夫皆可为宰相，吕夷简的话道中宋代宰辅集体领导制的平庸实质。宋代朝野舆论一般都是认可平庸守规矩者，而对决心有所作为的宰辅嗤之以鼻。南宋史学家吕中说："我朝善守格例，无若李沆、王旦、王曾、吕夷简、富弼、韩琦、司马光、吕公著之为相；破格例者，无若王安石、章子厚、蔡京、王黼、秦桧之为相。考其成效，验其用人，则破格例者诚不若用格例者之为愈也。"[③]在这样的社会思潮、心理定式包围之下，积极要求有所作为的宰辅也要被逐渐磨去棱角，或到处碰壁，折断翅膀，甚至身败名裂。所以，宋人趋于保守、平庸，与这种不负个人职责的集体领导制也有莫大的关系。

宋代相权强化，在相当程度上皇帝也必须听取宰辅集体的意见，应该说是中央集权更理性化运转的一种标志。最高统治者不能凭一己之喜怒哀乐随意处置朝政或决定大臣的去留乃至生死命运。在"人治"社会里，更多了一些法规的依据，当然是一种社会进步。国家治理的"文臣化"是历史发展的趋势，宋代牢固树立起这样的传统，宋代社会转型的最深层原因根基于此。

① 《长编》卷五六，第1244页。

② 《长编》卷一一七，第2758页。

③ 《宋大事记讲义》卷六。

第四章　宋代宰相职权

宋代是相权全面强化的时代。首先，宋代是中央集权高度强化的时代，集权的结果，正是最大限度地将权力递交到宰相手中。正如前言，宋代中央政治只剩下以宰相为代表的士大夫势力一枝独秀，因此，中央集权的强化就是相权的强化。

前人所说的“削弱相权”的种种措施，或者是为了宰相更好地行使职权而设置的；或者确实有“分相权”之意，但在实际操作中往往变异。有时是上述二者兼而有之，在不同的时期体现不同的目的，需要具体分析。不过，一个总的趋势是宋代相权在日益强化，即使在一定阶段帝王有抑制其膨胀的想法和措施，也终归无济于事。宋代帝王采取“委任责成”的方式，委国家政事于宰辅，带来的必然性后果是宰辅们往往在中央议政、施政、决策过程中唱主角。嘉祐年间，右正言王陶曾对仁宗说：“今政事无大小，皆决于中书、枢密，陛下一无可否，岂为人主之道哉？”[①]这种现象在两宋时期普遍存在。宋人有时也要突出限制“相权”的话题，正好从相反的角度说明了相权的强化。宋代帝王“与士大夫治天下”的治国原则，决定了相权强化的必然走势。

宋代宰相职权，史书记载明确。《宋史》云：“佐天子，总百官，

---

① 《长编》卷一九一，第 4612、4613 页。

平庶政，事无不统。”[①]《宋会要·职官》云：“掌邦国之政令，弼庶务，和万邦，佐天子，执大政。”[②]宋太宗也说：“抚夷夏，和阴阳，使百度大理，一人端拱无事，此宰相之职也。”[③]有关宋代宰相职权，宋人相关表述还有很多。王旦对真宗阐述宰相职责说：“惟进贤退不肖，四方边事，郡县水旱，官吏能否，刑法枉直此数事。”[④]司马光等宰执则云：“凡宰相，上则启沃人主，论道经邦；中则选用百官，赏功罚罪；下则阜安百姓，兴利除害，乃其职也。”[⑤]元祐元年（1086）正月，右谏议大夫孙觉言：“宰相者，上佐天子理阴阳、顺四时，下遂万化之宜，外镇抚四夷，内亲附百姓，使卿大夫各得其职也。”[⑥]元祐元年（1086）三月，左司谏王岩叟奏曰：“臣闻以道佐明主，以道化天下，而使百姓有服朝廷之心，四夷有重朝廷之意者，宰相也。”[⑦]

换言之，宋代宰相确实“事无不统”，可以掌管朝廷的一切政务，过问行政、财政、军政所有大事。从制度上讲，宋代宰相权力由两个方面组成：参议国家大事的议政权和监督百司执行的施政权，而最高决策权则掌握在皇帝手中。但是，事实上宰相还经常代替皇帝行使决策权，集议政、施政、决策三权于一身。

正因为宋代相权极重，所以，宰相的任命关系到政局和社会的安定与否、国家的兴盛衰败，宋代朝野，特别重视宰相与执政人选的抉择。景祐时，石介曾对宰相王曾说：“社稷安系于相公，社稷危

① 《宋史》卷一六一《职官一》，第 3773 页。

② 《宋会要·职官》一之一六，第 2337 页。

③ 《长编》卷三五，第 777 页。

④ 《宋会要·职官》一之七三，第 2366 页。

⑤ 《长编》卷四三一，第 10411 页。

⑥ 《长编》卷三六四，第 8737 页。

⑦ 《长编》卷三七三，第 9043 页。

亦系于相公。”[①] 庆历八年（1048）四月，御史何郯言：“用人当否，系国轻重，执政之臣，事体尤大，不可以恩假，不可以幸迁，必须其材，乃授此位，材苟不称，则莫如阙焉。”[②] 元祐元年（1086）九月，御史中丞刘挚上言云：“今日之命相，实系天下之安危，与善政之成败，可不重哉？”[③] 元祐三年（1088）四月右司谏刘安世上疏言：“执政之任，天下极选，惟是当世之贤杰，乃可不次而登用。”[④] 元祐四年（1089）六月，右谏议大夫范祖禹进言：“宰相代天理物，系安危治乱，苟非其人，则天下解体，国家祸败随之。宁且阙人，亦未有害。”[⑤]

第一节　议政权

真宗曾对宰辅说：“军国之事，无钜细，必与卿等议之，朕未尝专断。”[⑥] 宋代宰辅的第一项权力就是参与讨论国家所有大政的议政权，大致分为三种方式：御前讨论、二府议定上奏、个人疏奏议事。对皇帝直接提出的主张、政令、措施，宰辅有权审核、监督，这种审核和监督是另一种形式的议政。宋代皇帝从来没有将宰辅完全排除在决策之外，独断专行，宰辅的议政权以不同的方式处处得以落实。

一、御前讨论

宋代多数帝王勤政耐劳，尤其是北宋中期以前和南宋前两朝

① 《长编》卷一一五，第 2695 页。

② 《长编》卷一六四，第 3943 页。

③ 《长编》卷三八七，第 9423 页。

④ 《长编》卷四〇九，第 9968 页。

⑤ 《长编》卷四二九，第 10372 页。

⑥ 《长编》卷四九，第 1065 页。

帝王。如，前文提及太宗“未尝一日不鸡鸣而起，听四方之政”。又，真宗“自即位，每旦御前殿，中书、枢密院、三司、开封府、审刑院及请对官以次奏事，至辰后还宫进食。少时，复出御后殿视诸司事，或阅军士校试武艺，日中而罢。夜则召儒臣询问得失，或至夜分还宫。其后率以为常”[①]。为了充分发挥皇权的决策作用，实现“与士大夫治天下”的政治理想，他们频繁与臣下接触，讨论国家大事。其中最重要的一项内容就是每日与二府大臣商讨、决定国家日常大小政务。这种御前讨论或是集体式的，类似于一次御前会议；或是君臣个别商量，在宰辅与皇帝之间达成共识，多种做法都有制度上的保证。

（一）御前会议

宋代沿袭唐五代旧制，明确皇帝坐殿视朝听政制度。建隆三年（962）二月诏曰：

> 自今每五日内殿起居，百官以次转对。并须指陈时政得失，朝廷急务，或刑狱冤滥，百姓疾苦，咸采访以闻。仍须直书其事，不在广有牵引。事关急切者，许非时诣阁上章，不得须候次对。[②]

《宋史》载：

> 唐以宣政为前殿，谓之正衙，即古之内朝也。以紫宸为便殿，谓之入阁，即古之燕朝也。而外又有含元殿，含元非正、至大朝会不御。正衙则日见，群臣百官皆在，谓

① 《长编》卷四三，第 919 页。

② 《长编》卷三，第 62 页。

之常参，其后此礼渐废。后唐明宗始诏群臣每五日一随宰相入见，谓之起居。宋因其制，皇帝日御垂拱殿，文武官日赴文德殿正衙曰常参，宰相一人押班。其朝朔望亦于此殿。五日起居则于崇德殿或长春殿，中书门下为班首。长春即垂拱也。至元丰中官制行，始诏侍从官而上，日朝垂拱，谓之常参官；百司朝官以上，每五日一朝紫宸，为六参官；在京朝官以上，朔望一朝紫宸，为朔参官、望参官，遂为定制。①

《春明退朝录》载：

本朝视朝之制：文德殿曰外朝，凡不釐务朝臣，日赴，是谓"常朝"。垂拱殿曰内殿，宰臣、枢密使以下要近职事者，并武班，日赴，是谓"常起居"。每五日，文武朝臣釐务、令釐务并赴内朝，谓之"百官大起居"。是则奉朝之制自为三等。盖天子坐朝，莫先于正衙殿。于礼，群臣无一日不朝者，故正衙虽不坐，常参官犹立班，俟放朝乃退。②

神宗时，侍御史知杂事满中行说："两省、台官、文武百官日赴文德殿，东西两向对立，宰臣一员押班，闻传不坐，则再拜而退，谓之常朝。"③元祐六年（1091）五月，详定编修阁门仪制所言："欲

① 《宋史》卷一一六《礼一九》，第2751页。《石林燕语》卷二有更加详尽的制度记载，可以参照。第19、20页。

② 《春明退朝录》卷中，第27页。

③ 《长编》卷三二〇，第7732页。

遇宰臣假故，即权移门下侍郎在尚书左丞之上押班。”① 即宰相不能押班，可由副相押班。

《铁围山丛谈》解释“常朝”过程说：

> 国朝垂拱殿常朝，班有定制，故庭下皆著石位。日日引班，则各有行缀，首尾而趋就石位。既谒罢，必直身立，俟本班之班首先行，因以次迤逦而去，谓之“卷班”。②

“常参”或“起居”等清晨五鼓便须赴朝，故被称为“早朝”。元祐七年（1092）五月，吏部尚书王存解释“视朝”用意说：“视朝转对之意，本为在庭庶官平日不得伸其所见，故于朝会使之尽言，以广聪明。”③ 这种御前讨论政事，不是以宰辅为主角，参与朝见的文武官员众多，奏事过程也琐碎。“先宰臣升殿奏事，次枢密使，次三司，次开封府，次审刑院，次群臣，以次升殿。”④ 其间，皇帝升座、退座和群臣排列进见，都有烦琐的仪式。王禹偁云：“千官就列，万乘临轩，中书、枢密、三司，历阶而进，礼成而退，为定制也。”⑤ 显然，这种仪式和过程很容易流于形式，耗费时间，不能真正起到与群臣讨论政事的作用。如仁宗与太后“御承明殿，群臣请对者凡十九班。至第九班，赐辅臣食于崇政殿门，有顷再坐，日昃才罢”⑥。所以，“常参”过程逐渐被简化，宰辅及诸多文武官员以“妨废职事”为理由，经常要求免予常参。

---

① 《长编》卷四五八，第10954页。

② 《铁围山丛谈》卷二，第25页。

③ 《长编》卷四七三，第11285页。

④ 《宋会要·仪制》一之一，第1841页。

⑤ 《长编》卷三〇，第674页。

⑥ 《长编》卷一〇八，第2514页。

熙宁六年（1073）正月，权枢密副都承旨、西上阁门副使张诚一上疏要求简化百官起居、常朝等过程，说：

> 垂拱殿常朝，先内侍喝都知以下，至宿卫行门等十八班起居，次通事舍人引宰臣、枢密使以下大班入，次亲王，次侍卫马步军都指挥使以下，次宗室使相以下十班入，方引见、辞、谢。或遇百官起居日，自行门后，通事舍人引枢密使以下，次亲王、使相以下至刺史十班入，方奏两巡使起居。立定，方引两省官入，次阁门使引宰臣以下大班入，起居毕，候百官出绝，两省班出，次两巡使出，中书、枢密院方奏事，已是日晏。况大班本不分别丞郎、给谏、台省及常参官。乞遇垂拱殿百官起居，合亲王以下十班为四班，亲王为一班，马步军都指挥使为一班，宗室使相至刺史为一班，使相至刺史为一班。其垂拱殿常朝、紫宸起居日，亲王、使相已下班并依旧。①

张诚一的意见获神宗同意。

“常参”或“起居”毕，皇帝退至延和殿，“临轩阅后殿公事”，称“后殿再坐”。如“常朝”遇雨雪，或逢节假日，皇帝也改坐后殿，“惟宰臣、枢密使奏事”。帝王或后妃也有在他殿处理朝廷政务的。如，太后刘氏便“五日一御承明殿，垂帘决事”②。熙宁年间，神宗常常“召辅臣对资政殿”③。

随着北宋社会局面渐趋稳定，皇帝减少了“坐殿”的次数和时间。如，大中祥符九年（1016）二月诏：“自今上巳、端午、重阳、

---

① 《长编》卷二四二，第5895、5896页。

② 《长编》卷一一〇，第2567页。

③ 《长编》卷二六一，第6359页。

社及大雨雪放朝，更不视事。”又，天禧四年（1020）十月，中书门下要求：“参行旧典，或三日、五日一临轩听政，或只日视事，双日不坐。”①天禧三年（1019）六月，仪礼院曾言：“每月旬假及上巳、春秋二社、端午、重阳，并休务一日。内旬假，皇帝前后殿不坐，余日百官不入，中书、枢密院诣后殿起居。又准近诏，端午前后殿不坐。今参详，望凡遇上件休务日，皇帝前后殿不视事，中书、枢密院及诸司有急速公事须面奏者，特取进止。”得皇帝同意。②《春明退朝录》追溯云：“太祖开宝元年（968），以中外无事，始诏旬假日不坐。然其日辅臣犹对于后殿，问圣体而退。至道三年（997）三月二十九日旬假，是日太宗犹对辅臣，至夕帝崩。李南阳《永熙挽词》曰：‘朝凭玉几言犹在，夜启金縢事已非。’时称佳作。至真宗时，旬假辅臣始不入。宝元中，西事方兴，假日视事。庆历初，乃如旧。”③即：后殿“不坐”“不视事”期间，皇帝依然保持与宰辅的密切联系。

只日议事一般都在资善堂。如天禧五年（1021）真宗因病久废政务，病愈后，辅臣们就要求“只日资善堂议事，及双日中书、枢密院早入并如旧”④。政务繁忙时，皇帝则增加视事时间。如仁宗年间宋朝与西夏交战，朝廷诏：“自今假日御崇政殿，视事如前殿。”⑤朝廷有要事相商，假日也召二府讨论。如熙宁四年（1071），“上巳假，上召二府对资政殿，出陕西转运使奏庆州军乱示之，上深以用兵为忧”⑥。

---

① 《宋会要·仪制》一之四、五，第1842、1843页。

② 《长编》卷九三，第2148页。

③ 《春明退朝录》卷下，第42页。

④ 《长编》卷九七，第2256页。

⑤ 《长编》卷一二七，第3017页。

⑥ 《长编》卷二二一，第5369页。

无论皇帝“坐殿视朝听政”时间表如何调整，保证二府大臣每日有时间与皇帝当面讨论朝政大事这一点不变，所谓“宰相安可一日不见天子”。庆历三年（1043）七月，御史中丞王拱辰请求仁宗“遇朔望日，退御后殿，召执政之臣赐坐，以讲时政得失”。仁宗回答说：“执政之臣，朕早暮所与图事者。至于从容开述，虽至中昃，朕何怠焉！又何朔望之拘也？”随即，诏：“自今中书、枢密院臣僚除常程奏事外，如别有所陈，或朕非时特留对者，不限时刻。”①

朝廷诸多大事，都是在皇帝与大臣们的直接御前讨论时做出决定。如，庆历四年（1044）五月一日，“枢密副使韩琦、参知政事范仲淹并对于崇政殿”，与仁宗讨论西北边事，“琦、仲淹指陈于上前，数刻乃罢”。② 韩、范所言多见采用。治平四年（1067）闰三月，初即位的神宗向宰辅询问王安石的使用问题，宰相曾公亮认为“安石文学器业，时之全德，宜膺大用”，“真辅相之才”；参知政事吴奎则以为王安石“临事迂阔，且护前非，万一用之，必紊乱纲纪”。最后诏王安石知江宁府。③ 这是王安石神宗年间得重用的前奏，朝廷的决定便是通过这一次御前讨论做出的。元符三年（1110）正月，徽宗初即位，与宰相章惇、知枢密院事曾布、尚书左丞蔡卞等二府大臣商议起用前执政和侍从官之事：

以前执政及从官等姓名面奏，吕惠卿居首，上遽指之曰：“且令在边次。”至韩忠彦，上曰：“此当召。”又次至李清臣，布曰：“以妇人狂言故罢政，本无事。”上曰：“马上共见。”卞曰：“更别因一事削职。”布曰：“只为不进呈明氏状，更无事。”次及黄履，上曰：“此三人皆可召

① 《长编》卷一四二，第 3397 页。

② 《长编》卷一四九，第 3597、3603 页。

③ 《长编》卷二〇九，第 5086、5087 页。

否？”布又指安焘曰：“陛下知此人否？元丰末旧人皆去，唯焘至元祐四年丁忧乃罢。”上颔之。至林希，无所可否。次及蒋之奇，上曰：“亦当召，兼学士见阙。”又及叶祖洽，布曰：“在先朝无所附丽，亦可用。”上许之。次及叶涛，布曰：“尝为中书舍人，有气节，敢言，可用。”次及邢恕并朱服三人，惇独指涛曰：“惟此人可用。”又陆佃、郭知章、龚原、曾肇，上亦曰：“皆可擢。”众皆曰，肇在神考时已为馆职，布曰：“两曾修史，昨以修《实录》得罪，然实非元祐之党。”上然之。次覆奏于帘前，所陈如上，皇太后曰：“元丰末，众人皆去，惟安焘不去，是不正当，并上所取舍，皆合公议。”布因曰：“皇帝、皇太后洞照人材如此，臣等更无可言者。”①

这次讨论商议，带来了中枢班子的大改变。

御前讨论，皇帝往往要求二府大臣就重大事件展开议论，不要以烦琐细务耽搁皇帝时间。如，治平三年（1066）五月，英宗对宰相说：“朕日与公卿等相见，每欲从容讲论治道，但患进呈文字颇繁，所以不暇。及中书常务有可付本司者，悉以付之。”因英宗要求，“自是中书细务上进熟状，及事有定制归有司，中书降敕而已”②。

御前讨论，皇帝和大臣的意见都能及时充分地得到反映，当场拍板，简捷便当，是宋代皇帝决策、宰辅议政的常见方式。

（二）留身独对

宋代宰相在集体晋见皇帝、御前讨论之后，有时一人或数人单独

① 《长编》卷五二〇，第 12378、12379 页。

② 《宋会要·职官》一之七七，第 2368 页。

留下，与皇帝个别讨论朝政，称为“留身独对”。“留身独对”或是皇帝指定，或是大臣自己要求，皇帝藉此更详尽地听取某一类意见。

皇帝指定“留身”者，大都是较得皇帝信赖的宰辅，如神宗年间王安石便经常获此殊荣。皇帝在听取某一种意见觉得意犹未尽时，便指定臣下“留身”。熙宁三年（1070）四月，司马光借诵读《资治通鉴》之际言“从谏之美，拒谏之祸”，“及退，上留光”，就此生发开来，议论朝廷大政，司马光因此极力攻击王安石变法之非，云：“今条例司所为，独安石、韩绛、吕惠卿以为是，天下皆以为非也。陛下岂能独与三人共为天下耶？”① 有时，则是皇帝特召某一宰辅独对。如，真宗天禧元年（1017）六月，“己丑，召王旦对于崇政殿数刻”②。仁宗庆历年间，宋朝与西夏签订和约，守边大臣韩琦、范仲淹被召回朝廷任枢密副使。就职以来，“只是逐日与两府随例上殿，呈奏寻常公事外，有机宜大处置事，并未闻有所建明”，谏官欧阳修认为“但陛下未赐召问，此二人亦不敢自请独见”，所以，欧阳修建议仁宗“只召一两人商量，此乃帝王常事，祖宗之朝，并亦许如此，不必拘守常例也”③。欧阳修所请求的就是“留身独对”方式。

宰辅个人通常不会提出“留身独对”的要求，因为这最易引起同僚猜忌，总是让人产生“事不可对人”之疑心。宰辅个人要求“留身”，有时只是陈述自己请求罢免、退位、外放等谦恭之要求，这些要求不涉及他人，没有必要耽误集体时间，所以采取“留身独对”的方式。如熙宁五年（1072）五月，宰相“王安石留身，乞东南一郡。言：‘久劳乏，近又疾病，恐职事有隳败，累陛下知人之明。’”④ 元祐六年（1091）五月，“延和奏事罢，吕大防留身乞

① 《长编》卷二一〇，第 5112、5114 页。

② 《长编》卷九〇，第 2071 页。

③ 《长编》卷一四一，第 3382 页。

④ 《长编》卷二三三，第 5660 页。

退”[1]。元祐七年（1092）二月，因曹国长公主下嫁韩嘉彦，其兄“同知枢密院事韩忠彦奏事已，留身曲谢，因乞避嫌”[2]。元符二年（1099）四月，“章惇留身乞退，径出居僧舍”[3]。

“留身独对”或为二府大臣权力矛盾的一种反映。仁宗即位初，参知政事王曾为了向垂帘的太后揭露宰相丁谓“包藏祸心”，就设计“留身独对”，最终达到目的。[4]嘉祐年间，参知政事孙抃年老糊涂，犹恋位不去，被言官所攻击。某日，宰相韩琦、曾

① 《长编》卷四五八，第 10958 页。

② 《长编》卷四七〇，第 11227 页。

③ 《长编》卷五〇九，第 12127 页。

④ 《默记》卷上：丁谓当国，权势震主，引王沂公为参知政事，谄事谓甚至。既登政府，每因闲暇与谓款，必涕泣作可怜之色，晋公问之数十次矣。一日，因问，闵然对曰：“曾有一私家不幸事，耻对人言。曾少孤，惟老姊同居，一外生不肖，为卒，想见受艰辛杖责多矣。老姊在青州乡里，每以为言。”言讫又涕下。谓亦恻然，因为沂公言：“何不入文字，乞除军籍？”沂公曰：“曾既污辅臣之列，而外生如此，岂不辱朝廷？自亦惭言于上也。”言毕，又涕下。谓再三勉之：“此亦人家常事，不足为愧，惟早言于上，庶脱其为卒之苦尔。”自后谓数数勉之留身上前奏知，沂公必涕下曰：“岂不知军卒一日是一日事？但终自羞赧尔。”晋公每催之，且谓沂公曰：“某日可留身奏陈。”沂公犹不欲，谓又自陈之。一日，且责沂公：“门户事乃尔缓？谓当奉候于阁门。”沂公不得已，遂留身。既留身逾时，至将进膳犹不退，尽言谓之盗权奸私，且言：“丁谓阴谋诡谲多智数，变乱在顷刻。太后、陛下若不亟行，不惟臣身齑粉，恐社稷危矣！”太后大怒，许之，乃退。晋公候于阁门，见其甚久，即顿足捩耳云：“无及矣！”方悟知其令谓自为己谋，不使之觉，欲适当山陵之事而发故也。沂公既出，遇谓于阁门，含怒不揖而出。晋公始悟见卖，含毒而已不觉也。是日，既至都堂，召两府入议，而不召谓。谓知得罪，祈哀于冯拯、钱惟演及曾等，曰：“今日谓家族在诸公矣。”太后欲诛谓，拯申理之。沂公奏请召知制诰，就殿庐草制罢之，不复宣麻。太后从之。责太子少保，分司西京，俄窜崖州。向使谓防闲沂公，则岂有此祸？故知权数在谓之上也。第 9、10 页。

公亮独留，孙抃自觉不安，问欧阳修说："丞相留身何也？"欧阳修言："得非奏君耶？"孙抃恐慌，立即自求罢免。[①]熙宁初年，王安石"独对"神宗的机会就特别多。熙宁末年，参知政事吕惠卿与宰相王安石不协，也多次"留身白上"，为自己辩解。[②]哲宗后期，宰相章惇"凡五日留身，众皆哂之，唯恐他人之与闻也"[③]。这样嘲笑章惇的曾布，自己也时时"留身"，背后攻击章惇及其同僚。

"留身独对"最容易引起二府大臣之间的相互猜疑，皇帝不希望执政们裂缝扩大，企图将二府大臣的矛盾控制在有利于帝王集权专制、又不影响朝廷行政效率的理性范围内，所以，在一定时期内，要颁发诏令，限制或取消"留身独对"。元丰五年（1082）六月，神宗下诏曰："尚书、侍郎奏事，郎中、员外郎番次随上殿，不得独留身。侍郎以下，仍不得独乞上殿。"[④]这还只是对官职低执政一阶者的限制。重和元年（1118），又因臣僚言"比年以来，二三大臣奏对留身，谗疏善良，请求相继，甚非至公之体"。徽宗再诏曰："自今惟蔡京五日一朝许留身，余非除拜、迁秩、因谢及陈乞罢免，并不许独班奏事。"[⑤]这次的禁令，就包括多数二府大臣在内。

独裁者喜闻臣下异同之论，以便集权控制，所以，"留身"禁令总是没有被严格执行或很快就被废弃。北宋中期以前，"留身独对"之事甚少。北宋后期，则屡禁不止，关键是皇帝的怂恿鼓励，作为一种操纵大臣之术。绍兴三年（1133）八月，侍御使

① 《长编》卷一九六，第 4743、4744 页。

② 《长编》卷二六八，第 6563 页。

③ 《曾公遗录》卷八，第 162 页。

④ 《长编》卷三二七，第 7880 页。

⑤ 《宋史》卷一一八《礼二一》，第 2787 页。

辛炳上疏云：

> 每见朝殿进呈宰执有留身奏事者。臣窃谓天下有大利害，政事有大因革，人才之黜陟赏罚之劝惩，相与敷陈于陛下之前，盖有不容不公者。留身之际，何所不有？臣恐分朋植党之渐，为害滋大。欲望降旨，自今三省、枢密院朝殿进呈讫，不得留身，违者许御史台弹奏。都省奏阁门状，令臣僚上殿，不得留身奏事。宰臣非执政官曲谢及乞解职者，听。[①]

辛炳阐述了“留身”弊病，高宗诏从之。仅一个月后，高宗又改变主意，“诏自今执政官许留身奏事如宰臣例”[②]。秦桧力主南北和议，就是通过多次“留身独对”，与高宗秘密商议，因此确定的大政方针。《宋史》载：

> （绍兴八年）十月，宰执入见，桧独留身，言：“臣僚畏首尾，多持两端，此不足与断大事。若陛下决欲讲和，乞颛与臣议，勿许群臣预。”帝曰：“朕独委卿。”桧曰：“臣亦恐未便，望陛下更思三日，容臣别奏。”又三日，桧复留身奏事，帝意欲和甚坚。桧犹以为未也，曰：“臣恐别有未便，欲望陛下更思三日，容臣别奏。”帝曰：“然。”又三日，桧复留身奏事如初，知上意确不移，乃出文字乞决和议，勿许群臣预。[③]

---

① 《建炎以来系年要录》卷六七，第 875 页。

② 《建炎以来系年要录》卷六八，第 883 页。

③ 《宋史》卷四七三《秦桧传》，第 13752、13753 页。

这种“留身独对”，是对宰辅集体领导制度的破坏，为个人弄权提供了可乘之机，更为后来的权相独掌中央大政打开了方便之门。

二、二府议定上奏

御前讨论时可能发生以下情况：二府大臣意见不一致，各执一词，争论不休。皇帝对众多政府事务的熟悉程度总是不如二府大臣，他往往依赖宰辅拿出统一意见，以便决断。宰辅之间的争执，必然会耽误皇帝处理政务的有限时间。所以，对于非常规的政务或重大举措，在御前讨论之前，皇帝常常要求宰辅议定再上奏。神宗对改制后的中书省要求说：“凡事干兴革增损而非法式所载者，论定而上之。”[①] 同时，有对尚书省要求说：“朝廷有疑事，则集官议定以奏。”[②] 二府议事往往要遵循上述原则。

（一）二府各自议事

“早朝”结束后，二府大臣各自回到办公处所，集体商讨或处理政务。宰相和参知政事等在政事堂（中书门下，即东府）议事，枢密使等在枢密院（西府）办公。宋代统治者为了二府各议其事，相互制衡，曾一度让二府各行其是，互不相通。宋代史料中记载的大量以“中书”或“三省”、枢密院名义上呈的奏疏，就是二府各自议定后向皇帝的集体禀报。这是二府处理政务最常见的方式。

二府大臣在本府首先是检阅各类公事，梳理日常需要处理的政务。这些公事或者是以文书形式由全国各地、中央各部门递呈上来，或者是百官直接赴二府面诉。对于其中需要集体讨论做出决策的政务，经过磋商后，口头或书面呈报给皇帝。

---

① 《宋会要·职官》三之三，第 2399 页。

② 《宋会要·职官》四之四，第 2438 页。

（二）宰辅聚议

宋代一直有"百官集议"制度，然人数众多，容易流于形式。真正的决策讨论都是宰辅之间小规模的集体聚议做出。

首先是中书多位宰相、副宰相之间的聚议，聚议处所仍在政事堂。元丰改制后，尚书省左右仆射兼门下省、中书省长官，于是又存在着二省长官（即首相和次相）聚议一事，地点则在都堂。二省长官的聚议必须是每日不间断的，这对协调二省步骤极其重要。元祐六年（1091）二月，左仆射吕大防欲隔日至都堂，因为二位宰相轮日当笔，不当笔日吕大防就以为没有自己的政务，后来自己马上觉悟到失策，因为如此一来必然破坏二省聚议制度，立即自行改正。

宰辅聚议制有时也因二府大臣的政见不同而遭到人为的破坏。元祐初太皇太后起用司马光等旧党，而蔡确等新党依然在朝廷。"光尝恳确，欲数会议，庶各尽所见，而确终不许。公著既秉政，乃月聚都堂，遂为故事。"[①] 因为新旧双方任何一次聚议都将是没有结果的争论，蔡确故拒绝聚议，以此表明自己与司马光等决然相反的政治立场。吕公著拜相后，新党皆已贬斥出朝廷，因此立即恢复聚议制。

与此相适应，二府和三省上殿奏事制度也有所变更。宋初，枢密院"每朝奏事，与中书先后上殿"[②]。神宗改制后三省则分班奏事，二府或三省大臣都不知道对方所奏之事和所发表的意见或言论。"自元祐以后，渐更元丰之制，二府不分班奏事。"[③] 元祐时并改三省分班奏事为合班奏事，这就为二府和三省之间互通声气、商

① 《宋会要·职官》一之二四，第 2341 页。

② 《宋史》卷一六二《职官二》，第 3799 页。

③ 《宋史》卷一六一《职官一》，第 3770 页。

议决断提供了便利。

二府聚议，有利于宰辅迅速达成一致意见，提高行政办事效率。如，元祐六年（1091）五月末，西北边帅赵卨去世，六月，二府在都堂聚议继任人选，二府宰辅吕大防、韩忠彦、刘挚、苏辙、苏颂、王岩叟等与太皇太后高氏经过反复商议，确定范纯粹为继任者。[①]在朝廷面临重大抉择时，二府聚议往往发挥关键性的作用。如哲宗去世，无子嗣，商议继位人选时就是二府“聚仆射厅”商议。皇太后主张立端王（即徽宗），宰相章惇持反对意见，枢密院知院事曾布、尚书左丞蔡卞、中书侍郎许将等却极力赞成，端王因此得

① 丙申，户部侍郎、宝文阁待制范纯粹知延安府。先是，枢密院闻赵卨死，韩忠彦与王岩叟议所以代卨者，惟纯粹可，及都堂聚议，吕大防亦以为莫如纯粹。忠彦曰：“向以纯粹轻，尝议韩缜。”大防曰：“老矣，亦难往。”刘挚曰：“前执政中宜有人。”众不应。苏辙曰：“旧闻曾欲用范尧夫。”大防曰：“尝有言者，遂已。”苏颂、傅尧俞无所可否，岩叟谓：“无以易纯粹。”于是进呈纯粹除目。岩叟曰：“纯粹壮年有风力，似其父。又尝在延安，委任极得人也。”挚及忠彦曰：“纯粹方自边上来，必以母老辞。”岩叟曰：“国事为重。”太皇太后以岩叟言为然，而纯粹果上章辞免。太皇太后曰：“来恰一两月。”大防曰：“在纯粹不得不辞免，且依前降指挥。”他日，枢密院又言：“差纯粹极当，乞以恩意慰遣。”太皇太后曰：“三省适欲遣中使。”岩叟曰：“甚善。”都堂又召纯粹面谕，纯粹犹不肯受命。三省、枢密院言：“朝廷恩意如此，若固辞免，朝廷何以使人？欲限五日朝辞，如不行，则须与行遣。”纯粹乞八月初赴任，从之。大防又谓同列曰：“延安虽去，终恐心不安，万一厥母道病卒，不如易之。”岩叟曰：“谁可？”曰：“渭帅可乎？”岩叟曰：“渭方有警，却谁可？”大防无以对。岩叟又与忠彦论不可易之理，谓同列曰：“塞上数十万生灵性命系一主帅，恻隐此一人，不若恻隐及数十万人也。”《长编》卷四五九，第10982、10983页。

以登基。[①]

北宋末年，蔡京等权相独揽大政，聚议制遂名存实亡。“都堂闭阒，动辄经月”“政事当合议者”“久废不讲”，臣僚因此也提出批评意见。政和七年（1117）正月，徽宗下诏重申曰：“都堂为聚议之所，……自今宰执可依旧常聚都堂，夙夜匪懈，以弼予政治。”[②]北宋后期以来，凡权相当政，聚议制必然有名无实，因为权相一人便可拍板独断。

（三）议定上奏举例

或二府各自议定，或二府聚议而定，在向皇帝禀奏时必然会明确体现出来。操作过程不同，奏疏方式也不同。将《长编》卷三六四所载的元祐元年（1086）正月宰辅们集体议定后所上的奏疏全部罗列出来，以为例证，便可清晰看出同一时间内不同范围集体讨论后所体现出来的结果：

---

① 皇太后曰：“邦家不幸，太行皇帝无子，天下事须早定。”惇厉声曰：“在礼律，当立同母弟简王。”皇太后曰：“神宗皇帝诸子，申王虽长，缘有目疾。次即端王当立。”惇又曰：“论长幼之序，则申王为长；论礼律，则同母之弟简王当立。”皇太后曰：“俱是神宗之子，岂容如此分别？于次端王当立。兼先帝尝言端王有福寿，又仁孝，不同诸王。”于是知枢密院事曾布曰：“章惇未尝与众商量，皇太后圣谕极当。”尚书左丞蔡卞曰：“当依圣旨。”中书侍郎许将亦曰：“合依圣旨。”惇默然。既承命，退至阶前，都知梁从政等白召五王问疾。章惇曰：“且召五王来看。”诸王寻至内东门。是日端王偶在假，皇太后再遣中使召王，且戒使者，若王复辞，即扶持上马以来。俄顷王至，独召入，于福宁殿东起居讫，升殿。惇等从至寝阁帘前，皇太后谕曰：“先帝无子，端王当立。”王对曰：“申王，兄也。”固辞。久之，皇太后曰：“申王有疾，王次当立，王不须辞。”王又辞再三。太后再三宣谕，惇等进曰：“天命所属，大王当上为宗庙社稷大计，不当辞。”徽宗乃即皇帝位。《长编》卷五二〇，第 12357 页。

② 《宋会要·职官》一之三二，第 2345 页。

三省、枢密院言："礼部尚书韩忠彦等议太皇太后驾出，合随从臣僚起居对赐茶酒等仪式。"诏并从之。

三省言："大理寺右治狱，近勘断公事全少。其见管官属吏人狱级名额依旧，虚糜廪禄。欲左右两推并为一推，并减官吏冗员。"从之。

枢密院言："泸南缘边安抚军奏，蛮人乞弟亡殁，新蛮头领阿机等刻牌，乞赴官投降。"诏令张克明与梓州路转运副使李琮同共措置。

三省、枢密院言："高丽表内有太皇太后表及进奉物，故事，惟答以皇帝回谕敕书，今欲依例。"从之。

枢密院言："府界、三路保甲已罢团教，其教阅器械，令赴官送纳。仍立府界、三路私有禁兵告获赏格。"从之。

根据政务性质不同，第一、第四条是二府共同议定上奏，第二条是三省议定上奏，第三、第五条则是枢密院议定上奏。二府各自讨论或共同聚议，有一定的成规。

三、奏疏议事

对于耗费大量时间、充分表达个人政见的长篇大论，非御前讨论所能尽言，也不适宜以二府的名义集体禀奏，二府大臣就采用个人上疏的方式，言明自己的主张。有时政见相同的二三大臣也采用联名上疏的方式，共同阐述某一政见。如哲宗初即位时，太皇太后起用司马光为相，有关更变新法、推荐人才、处置前大臣、对周边民族政策等等重大事务，司马光都是采用个人上疏或数人联奏的方式，详尽介绍自己的政见主张。

朝廷对二府大臣也有这方面的要求，要求他们定期或随时向皇帝上疏，提出自己对重大政务的见解或治政方针。仁宗亲政以后，“屡降手诏，令两府大臣条举当今可行急务”[①]。有时，皇帝更将其作为对臣下特别信任的举措来实施。庆历三年（1043），仁宗重用范仲淹（参知政事）、韩琦（枢密副使）、富弼（枢密副使），“每进见，必以太平责之，数令条奏当世务。……上再赐手诏督促曰：‘比以中外人望，不次用卿等，今琦暂往陕西，仲淹、弼宜与宰臣章得象尽心国事，毋或有所顾避。其当世急务有可建明者，悉为朕陈之。’既又开天章阁，召对赐坐，给笔札使疏于前。仲淹、弼皆惶恐避席，退而列奏”[②]。范仲淹等著名的庆历十条变革意见，就是在这种背景下以奏疏的形式向仁宗提出的。两宋所有欲对政务有所变革的宰辅，都是以奏疏方式阐明自己主张，因为这不是当面三言两语可以阐述或解释清楚的。

宰辅上书奏事还有“密进封章”的方式，将个人意见秘密地奏禀皇帝。这种做法类似于“留身独对”，肯定有事不可告人之嫌，往往是宰辅之间矛盾的体现，也是破坏宰辅集体领导制的一项因素。明智的宰辅总是屏弃这种做法。李沆为宰相，“未尝密进封章”，真宗询问其原因，回答说：“臣备位宰相，公事当公言之。苟背同列，密有所启，此非谗即佞，臣实嫉此事，岂复自为之耶？”[③]

四、审核监督之议政

部分政令措施，自上而下，由皇帝提出，并不是自下而上的议政结果。这些政令措施必须经过宰辅的审核和监督，达成君臣共

① 《长编》卷一四七，第 3568 页。

② 《长编》卷一四三，第 3431 页。

③ 《长编》卷五六，第 1243 页。

识，才能颁布诏令，得以贯彻实施。宰辅在审核和监督时，已经参与了自己的意见，所以，这是另一种议政方式。

（一）宰辅当面或上书谏诤

皇帝所有的主张或政见，必须通过宰辅，颁布为诏令，才有法令意义。除了宋初皇帝太祖和太宗自下层奋斗上来、比较全面地了解民情和国情以外，以后的诸帝对下情的了解当然都不如宰辅。当他们自作主张、提供指令时，往往会有许多谬误，甚至部分指令仅仅是出于皇帝的个人私利。此时，宰辅就要通过当面或上书的方式，进行谏诤。从宋太祖开始，就树立了虚心听取宰相意见的好典范。乾德元年（963）二月，“天雄节度使符彦卿来朝，上欲使彦卿典兵，枢密使赵普以为彦卿名位已盛，不可复委以兵柄，屡谏不听。宣已出，普复怀之请见。上迎谓曰：‘岂非符彦卿事邪？’对曰：‘非也。’因别以事奏。既罢，乃出彦卿宣进之。上曰：‘果然，宣何得在卿所？’普曰：‘臣托以处分之语有未备者，复留之。惟陛下深思利害，勿复悔。’上曰：‘卿若疑彦卿，何也？朕待彦卿至厚，彦卿岂能负朕邪？’普曰：‘陛下何以负周世宗？’上默然，事遂中止”[①]。宋代，类似事例比比皆是。

（二）缴还词头和封驳

对皇帝指令的审核和监督，还可以通过宰辅属官行使缴还词头和封驳等权力体现。

皇帝诏令须中书舍人或知制诰起草。中书舍人元丰改制前属中书门下，改制后属中书省，资历尚浅者则为知制诰。[②]中书舍人或知制诰依据皇帝发下的“词头”起草诏书。宋代中书舍人、知制诰起草诏书时拥有一项特殊权力，当他们认为皇帝诏令有错误时，可以

① 《宋会要·职官》三八之一，第 3141 页。

② 《容斋三笔》卷一二《侍从两制》：“舍人官未至者，则云知制诰。”第 572 页。

“缴还词头”，不予起草。如，仁宗欲封所宠王氏为遂国夫人，知制诰富弼“缴还词头，封为遂寝。唐制，惟给事中得封还诏书，中书舍人缴还词头，盖自郑公（富弼）始”[①]。自此，中书舍人便获此权力，遂成制度。“缴还词头”之记载，频频见于史书。如，“知制诰蔡襄，以三人者无罪，缴还词头”。[②]“中书舍人苏轼缴还词头，奏曰：‘……窃料除目一传，必致群言交上，幸其未布，可以追回，所有前件告词，臣未敢撰。’”[③]“初，惟简除内侍押班、权管入内押班事，范纯仁等累谏未允，韩维于帘前争之尤力。及惟简迁官，辙缴还词头，维因面奏论内降。”[④]苏辙时权中书舍人，范纯仁同知枢密院，韩维乃门下侍郎，他们共同作为，阻拦宦官升迁。

门下省给事中对皇帝指令实行封驳制，是唐朝以来给事中的本职工作。“给事中职在封驳诏书，封谓封还不行，驳谓驳正所失。”[⑤]北宋前期，并不存在着三省制意义上的门下省，给事中也很少行使职权。淳化四年（993）六月，太宗接受“左谏议大夫魏羽之请”，令“凡制敕有未便，宜准故事封驳以闻”。[⑥]同年九月，“以给事中封驳隶通进、银台司”[⑦]，封驳职权与通进司、银台司混为一谈，后文还将涉及这个问题。神宗改制后，罢银台、封驳等司，给事中转变为实职，开始行使封驳权。如元丰六年（1083）六月，“知青州、龙图阁待制邓绾试礼部侍郎。于是，给事中陆佃、韩忠彦封

① 《龙川别志》卷下，第 88 页。

② 《长编》卷一七六，第 4265 页。

③ 《长编》卷三八三，第 9338 页。

④ 《长编》卷三八九，第 9451、9452 页。

⑤ 《长编》卷二二，第 496 页。

⑥ 《长编》卷三四，第 751 页。

⑦ 《长编》卷三四，第 752 页。

驳绾命，言绾奸回颇僻，使典邦礼，恐玷清选。诏罢之”[①]。元祐元年（1086）闰二月，挚又同殿中侍御史孙升奏：“臣等伏闻除安焘知枢密院事，因给事中两次封驳不当。”[②]到南宋以后，其作用逐渐再度虚化。

中书舍人与给事中作为宰辅直接下属，他们的意见时时与宰辅一致。中书舍人缴还词头和给事中封驳，共同构成又一道权力的监督线，成为朝臣议政的另一种方式。

第二节　施政权

贯彻已经颁布的政策诏令，监督百司严格执行，审查考核各级官员政绩，是宋代宰执的一项重要政务。上令下达，中央和地方行政机构正常运转，完全有赖于宰辅施政权之落实。宰辅结束“早朝”后，便退回本厅处理日常政务。政务繁忙时，甚至允许“止令传报宰臣更不过来”，便可免宰相“赴文德殿押班”。[③]宰辅所要处置的大量政务，就是施政权的具体内容。

一、颁布诏令

宋代宰辅施政的第一项任务就是将君臣议政、达成共识的结果起草为诏令，颁布下去，贯彻实施。皇帝旨意需要颁布为诏令，大约分两种类型：一是宰执进呈、皇帝认可者，一是皇帝直接授意者。无论哪种旨意，都要经过二府的起草、颁布之程序，方可成为法定政令。程序大约如下：宰执传达旨意，二府各房准备文字材料，知制诰或中书舍人起草为正式文件，宰执署印认可。原则上，

① 《长编》卷三三五，第8083页。

② 《长编》卷三七〇，第8951页。

③ 《宋会要·仪制》四之六，第1901页。

皇帝旨意“非经二府者不得施行”[1]，二府在颁布诏令过程中处于举足轻重的地位。皇帝不按程序办事，就会引起臣下的谏诤和抗议。景祐元年（1034）闰六月，度支判官谢绛上言仁宗：“请罢内降，凡诏令皆由中书、枢密院，然后施行。”[2]北宋末年，皇帝撇开二府、自行其是之扰乱朝纲事情增多，陆游云：“政和以后，斜封、墨敕盛行。”[3]这种倾向南渡初年时得到更正，绍兴二年（1132）九月，高宗强调：“凡批降御笔处分，虽出朕意，必经由三省、密院。”右仆射朱胜非云：“不由凤阁、鸾台，盖不谓之诏令。”[4]

中书进呈取旨文书有两类：“本朝要事对禀，常事拟进入，画可然后施行，谓之‘熟状’。事速不及待报，则先行下，具制草奏知，谓之‘进草’。熟状白纸书，宰相押字，他执政具姓名。进草即黄纸书，宰臣、执政皆于状背押字。”[5]即中书日常公事，由宰执拟出初步意见，写成书面札子，进呈皇帝，这类札子称“熟状”，用白纸书写，皇帝签署“可”，然后颁布为法规政令。遇紧急公事，来不及奏禀皇帝，先行执行实施，事后“具制草奏知”，这类文书称为“进草”，用黄纸书写，宰执们在背面押字。中书门下草拟的文稿称“草”，由中书门下颁布的政令称为“敕”；枢密院的文稿称“底”，枢密院颁布的政令则称为“宣”。

神宗改制后，恢复三省权均制度，政令形成过程有元丰五年（1082）五月之诏令可依循，诏曰：

中书省面奉宣旨事，别以黄纸书，中书令、侍郎、舍

---

① 《全宋文》卷一八一〇蔡承禧《论除授当经二府疏》，第83册，第210页。

② 《长编》卷一一四，第2683页。

③ 《老学庵笔记》卷八，第106页。

④ 《宋会要·职官》一之七九，第2369页。

⑤ 《梦溪笔谈》卷一，第8页。

人宣奉行讫，录送门下省为画黄；受批降若复请得旨，及入熟状得画事，别以黄纸亦书，宣奉行讫，录送门下省为录黄。枢密院准此，惟以白纸录送，面得旨者为录白，批奏得画者为画旨。门下省被受录黄、画黄、录白、画旨，皆留为底，详校无舛，缴奏得画，以黄纸书，侍中、侍郎、给事中省审读讫，录送尚书省施行。①

南宋中书和门下再度合并，诏书起草至颁布过程中，中书到门下的程序得以大大省略。

二、处理政务和监督执行

中书宰相是皇帝和各职能部门之间的中介行政领导者。元祐初，门下侍郎韩维言刑案处理全过程说："天下奏案，必断于大理，详议于刑部，然后上之中书，决于人主。"②其他日常政务处理过程大致如此。

宰相每日"朝谒"皇帝结束后，退回本府，处理日常政务。工作持续到未时（相当于午后一至三点），然后回私邸休息。也有例外的，如端拱元年（988），赵普第三次入相，太宗为了尊崇老臣，七月诏曰："太保兼侍中赵普，三伏极热，逐日绝早归私第。"次年又诏曰："侍中赵普免朝谒，止日赴中书视事，有大政即时召对。"③真宗大中祥符九年（1016）五月，"诏中书、枢密院，三伏听午时（中午前后）归第，著于令"④。这些诏令，都给宰辅以更多的处理政务或闲暇时间。

处理政务方式之一是依据朝廷的诏令、政策、法规，给具体部

① 《长编》卷三二三，第 7775 页。

② 《长编》卷三九一，第 9520 页。

③ 《宋会要·职官》一之六九，第 2364 页。

④ 《长编》卷八七，第 1994 页。

门下达执行命令，或对各部门执行过程做出原则性的指导。元祐初年，宰相司马光等上言，要求政务处理过程正规化，职能部门各司其职，对宰辅上传下达的中介作用有明确说明，云：

今后，凡有诏令降付尚书省者，仆射、左右丞签讫，分付六曹誊印，符下诸司及诸路、州施行。其臣民所上文字，降付尚书省仆射、左右丞签讫，亦分付六曹本曹尚书、侍郎及本厅郎官次第签讫，委本厅郎官讨寻公案、会问事节、相度理道、检详条贯，下笔判云："今欲如何施行"。次第通呈侍郎、尚书。若郎官所判已得允当，则侍郎签过，尚书判准，应奏上者奏上，应行下者直行下。即未得允当者，委侍郎、尚书改判。事之可否，皆决于本曹长官。其文字分付本厅郎官之时，委本曹长官随事大小凿限，若有稽违，即行纠劾。即委的有事故结绝未得者，申长官展限，更不经由仆射、左右丞。即改更条法，或奏乞特旨，或事体稍大，或理有可疑，非六曹所能专决者，听诣仆射、左右丞咨白，或具状申都省，委仆射、左右丞商议，或上殿取旨，或头签札子奏闻，或入熟状，或直批判指挥。其诸色人辞状，并只令经本曹长官陈过尚书、侍郎、本厅郎官，次第签押判决，一如朝廷判下臣民所上文字，次第施行。若六曹不为收接及久不结绝，或判断不当，即令经登闻鼓院进状，降下尚书省，委仆射、左右丞付本省不干碍官员看详定夺。若本曹显有不当，即行纠劾。所贵上下相承，各有职分，行遣简径，事务办集。[1]

① 《长编》卷三八三，第9328、9329页。

苏颂对宰辅施政的中介作用有十分简要的解释："遂万物之宜，使卿大夫各得任其职，宰相之事也。天子任宰相，宰相治百官，上下交相得，然后百官熙而万事理。"[①]

反之，皇帝也要求臣下有事先禀告中书。淳化年间，陕西至益州同勾当转运使魏廷式入朝奏事，太宗说："有事当白中书。"魏自言："臣三千七百里外乘驿而至，以机事上闻，愿取宸断，非为宰相而来也。"如此，才获得皇帝的接见。[②]当然有臣僚阿谀求进，绕开宰辅，直达君主。真宗曾问宰相王旦："臣僚言事，多请不付中书，恐贻怨责，然或漏露，何也？"[③]这种现象显然比较普遍，时而也是帝王有意为之的结果。独裁政体，总是存在着非常多的人为因素，时时可以突破规章制度。

有的皇帝喜欢多揽权力，将自己享有的最高决策权与宰辅负有的处理政务和监督执行之权力混淆一谈，越过二府中枢机构，直接对各个具体部门下达指示。大臣对此往往提出批评意见。庆历七年（1047）二月，张方平进谏言：

> 窃闻近日中使传宣诸司，颇为烦数，其至三司，日或数次。臣闻王言惟作命，百官承式。……故王者之言是谓号令，令出惟行。不行，则权纲亏矣。今夫屑屑冗微之事，皆贱者之所亲，责在攸司，各有程式。发输督促，动烦宣下。所司即被受，其有不可奉行者，又须禀复。或却寝罢，下成废命，上为损威。习以为常，恬不知怪。欲乞今后除有指挥中书、枢密院事，特降中使外，自余细务，合下三司提举司、开封府等处者，只乞传宣中书、枢密院

① 《苏魏公文集》卷六八《上时相》，第 1035 页。

② 《长编》卷三六，第 790 页。

③ 《长编》卷八四，第 1925 页。

> 札下逐处有司。或敢违慢，自应合行勘责。[1]

这一奏折将二府处理政务和监督执行之权力解释得比较清楚。二府是在“各有程式”的前提下，“发输督促”，具体指导各部门的实施落实。在皇帝和各具体政务机构之间，二府是上传下达的权力中介部门，其中介作用就是处理政务和监督执行之权力。

处理政务方式之二是接见本部门僚属以及其他下属官员，咨询政事。本部门官员每日禀报政事，听取宰辅处理意见，接受指示，这是宰辅处理政务的日常方式。所属郎官，一般都是分别进见执政，禀报政事，元丰年间刘挚任右司郎中时有所改变，后又恢复故态。《长编》载：

> 左右司郎官旧以执政分厅时，间见白事，日暮不遍，或事急速，又历造私第。议设有异，则往返传达，事多留壅。（刘）挚以问吏，吏对曰：“前时郎官愿如此。”挚乃白执政，请以都堂聚时禀事，可否面决，无传言留壅之弊，其例熟体细，房吏请笔如故事。皆曰：“诺。”自是事皆公决，上下便之。然他郎官不敢间见执政，执政私意亦无所授，阴不乐者甚众。挚罢去，郎官复分厅白事如故。[2]

这种日常政务处理，更多地体现宰辅个人主张，甚至有时可以代替皇帝做出决断，所以宰辅愿意“分厅白事”。

下属百官进见宰相，有一定仪式，《梦溪笔谈》载：

---

① 《长编》卷一六〇，第3863页。

② 《长编》卷三三四，第8053、8054页。

百官于中书见宰相，九卿而下，则省吏高声唱一声“屈”，即趋而入。宰相揖及进茶，皆抗声赞喝，谓之“屈揖”。待制以上见，则言“请某官”，更不屈揖。临退仍进汤，皆于席南横设百官之位，升朝则坐，京官已下皆立。[①]

本部门僚属之外，王旦言宰相必须接见的臣僚及处理政务方式云：“转运使副、提点刑狱、边要藩郡守臣、及非次将命群臣，陛辞之后，未尝不见。或赍到劄子者，观其所述，可以详悉，洎复询问，即涉徼求。大约中书庶事，动守程式，不敢随意增损，行遣疾徐，日有奏籍。”[②]这些官员立即要奔赴全国各地，肩负起将中央各项政令落实到实际工作中的重任，宰相向皇帝推荐这些官员，正式任命后又亲自接见，布置具体工作事宜，有时仅仅做原则上的指导，或象征性的鼓励。中书所为，必须“动守程式”，这是贤相王旦的处理政务的原则。

宰相如果长期不召见各部门官员，就无法很好地落实施政方针，无法有效地监督各部门工作，这便是失职行为。元祐四年（1089）七月，右谏议大夫范祖禹提意见说：“比年以来，未闻宰相召一人，问一本职事，亦未闻召一贤士大夫，问以政事得失、人民疾苦。其监司、知州自外来者，亦未闻召一人，问以州县利害。”宰相的这种失职，必然会导致“物情不接，上下相蒙”，削弱中央集权的领导作用。[③]

宰辅个别接触各级官员，又很容易接受私下请托，或者贯彻个人私意。宋代统治者对此欲有所防范，曾经实行过“谒禁”制度，

① 《梦溪笔谈》卷一，第4页。

② 《长编》卷八四，第1925页。

③ 《长编》卷四三〇，第10389页。

即禁止宰相私见宾客。淳化二年（991）四月，左司谏王禹偁上言："请自今群官诣宰相及枢密使，并须朝罢，于都堂相见，不得于本厅延揖宾客，以防请托。"太宗采纳这一建议，左正言谢泌立即进谏说："如此，是疑大臣以私也。……今天下至广，万几至繁，陛下以聪明寄于辅臣，苟非接见群臣，何以悉知外事？""设若杜公堂请谒之礼，岂无私室乎？塞相府请求之门，岂无他径乎？此非陛下推赤心以待大臣，大臣展四体以报陛下之道也。"太宗立即醒悟，追回前诏。①其后，这个问题被反复讨论，或禁或否，朝廷态度摇摆不定。

奔走请托之风盛行，不仅仅败坏了朝廷风气，而且也使宰辅没有精力处理正常事务。"皇祐、嘉祐中，未有谒禁，士人多驰骛请托，而法官尤甚。有一人号'望火马'，又一人号'日游神'，盖以其日有奔趋，闻风即至，未尝暂息故也。"②在这种情况下，"谒禁"制度再次被强调。庆历三年（1043）九月，"诏：执政大臣非假休不许私第接见宾客，从知谏院蔡襄之言也。而议者以为唐元和用兵时，裴度为相，请私第延见四方贤俊，以广谋虑；今一切禁绝宾客，非谏官所宜言也"③。是否"谒禁"，各有利弊，进退两难。推而广之，庆历五年（1045）三月，"谏官钱明逸言，中书五房提点、堂后官，枢密院诸房副承旨、主事、令史而下，请自今毋得与臣僚往还。从之"④。皇祐元年（1049）五月，"诏中书、枢密院非聚议毋得通宾客。御史言殿前副都指挥使郭承祐屡谒宰相陈执中于本厅，坐久不退也"⑤。

---

①《长编》卷三二，第715页。

②《青箱杂记》卷二，第18页。

③《长编》卷一四三，第3449页。

④《长编》卷一五五，第3762页。

⑤《长编》卷一六六，第4001页。

“谒禁”期间，一直有反对声音。至和二年（1055）六月，“文彦博、富弼入相，百官郊迎。时两制不得诣宰相居第，百官不得间见。公（范镇）言：‘隆之以虚礼，不若开之以至诚。乞罢郊迎而除谒禁，以通天下之情’”①。嘉祐四年（1059）五月，仁宗听从包拯的建议，诏曰：“君臣同德，以成天下之务，而过设禁防，疑以私慝，非朕意也。旧制，两制臣僚不许诣执政私第，执政尝所荐举，不得为御史，其悉除之。”②元祐六年（1091）九月，“御史中丞郑雍言：‘执政官行谒禁法，非便。’诏官员有利害陈述，勿禁”③。

归纳起来，朝廷大约下达过两类禁令：其一，“两制、两省官惟公事许至中书、枢密院见执政”④；其二，“执政大臣非假休不许私第接见宾客”⑤。这些诏令屡宣屡止⑥，但是，百官因公事在二府晋见宰执，自淳化二年以后再也没有被禁绝过。

第三节　代行决策权

在专制独裁社会，从理论上讲，皇帝掌握最终决策权，对国家所有政务做出可否决断。大臣议政和施政，最终要汇总到皇帝手中，听帝王一言而断，所谓“圣裁独断”。每一朝皇帝都努力在各个方面更多地体现自己的决策权，力求“事必亲躬”。但是，国家政务庞多繁杂，皇帝分身乏术，要真正做到“事必亲躬”是不可能

①《苏轼文集》卷一四《范景仁墓志铭》，第437页。

②《长编》卷一八九，第4564、4565页。

③《长编》卷四六六，第11139页。

④《长编》卷一八二，第4406页。

⑤《长编》卷一四三，第3449页。

⑥ 参见史继刚:《宋代宰执的谒禁制度》，载《西南师范大学学报》1990年第3期。

的。即使一些开辟江山的创业之主或才智过人的帝王，也从来无法全面实现自己的决策权，需要臣下参与决策。

况且，多数帝王“生于深宫之中，长于妇人之手”，或智力平平、才能庸常，或好逸恶劳、贪图享受。他们不愿将过多的精力用于国家政务，自然更多地将决策权分与臣下。如，宋仁宗在宋代还算是勤政的好皇帝，监察御史里行孙沔却上书提意见说：“一岁之中，率无百余日视事。宰臣上殿奏事，止于数刻，天下万务，得不旷哉？……退朝之后，深宫之中，侍左右者，刀锯亏残之余；悦耳目者，绮纨艳冶之色。扃钥九重，叫阍千仞，宸禁昼严，乘舆天远。固未见款召名臣，请问外事，询祖宗之纪纲，质朝廷之得失。”① 其余帝王，可想而知。

宰辅则直接面对实际事务和各职能部门，远远要比皇帝了解国情和民情，所做的决断也更切合实际。如果宰辅议政得出结论之后直接贯彻实施，或象征性地呈报皇帝审批，事实上就已经将议政权和决策权融而为一。况且，历代分享皇帝决策权的，往往是最受皇帝信赖的政治势力集团。在宋代，以宰辅为代表的士大夫阶层分享最多核心权力。所以，宋代宰辅不仅握有议政权、施政权，而且还握有相当部分的决策权，代皇帝决策。

一、皇帝最高决策权

君主专制政体中，君权至高无上。《商君书·修权》云：“权者，君之所独制也。”宋代帝王诸种努力，归根结底都是为了保证君主的最终决策权。纵观两宋三百多年历史，一切国家重大政务，或者出自帝王独裁，或者必须通过皇帝审核同意，颁布为诏令，君主的独裁权得到很好的维护。王安石说：“人主操予夺之柄”②，孙升等

---

① 《长编》卷一一五，第 2711 页。

② 《长编》卷二三〇，第 5596 页。

则言“威福专出于人主”[1]，即所谓“王言惟作命，百官承式”[2]，“王者之言，群臣所禀受以施于天下者也”[3]。“王言”的范围，为“指挥中书、枢密院事”，即对国家重大事务做出决断，然后交付中书和枢密院具体执行实施。《申子·大体》云：“君设其本，臣操其末；君治其要，臣事其详；君操其柄，臣事其常。”宋代较好地贯彻落实上述君主集权独裁之原则。

通常情况下，皇帝通过召集臣僚、合议大政的方式，行使决策权，如常参、后殿再坐等。有时则通过批阅臣僚奏章来做出决策。皇帝决策，二府上传下达，贯彻实施。从理论上来说，君权至高无上，皇帝决策不受任何规章制度约束。然而，从操作规范来说，皇帝也需要依照二府机构设置与运作的程序，不能随心所欲。

宋代皇帝时而撇开二府，直接对基层发布诏令，或者在具体事务上贯彻自己的意志。如，宋代皇帝喜欢授前方作战军队以阵图，“有军前机速处分，则自御前发下，三省、枢密院莫得与也”[4]。昏庸帝王，更是随意贯彻个人意志。《挥麈后录》载：“崇、观奸佞用事，贿赂关节，干祈恩泽，多以御笔行下，朱书其旁云：‘稽留时刻者，以大不恭论，流三千里。’三省无所干预，大启幸门，为宦途之捷径。”[5]皇帝这样的预政方式和决策，显然违背制度，宫廷嫔妃、内侍等也最容易上下其手，伺机弄权。在宋代属于短期非常态行为，比较少发生。

宋代还曾出现皇帝干涉过多，二府宰辅无所事事的局面，同样为时甚短。违背制度，就会招致大臣们谏诤。熙宁末年，王安石罢

---

①《长编》卷四四〇，第 10592 页。

②《长编》卷一六〇，第 3863 页。

③《长编》卷一九一，第 4612 页。

④《梦溪笔谈》卷一一，第 99 页。

⑤《挥麈后录》卷二，第 65 页。

相，神宗将许多中央权力收归己有，台谏蔡承禧进谏说："今之患在乎百职之不自任其职而已。中书以进人选才之方诿于陛下，密院以用兵择帅之事诿于陛下，事事皆出于圣意。若有未合于舆议，则曰'皆出于宸衷'。如是，则天下自古迄今何须辅佐乎？"①此即上文言及的神宗朝相权短期萎缩阶段。

二、宰相代使决策权

宰辅议定上奏，皇帝审核批准，是中央决策的常规过程。但是，皇帝审批时时沦为形式，宋代帝王经常将相当部分决策权委诸宰辅，由宰辅代为决策。宰辅有时沿袭唐制，采用"堂帖""札子"等文书形式，对政务直接做出决策，发布自己处理政务的意见，指挥号令，而不需要皇帝发布旨令。《梦溪笔谈》云："唐中书指挥事谓之'堂帖'。曾见唐人'堂帖'，宰相签押，格如今之'堂札子'也。"②《长编》云："故事，惟中书执政官行札子，以出政令。"③宋代中书"堂札子"所指挥的，往往限于一般性的事务。

宰辅替代帝王决策，以"堂帖"指挥各具体行政部门工作，形成习惯，"堂帖"时常获得过度权威性，引起皇帝疑忌。赵普"太平兴国初复相，堂帖之行，与诏敕无异。太宗命勿复行"④。其后，寇准为参知政事时，曾以"札子"指挥政事，太宗再次质疑说："前代中书以堂帖旨挥，乃是权臣假此名以威福天下也。太祖朝赵普在中书，其堂帖势力重于敕命，朝廷寻令削去。今何却置札子？札子、堂帖，大同小异耳。"⑤

太宗有才能，喜揽权，故设法限制宰辅权力，太宗朝是宋代相

---

① 《长编》卷二八二，第 6908 页。

② 《梦溪笔谈》卷一，第 3 页。

③ 《长编》卷二八五，第 6972 页。

④ 《隆平集》卷四《宰臣》，第 145 页。

⑤ 《宋会要·职官》一之七一，第 2365 页。

权最为萎缩的时期。以后诸帝，自觉或不自觉地将更多的决策权委诸宰相。即使根据皇帝旨意起草诏令，宋代宰相也更多地体现了自己的意志：

唐诏令虽一出于翰林学士，然遇有边防机要大事，学士所不能尽知者，则多宰相以其处分之要者自为之辞，而付学士院，使增其首尾常式之言而已，谓之“诏意”。故无所更易增损，今犹见于李德裕、郑畋集中。近岁或尽出于宰相，进呈讫，但召待诏，即私第书写；或诏学士，宰相面授意，使退而具草，然不能无改定也。①

具体而言，宋代宰辅代使决策权，大致有以下三种类型。

（一）皇帝充分相信某一宰相，自觉自愿地将决策权委诸该宰相

某些宰相，胸襟宽广，处事稳妥，公平中允，尽心为国，因此深得明智帝王的信赖。在对该宰相品德、才能完全放心前提下，皇帝就以部分决策权相委托，加大该宰相在中央决策过程中所起的主导作用。获此殊荣大都是宰相，执政则因为资历、地位等多方面原因而与此殊荣无关。真宗大中祥符末年，王旦为宰相，王曾、陈彭年、张知白为参知政事，《长编》载：

曾、知白、彭年等与王旦同在中书，尝乘间谓旦曰：“曾等拔擢至此，公之力也，愿有所裨补。”旦曰：“愿闻之。”曾曰：“每见奏事，其间亦有不经上览，公但批旨行下，恐人言之以为不可。”旦逊谢而已。一日奏对，旦退，曾等俱留。上愕曰：“何事不与王旦同白？”曾等乃以前说

① 《石林燕语》卷五，第 74 页。

闻于上。上曰："所行公否？"皆曰："公。"上曰："王旦事朕，多历年所，朕察之无毫发私。自东封后，朕谕小事一面专行。卿等当谨奉之。"退而谢于旦曰："上之委遇，非曾等所知也。"旦曰："向蒙谕及，不可自言先得上旨，今后更赖诸公规益。"①

王旦代真宗决策显然不符合规章制度，中书辅臣才通过多种渠道提出意见。弄清事实真相后，王旦今后之代行决策权，恐怕就更加便利了。

（二）宰辅坚持自己的正确意见，迫使皇帝同意，实际上代行了决策权

典型例子之一是寇准。寇准在太宗年间任参知政事，"奏事切直，上怒而起，准攀上衣，请复坐，事决乃退。上嘉叹曰：'此真宰相也。'"②即，相权萎缩之太宗朝，宰辅仍大有作为。景德元年（1004）十月，契丹大举入寇，寇准时为集贤相，倡议并筹划御驾亲征，真宗惧敌怕死，多次临阵退缩，寇准说："今寇已迫近，四方危心，陛下惟可进尺，不可退寸。河北诸军，日夜望銮舆至，士气当百倍。若回辇数步，则万众瓦解，敌乘其势，金陵亦不可得而至矣。"③寇准还发动军队将帅劝征，终于帮助真宗下定了最后决心，起驾进驻澶州。"澶渊之盟"最终订立，宋与辽此后保持长期的和平局面，都起因于寇准的正确决策。

庆历四年（1044），杜衍为集贤相兼枢密使，"务裁侥幸，每内降恩，率寝格不行，积诏旨至十数，辄纳帝前。谏官欧阳修对见，帝曰：'外人知杜衍封还内降耶？凡有求于朕，每以衍不可告之

① 《长编》卷八八，第 2012 页。

② 《长编》卷三八，第 818 页。

③ 《长编》卷五八，第 1284、1285 页。

而止之者，多于所封还也。'"[1]神宗日常决策多独断专行，然仍不能摆脱宰辅干涉，曾叹曰："朕平生未尝作快意事。"门下侍郎章惇立即告诫说："快意事岂宜作？"[2]宋代制度规定：皇帝诏书必须通过二府认可。此制度既是赋予宰辅对皇帝的监督权，又是让宰辅分享决策权。

（三）宰相弄权，架空皇帝，掌握绝大部分中央决策权

这种现象比较多地发生在北宋末年与南宋时期。北宋徽宗崇宁年间，起用蔡京为宰相。蔡京"箝制天子，用条例司故事，即都省置讲议司，自为提举，以其党吴居厚、王汉之十余人为僚属，取政事之大者，如宗室、冗官、国用、商旅、盐泽、赋调、尹牧，每一事以三人主之。凡所设施，皆由是出。……威福在手，中外莫敢议"[3]。南宋绍兴年间，"秦会之当轴时，几务之微琐者皆欲预闻，此相权之常态"[4]。南宋后期，韩侂胄、贾似道更加擅权跋扈。权相在位，总是事无巨细，一切过问。他们已经将大部分乃至全部的决策权攫为己有。

三、临时设置行政机构

职能专一的行政部门在行使权力过程中，必然会逐渐产生独立性和离心力，宰相代行决策权，在这些部门贯彻时因此可能受阻或打折扣。为了更加灵活、充分地行使职权，将权力牢牢收归己有，宋代宰相在某些特殊历史情况下，设置临时行政机构，以贯彻自己施政方针。李心传回顾这类临时机构说：

自王荆公（王安石）秉政，始创制三司条例司，以行

① 《长编》卷一五二，第3704页。

② 《长编》卷三三八，第8151页。

③ 《宋史》卷四七二《蔡京传》，第13723、13724页。

④ 《游宦纪闻》卷六，第51页。

新法。其后蔡儋州（蔡京）当国，踵其故，置讲议司。儋州罢，张文忠（张商英）代之，乃置政典局，不隶三省。靖康初，徐择之（徐处仁）、吴元中（吴敏）共政，又置详议司，俄以人言罢。绍兴二年，吕元直（吕颐浩）、秦会之（秦桧）同相，元直督军于外，会之欲夺其柄，乃置修政局，自领之，诏职事官及守令以上言省费、裕国、强兵、息民之策。①

类似临时行政机构还有："三司会计司，熙宁七年（1074）置于中书，以宰相韩绛提举。先是，绛言总天下财赋而无考较盈虚之法，乃置是司。既而事多濡滞，八年，绛坐此罢相，局亦寻废。""经抚房，专治边事。宣和四年（1122），宰臣王黼主伐燕之议，置于三省，不复以关枢密院。六年，罢。""建炎元年（1127），置御营司，以宰相为之使，仍以执政官兼副使。……初以总齐行在军中之政。"②

这类临时机构在三段时期中设置最多，发挥作用最大。一是王安石主持变法期间，为了贯彻变法主张，设制置三司条例司；二是徽宗年间，宰相为粉饰太平、鼓吹自己治绩，设议礼局、礼制局、大晟府等等；三是南渡初期，兵荒马乱，机构不健全，宰相为了便于管理，设御营司等。这些临时机构，侵夺各个具体职能部门的权力，为宰相行使权力提供了最大的方便。

① 《建炎以来朝野杂记》卷五，第122页。

② 《宋史》卷一六一、一六二《职官》，第3792、3793、3803页。

第四节　宰相代行用人权

“人治”专制社会，各级官员任命和使用之权力，关系到王朝兴亡盛衰。元祐年间，翰林学士梁焘说：“政事之本，在于用人。”[①]皇帝中央集权，总是以控制用人权为主要目的之一。用人决策权是中央决策最主要组成部分，此处予以单独讨论。

宋代中央政府用人权大概分为三个层次：皇帝册授高级和要害部门官员，宰相除授朝廷次要官员，吏部差注全国基层官员。元祐初，吕陶奏章中说明三者之间大致区分，云：

> 伏谓朝廷差除之法，大别有三：自两府而下至侍从官，悉禀圣旨，然后除授，此中书不敢专也；自卿监而下及已经进擢，或寄禄至中散大夫者，皆由堂除，此吏部不敢预也；自朝议大夫而下，受常调差遣者，皆归吏部，此中书不可侵也。[②]

三个层次用人权划分，只是言其大概，实际操作中职权界线并不能如此分明。任何一个层次之用人决策，宰相或唱主角，或唱配角，都参预（即参与）其中，而且发挥越来越多的影响，作用越来越重要。

一、皇帝控制用人权

宋代帝王汲取唐代君主失柄、用人权失控的历史经验教训，试图将用人权牢牢地掌握在自己手中。台谏也时常提醒皇帝注意用人权的有效利用，庆历八年（1048）三月，御史中丞鱼周询对仁宗

① 《长编》卷四六八，第11191页。

② 《长编》卷三七〇，第8964、8965页。

说："臣愿陛下听政之外，选材识之臣，独对便殿，访诸臣能否，曰某人宜何用，某人不足用，然后广询博采，参验异同，俟其得实，则行进退。"[①] 关于用人权，宋代帝王有系列得力措施。

（一）高层或要害部门官员任命

皇帝用人决策权，主要体现在高层官员之任命。唐代，"凡诸王及职事官正三品以上，若文武散官二品以上，及都督、都护、上州刺史之在京师者"，都由皇帝亲自除授。[②] 宋代承继唐人做法，以制度的形式确定高层官员任命必须由皇帝发布制书。《宋史》云：凡"拜宰相、枢密使、三公、三少，除开府仪同三司、节度使，加封，加检校官，并用制"[③]。此外，凡"执政、侍从、台谏、给舍之选，与三衙、京尹之除，皆朝廷大纲所在，故其人必出人主之亲擢，则权不下移"[④]。皇帝亲自提拔和任用，称为"特旨除授"，或称"御笔除授""上批""中批""御批""内降""直笔""旨授"等等。皇帝特旨用人，在宋代是很频繁的。如二府宰辅的任命，经常出自皇帝独裁，二府大臣荣辱进退，与帝王赏识与否休戚相关。如，嘉祐五年（1060）四月，枢密副使程戡罢，"宰臣进拟，例以三司使、御史中丞、知开封府一人补其员。上曰：'朕欲用旧人。'即以命（孙）抃"[⑤]。徽宗即位，执政阙员，皇帝亲自一一筛选进拟的名单，最后确定为韩忠彦、李清臣、黄履三人。[⑥]《老学庵笔记》载："王冀公自金陵召还，不降诏，止于茶药合中赐御飞白'王钦若'三字，而中使口传密旨，冀公即上道，至国门，辅臣以下皆

① 《长编》卷一六三，第 3933、3934 页。

② 《通典》卷一五《选举三》，第 359 页。

③ 《宋史》卷一六二《职官二》，第 3811 页。

④ 《宋史》卷四〇一《柴中行传》，第 12175 页。

⑤ 《长编》卷一九一，第 4621 页。

⑥ 《长编》卷五二〇，第 12378、12379 页。

未知。政和中，蔡太师在钱塘，一日中使赐茶药，亦于合中得大玉环，径七寸，色如截肪。京拜赐，即治行。后二日，诏至，即日起发。”[①] 又，《朝野杂记》载：

> 孝宗初政，命相多不以次。史（浩）文惠自宗正少卿再阅月而执政，又五阅月而为相，相四阅月而罢。洪（适）文惠自太常少卿九阅月而执政，又五阅月而相，相三阅月而罢。魏（杞）文节自宗正少卿期年而执政，又九阅月而相，相未一年而罢。[②]

孝宗登基后亟欲有所作为，所以不次命相，稍不如意又匆匆更替，任用大臣，随心所欲，将皇帝用人权表达得淋漓尽致。孝宗任用二府大臣沈夏时，与宰相梁克家的一段讨论，充分说明了皇帝用人的主动权。孝宗赏识沈夏，问宰相梁克家说：“侍郎有过政府例否？”梁克家回答说：“陛下用人，何以例为？”孝宗因此特除沈夏为签书枢密院事。[③] 这一系列任命中，皇帝旨意体现得十分明确。

一代天子一代臣，两宋时期亦如此。新皇登基或亲政，总是要大批更换二府和其他要害部门大臣，起用自己信赖或与自己政见相同的臣僚。两宋还沿袭唐代一条不成文传统：皇帝去世，以首相为山陵使，丧葬事毕，宰相便“坚请去位”，依例都会得到新即位皇帝的同意。神宗去世，哲宗登基，首相蔡确没有依上述传统行事，便成为政敌攻击他的主要理由之一。侍御史刘挚言“（蔡确）既而还朝，略无忌惮，安倨自处，以为当然。臣又闻近代及国朝以来，臣僚凡充先朝山陵使者，复土之后，例须自求去位，莫不得请而后

① 《老学庵笔记》卷九，第 116 页。

② 《建炎以来朝野杂记》乙集卷八，第 626、627 页。

③ 《癸辛杂识》别集下，第 302 页。

已。盖以谓臣子之礼，身典丧葬，方毕其事，以嫌自处，不敢遽践嗣皇朝廷，所以致事上之恭。例虽出于近代，然沿袭莫敢废之”[1]。此传统事实上为新即位皇帝起用自己信赖的大臣提供一种便利。得新皇帝信赖的旧宰辅，也总是能以种种借口留任。

总而言之，在两宋多数时间里，帝王把握住高层或要害部门的用人决策权。

（二）其他官员任命

皇帝精力有限，原则上不过问具体部门和地方官员的任命。然而，有时皇帝为了显示自己明察秋毫，或对某一任命特别感兴趣，同样可以插手其他各级官员的任命或升迁，有时直接下达指示。这种出自“宸断”的决策方式，并不算违制，被朝野所接受。举数例以明之。开宝七年（974）二月，军校史珪进谗言，诬陷权知德州梁梦升，太祖明察其奸，“曰：‘此必刺史所为不法，梦升真清强吏也。’取所记纸，召一黄门令赍付中书，曰：‘即以梦升为赞善大夫。’既行，又召还，曰：‘与左赞善大夫，仍知德州。’”[2]太祖决断，可以不咨询任何部门意见。

又，景德二年（1005）正月，真宗亲自任命大批地方行政长官，《长编》载：

上以河北守臣宜得武干善镇静者，乙卯，命西上閤门使马知节知定州，孙全照知镇州，刑部侍郎赵昌言知大名府，给事中冯起知澶州，洺州团练使上官正知贝州，莫州团练使杨延朗知保州，滁州刺史张禹珪知石州，崇仪使张利涉知沧州，供备库使赵继升知邢州，西上閤门副使李允

① 《长编》卷三六二，第 8659 页。

② 《长编》卷一五，第 317 页。

则知雄州，供备库副使赵彬知霸州。上亲录其姓名付中书，且曰："朕如此裁处当否，卿等共详之。"毕士安曰："陛下所择，皆才适于用，望付外施行。"从之。①

又，天圣四年（1026）九月，"以陕西转运使、侍御史王博文为兵部员外郎、户部副使。时三司阙官，中书议除人，上曰：'顷者蕃部侵扰西边，博文馈军有劳，此可用也。'乃驿召博文，迁官就职"②。

凡此种种，帝王可以随口报出自己欲任用的人选，往往是前期有过充分的关注和记录。为了在用人权上取得主动地位，或者使人尽其才，宋代帝王花费更多心思，注意臣下的贤愚、才干等。"太祖聪明豁达，知人善任使，擢用英俊，不问资级。察内外官有一材一行可取者，密为籍记之。每一官缺，则披籍选用焉。"③太祖作为，被后来者所效仿。太宗平日发现有才干者，总是"记其名于御屏"④，用人之时就可以发表自己的意见。如，淳化四年（993）七月，太宗"御笔飞白书（向）敏中及虞部郎中鄄城张咏姓名付宰相，曰：'此二人，名臣也，朕将用之。'左右因称其材。秋七月已酉，并命为枢密直学士"⑤。太宗曾对臣下说："朕每日后殿自选循吏，候选及三二百人，天下郡县，何愁不治？迂懦因循之人，并与诸州副使、分司西京。或且给俸禄，不与差遣，然此辈又如何消国家禄食也？"⑥太宗不但掌握着高级官员的任命权，且频频过问地方

① 《长编》卷五九，第 1308 页。

② 《长编》卷一〇四，第 2421 页。

③ 《涑水记闻》卷一，第 15 页。

④ 《长编》卷三四，第 760 页。

⑤ 《长编》卷三四，第 751 页。

⑥ 《长编》卷三六，第 788 页。

下层官吏的任命，欲将“天下郡县”长官任命权皆控制手中，在两宋帝王中是十分极端的例子。

宋代其他帝王对太祖做法都有不同程度学习。如：

> （吕）夷简治开封，严办有声，上（真宗）识其姓名于屏风，意将大用之也。①

> 太子中允、知淮阳军梁适，亦上疏论朱全忠乃唐之贼臣，今录其后，不可以为劝。上（仁宗）是其言，记适姓名于禁中，寻召为审刑院详议官。②

> 绍兴初，楼仲辉（炤）资政为左史，请：“命从官举可为监司者，令中书籍记姓名，遇阙除授。”上从之。已而，谓辅臣曰：“朕亦当书之屏风，以时揭贴。其不任职而无他过者，以自陈宫观，与之。”乾道初，孝宗新创选德殿，于御座后作金漆大屏，分画诸道，各列监司、郡守为两行，以黄签标识居官者职位、姓名，其背为《华夷图》云。③

御座屏风，成为宋代帝王记事本，亦是宋代一道风景线。

（三）皇帝用人决策与宰辅合作

在用人决策方面，宋代许多帝王与宰辅之间有较好的协调合作关系。皇帝重视宰辅的人选推荐，宰辅则在用人问题上，尤其是在高层官员的任用方面，特别尊重皇帝的意见，推尊皇帝的最终决策

① 《长编》卷九六，第 2215 页。

② 《长编》卷一一七，第 2768 页。

③ 《建炎以来朝野杂记》甲集卷五，第 124、125 页。

权。真宗朝宰相王旦得病久不愈，真宗问天下事可付谁，王旦答云：“知臣莫如君，惟明主择之。”[①]英宗时，宰相韩琦、曾公亮欲用欧阳修为枢密使，欧阳修以为不可，说：“二三大臣自相位置，何以示天下？”韩、曾服其言。[②]在两宋大多数时间内，皇帝都没有失去用人的主动权。《湘山野录》记载着这样一段政坛、文坛佳话：

> 吕申公（夷简）累乞致仕，仁宗眷倚之重，久之不允。他日，复叩于便座，上度其志不可夺，因询之曰：“卿果退，当何人可代？”申公曰：“知臣莫若君，陛下当自择。”仁宗坚之，申公遂引陈文惠尧佐，曰：“陛下欲用英俊经纶之臣，则臣所不知。必欲图任老成，镇静百度，周知天下之良苦，无如陈某者。”仁宗深然之，遂大拜。后文惠公极怀荐引之德，无以形其意，因撰《燕词》一阕，携觞相馆，使人歌之曰：“二社良辰，千秋庭院，翩翩又见新来燕。凤凰巢稳许为邻，潇湘烟暝来何晚？乱入红楼，低飞绿岸，画梁时拂歌尘散。为谁归去为谁来，主人恩重朱帘卷。”申公听歌，醉笑曰：“自恨卷帘人已老。”文惠应曰：“莫愁调鼎事无功。”[③]

君臣之间在用人问题上有很好的合作，后任宰相则深感前任荐引之德。

帝王在理论上、同时也是在实际操作中掌握着高级和要害部门官员的任用权，宰辅在这一方面享有参议权，提出候选人名单供皇帝抉择，或对皇帝决定的人选提供意见，皇帝也常常主动征询宰辅

① 《长编》卷八四，第 1923 页。

② 《长编》卷二〇五，第 4979 页。

③ 《湘山野录》卷中，第 28 页。

的看法。皇帝征询宰辅意见之做法，大约分成三种。

一是事先要求宰辅推荐合适人选，以供选择。如：

> （太宗淳化五年十一月）诏（吕）蒙正以下至知制诰，各举有器业可任以事者一人。①

> （真宗天禧元年六月）上封者言："边鄙虽宁，武备难阙。望令群臣各举将帅之才。如边上未有员阙，即且于内地州军差遣，缓急足副推择。"乃诏王旦等各举所知三两人，具名以进。已而，枢密院又请令宰相以下，各于京朝、幕职等官及阁门祗候已上，举堪任将帅者各三两人。②

> （哲宗元祐二年七月）手诏付吕公著等，令于文臣中择有才行风力、兼知边事、堪大用者三五人，具姓名亲书实封进入。③

二是拿出任命意见去咨询宰辅，以弥补缺失。如，前文曾列举景德二年（1005）正月，真宗拿出河北地方大员任命名单，征求宰相毕士安等意见，宰辅皆认为可行。

三是否定宰辅推荐，另外提出人选；或在宰辅议论用人时，直接提出自己的意见。如：

> （仁宗天圣五年正月）命枢密直学士、礼部侍郎刘筠权知贡举。中书初议择官，上曰："刘筠可用也。"筠时在

① 《长编》卷三六，第801页。

② 《长编》卷九〇，第2071页。

③ 《长编》卷四〇三，第9821页。

颍川，遂驿召之。[1]

在上述用人过程中，中书或枢密院仅仅有向皇帝推荐合适人选的职责，决策权掌握在皇帝手中。二府推荐的人选，如不合皇帝之意，一般说来要依照皇帝的旨意办理。如：

（康定元年九月）己未，右正言、知制诰叶清臣为龙图阁直学士、起居舍人、权三司使事。中书进拟三司使，清臣不在选，帝曰："叶清臣才可用。"遂以命之。[2]

绍兴初，刘大中以监察御史宣谕诸路回，宰臣以其称职，拟除殿中侍御史。太上皇帝云："且令除秘书少监。"宰臣启其所以，太上曰："大中所至多兴狱，尚有未决者。一除言路，外方观望，恐累及无辜。"[3]

帝王决意要重用的人选，臣下即使反对，也是无济于事的。甚至是举朝反对，都不能违抗皇帝的旨意，这是独裁政体之性质所决定的。庆历四年（1044）九月，仁宗欲选拔陈执中为参知政事，《长编》载：

（仁宗）谓宰相曰："执中在青州久，可召之。"遂诏执中参知政事。于是谏官蔡襄、孙甫等争言执中刚愎不学，若任以政，天下不幸。上不听。谏官争不止，上乃命中使赍敕告即青州赐之，且谕意曰："朕用卿，举朝皆以为

① 《长编》卷一〇五，第 2435 页。

② 《长编》卷一二八，第 3038 页。

③ 《挥麈前录》卷一，第 4 页。

不可，朕不惑人言，力用卿尔。”明日，谏官上殿，上作色迎谓之曰：“岂非论陈执中耶？朕已召之矣。”谏官乃不敢复言。①

专制社会，臣下常常要恭维“圣裁独断”，用人最后决策权要把握在皇帝手中。

二、宰相用人权

宋代皇帝虽然握有用人决策权，但是，无论以何种方式贯彻皇帝意志，都必须通过宰相，包括宫廷嫔妃的册命。通例，“凡制词既授阁门宣读，学士院受而书之，送中书结三省衔，官告院用印，然后进内”②。皇帝的接触面、视野、精力都是有限的，在用人问题上许多时候只是起象征性决策作用，主要依赖臣下的推荐或决断。二府宰辅是皇帝身边的辅佐大臣，是皇帝依赖的主要对象，所以，宋代帝王往往是将用人权委诸宰辅。如，仁宗就要求“中书门下其采端实之士，明进诸朝”③。宋代选任官员的基本做法是“中书日进呈差除，退即批圣旨，而同列押字”④。即：中书草拟任选方案，得皇帝同意，为制词颁布。宋初，太祖就强调“京朝官将命出入，及受代归阙者”，由中书派人“考校劳绩，及铨量材器，候有阙，中书类能以授之”。⑤中书用人权具体表现为“堂除”“部注”两种方式。“堂除”就是政事堂直接的除授，“部注”则是通过人事主管部门吏部经办的除授，两种用人权都置于宰辅领导之下。其中以“堂除”方式更直接地体现宰辅用人意见。

① 《长编》卷一五二，第3704页。

② 《长编》卷一六五，第3971页。

③ 《长编》卷一九二，第4637页。

④ 《春明退朝录》卷下，第40页。

⑤ 《宋朝事实》卷九《官职》，第139页。

（一）“堂除”范围膨胀

“堂除”制度由来已久。《古今源流至论》别集卷六《堂除》云：“堂除之说，天子托大臣以选择人才，无资格之拘，无关键之限。”唐代中央政府次一级的官员就由“宰相商议奏可，而除拜之”。宋代“堂除”制度屡有变化，总的趋势是：随着相权的强化，宰相将越来越多的用人权揽到自己手中，“堂除”范围越来越广阔。

北宋初年，兵荒马乱，制度不健全，“除授皆出中书，不复由吏部”[①]。用人主要是以“堂除”方式。太平兴国八年（983）八月，太宗特别诏曰：“自今应临轩所遣官吏，并送中书门下，考其履历，审取进止。”[②]如此用人，可以比较灵活主动，易于应付宋初各种复杂紧急情况。太平兴国末年以后，朝廷行政管理逐渐正规化，中央先后设立差遣院、考课院、审官院等，掌握不同层次官员的任选，宰相人事权受到一定限制。但是，皇帝还是经常将更多的信任给予宰辅，对关键地区地方长官的任命，要求中书直接过问。嘉祐五年（1060）九月诏曰：“齐、登、密、华、邠、耀、鄜、绛、润、婺、海、宿、饶、歙、吉、建、汀、潮凡十八州，并烦剧之地，自今令中书选人为知州。”[③]神宗年间，皇帝企图将更多的权力揽归已有，对“堂除”限制逐渐严厉，甚至有废除的想法和诏令。然而，“堂除”作为一项制度，始终没有真正退出历史舞台。哲宗年幼即位，宰相在中央机构中的作用得以加强，“堂除”侵占吏部阙额的事情经常发生，对此朝廷中争论不断。元祐元年（1086）三月，“诏：自今堂差不得冲吏部已注授人”[④]。对“堂除”加以限制，不过奏效甚微。同年六月，又“诏：新复州县知州、军并堂除选，余吏部

① 《长编》卷二二，第500页。

② 《长编》卷二四，第549页。

③ 《长编》卷一九二，第4645页。

④ 《长编》卷三七一，第8991页。

选”[1]。朝廷欲对“堂除”范围做一些划分，以此加强对“堂除”的限制。元祐二年（1087）八月，诏令大臣讨论确定制度，使堂阙和部阙“两不相妨，立法以闻。于是以知州、军阙一百四上，朝廷以九十八分吏部”[2]。结果是将104个知州阙归堂除，98个知州阙归吏部，堂除知州数比仁宗时增加了近一倍。这种划分并不能遏制堂除膨胀的势头，元祐三年（1088），右正言刘安世说：“臣伏见近来堂除差遣，多取吏部之阙。不问职事之轻重，才品之优劣，为人择官，殊失大体。”[3]同年十一月，朝廷再度划分堂除和部注范围，三省言：

> 在京堂除差遣，累有增改，尚书吏部阙少官多。今裁定：门下、中书省正言，尚书省左右司、六曹郎中，御史台监察御史，秘书省正字，馆职校理以上，寺监长、贰、丞，太常博士，太学博士、正、录，侍讲、说书，开封推判官、府司录，开封府祥符、咸平、尉氏、陈留、襄邑、雍邱知县，登闻鼓院、检院，王府翊善、侍读、侍讲、记室、小学教授，知大宗正丞事，诸王府讲书、记室，睦亲、广亲宅讲书，左藏库、三京留司御史台、商税院、进奏院，并中书省差。寺监主簿，太常寺太祝、奉礼，光禄寺太官令，元丰库、牛羊司，京东排岸司，诸宫院教授，太康、东明、考城、长垣知县，并吏部差。[4]

太皇太后同意三省的详细划定。元祐六年（1091）六月又诏

① 《长编》卷三七九，第9196页。

② 《长编》卷四〇四，第9838页。

③ 《全宋文》卷二五四四刘安世《论堂除之弊奏》，第118册，第130页。

④ 《长编》卷四一七，第10122页。

曰："见今堂除阙内，单、利、耀、温州知州，石州、霸州、顺安军通判，并送吏部差注。"①

元祐年间一次又一次地限制"堂除"的努力，正说明了"堂除"范围的不断膨胀。元祐臣僚不断膨胀"堂除"的作为，为北宋末年以来权相滥用人事权开辟先路。

哲宗以后，皇帝不断发布各种诏令，限制堂除，却没有实际效果。到南宋绍兴年间，堂除知州军89处，吏部仅27处，甚至"京官知县并堂除"②。此外，诸路监司的属官、坑冶监官等也被收为堂阙。孝宗时以至"知州军阙尽归于堂，而吏部更无知州军一阙以待孤寒资格之人"③。南宋后期皆权相当政，用人如同囊中取物，更加随心所欲。

（二）宰辅以用人为己任

皇帝在任用官员时对二府宰辅依赖过多，就往往将用人权不知不觉地转移到二府宰执手中。在任用官员方面，无论是哪一层面的选任，皇帝主动发表意见的时候总是比较少见，经常性的是二府大臣做出推荐并决断。更多时候，皇帝是有意将用人决策权委之于宰辅，发挥相权的中枢调配作用，皇权只是做一种宏观调控。大中祥符九年（1016）九月，中书请以盛度权知开封府，真宗回答说："可更问王旦"，事后证明了咨询的必要性，真宗评价说："王旦铨量才品极当，必使人各得其所，此岂可不问也？"④熙宁年间，神宗特别信任宰相王安石，曾令参知政事冯京传谕王安石说："自今进用人，或不可于意，但极论。"⑤这些阶段，皇权和相权是相辅相成的，皇

① 《长编》卷四六〇，第10995页。

② 《建炎以来系年要录》卷四一，第580页。

③ 韩元吉：《南涧甲乙稿》卷九《集议繁冗虚伪弊事状》。

④ 《长编》卷八八，第2014页。

⑤ 《长编》卷二三七，第5779页。

帝并没有失去用人决策权，只是在实际操作中，宰辅把握着用人决策权。皇权和相权，在宋代有着很好的协调合作关系。

宋代在任命高级官员时的一般程序如下：首先由二府进拟准备任用者名单，以供皇帝决断；得到皇帝最后首肯，中书依据所授予词头，转入起草诏书之类的第二步具体工作。[①]“朝廷有除拜，中书吏赴院纳词头；其大除拜，亦有宰相召舍人面受词头者。”中下层官员任命就更加简化，不必征求皇帝意见。“凡所除授，先由大臣进拟，而后下于中书、门下两省，臣僚无异论，则命词省审授之。”[②]在这一系列任命官员运作过程中，中书宰相起着承上启下的关键性作用。此外，中央和地方各级官员的任用和升迁，也都必须经过二府审核这一道关卡。大中祥符三年（1010）四月，真宗诏曰：中央和地方官员才干“如实有可取，即送中书、枢密院，再加考核取裁”；或“先送中书、枢密院参详，别与引见”[③]。天圣七年（1029）九月，“诏审官院，自今定差知州军，令中书审视，若懦庸老疾不任事者，罢之”[④]。

如果二府进拟名单不合皇帝意图，就需要做出再三修订，以协调君臣意见。如，仁宗天圣元年（1023）八月，朝廷任命陕西转运使，“先是，宰相连进数人，不称旨”。最后，所拟名单中有权开封府判官、侍御史俞献卿，“上曰：‘此可矣。’即命献卿往”[⑤]。

用人权“委任责成”的方式，固定为制度，宰相便将进退官吏、选拔贤能视为自己分内之事。宰相吕蒙正对太宗说：“臣备位宰

---

① 《宋会要·职官》一之一六，第 2337 页。

② 《宋会要·职官》一之四八，第 2352 页。

③ 《长编》卷七三，第 1665 页。

④ 《长编》卷一〇八，第 2523 页。

⑤ 《长编》卷一〇一，第 2332 页。

相，可以进退百官。”[1]右正言鲁宗道云：“审官之任，本宰相之职，宜妙选英哲以委之。”[2]元祐初宰相司马光说自己“备位宰相，遴选百官，乃其职业”[3]。元祐末执政梁焘论苏颂说：“颂为宰相，理会差除，可谓称任矣。”[4]臣僚所言之“百官”，就是各个层次官员的任用。承认皇帝有用人最终决策权和委任于宰辅，是一个问题的两个方面，二者并不冲突。宋代帝王和士大夫对此已有共识。

（三）宰辅插手高层和要害部门官员任用

皇帝虽然直接掌握高层和要害部门官员的任用权，但是，他们的决策往往出自宰辅的推荐，许多时候更是由宰辅代替行使决策权。甚至宰相阙任，也由现任宰相或枢密使等推荐。天圣六年（1028），宰相张知白去世，中书阙员，“上谋所以代之者。宰相王曾荐吕夷简，枢密使曹利用荐张士逊，太后以士逊位居夷简上，欲用之。曾言辅相当择才，不当问位，太后许用夷简。夷简因奏事，言士逊事上于寿春府最旧，且有纯懿之德，请先用之，太后嘉其能让。壬子，枢密副使张士逊为礼部尚书、平章事，从利用之言也”[5]。

宰辅插手高层官员任选，表现方式是多样的，主要有以下三种：

第一，坚持自己正确用人主张，迫使皇帝听从。宰辅有时推荐的人选，不合皇帝之意，被屡屡驳回。然宰辅认定自己的选择正确，便一而再、再而三地坚持，最终获得君王的首肯。这种决策方式，从表面上来看依然是帝王最后拍板，但实际上的决策是由宰辅做出。当然，这时候必须是一位明智、有纳谏容量的帝王在位。

---

① 《长编》卷三六，第 801 页。

② 《长编》卷九〇，第 2069 页。

③ 《长编》卷三八二，第 9301 页。

④ 《长编》卷四八二，第 11463 页。

⑤ 《长编》卷一〇六，第 2468 页。

（赵普）尝欲除某人为某官，不合上（太祖）意，不用。明日，普复奏之，又不用。明日，又奏之，上怒，裂其奏投诸地，普颜色自若，徐拾奏，归补缀。明日，复进之，上悟，乃可其奏。后果以称职闻。又有立功者当迁官，上素嫌其人，不与，普力请与之。上怒曰："朕故不与迁官，将奈何？"普曰："刑以惩恶，赏以酬功，古今之通道也。且刑赏者，天下之刑赏，非陛下之刑赏也，岂得以喜怒夺之。"上弗听，起，普随之。上入宫，普立于宫门，良久不去，上卒从其请。①

它日，上（太宗）欲遣人使朔方，谕中书选才而可责以事者。（吕）蒙正退，以名上，上不许。他日又问，复以前所选对，上亦不许。他日又问益急，蒙正终不肯易其人。上怒，投其手奏于地曰："何太执耶！必为我易之。"蒙正徐对曰："臣非执，盖陛下未谅尔。"因固称："其人可使，余不及。臣不欲用媚道妄随人主意以害国事。"同府皆惕息不敢动，蒙正搢笏，俛而拾其书，徐怀之而下。上退，谓亲信曰："是翁气量我不如。"既而卒用蒙正所选，复命，大称旨。②

王珪尝三荐（张）璪，不用。珪曰："璪果贤，陛下未尝用以为不贤，谗也。臣恐士弗得进矣。臣为宰相，三荐贤三不用，臣失职，请罢。"上（神宗）喜曰："宰相当如

① 《长编》卷一四，第306页。

② 《长编》卷三五，第766页。

是。朕姑试卿德不回，朕复何虑？”①

赵普、吕蒙正都以直言著称。王珪则是北宋有名的“三旨宰相”，“以其上殿进呈，云‘取圣旨’；上可否讫，又云‘领圣旨’；既退，谕禀事者，云‘已得圣旨’故也”②。王珪如此阿谀圣意的宰相，在用人问题上有时也要坚持己见，原因是宋代宰相将荐人、用人视为自己的当然职责。熙宁年间，王安石为相，朝廷任命大臣，神宗意见多次与王安石相左，反复讨论争议，最终采纳的总是王安石的用人方案。寇准尝自言用人职责和标准：“宰相所以器百官，若用例，非所谓进贤退不肖也。”③寇准为相，大胆破格用人。在用人权上，宰相多数时间有决定性的发言权。

第二，宰辅虽然是用人的最后决策者，却将恩德归诸帝王。在用人推荐与决策过程中，宰辅默默做实际工作，皇帝享受“用人之明”称誉，对外维护了皇帝用人之决策权。宰辅谦和的行为和态度，维持了皇帝用人决策权，避免帝王可能生发的嫉妒之心，使得帝权和相权关系融洽。

> 昉居中书日，有求进用者，虽知其材可取，必正色拒绝之，已而擢用。……子弟问其故，曰：“用贤，人主之事。若受其请，是市私恩也，故峻绝之，使恩归于上。”④

> 旦为相，宾客满堂，无敢以私请。察可与言及素知名者，数月后召与语，询访四方利病，或使疏其言而献之。

① 《长编》卷三一一，第7552页。

② 《长编》卷三五六，第8517页。

③ 《长编》卷六二，第1389页。

④ 《宋史》卷二六五《李昉传》，第6139页。

观才之所长，密籍其名，其人复来，不见也。每有差除，先密疏四三人姓名以请，所用者帝以笔点之。……旦凡所荐，皆人未尝知。旦没后，史官修《真宗实录》，得内出奏章，始知朝士多旦所荐云。①

曾进退士人，莫有知者。范仲淹尝问曾曰："明扬士类，宰相之任也。公之盛德，独少此耳。"曾曰："夫执政者，恩欲归己，怨使谁归？"仲淹服其言。②

纯仁凡荐引人材，必以天下公议，其人不知自纯仁所出。或曰："为宰相，岂可不牢笼天下士，使知出于门下？"纯仁曰："但朝廷进用不失正人，何必知出于我邪？"③

第三，权相当政，用人权成为他们结党运私的主要手段。权相当政时，往往采取多种方法蒙骗君王，架空帝王用人决策权。如，"自寇准贬斥，丁谓浸擅权，至除吏不以闻"④。在类似情况下，相权对帝权产生离心作用，二者之间矛盾加剧，同时带来政局和社会动荡。以至"竞进之徒，趋走权门，经营捷径，靡所不至。是恩命未出于上，而请托已行于下矣"⑤。或者宰相"不进贤为社稷远图，但引不若己者为自固之计"⑥。这种情况大多发生在北宋末年或南宋

① 《宋史》卷二八二《王旦传》，第 9549 页。

② 《宋史》卷三一〇《王曾传》，第 10185 页。

③ 《宋史》卷三一四《范纯仁传》，第 10290、10291 页。

④ 《长编》卷九六，第 2223 页。

⑤ 《长编》卷一二一，第 2858 页。

⑥ 《长编》卷一三九，第 3346 页。

年间。如绍兴时权相秦桧，“附己者立与擢用。自其独相，至死之日，易执政二十八人，皆世无一誉。……然甫入即出，或一阅月，或半年即罢去”①。

南宋后期权相韩侂胄、贾似道当政时，门生、故吏、仆夫皆跻身朝廷显贵，用人尺度已被败坏到无以复加的地步。如“陈自强则以侂胄童子师，自选人不数年致位宰相，而苏师旦、周筠又侂胄厮役，亦皆预闻国政，超取显仕。群小阿附，势焰熏灼。侂胄凡所欲为，宰执惕息不敢为异，自强至印空名敕札授之，惟所欲用，三省不预知也”②。贾似道则凭贿赂授人以官职，“吏争纳赂求美职，其求为帅阃、监司、郡守者，贡献不可胜计”③。

权相任人唯亲的作为，甚至发展到逐步把持科举考试的地步。《续宋编年资治通鉴》卷六称：绍兴二十四年（1154）三月，“亲试举人，考官以秦桧孙秦埙为第一，……同榜三百三十余人，桧之亲党居多，天下为之切齿”。

两宋权相操纵用人权的特殊情况，时间即短，皇帝的最终决策权也没有被完全侵夺。皇帝只是过于依赖某一宰相，或过于懦弱、昏庸。如果皇帝想发挥作用，权相立即退居其次。如徽宗曾轻易地将蔡京贬谪出朝，高宗轻易地从秦桧手中取回权力等等。其他朝代，皇帝或成为傀儡，虽个人有才干，但“有心杀敌”，却“无力回天”。此种情景，宋代从来没有发生过，宋代皇帝始终从理论到实质上都握有用人的最终决策权。

三、中下层官员任用

中下层官员任选，归吏部负责，所注授的官阙称“部阙”。无

① 《宋史》卷四七三《秦桧传》，第 13765 页。

② 《宋史》卷四七四《韩侂胄传》，第 13774 页。

③ 《宋史》卷四七四《贾似道传》，第 13783 页。

论是元丰改制以前还是以后，这类吏部审官机构都是宰相的下属单位，归宰相领导，所以，宰相对其依然可以过问，“部注”人选，依然要通过中书审核。如熙宁四年（1071）十一月诏：“审官东院每季具知州军、通判阙，及合入知州、通判人姓名、功状赴中书，委中书审问，主判官详察人材，不以次选差。”[①]只不过宰相不直接插手中下层官员的任选，而是通过吏部予以领导。

北宋前期设吏部尚书铨（简称尚书铨），掌七品以下文臣选授。建隆三年（962），代之以吏部流内铨（简称流内铨、吏部铨、吏部流内选等）。淳化四年（993）五月考课院并入后，并掌选人奏举与考核。元丰三年（1080）八月，改名为尚书吏部；元丰五年（1082）五月改制，再改为吏部侍郎左选。又设流外铨，归属吏部，掌在京师百司人吏考试与奏差。

此外，掌管中下层官吏的选用、磨勘、考核、升迁，还有以下部门。一、吏部南曹。掌选人履历验审，将按吏部格式可以叙资迁调的选人材料送往流内铨，经流内铨注拟迁资的选人，再由南曹发给历子。这是流内铨的一个辅助性机构，熙宁五年（1072）七月并入流内铨。二、差遣院（京朝官差遣院）。始置于太平兴国六年（981）九月，淳化四年（993）五月并入审官院，掌考核、比较少卿监以下京朝官任满归朝待命者，据中书所下员缺，量材录用，授以新官。三、磨勘院（磨勘京朝官院）。淳化三年（992）十月始置，次年二月改名审官院，掌考核京朝官，以定黜陟。四、考课院。淳化四年（993）二月，由磨勘幕职州县官院改名（淳化三年十月始置），同年五月并入流内铨，掌幕职州县官（选人）的奏举及历任有过失人的考察等。五、审官院。淳化四年（993）二月，改磨勘京朝官院为审官院，又将差遣院并入，熙宁三年（1070）五

① 《长编》卷二二八，第5539页。

月改为审官东院，考核六品以下京朝官殿最，排列其爵名、秩位，提出相应的内外职务任命方案，上报待批，神宗改制后，并入吏部尚书左选。又有审官西院：熙宁三年（1070）五月始置，元丰五年（1082）五月改为尚书省吏部尚书右选，掌阁门祗候、大使臣以上武臣磨勘、差遣。这些部门，在不同的时期内职能有所交叉或取代。

元丰改制，审官机构经过演变、合并，确立为“吏部四选”，即吏部尚书左选、右选和吏部侍郎左选、右选，其具体分工为：

> 文臣之（寄）禄官自朝议大夫、职事官自大理正以下，非中书省敕授者，归尚书左选；武臣外朝官自皇城使、职事官自金吾街仗司以下，非枢密院宣授者，归尚书右选；自初仕至州县幕职官，归侍郎左选；自借差、监当至供奉官、军使，归侍郎右选。①

四选制度确立后，宋代中下层官员的管理、任选机构从此定型，一直持续到南宋末年。

四、皇帝和宰辅之间用人权相互控制

宋代皇帝和宰辅在用人方面基本上能协调一致，时而也有矛盾之处。两者既相辅相成、相互依赖，又有相互控制的一面。

（一）皇帝对宰辅用人权的控制

首先，好猜忌的皇帝并不能对臣下完全放心，他们要耍弄各种权术，以达到控制宰辅用人权的目的，使自己处于一种主动地位，或有更多发言权。这种情况一般发生在君王（包括垂帘的太后）对自己和二府大臣没有信心的时候。

① 《宋会要·选举》二三之一，第4610页。

> 章献太后智聪过人。其垂帘之时，一日，泣语大臣曰："国家多难如此，向非宰执同心协力，何以至此？今山陵了毕，皇亲外戚各已迁转推恩，惟宰执臣僚亲戚无有恩泽。卿等可尽具子孙内外亲族姓名来，当例外一一尽数推恩。"宰执不悟，于是尽具三族亲戚姓名以奏闻。明肃得之，遂各画成图，粘之寝殿壁间。每有进拟，必先观图上，非两府亲戚姓名中所有者，方除之。①

章献是宋代第一位垂帘的母后，她生恐臣下不服或欺瞒，就使诈以操纵用人权。

宋代帝王一再公开告诫宰辅用人要出自公心，不要任用私人。太宗曾对宰相李昉等说："人谁无姻故之情，苟才不足称，不若遗之财帛耳。朕亦有旧人，若果无取，未尝假以名器也。卿等其戒之。"② 太宗登基素有"烛影斧声"之说，对人多疑，与宰辅之间的用人矛盾也因此产生。然而，宰执不可用其亲戚、子弟，也成为惯例。元祐元年（1086）五月，朝廷除平章军国重事文彦博之子文及为右司员外郎、门下侍郎韩维之侄韩宗师直秘阁，既引来台谏的一致攻击，文及和韩宗师不久因此罢去。元祐二年（1087），文彦博向朝廷推荐吕大临、杨国宝，侍御史王岩叟进谏说："杨国宝、吕大临二人，是见任执政之亲，士大夫口语籍籍，以为不平。……不若且养之以重其名实，待他日亲嫌之大臣去位，躐等用之，无所不可。"③ 在正常情况下，宰辅用其亲戚或子弟，必定会遭到言官弹劾。

皇帝对用人权的控制，还典型地表现在对宰相"堂除"用人的

① 《默记》卷上，第 10 页。

② 《长编》卷二六，第 600 页。

③ 《长编》卷三九六，第 9652 页。

限制上。相对来说，宰相比较喜欢采用“堂除”方式用人，将人事权直接操纵在自己手中。“堂除”范围虽有一定之规，但并不严格，因人因时而异。神宗时，皇帝与宰相曾为此有过争执：

（熙宁）二年，宰臣曾公亮欲知州皆选于中书，上曰：“中书数人，所总事已多矣，知州材否，何暇尽详。且中书，三公职事，在于论道经邦。”公亮曰：“今中书，乃六卿冢宰之职，非三公也。”上曰：“冢宰固有冢宰之职。唐陆贽言宰相当择百官之长，知审官是也。今不择知审官人，而但堂选知州，所选人不精，徒令中书事更烦冗，非国体也。”王安石曰：“诚如陛下所谕。”[①]

根据神宗意见，宰相不应该直接插手地方人事任免，“堂选”范围不应该过于宽泛，宰相应该将精力倾注于“择百官之长”，关注中央高层人事任用。对于“百官之长”，宰相则仅有推荐权，决策在皇帝，所以，进一步连“堂除”也可以废除。元丰四年（1071）八月一日诏：“中书自今堂选并归有司。”同年十一月六日诏：“自今堂选、堂占悉罢，以劳得堂除者，减磨勘一年。”[②]不过，“堂除”并没有因为一纸诏书而废罢，在两宋选官制度中依然盛行“堂除”方式。元祐三年（1088）十二月，三省因“在京堂除差遣累有增改，而吏部阙少官多”，具体裁定“中书省差”和“吏部差”的界限。[③]皇帝为了控制“堂除”用人，又规定“堂除簿每月一次进纳，逐名下声说出身、岁月、历任、资序，如有功过，即述其要，仍具系与不系宰执有

① 《宋会要·职官》一之一八，第 2338 页。

② 《宋会要·职官》一之一九，第 2339 页。

③ 《宋会要·职官》三之九，第 2402 页。

服亲。亲属，其旧法不系堂除”[①]。

在监督过程中，皇帝还可以随时纠正宰相“堂除”时任人唯亲的倾向或做法。《齐东野语》载：

> 旧法，未经任人，不许堂差。时相欲示私恩，则取部阙而堂除之。上（孝宗）知其故，遂令根刷姓名进呈。降旨云：“宰执当守法度，以正百官。梁克家违戾差过员数最多，候服阕日落职，曾怀可降观文殿学士。”[②]

朝廷多次立法，抑制任用宰辅子弟。熙宁四年（1071）三月八日，“诏在京官不得举辟执政官有服亲。以御史知杂舒亶言：近论蒲宗孟不当荐举同知枢密院韩缜侄宗弼，乞立奏举法故也”[③]。其意图也是抑制“任人唯亲”的做法。

皇帝对宰相用人权控制的极端做法是剥夺其参议权，这样的事例在南宋曾发生过。理宗时参知政事崔与之曾描述当时用人情况说：“宰相进拟多沮格不行，或除命中出，而宰相不与知，立政造命之原，失其要矣。”[④]皇帝破坏“委任责成”的模式，意味着朝纲已乱。南宋宁宗时宰相余端礼就曾意识到这一点，他说：“除从官中书不知，朝纲已紊，祸根已滋。”[⑤]这些不正常态，多数发生在南宋。

（二）宰辅对皇帝用人的诤谏

从宰辅角度出发，则要求帝王用人不能独断独行，随心所欲，上文曾有过举例。当宰辅被不同程度地剥夺用人权时，他们就要提

---

① 《宋会要·职官》八之七，第 2561 页。

② 《齐东野语》卷一，第 2 页。

③ 《宋会要·职官》一之一九，第 2339 页。

④ 《宋史》卷四〇六《崔与之传》，第 12263 页。

⑤ 《宋史》卷三九八《余端礼传》，第 12106 页。

出抗议意见。右补阙田锡在上书时指出太宗的处事不当，其一是“宰相不得用人”，建议“宰臣若贤，愿陛下信而用之；宰相非贤，愿陛下择可用而任之”①。总之，应该充分发挥宰相的职能作用，将用人权放心地交到宰相手中。

皇帝“内降”用人，这种做法往往是为了酬谢私情，时常为宵小打开方便之门，在两宋时期虽然比较少见，但臣下依然要对此提出抗议，要求君主改正。庆历元年（1041）五月，左正言孙沔对仁宗说:“天圣之间，多有内降，莫测夤缘，尽由请托。盖颇邪之辈，巧宦进身，求左右之容，侥荣滥赏，假援中闱，实玷朝直。……近岁以来，此路复起，未知以何事迹达于聪明？妨公起谤，无甚于此。中人、佞人，得以希意，阴结所知，率由斯道。故有位臣僚，引荐亲戚，干冒宠荣，惟务奔趋，不顾廉耻，岂非风化使然？伏望特发宸衷，止绝内降。如有合自中出之事，令两府及诸司依公执奏，勿使阿谀上累圣明，仍乞别降手诏，戒告中外。”②庆历二年闰九月，直集贤院尹洙上疏说：“近时贵戚、内臣以及士人，或因缘以求恩泽，从中而下，谓之‘内降’。臣闻唐氏衰政，或母后专制，或妃主擅朝，结恩私党，名为‘斜封’。今陛下威柄自出，外戚、内臣贤而才者，当与大臣公议而进之，何必袭‘斜封’之弊哉！”③元祐元年（1086）闰二月，左司谏王岩叟告诫垂帘听政的太皇太后说：“斜封墨敕，不宜于今日有。自古此事尽出于外人交结宦官、女谒，遂卖官鬻狱，无所不至，不可不防微。”④与大臣公议是用人的惟一正常途径，公议的结果往往是宰辅代行用人决策权。

① 《长编》卷二五，第 584、585 页。

② 《长编》卷一三二，第 3126 页。

③ 《长编》卷一三七，第 3297 页。

④ 《长编》卷三八六，第 8885 页。

第五节　宋代尊崇宰辅措施

宋代相权强化，宰相地位随之提高，一系列尊崇宰相的措施相应出台。从形式上得到百官的敬重，到实际上享受优厚的俸禄、频频升迁官职，一直荫及后辈子弟，宋代宰相所获得的尊崇，可以与他们的权势、身份相侔。这一节主要介绍尊崇宰相的措施，旁涉执政。因为尊崇宰相与尊崇执政的措施有雷同之处，故择要介绍。

一、拜相之前

宰相统帅百官，总领一切，宰相的声望、威势、尊严，直接影响到他在任时能否顺利地行使权力。为了便于宰相开展工作，宋代帝王在拜相之前，就采取一些特殊措施，树立宰相威望，表达朝廷尊崇之意。让宰相上任伊始，深感责任重大。这些措施也是逐步建立和完善起来的。

（一）郊迎之礼

除拜新相，朝廷令百官到京郊迎候，以示隆重。仁宗至和二年（1055）七月，“诏：凡宰相召自外者，令百官班迎之；自内拜者，听行上事仪”。且云：“国朝待宰相盖有故事，其后多承例辞。”[①]当时，文彦博和富弼自外入相，御史请行此礼，故有诏。从御史的请求来看，宋朝有此“故事”，只是久废不行，原因是宰相的“承例”谦让肯辞。这次的特诏，也因文、富二人的辞让而作罢。

（二）入宫恭谢及赏赐

宰相和执政除拜以后，都要入宫谢恩。皇帝借此示恩，笼络二府大臣，总是有数量可观的赏赐。这种谢恩仪式十分规范，神宗元

---

① 《长编》卷一八〇，第4356页。

丰六年（1083）八月诏曰："今后执政官除拜，赴景灵宫恭谢，差阁门祇候或看班祇候一员、礼直官一名，随逐入殿，引揖祇应。"[1]

"故事，参知政事谢日，所赐之物几三千缗。"大中祥符五年（1012）九月，宰相王旦欲推荐李宗谔为参知政事，李家贫，王旦对其常有资借，枢密使王钦若因此密奏进谗言说："宗谔负王旦私钱，不能偿。旦欲引宗谔参知政事，得赐物以偿己债，非为国择贤也。"[2]此计果然成功，王旦的推荐因此被真宗否定。宰相除拜所得赏赐，又当远远在此数之上。

宋代拜相仪式和过程，特别隆重。《铁围山丛谈》载：

国朝之制，立后、建储、命相，于是天子亲御内东门小殿，召见翰林学士面谕旨意，乃锁院草制，付外施行。其他除拜，但庙堂佥议进呈，事得允，然后中书入熟第，使御药院内侍一员，持中书熟状内降，封出宣押，当直学士院锁院竟，乃以内降付之，俾草制而已。故相位有阙，则中外侧耳竦听，一报供张小殿子，必知天子御内殿者，乃命相矣。[3]

二、任相期间

宰辅任职期间，为了使其尽心尽职，同时也是为了其出令、处理政务的威严和便利，朝廷对其恩宠和尊隆措施就更多了。

（一）宰相序位和班位

序位，是指参见皇帝时的顺序位置，按官位尊卑排列。宋初，宰相序位在亲王之下。太平兴国八年（983）十一月，"诏：自今宰

① 《长编》卷三三八，第 8138 页。

② 《长编》卷七八，第 1787 页。

③ 《铁围山丛谈》卷一，第 17、18 页。

相序立宜在亲王之上。李昉、宋琪等顿首请遵故事，上不许。琪等又叩头固辞，久之，上曰：‘宰相之任，实总百揆，与群官礼绝。藩邸之设，止奉朝请而已。元佐等尚幼，欲其知廉损之道，卿勿多辞也。’琪等拜舞称谢”①。太宗明确表示以此来尊崇宰相、树立其威望的意图，以后遂成定制。

班位，是指参见皇帝时所站立的位置。最初，“宰相班位与枢密使、参知政事重行”。景德四年（1007）九月，“上每见王旦班与王钦若等立位太迫，谓左右曰：‘殿庭仪石以南颇为隘狭，故朝集仅若同行。’即诏阁门移宰相班位于仪石之北，余立其南”②。通过班位调整，宰相最高行政位置和一人之下的独尊身份，便被显目地突出出来。

（二）俸禄

宋代高层官员俸禄之优厚，令人咂舌。清人赵翼在《廿二史札记》中便有“宋制禄之厚”“恩逮于百官惟恐不足”的议论。据考证，宋代高级官员俸禄与汉代相比，增加十五倍有余；与唐代相比，也高出五倍有余。③

宋人俸禄名目十分繁多，大致可划分为正俸、加俸、职田三类，另有诸多难以归类的变相俸禄。正俸主要包括俸钱、衣赐、禄粟三种；加俸则主要有职钱、傔人（侍从）衣粮和餐钱、茶酒厨料、薪蒿炭盐、各种添支等等。宋代俸禄呈两极分化的趋势，五品以上的高级官员，俸禄极高，尤其是宰执等二府大臣。以下转引《中国俸禄制度史》一张表格④，表中列明宰辅正俸的具体数字，由此可见宋代宰辅的优厚待遇。

---

① 《长编》卷二四，第 556 页。

② 《长编》卷六六，第 1488 页。

③ 《中国货币史》，第 285 页。

④ 《中国俸禄制度史》，第 250 页。此处引用，根据需要略有删改。

时期	职位	俸料（月贯）	俸料（月贯）				禄粟（月石）
			绫	绢	绵	罗	
宋初制	宰相、枢密使	300	40	60	100	1	100
	参知政事、枢密副使	200	20	30	50	1	100
	知院事、同知院事	200	20	30	50	1	100
	签书枢密院事	150	20	30	50	1	70
元丰制	宰相、枢密院	300	40	60	100	–	100
	知院事、同知院事	200	20	30	50	–	100
	门下、中书侍郎，尚书左右丞	200	20	30	50	–	100

（三）赏赐

宋代宰辅在位期间，除了上述名目繁多的俸禄以外，每逢朝廷诸多节日、宰辅生日等等节庆，都有额外赏赐，且所赐不菲。太宗新即位，“宰臣薛居正、沈伦、卢多逊，枢密使曹彬、楚昭辅，各赐钱五百万、银三百斤”①。大中祥符八年（1015）十一月，宰相“王旦生日，诏赐羊酒米面，令有司供帐，开封府具乐，许燕其亲友，并会近列及丞郎、给谏、修史属官。宰相生日，旧例赐器币、鞍马外，惟于中书会辅臣。至是，上闻旦私第未尝会客，故有是赐”②。朝廷兴师动众为王旦操办生日庆典，尊崇已极。大中祥符九年（1016）五月，枢密使兼平章事“陈尧叟言以疾在告，请停生

① 《长编》卷一八，第399页。

② 《长编》卷八五，第1958页。

日恩赐。诏辍宴，而赐物如例”[①]。《铁围山丛谈》载：“国朝礼大臣故事，亦与唐五季相踵。宰相遇诞日，必差官具口宣押赐礼物，其中有涂金镌花银盆四，此盛礼也。”[②]《朝野杂记》载：“国朝故事，郊祀大礼，宰臣、枢密使赐银帛四千匹两，执政三千……庆历二年，减冗费，于是执政以上各减一千，……遂为定制。”[③]

二府大臣迁官，依例也有赏赐。宋代二府宰辅拜官、加阶勋和封邑，原无赏赐。“景德初，王冀公以参知政事判大名府召还，加邑封。时契丹方讲好，真宗欲重其事，冀公入谢，特命以衣带、鞍马赐之。自后二府转官、加阶勋、封邑入谢，并有对赐。”[④]此外，朝廷政事告成，宰辅居首功，并有赏赐。如，元祐二年（1087）九月，因西北边塞作战胜利，“太皇太后遣中使赐宰臣、执政酒果，并黄金三百两、犀带两条。谕旨云：‘知卿等于边事极留意劳心，故有是赐，其御封物仍不许辞免。’”[⑤]此类赏赐过多过频，增加朝廷财政负担，朝廷时而有意裁减。元丰六年（1083）七月，“诏：自今宰臣、执政转厅，除支赐外，其使臣等恩泽并减半”[⑥]。

对于这些赏赐，臣僚曾有议论或辞免。如，治平元年（1064）正月，《长编》载：“故事，执政生日皆有赐予，诏言助其燕喜。时帝在谅闇，曾公亮及宋庠生日，翰林学士贾黯当草诏。己未，黯言：‘前日寿圣节，契丹使上寿于紫宸殿罢，群臣升殿间饮，才令献一觞而退。将相大臣，同国休戚，宜权罢赐。’而曾公亮亦言：‘朝廷向来止沿旧例，未经讨论。今黯所言，实于人情为顺，望赐允从。’诏

① 《长编》卷八七，第1993页。

② 《铁围山丛谈》卷二，第38页。

③ 《建炎以来朝野杂记》甲集卷五，第127页。

④ 《春明退朝录》卷下，第44页。

⑤ 《长编》卷四〇五，第9862页。

⑥ 《长编》卷三三七，第8132页。

以大臣有已经赐者，令赐之如例。”[①]对郊祀礼典赏赐，宰辅也屡屡推辞。如，乾道六年（1170），宰相虞允文“率同列恳辞。上不许。忠肃曰：‘旧来银一两为钱四百，绢一匹为钱七八百，故千匹两其直不过千余缗，今则七八千缗矣。或者但言祖宗时锡予甚厚，今多从裁减，不知所赐之直已过祖宗时数倍也。’参知政事梁文靖公奏曰：‘今秘阁中有太祖御札，禁军券钱至亲笔裁减一二百者。’上曰：‘虽一麻鞋之微亦经区处，祖宗爱惜用度如此。’于是，上遂许群公之辞。自是进书加恩，悉多辞赐矣”[②]。其他朝廷赏赐，有时或由部门正式提出削减请求。如，元祐三年（1088）闰十二月，“三省言：‘官制之行，三省并建，宰臣、执政官迁除颇频，其锡赐物在一年内者，请减半给。’诏：虽一年外，并减四分之一”[③]。

（四）役使杂务军士

宰辅在位期间，朝廷安排一定数量杂务军士，听从宰辅调配使用，相当于他们个人的勤务人员。天禧五年（1021）七月，朝廷为此制定限额，诏曰：“给宰臣、枢密使杂役军士三十人，参知政事、枢密副使二十人。皆以雄武兵充，著为常例。若指抽外州兵亦听。”[④]

（五）官职升迁

宋代差遣与官职分离，同中书门下平章事、参知政事等等，都是差遣，所以，宰辅在位期间，每逢朝廷庆典或因某事告成，依例皆进官迁职。如，天禧五年（1021）三月，“辅臣以天章阁成，并进秩”[⑤]。《长编》引《春明退朝录》云：“建隆至天禧，每朝廷大礼，二府必进官。天圣二年南郊，吕夷简恳请乃止。”这次是因为

① 《长编》卷二〇〇，第4846页。

② 《建炎以来朝野杂记》甲集卷五，第127、128页。

③ 《长编》卷四一九，第10147页。

④ 《长编》卷九七，第2250页。

⑤ 《长编》卷九七，第2244页。

立皇后郭氏，宰相王钦若封冀国公，枢密使曹利用改封鲁国公，“参知政事吕夷简与同列豫辞之，遂著于式”[1]。朝廷有时仅仅因为二府班子调整，也给各执政迁官晋职。如，嘉祐六年（1061）闰八月，首相富弼母丧丁忧，次相韩琦改任首相，二府班子调整，二府执政“并进官一等”。“参知政事孙抃、欧阳修，枢密副使赵概、包拯，并上表辞所除官，从之”。[2] 朝廷时常对宰辅的恩典并不顾及成规，宰辅在位期间频频晋官。《容斋随笔》载：

> 京（镗）右丞相以（庆元二年）十月受册宝赏，由正议转宣奉；十二月用敕局赏，当得两官，以一回授、一转光禄；（庆元）三年二月，用提举玉牒、实录院及礼仪使赏，有旨三项各转两官，辞之至四五，诏减为四官，其半回授，其二遂转金紫。四月之间，陟五华资，仍回授三帙。[3]

正议大夫为从三品，为文臣京朝官三十阶之第八阶；金紫光禄大夫为正二品，为文臣京朝官三十阶之第三阶。京镗并不是为己牟利揽权的宰相，其升迁是依据朝廷惯例，四个月之间连连迁升，恩宠无比。

这种宰辅加官晋级过于频繁的现象，多次引起台谏议论。仁宗庆

① 《长编》卷一〇二，第2369页。李焘按曰：“咸平初，孙何建议，已尝釐革，敏求偶不记，《国史》因之。”又，《旧闻证误》卷一考辨云：“按《国史》，太祖四郊，二府加恩而已，未尝进官。太宗六行大礼，惟雍熙南郊、端拱耤田，二府进秩，其四郊但加恩。真宗初郊，惟二相进秩。其后三郊，两府始迁官尔。宋（敏求）所记差误。”第1页。

② 《长编》卷一九五，第4719页。

③ 《容斋四笔》卷一一《京丞相转官》，第757页。

历三年（1043）三月，因宰相吕夷简罢相，二府调整班子，宰辅"皆进官"，侍御史沈邈言："爵禄所以劝臣下，非功而授则为滥。今戎马屡警，未闻庙堂之谋有以折外侮，而无名进秩，臣下何劝焉？"[1]明智的宰辅也因此屡辞所进之官，上述吕夷简等人所辞就是一例。

（六）荫补制度

荫补，又称"恩荫""任子""门荫""世赏"等，是朝廷根据官员官阶和职位之高低而授其子弟、亲属、门客以相应的官衔和差遣的制度。宋初，荫补往往是朝廷的特殊恩典。如，宋太祖开宝五年（972）四月，"以参知政事薛居正子惟吉、吕余庆子惟恭、枢密副使沈义伦子继宗并为西头供奉官"[2]。北宋真宗以后，形成比较固定的荫补制度：文官从侍御史知杂事以上，每年荫补一人；从带职员外郎以上，每三年荫补一人。武臣从横行以上，每年荫补一人；从诸司副使以上，每三年荫补一人。

荫补制度最大受惠者是宰辅，他们在职期间乃至去职以后，子弟、门人都从这项制度中获得了极大好处。据《庆元条法事类》卷二《荫补荐举格》载：仅逢朝廷大礼典，宰相可门荫十人，执政官可门荫八人。荫补之滥，仁宗时左正言孙沔云："不限才愚，尽居禄位，未离襁褓，已列簪绅。"因此要求"约束人数"，"定其久制，以为万世之法"。[3]

宰辅所荫子弟官阶，最初起点较高。"卢多逊为相，其子雍起家即授水部员外郎，后遂以为常。"北宋前期水部员外郎是从六品以上。吕蒙正继任后，奏曰："臣忝甲科及第，释褐止授九品京官。况天下才能，老于岩穴，不沾寸禄者多矣。今臣男始离襁褓，膺此宠命，恐罹阴谴，乞以臣释褐时官补之。"太宗接受了吕蒙正的建

① 《长编》卷一四〇，第3359页。

② 《长编》卷一三，第282页。

③ 《长编》卷一三二，第3125页。

议，此后，“宰相子止授九品京官，遂为定制”①。

庆历新政再度限制任子官职。庆历三年（1043）十一月，仁宗诏曰：“宰相、使相，旧荫子为将作监丞，期亲太祝、奉礼郎，自今子、期亲悉如旧，余亲以属远近补试衔。枢密使、副使、参知政事，子为太祝、奉礼郎，期亲校书郎，今子孙及期亲、尊属如旧，余以次补试衔。”“自是，任子之恩杀矣，然犹为大艾也。”②这次新政，对宰辅直属亲戚依然十分照顾。

（七）允许骑马入禁中

中书门下地处禁中，为显示宰辅地位崇高，宋代允许宰辅骑马进入禁中，直至中书。真宗咸平三年（1000）八月，一度改变旧制，十一月即恢复旧制，“诏宰臣、参知政事依旧许令骑马入中书大门，至逐厅下马”③。神宗改制后，宰相允许至都堂下马，执政于本厅下马，后经尚书右丞王安礼争议，左右丞同样被允许至都堂下马。④自此，宰辅一直享有这项殊荣。

元丰五年（1082）八月，对宰辅退朝时的上马之处也做了详细规

① 《宋史》卷二六五《吕蒙正传》，第9146页。《长编》卷二九载：“近制，宰相子起家即授水部员外郎，加朝散阶，吕蒙正固让，止授六品京官，自是为例。”又引富弼《蒙正神道碑》言：吕蒙正长子吕从简因此“止授将作监丞，因以为著例，至今不易。”第653页。按：宋初依唐制，将作监丞从六品下（《唐六典》卷二三）。

② 《长编》卷一四五，第3503、3505页。

③ 《长编》卷四七，第1031页。

④ 《长编》卷三二六：“御史台言：‘尚书左丞蒲宗孟、右丞王安礼贺仆射上尚书省，于都堂下马。检会三省执政官上下马仪范：尚书左右仆射许至都堂，左右丞于本厅。今官府虽寓局，缘各有拟定听事。按：宗孟、安礼身为执政，当朝廷董正名分之初，宜身先百执，遵行宪度，乃率先违法犯分，群工庶尹何以观仰？请付有司推科。’安礼争论上前，以为今日置左右丞为执政官，不应有厚薄。左右丞于都堂上下马自此始。”第7850页。

定，诏曰："执政官退朝上马，宰臣于枢密院隔门内，知枢密院以下于隔门以外。都堂聚议退，左丞于门下侍郎厅，右丞于中书侍郎厅。"[①]

（八）追封祖先

现任中书和枢密院二府长官，依据制度可以追封三代。真宗咸平四年（1001）二月，舍人院上《重详定百官封赠条制》，重申了这一条。[②]

此外，宰辅还有许多临时的、例外的优厚待遇。如真宗时宰相毕士安、寇准曾为自己落第的亲戚子弟求赐科名，真宗"不得已而从之"等等。[③]

三、去任以后

宰辅因多种原因去任，或调任，或罢免，或致仕，或去世，除了贬谪以外，朝廷都有格外恩典，以示优厚大臣。

（一）赏官爵

宰辅去任，最通常的赏赐是晋官加职。宋代宰相去任时的晋官加职，有一个演变过程，其趋势是越来越丰厚。《石林燕语》云：

> 祖宗故事，宰相去位，例除本官，稍优则进官一等，

---

① 《长编》卷三二九，第 7917 页。

② 《长编》卷四八："舍人院上《重详定百官封赠条制》，诏从之。凡现任将相、在朝正一品及任中书、枢密院官特追封三代依旧外，应东宫一品已下，虽曾任将相，只依编敕本品追封其三代。曾祖母、祖母、母，除中书门下二品及平章事、在朝正一品、使相封国太夫人外，余只封郡太夫人止。如旧有国号者，依旧追封。其位极将相，勋业崇高，薨谢之时，特恩追封王爵依旧外，如因子孙追赠，虽曾任将相，并不许封王。除祖父先居高位，累赠至一品外，如子孙官高，祖父官卑，已赠五品者，须历品赠官，方得赠至正一品。母、妻所封郡县，依本姓望封，封国者不拘此限。"第 1050、1051 页。

③ 《长编》卷五九，第 1324 页。

或易东宫“三少”。惟赵韩王（普）以开国旧臣，且相十年，故以使相罢，盖异恩也。自是迄太宗、真宗世，皆不易旧制。天圣初，冯魏公（拯）以疾辞位，始除武胜军节度使，宰相建节，自魏公始。明道末，吕申公（夷简）罢，仁宗眷之厚，始复加使相。盖自韩公以来，申公方继之。其后王文惠（随）、陈文惠（尧佐）罢日，相继除，遂以为例。宰相除使相，自申公始。景祐末，王沂公（曾）罢相，除资政殿大学士，判郓州。宰相除职，自沂公始。至皇祐，贾文元（昌朝）罢，除观文殿大学士，自是遂以为例。盖自非降黜皆建节，或使相为优恩，加职名为常例，迄今不改也。[1]

宋代官制，官、职、差遣分离，“职以待文学之选”。殿学士指诸殿大学士、学士，包括观文殿、资政殿、端明殿、保和殿，以及曾置而改名的文明殿、紫宸殿、延康殿、宣和殿等的大学士和学士，都是职名。“资望极峻，无吏守，无典掌，惟出入侍从、备顾问而已。观文殿大学士，非曾为宰相不除；观文殿学士、资政殿大学士及学士，并以宠辅臣之去位者。”[2]朝廷设此，特用以恩宠离任的宰相和执政。皇祐元年（1049），置观文殿大学士，“以授贾昌朝。自是，尝任宰相者出必为大学士”。韩绛因得罪罢守本官，后为观文殿学士，“宰相不为大学士，自绛始”。至王安石罢，“为吏部尚书、观文殿大学士，知江宁府，仍诏出入如二府仪，大朝会缀中书门下班。自是，遂为故事”[3]。

（二）授旌钺，赐御诗

① 《石林燕语》卷六，第 90 页。

② 《宋会要·职官》七之一，第 2535 页。

③ 《宋会要·职官》七之一七，第 2543 页。

真宗咸平元年（998）十月，参知政事李至“以目疾解机务，及授旄钺，入见恳辞。上曰：‘此唐朝故事，废之久矣，特命振举，示优贤也。’又赐御制诗，宠其行”①。

（三）赏赐，录子弟

宰辅去任或致仕，朝廷往往有所赏赐，并恩录其子弟。康定元年（1040）五月，宰相张士逊退休，“优诏拜太傅，进封邓国公致仕。听朔望、大朝会缀中书门下班，月给宰臣俸三之一，出入施伞，又与一子五品服。士逊乞免朝朔望，从之。本朝以宰相得谢者，自士逊”②。部分宰辅在位去世，朝廷赏赐就格外丰厚。天圣三年（1025）十一月，宰相王钦若“感疾，亟归。车驾临问，赐白金五千两。戊申，卒，皇太后临奠出涕。赠太师、中书令，谥文穆，遣官护葬事。录亲属及所亲信二十余人。女壻大理评事张瓌除秘阁校理。瓌，洎孙也。国朝以来，宰相恤恩，未有钦若比者”③。其他宰辅去世时的赏赐亦不菲。景德元年（1004）七月，宰相李沆病危，“上临问，赐其家白金五千两。车驾方还宫而沆卒，年五十八。上闻之惊叹，趣驾再幸其第，哭之恸，……赠太尉、中书令，谥文靖，录其三弟、一子，甥及妻之兄子皆赐同进士出身”④。天圣七年（1029）二月，参知政事鲁宗道“疾剧，帝幸其第临问，赐白金三千两。既卒，皇太后临奠之，赠兵部尚书”⑤。天圣八年（1030）九月，“枢密副使、给事中姜遵卒。始病，车驾临视，赐白金三千两。及卒，又临奠之，辍一日朝，赠吏部侍郎”⑥。上述

① 《长编》卷四三，第917页。

② 《长编》卷一二七，第3010页。

③ 《长编》卷一〇三，第2393页。

④ 《长编》卷五六，第1243页。

⑤ 《长编》卷一〇七，第2494页。

⑥ 《长编》卷一〇九，第2544页。

宰相病危，赐白金五千两；执政病危，赐白金三千两，大致有故事可循。

（四）同议军国大事

一些宰相已到致仕年龄，但筋力未衰，又得皇帝信任，致仕以后，皇帝还要特别下诏，让他们参预军国大事的商议。庆历三年（1043）三月，吕夷简罢相，诏“为司徒、监修国史，军国大事与中书、枢密院同议”[①]。此种措施之进一步，就是设立“平章军国事”“六日一入朝，因至都堂与执政商量事，如遇军国机要事，即不限时日，并令入预参决”。[②]为后来权相把持朝政打开了方便之门。

（五）陪祀大礼

皇祐二年（1050），仁宗始祀明堂，“范公（仲淹）建言：‘朝廷阔礼，宜召元老旧德陪位于廷。’于是乃诏南都起杜公（衍），西都起任安惠公（中师）陪祀，供帐都亭驿以待焉。二公卒不至，加赐衣带、器币，赐一子出身。自后两府致政者，大礼前，率有诏召之，然亦无至者。礼毕，皆赐衣带、器币焉”[③]。显然，这是朝廷优礼前二府大臣的一项举措。

（六）厚赐丧葬

已经退休的前二府大臣去世，朝廷皆有厚赐，以示恩典。熙宁八年（1075）六月，韩琦卒，神宗“闻讣，辍视朝三日，发哀于后苑，遣句当御药院李舜举特赐其家银、绢各二千五百两匹。又特遣入内都知张茂则管句葬事，又就差知安阳县吕景阳、相州观察判官陈安民专管句葬事，许即坟造酒，以备支用，听数外留占吏卒，命同知礼院李清臣即其丧祭奠，顾恤其家甚厚。上自为碑文，载琦大

---

① 《长编》卷一四〇，第3359页。

② 《长编》卷三七七，第9148页。

③ 《春明退朝录》卷下，第47页。

节，又篆其首曰‘两朝顾命定策元勋之碑’，谥忠献，赠尚书令，配飨英宗庙廷”[①]。元丰元年（1078）闰正月，曾公亮卒，神宗“奠哭之，辍视朝三日，赠太师、中书令，配享英宗庙廷，谥宣靖。及葬，恩礼视韩琦。篆其碑首曰‘两朝顾命定策亚勋之碑。’……初，诏遗表外增推恩二人，子比部员外郎孝宗迁一官，殿中丞孝纯赐同进士出身，孙太祝说、咏、谊、诜各迁一官。后孝纯辞出身，乞以所得恩官其族人之未仕者，许之”[②]。

此外，朝廷对前宰辅恩典难以一一尽数。如，对退休宰相时有赏赐，庆历六年（1046）二月，“赐太傅致仕张士逊月俸百千”[③]。对已故宰相的家庭、墓地等，朝廷也是呵护备至。故相吕端子不善理家事，家道中衰，大中祥符三年（1010）四月，真宗“出内库钱五百万赎故宰相吕端居第，赐其子藩”。后因吕藩言“负人息钱甚多”，真宗特“出内库金帛赐之，俾偿宿负”。[④]大中祥符四年（1011）十一月，故相赵普妻和氏去世，家事纷争，真宗“诏选使臣一人，管勾故太师赵普家事，……因其家自请而从之”[⑤]。又，天禧五年（1021）二月，真宗“赐故太尉王旦坟侧僧院名曰‘觉林’，近坟田租悉除之”[⑥]。皇帝屡屡照料故相家务、坟地琐事，不惮其烦，确实恩宠无比。朝廷还时常下诏录用已故二府大臣子弟、亲戚。天圣八年（1030）十二月下推恩诏，“曾任中书、枢密院及使相子，并为校书郎或三班奉职，弟、侄、孙为试寺监主簿”[⑦]。熙宁

---

① 《长编》卷二六五，第6517页。

② 《长编》卷二八七，第7034页。

③ 《长编》卷一五六，第3820页。

④ 《长编》卷七三，第1668页。

⑤ 《长编》卷七六，第1743页。

⑥ 《长编》卷九七，第2242页。

⑦ 《长编》卷一〇九，第2549页。

四年（1071）九月，诏“本朝尝任中书、枢密院官及节度使、勋臣之家，后嗣无人食禄者，量材录用；无子孙者，录有服弟侄”[1]。

北宋前期，有宰相罢坐一事。“先是，宰相见天子必命坐，有大政事则面议之，常从容赐茶而退……唐及五代，皆不改其制，犹有坐而论道之意焉。（范）质等以前朝旧臣，稍存形迹，且惮上英明，每事辄具札子进呈。……赐茶之礼寻废，固弗暇于坐论矣。后遂为定式，盖自质等始也。”[2] 此事常常被用作宋代宰相地位下降的佐证。但是，这仅仅是特殊时期宰相身份的变更，不可以以偏概全。

① 《长编》卷二二六，第 5512 页。

② 《长编》卷五，第 118 页。

第五章　参知政事

宋代设参知政事，以为副宰相，辅佐宰相治理国家。以后曾一度改变称谓，神宗元丰五年（1082）四月改革官制，废参知政事，以门下侍郎、中书侍郎、尚书左丞、尚书右丞为副宰相，高宗建炎三年（1129）四月复改为参知政事，中间历时 47 年。与两宋 316 年的历史相比，参知政事称谓改变的时间是很短暂的。而且，其称谓虽然短暂改变，职掌大致不变，故此处集中讨论参知政事，将中间称谓改变的阶段也归并其中。

第一节　参知政事的设立

参知政事原来是临时差遣名目，唐太宗贞观十三年（639）十一月，以李洎为黄门侍郎、参知政事，参知政事始正式作为宰相官名。到宋代，则演变成常设差遣。

一、宋初宰相人选过渡

宋初并无参知政事这一差遣。太祖代周自立，以范质为昭文相、王溥为史馆相、魏仁浦为集贤相，三相并设，不设副宰相。上述三人皆后周旧臣，太祖对他们当然有防范心理。同年即以心腹赵普为枢密副使，二年后迁枢密使，朝廷大政实际上操纵在太祖和赵普等人手中。“太祖初登极时，杜太后尚康宁，常与上议军国事，犹呼赵普为书记。尝抚劳之曰：‘赵书记且为尽心，吾儿未更事也。’

太祖宠待赵韩王如左右手。”[1]军国大事，大都是太祖与赵普等商议而定，宋代诸多制度大都也是赵普等创立。《容斋随笔》称：“赵韩王佐艺祖，监方镇之势，削支郡以损其强，置转运、通判使掌钱谷以夺其富，参命京官知州事以分其党，禄诸大功臣于环卫而不付以兵，收天下骁锐于殿岩而不使外重。建法立制，审官用人，一切施为，至于今是赖。”[2]这一阶段，中央机构运作不是正常态，宰相并没有总文武之大政，只是起到处理一般政务的辅助作用。换言之，赵普等此时所承担的是类似宰相的职责，而范质等人所起的作用则类似副宰相。

宰相制度的健全，是太祖开国四年之后的事情。乾德二年（964）正月，范质、王溥、魏仁浦三相并罢，完成了从后周到赵宋宰相人选过渡期。同月，赵普拜相，“上视若左右手，事无大小，悉咨决焉”[3]。一直到开宝六年（973）八月，太祖对赵普信任有加，中书只有赵普独相，独相时间持续将近十年。

二、参知政事设立

中书事务繁剧，北宋初期面临着平定内乱、统一全国、抵御外族入侵等繁重的军政要务之处理。赵普以独相主持中书工作，分身乏术，当然难以应付头绪纷繁的军政事务。于是，太祖就试图为赵普设置副手，协助其处理日常政务。《长编》载：

> （乾德二年四月）上欲为赵普置副而难其名称，召翰林学士承旨陶穀问曰：“下丞相一等者何官？”对曰：“唐有参知机务，参知政事。”乙丑，以枢密直学士、兵部侍郎薛居正、吕余庆并本官参知政事。不宣制，不押班，不

① 《涑水记闻》卷一，第 9 页。

② 《容斋随笔》卷七，第 96 页。

③ 《宋史》卷二五六《赵普传》，第 8932 页。

知印，不升政事堂，止令就宣徽使厅上事，殿廷别设砖位于宰相后，敕尾署衔降宰相数字，月俸杂给皆半之。盖上意未欲令居正等与普齐也。①

《玉壶清话》载：

太祖受禅，以赵韩王普有佐命巨勋，除右谏议大夫、枢密直学士。未几，范质罢相，以公为门下侍郎、平章事。既冠台府，参总庙权，参政吕余庆、薛居正虽副之，但奉行制书，备位而已，不宣制，不预奏事，不押班。每府候对长春殿庐，启沃大小之务，尽决于公。②

设参知政事以为副宰相，是对唐人制度的承继。但是，宋人认为陶穀见识简陋，所言并不合古制，完全误解唐代参知政事之职责。《宋会要·职官》载：

史臣钱若水等曰：按唐故事，裴叔为右仆射知政事、杜淹为御史大夫参议朝政、魏徵为秘书监参预朝政、萧瑀为特进参议政事、刘洎为黄门侍郎参知政事、刘幽求为中书舍人参知机务，然并宰相之任也。又，高宗尝欲用郭待举参知政事，既而谓崔知温曰："待举等历任尚浅，未可与卿等同名称。"遂令于中书门下同承进止平章事。以此言之，平章事亚于参知政事矣。今穀不能远引汉御史大夫亚

① 《长编》卷五，第125页。

② 《玉壶清话》卷六，第58页。

相故事为对，翻以参知政事为下丞相一等，縠失之矣。[①]

《石林燕语》云：

> 唐参议朝政、参议政事、参知机务、参知政事，皆宰相之任也。参知政事，盖刘洎为相时名。唐初，宰相未有定名，因人而命，皆出于临时。其后高宗欲用郭待举为参知政事，以其资浅，故命于中书门下同受进止平章事。参知，非参佐也。盖宰相非一人，犹言共知尔，而平章乃参佐之名。本朝太祖始以赵中令独相，久欲拜薛文惠公等为之副而难其名，召学士陶縠问："下丞相一等有何官？"縠以"唐有参知政事"对，遂以命之。不知此名本自高于平章事，轻重失伦，后遂沿习莫能改云。[②]

所以，参知政事名称虽然沿袭唐人，内容并不完全一样。唐代参知政事是宰相临时差遣繁多名目之一种，宋人则以其为副宰相的正式差遣名称，遂成制度。《宋会要·职官》言"参知政事，贰宰相，批大政，参庶务，以中书舍人以上至尚书为之"[③]。《宋史》言："参知政事，掌副宰相，毗大政，参庶务。"[④]

参知政事最初设立，完全是为了协助宰相赵普的工作，地位较低，不具有与宰相分庭抗礼的地位。赵普独相期间，这种状况一直没有改变。即：参知政事最初设立，完全是为了强化相权，太祖不设多位宰相而设一相二参，其突出赵普相权目的十分清晰。

① 《宋会要·职官》一之六九，第2364页。

② 《石林燕语》卷三，第40、41页。

③ 《宋会要·职官》一之一六，第2337页。

④ 《宋史》卷一六一《职官一》，第3775页。

参知政事协助宰相处理中枢事务有两种方式：一是多位参知政事并无具体分工，通盘协助宰相处理各方面政务；一是多位参知政事有具体分工，各负责某一方面政务。前者称“通治省事”，后者称“分治省事”，以前者方式居多。庆历四年（1044）八月，仁宗听从参知政事范仲淹建议，“命参知政事贾昌朝领天下农田，范仲淹领刑法，事有利害，其悉条上”[①]。这是宋代第一次“分治省事”，仅仅是对朝廷关心的重大政务做一划分，其分工并不针对所有政务。神宗改制后尝试过“分治省事”，南宋也有过一次较全面的“分治省事”，《朝野杂记》之“参政分治省事”条载：

> 元丰官制，尚书左右丞分治六曹。后以为皆执政官，乃令通治省事。绍兴四年，张魏公再入宥府，上谕魏公曰：“朕于三四大臣，皆当分委。张浚可专治军旅，胡松年可专治战舰，如财用亦须委一大臣。”后魏公相，不果行。七年，魏公独相。三月，诏尚书省常程事权令参知政事分治。于是，张全真治吏、礼、兵房，陈去非治户、刑、工房。九月，魏公免，复诏三省事令参知政事权轮日当笔，更不分治常程事。竢除相如故。自是，参知政事复通治省事矣。[②]

综上所述，两宋参知政事“分治省事”时间极短，多数时间都是“通治省事”。

三、参知政事官称沿革

随着宰相名称和宰辅机构的反复改变，参知政事官称也有数次

---

① 《长编》卷一五一，第3673页。

② 《建炎以来朝野杂记》甲集卷五，第122页。

变化。神宗改制后，废除参知政事差遣，以门下侍郎、中书侍郎、尚书左丞、尚书右丞为副宰相，代其任。建炎三年（1129）复改门下、中书二侍郎为参知政事，省去尚书左、右丞。以后沿袭不变。

两宋宰相名称多次改变，参知政事改称只有一次。从元丰五年（1082）至建炎三年（1129），废参知政事称谓共 47 年。在两宋 316 年历史中，改称阶段十分短暂。参知政事改称前后，皆可以被简称为“执政”。

四、参知政事员数

参知政事最少设一员，最多设四员。元丰改制后，以门下、中书二侍郎和尚书左、右丞为副宰相，就是设四员的例子。通常则在二三员之间，南宋后期，三员成为定制。《朝野杂记》之“参知政事并除三员”条云：“参知政事，自乾德以来止除二员或一员而已。嘉泰三年春，谢子肃初免相，许深甫为参知政事，既命陈勉之以枢长兼权，俄又除袁起岩，盖三员也。时朝廷未置相，故勉之以员外兼，此亦国朝所未有。嘉定初，又命雷季仲、娄彦发、楼大防，亦三员，遂为故事。”①

第二节　参知政事职权演变

乾德二年设立参知政事差遣，从制度角度讨论，参知政事作为宰相副手的地位、职权、作用应该维持不变。但在实际运作过程中，参知政事的地位和职权却不断发生变化。其改变的原因取决于四方面因素：皇帝与宰相的关系，皇帝与参知政事的关系，宰相的才干和个性，参知政事的才干和个性。即：“人治”独裁社会体制中，个人的因素时时导致制度的变异。在这一系列演化过程中，

① 《建炎以来朝野杂记》乙集卷一三，第 711 页。

某些赋予参知政事的职权被固定下来，成为参知政事制度的合理补充，同时也成为宋代相权复杂化的原因之一。

一、皇帝特诏带来改变

设立参知政事，体现的是皇帝对中书机构构成的设想。一段时期内，皇帝对宰相或参知政事态度之好恶，皇帝关于对权力分配的构思，都直接影响到参知政事实际地位和职权的改变。参知政事地位和职权的改变或提高，是由皇帝直接下诏而肇其端的。

（一）开宝六年（973）之改变

宋初宰相与参知政事的关系，一直延续到开宝六年才开始发生变化。到这一年，赵普独相已有十年。因其长时间独揽中书事权，在朝廷中势力日益膨胀，逐渐出现揽权、独断等情况，引起太祖疑忌，恩宠渐衰。这一年发生了四件事，可以看出太祖对赵普态度的改变。第一，太祖到赵普家，偶尔发现吴越王钱俶遣使送给赵普的十瓶瓜子金，太祖虽然命赵普“受之无妨”，却又叹息说：“彼谓国家事皆由汝书生尔。”第二，“故事，宰相、枢密使每候对长春殿，同止庐中。上闻普子承宗娶枢密使李崇矩女，即令分异之”。第三，权三司使赵玭揭发赵普私贩秦、陇大木，太祖大怒，“将下制逐普，赖王溥奏解之”。第四，雷有邻击登闻鼓，状告赵普庇护下属，贿赂贪赃，“太祖怒，下御史府按问，悉抵罪，以有邻为秘书省正字”[①]。《长编》亦载：

> 赵普之为政也专，廷臣多疾之。上初听赵玭之诉，欲逐普，既止。卢多逊在翰林，因召对，数毁短普，且言普尝以隙地私易尚食蔬圃，广第宅，营邸店，夺民利。上访诸李昉，昉曰：“臣职司书诏，普所为，臣不得而知也。”

① 均见《宋史》卷二五六《赵普传》，第8933页。

上默然。自李崇矩罢，上于普稍有间，及赵孚等抵罪，普恩益替。[①]

太祖即对赵普有猜疑之心，自然想方设法削减赵普权力。从制度上略加改变就可以实现这个目的之举措，便是提高参知政事的地位，扩展参知政事的权限，以分宰相之权。开宝六年六月壬寅（20日），“诏参知政事吕余庆、薛居正升都堂，与宰相同议政事”。庚戌（28日），“复诏薛居正、吕余庆与普更知印、押班奏事，以分其权”[②]。至此，参知政事获得与宰相共同议政、轮流执政的权力，实际上已相当于次相，而不仅仅是宰相的副手。

八月甲辰（23日），赵普罢相。九月丁卯（17日），参知政事吕余庆因病解职，罢为尚书左丞。九月己巳（19日），以薛居正、沈义伦为相，以卢多逊为参知政事，这是北宋开国以后宰相班子第二次大变动。也就是说，从太祖不信任赵普而下诏提高参知政事地位、使之与宰相分庭抗礼，到赵普罢相、中书班子大变动，仅仅只有不到三个月时间。随着中书班子调整，参知政事重新成为宰相助手。这一次皇帝特诏带来的改变，持续不到三个月时间。

（二）至道元年（995）之改变

开宝六年参知政事地位短暂改变，很快又恢复制度原貌。太宗雍熙四年（987）九月，“御史台言：文德殿常朝，百官皆有砖位，唯参知政事每遇横行参假，未有砖位。诏令依位排砖”[③]。《春明退朝录》亦载：“雍熙四年，文德殿前始置参政砖位，在宰相之后。”[④]由此可见，一直到了太宗年间，参知政事地位依然

① 《长编》卷一四，第304页。

② 《长编》卷一四，第303、304页。

③ 《宋会要·职官》一之六九，第2364页。

④ 《春明退朝录》卷中，第32页。

比较低下。

参知政事第二次地位提高和职权扩大，是至道元年四月之事，这一次则是宰相主动相让的结果。《长编》载：

> 戊子（12日），诏自今参知政事宜与宰相分日知印、押正衙班；其位砖先异位，宜合而为一；遇宰相、使相视事及议军国大事，并得升都堂。先是赵普独相，太祖特置参知政事以佐之，其后普恩替，始均其任，既而复有釐革。吕端初与寇准同列，及先任宰相，虑准不平，乃上言："臣兄余庆任参知政事日，悉与宰相同，愿复故事。"上特从其请，亦以慰准意云。[①]

太祖开宝六年以参知政事分宰相之权是一种临时举措，事后又恢复了原状。[②]所以，才有此时的"愿复故事"和再度下诏。其间，因为再也没有一位宰相能够像赵普那样获得太祖或太宗的充分信任，所以，参知政事有了更多参预中书事务的机会。不过，一个大的前提是"复有釐革"，即参知政事恢复到宰相助手的位置。吕端，"有器量，宽厚多恕"，与寇准一起深得太宗信任。吕端和太宗都看到寇准卓绝的才干，期望他能多发挥作用，利国利朝廷。因此，一经吕端提议，太宗马上同意。

太宗不是一位有容量、能委人以专任的帝王，而寇准为人又刚强自任，揽权专恣，因此触怒太宗，至道二年（996）七月罢免，不久出知邓州。随着寇准的去职，参知政事地位随之调整。《长编》

---

① 《长编》卷三七，第812页。

② 开宝六年到至道元年之间参知政事地位和职权的变化，张其凡先生《宋初中书事权初探》有较详尽的排列和论述，可以参阅。见《宋初政治探讨》，第36—38页。

载同年闰七月辛未（3日）诏：

> 自今中书门下只令宰相押班、知印。其参知政事，殿廷别设砖位，次宰相之后，非议军国政事，不得升都堂；祠祭、行香、署敕，并以开宝六年六月庚戌诏书从事。①

这次调整参知政事职权，既没有回到开宝六年之前的状态，同时又取消了参知政事与宰相分庭抗礼的地位。与开宝六年之前相比，参知政事地位得以提高和巩固。“押敕齐衔，行则并马，自寇准始，以后不易。”②但也明确了他们仅仅是宰相副手，不允许押班、知印。皇帝第二次特诏带来参知政事地位和职权的改变，也仅仅持续了一年零三个月。

二、参知政事对宰相职权的侵夺

参知政事职权经过宋初几度变化，在制度和观念上给人们以如下启示：第一，参知政事作为宰相副手，在宰辅机构中的作用越来越重要，不再是可有可无的临时设置。第二，必要时参知政事可以作为一种制度的补充，取代宰相，行使相权。上述启示，为参知政事侵夺相权提供了可游刃的空间。

专制人治时代，个人进入仕途后升迁虽有快慢之分，但相对地需要循资渐进，时间和资历都是官职升迁过程中不可缺少的因素。唐人裴光庭制定《循资格》，经宋人调整，形成更加具体细致的条文。个人才能却有高下之分，时间和资历不一定能弥补才干之不足，同样难以掩盖横溢的才华。有时，才华横溢、个性鲜明、深得皇帝信赖但资历尚浅的大臣，只能屈居参知政事之职，而当时的

① 《长编》卷四〇，第848、849页。

② 《宋史》卷一六一《职官一》，第3775页。

宰相却相对平庸，此时，参知政事往往成为宰辅机构中的主要决策者，宰相反而成为其附庸。也就是说，参知政事成为实际上的宰相。或者，皇帝就是信任此时的参知政事，宰相知趣退让，参知政事也将侵夺宰相的职权。

太宗淳化年间，“吕蒙正以宽简居相位，辛仲甫从容其间，政事多决于王沔”[①]。《玉壶清话》亦载王沔“敏于裁断，时赵韩王罢政出洛，吕文穆公蒙正宽厚，自任中书，多决于沔。旧例，丞相待漏于庐，然巨烛尺尽始晓。将入朝，尚有留案遣决未尽。沔当漏舍，止然数寸，事都讫，犹徘徊笑谈方晓”[②]。王沔是因其才干脱颖而出，他是最早侵夺宰相职权、在中书扮演部分主角的参知政事。王沔端拱元年（988）二月为参知政事，淳化二年（991）九月罢任，在任约三年零七个月。

仁宗庆历年间，朝廷推行“政事革新”，主持这一段新政则是参知政事范仲淹。范仲淹庆历三年（1043）八月拜参知政事，五年正月罢，共一年零五个月。在位期间，“以天下为己任，裁削幸滥，考复官吏，日夜谋虑，兴致太平”[③]。向仁宗上十事，“上方信向仲淹等，悉用其说。当著为令者，皆以诏书画一，次第颁下”[④]。其时，章得象为首相，晏殊为次相。章得象“无所建明”，居官平庸；晏殊虽文才出众，喜奖掖人才，然居官油滑，明哲保身，无所作为。现实将范仲淹推到变革朝政第一线，让他实际上担当起宰相的部分重任。范仲淹的政改没有多少业绩，因此失去仁宗信任，离开朝廷。范仲淹任参知政事仅一年零五个月。

最典型的例子是王安石。王安石是北宋中叶杰出的政治改革

---

① 《长编》卷三一，第 715 页。

② 《玉壶清话》卷八，第 77 页。

③ 《宋史》卷三一四《范仲淹传》，第 10275 页。

④ 《长编》卷一四三，第 3444 页。

家，早年便“议论高奇，能以辨博济其说，果于自用，慨然有矫世变俗之志”[①]。神宗未登基时便闻其大名，即位后，立即起用他主持朝政改革。熙宁二年（1069）二月，王安石拜参知政事，次年十二月拜相，王安石任参知政事一共一年零十个月。

王安石刚进入中央政府，便大刀阔斧，无所顾忌。《邵氏闻见后录》载：“王荆公初参政事，下视庙堂如无人。”[②]王安石任参知政事当月，便设制置三司条例司，命其信徒吕惠卿主持工作，负责变法具体内容的规划和起草。“事无大小，安石必与惠卿谋之。凡所建请章奏，皆惠卿笔也。时人号安石为孔子，惠卿为颜子。”[③]诸种新法的颁布和实施，多在这一年多时间内。朝中反对王安石的大臣，纷纷被罢免，神宗全心全意地依赖王安石。神宗日常与王安石所讨论的重大政务，涉及从中央二府大臣到地方官吏的任命使用，军政整顿和西部边事，三司财政调度，刑法条文变革等等，凡朝廷政务，皆由王安石总揽。

在此期间，任宰相者有三人：最初富弼为首相，曾公亮为次相；熙宁二年十月富弼罢，曾公亮进为首相，陈升之拜次相。富弼时已66岁，年老多病，拜见皇帝也需要“其子掖以进”。“王安石用事，雅不与弼合。弼度不能争，多称疾求退，章数十上，神宗将许之。”[④]曾公亮这年则已71岁高龄，“初荐王安石，及同辅政，知上方向之，阴为子孙计，凡更张庶事，一切听顺，而外若不与之者。尝遣子孝宽参其谋，至上前略无所异，于是帝益信任安石。安石德其助己，故引擢孝宽至枢密以报之。苏轼尝从容责公亮不能救正，公亮曰：‘上与介甫如一人，此乃天也。’世讥其持禄固宠

① 《宋史》卷三二七《王安石传》，第10541页。

② 《邵氏闻见后录》卷二〇，第154页。

③ 《续资治通鉴》卷六六，第337页。

④ 《宋史》卷三一三《富弼传》，第10255、10256页。

云”[1]。陈升之“深狡多数，善傅会以取富贵。王安石用事，患正论盈庭，引升之自助。升之心知其不可，而竭力为之用，安石德之，故使先己为相。甫得志，即求解条例司，又时为小异，阳若不与之同者。世以是讥之，谓之‘筌相’”[2]。三位宰相，或不能作为，或顺从王安石，王安石以参知政事独掌大权。

当时不仅宰相无所作为，中书班子中除了王安石，皆无所作为，时人戏称当时中书有生、老、病、死、苦。“熙宁中，朝廷有‘生老病死苦’之语。时王荆公改新法，日为生事；曾鲁公以年老依违其间；富、韩二公称病不出；唐参政与荆公争，按问欲理直不胜，疽发背死；赵清献唯声苦。”[3]唐介和赵抃是另两位参知政事。对在任宰相是否称职，神宗也要征询参知政事王安石的意见，王安石回答说：“升之犹可与共事，公亮多用机巧，又专欲守其故态，自吕公著龃龉以来，及得升之协助，益难与议事。”神宗立即说：“公亮老，亦且去矣。”[4]与参知政事讨论宰相人选，程序颠倒。凡此种种，可见王安石当时虽然是参知政事，实际上代替宰相主持中书工作，是宰辅机构的真正首脑。

南宋权臣贾似道，其姊为理宗贵妃，有宠，贾似道仗势“威权日盛”。宝祐四年（1256）四月拜参知政事，次年正月，改任知枢密院事，任参知政事不到一年。“孙子秀新除淮东总领，外人忽传似道已密奏不可矣，丞相董槐惧，留身请之，帝以为无有。槐终不敢遣子秀，以似道所善陆壑代之，其见惮已如此。”[5]连普通的人事任命，一有谣传，宰相就缩手不敢决断。可见当时贾似道已成为事实

---

① 《宋史》卷三一二《曾公亮传》，第 10234 页。

② 《宋史》卷三一二《陈升之传》，第 10238 页。

③ 《邵氏闻见录》卷一三，第 141 页。

④ 《长编》卷二一一，第 5122 页。

⑤ 《宋史》卷四七四《贾似道传》，第 13780 页。

上的首相。

参知政事侵夺宰相职权，是中书权力行使的非正常态。《山堂考索续集》卷三二《官制门·参知政事》解释这种现象说："或得或失，有逸出于法制分界之外者，非法之所能禁，第顾所任之人如何耳。"也就是说，在"人治"社会，人为的因素不时地会影响制度的正常实施。不过，非常态为时总是较短，或者得势的参知政事很快拜相，得以升迁；或者在周围政治势力的作用下，非正常态很快得到调整，恢复常态。以上每一次例举时任职时间的统计，充分说明了这一点。

三、代理行使宰相职权

两宋时期还存在着以下情况：宰相因故罢免或在位时去世，相位空缺，暂时以参知政事代行宰相职权。《朝野杂记》云："故事，丞相谒告，则参预政事之臣例不得进拟差除。惟丞相薨、罢，上未得人，则参知政事行相事，多不逾年，少者才旬月。"① 如，元祐元年（1086），左仆射司马光"卧疾"，右仆射韩缜"去位"，门下侍郎吕公著"常摄宰相事"。② 韩缜四月初去职，吕公著五月初即拜右仆射，"摄宰相事"仅一个月。

两宋只有一次例外，参知政事长期代行相权。《宋史》载："淳熙初，叶衡罢相，龚茂良行相事近三年，亦创建也。"③ 龚茂良，字实之，绍兴八年（1138）进士。淳熙元年（1174）十一月拜参知政事。淳熙二年（1175）九月，右丞相叶衡罢，孝宗"命茂良以首参行相事"，"逾再岁，上亦不置相"。④一直到淳熙五年（1178）三月，史浩拜右丞相，龚茂良以首参行相事共二年零六个月。造成这种特

① 《建炎以来朝野杂记》甲集卷一〇，第 200 页。

② 《长编》卷三七七，第 9147 页。

③ 《宋史》卷一六一《职官一》，第 3775 页。

④ 《宋史》卷三八五《龚茂良传》，第 11844、11845 页。

殊情况原因大约有两点：第一，孝宗有做事的雄心和决心，欲有所作为，喜独揽大权，却无识别人才的眼光和奖拔人才的气度。孝宗发动北伐战役，就曾撇开宰相，独断独行。以首参行相事，既是在人才使用问题上的犹豫不决，也是为了便于自己控制操纵。这是最主要的原因。第二，龚茂良较得孝宗信任。“上亟用茂良，手诏问国朝典故有自从官径除执政例，明日即拜参知政事。”同列有陷害龚茂良的，孝宗即厉声为他辩护：“参政决无此！”[①]

除龚茂良外，李彦颖淳熙二年闰九月拜参知政事，淳熙五年三月罢；王淮淳熙四年六月拜参知政事，淳熙五年六月转为知枢密院事。李彦颖、王淮与龚茂良一起承担起宰相的职责。《宋史·李彦颖传》言：“彦颖在东府三岁，实摄相事。”《宋史·王淮传》言：“时宰相久虚，淮与李彦颖同行相事。”即：这一段时间内，三位参知政事共同分担了宰相职责。龚茂良资历最深，以首参领头。

以参知政事行相事，有悖于制度，龚茂良所为在当时已招致物议。《朝野杂记》云：“龚实之行丞相事近三年，言者以为怀私擅政，遂有英州之祸焉。”[②]龚茂良被贬英州，“擅权植党”就是一大罪状。两宋真正以参知政事多年行相事者，只此一例。

从上述三个方面零零散散说来，参知政事似乎是分了宰相的权力。然而，值得注意的是被今人所模糊了的时间观念。将上述因皇帝特诏带来改变、参知政事获皇帝信任实际上侵夺了宰相职权、参知政事代行相权三类情况累加，两宋期间，参知政事获得与宰相平起平坐、甚至职权超越宰相的时间，只有十三年左右。与两宋漫长的三百多年历史相比，这短暂的十几年时间不能用作参知政事分宰相权力的佐证，只能作为非正常态的特殊情况来分析看待。

① 《宋史》卷三八五《龚茂良传》，第11844、11845页。

② 《建炎以来朝野杂记》甲集卷一〇，第200页。

第三节　与宰相关系

参知政事作为宰相副手，日常政务或事务中，与之发生联系最多的就是宰相。参知政事对宰相职权的侵夺，只是两者关系的一个方面。两者关系还可以从多个层面继续予以讨论。

一、宰相对参知政事的控制

参知政事作为宰相副手，两者之间有明确的上下级关系。即使参知政事地位有所提高，职权有所扩大，也丝毫不能改变这种固定关系。从制度上来说，参知政事始终置于宰相的领导之下，其职能的发挥，某种程度上是宰相意志的体现。即使深得皇帝信任、独揽中书大权的参知政事王安石，也对神宗说："名分有上下，如臣为参知政事，众以为过当。然曾公亮所批判，臣但有不著字，与公亮反复论可否，岂敢改公亮文字？臣若改公亮文字，即左右攻臣者必众，陛下必极以为臣不可，臣职任于公亮乃是等夷。"[①] 又，元丰六年（1083）八月，修建左右丞厅堂，尚书左丞蒲宗孟、尚书右丞王安礼"佥书用尚书省印，既不赴王珪、蔡确书押，又不经开拆房行下工部"。宰相王珪、蔡确和左右丞蒲宗孟、王安礼都因此事受到处罚。[②] 神宗改制后，左右丞也必须置于宰相领导之下，不可擅做决定。在两宋大多数时期内，基本情况都是如此。

（一）参知政事的任命

参知政事任命权，理论上掌握在皇帝手中。然而，皇帝任命参知政事，依据不外乎两点：一是对朝中大臣平日所积累的印象，二

① 《长编》卷二三四，第5676页。

② 《宋会要·职官》六六之二四、二五，第3880页。

是听从周围大臣的推荐。第一点时时需要依赖第二点，平日周围大臣对某人的称誉和推荐次数多了，皇帝对此人的印象自然加深，最后就可能体现在人事的任命方面。有资格向皇帝推荐参知政事的大臣，首推宰相。宰相，一般说来，总是皇帝比较信赖的大臣。皇帝如果想依赖某一宰相治理国家，对其更是言听计从。况且，参知政事的任命本来就是为了协助宰相日常工作，皇帝在任命时当然要考虑到这方面因素。权相当政时，干脆直接将任命权拿到自己手中。所以，参知政事的任命，往往体现宰相的意志。与宰相政见相同或相近者，与宰相关系密切或私交甚笃者，善阿谀奉承宰相者，总是优先被宰相引入中书，除拜执政。从另一方面来说，宰相只有推荐与他能相对保持一致的人选出任参知政事，才能保证自己的施政方针得以顺利贯彻实施。欲在政坛上有所作为或喜独揽大权的宰相，更加注意参知政事的选择。

吕余庆和薛居正最早除拜参知政事，成为宰相赵普的副手。吕余庆是太祖登基前的旧日幕僚，深得太祖信任。薛居正除拜则与宰相赵普有关。“太祖屡对大臣称（窦）仪有执守，欲用为相，赵普忌仪刚直，遽引薛居正参知政事。”① 太祖初设参知政事，完全是为赵普着想，任命时征求、参考、尊重赵普意见，合情合理。吕余庆当年与赵普同为太祖幕僚，早有私交。开宝六年赵普免相时，惟有吕余庆为其辩解。“及普忤旨，左右争倾之，余庆独为明辨，上意稍解，时称长者。”② 可见他们关系之一斑。

再以王安石任宰相期间所除参知政事为例。王安石熙宁三年（1070）十二月拜相，熙宁七年（1074）四月罢；熙宁八年（1075）二月再入相，熙宁九年（1076）十二月罢，两次任相时间

① 《长编》卷五，第 125 页。

② 《长编》卷一四，第 307 页。

叠加共五年零二个月。任职期间所除授参知政事三人：韩绛、王珪、元绛。这三人无一例外，都是王安石的政见相同者，或依赖奉承王安石得入中书。

韩绛，熙宁年间阿附王安石。“王安石每奏事，必曰‘臣见安石所陈非一，皆至当可用，陛下宜省察。’安石恃以为助。”[①] 熙宁三年除拜参知政事。因维护王安石新法，被时人称为“传法沙门”。王珪，对王安石新法从而和之，善阿谀，无所建明，熙宁三年除拜参知政事，人称“三旨相公”。[②] 元绛，“在翰林谄事王安石及其子弟”[③]，熙宁八年得除参知政事。

即使是王安石致仕退居之后，朝廷任命的副宰相也都是王安石的门生子弟和政见相同者，保持了政策的连续性，如蔡确、章惇、张璪等等。这一系列的任命，明显体现了王安石的意志和他个人的好恶。因为王安石变法得到神宗大力支持，也是神宗一贯的治国方针，故这些任命同样体现了神宗的意志。

权相当政期间，参知政事人选的确定，往往只体现宰相一人意志，而与皇帝无关。《挥麈前录》载徽宗年间一件令人啼笑皆非的事情：

> 元祐名卿朱绂者，君子人也，尝登禁从。绍圣初，不幸坐党锢。崇宁间亦有朱绂者，苏州人。初登第，欲希晋用，上疏自陈与奸人同姓名，恐天下后世以为疑，遂易名谔，字曰圣予。蔡元长果大喜，不次峻擢，位至右丞。[④]

---

① 《宋史》卷三一五《韩绛传》，第 10303 页。

② 《宋史》卷三一二《王珪传》，第 10243 页。

③ 《宋史》卷三四三《元绛传》，第 10907 页。

④ 《挥麈前录》卷三，第 20 页。

朱绂官至宰辅居然用如此拙劣的阿谀手段，蔡京偏偏就喜好这种迎合奉承。这样用人，所体现的就是蔡京之意志。此外，权相为了维持自己大权独揽的局面，总是走马灯式地换用参知政事，以免某一人形成与自己抗衡的政治势力，如绍兴年间秦桧所为，后文还将涉及。

（二）参知政事的任期

参知政事任期与宰相任期比较，相对短暂。因为宋代只有宰相擅权、久居相位的，如赵普曾独相10年、秦桧曾独相18年、史弥远曾独相26年、贾似道在相位15年等等。参知政事如得皇帝宠信、把持实权，总是很快升迁到宰相位置上来。如王安石任参知政事仅一年多时间即拜相，秦桧任参知政事只有六个月即拜相。

参知政事任期没有固定时间，其长短视具体情况而定。北宋初年，皇帝与宰辅同心同力，政府机构比较稳定，吕余庆和薛居正的任期就与赵普独相时间相始终，将近十年。一般说来，参知政事任期大约在二三年之间。宋代在两种情况下参知政事任期特别短暂，一是家国危亡、兵荒马乱之际，即北宋和南宋末年；一是宰相擅权时期。第一种情况不言而喻，不再赘言。第二种情况恰好显示宰相对参知政事的影响和控制，略加说明。

宰相擅权，大都发生在北宋末年和南宋时期。北宋末年，未经战乱，制度比较健全，虽有宰相蔡京擅权，但独相专权局面持续并不长。崇宁元年（1102）七月至崇宁四年（1105）三月和大观元年（1107）正月至大观三年（1109）六月，蔡京约总共独相五年半时间。南宋宰相独相专权的时间既长、出现又频繁，参知政事一段时期内如走马灯，更换频仍，参知政事一定程度上甚至成为一种摆设。

秦桧绍兴八年（1138）三月再入相，拜右仆射，绍兴十一年（1141）六月进为左仆射，一直到绍兴二十五年（1155）十月致仕，独相18年。在此期间，一共更换了20位参知政事，依次为刘大中、孙近、李光、楼炤、王次翁、范同、万俟卨、程克俊、李若谷、段拂、詹大方、余尧弼、章夏、宋朴、史才、魏师逊、施钜、郑仲熊、汤思退、董得元。其中，任期在一年以内的12位，最短的李若谷任参政只有一个月，最长的王次翁任参政二年零九个月，越到后来更换越频繁。《朝野杂记》“高宗朝参政最多”条云：

太祖乾德二年始置参知政事。自是凡十三年，止四人而已。仁宗在位四十二年，参知政事凡三十七人；徽宗在位二十六年，凡三十四人；高宗在位三十六年，凡四十八人；孝宗在位二十八年，凡三十四人。以累朝较之，高宗朝除人最多，盖秦丞相专权，不欲其久在位故耳。①

《宋宰辅编年录》载：

自秦桧专国，士大夫之有名望者，悉屏之远方。凡龌龊委靡不振之徒，一言契合，率由庶寮一二年即登政府。仍止除一厅，谓之伴拜。稍出一语，斥而去之，不异奴隶。皆褫其职名，阙其恩数，犹庶官云。②

周必大对孝宗谈及此事，云：“大臣自应互相可否，自秦桧当国，执政不敢措一辞，后遂以为然。”③ 在这种非正常态之下，参知政事完全丧失了自己的职权和职能，仅仅成为宰相的附庸。陆游云：“秦丞相晚岁权尤重。……尝病告一二日，执政独对，既不敢他语，惟盛

① 《建炎以来朝野杂记》甲集卷九，第174页。

② 《宋宰辅编年录校补》卷一六，第1097、1098页。

③ 《宋史》卷三九一《周必大传》，第11969页。

推秦公勋业而已。”[①]这时的参知政事，仅仅是制度的一种摆设。

（三）参知政事被排除在议政之外

太宗以后，参知政事参政、议政已经获得制度上的保证，然由于参知政事相对于宰相的下属位置，在喜欢揽权的宰相或权相当政期间，参知政事依然时常被排除在参政、议政的圈子之外。王安石在熙宁三年（1070）十二月拜相后，参知政事便成为可有可无的摆设，中央政务“只是宰臣王安石与都检正官曾布商议，而参知政事冯京、王珪或有不先预闻者”。曾布“每事白王安石即行之。或谓布当白两参政，指冯京及王珪也。布曰：‘丞相已议定，何问彼为！俟敕出，令押字耳！’”[②]上文列举秦桧当政时期，参知政事同样无所作为。南宋权相在位期间，大致情况都类似。

宰相对参知政事的控制和操纵，是两者关系中的主要方面。即使非权相在位时那种极端情况，一般而言，参知政事仍然是要迎合宰相以巩固自己在政府中之位置。《宋史》载：

> 初，丁谓出准门至参政，事准甚谨。尝会食中书，羹污准须，谓起，徐拂之。准笑曰：“参政，国之大臣，乃为官长拂须邪？”谓甚愧之，由是倾构日深。[③]

多数参知政事皆要不同程度地迎合宰相，只是做的不像丁谓那样露骨罢了。

二、参知政事与宰相的相互制衡

参知政事既置于宰相领导之下开展工作，有时又会侵夺宰相的职权。实际上，两者之间存在着一种制衡关系。没有参知政事的合

① 《老学庵笔记》卷八，第 100 页。

② 《长编》卷二二〇，第 5346、5347 页。

③ 《宋史》卷二八一《寇准传》，第 9533 页。

理配合，中枢机构就难以正常开展工作。而且，参知政事也是皇帝身边的亲近大臣，参与朝政讨论，他们的意见时常影响了皇帝的决断，反过来制约着宰相的参政和议政权。尤其是皇帝有了以参知政事分宰相之权的想法之后，这种制约关系更加明显。宋孝宗在任命周必大为参知政事时所说的一句话，可以视为两者关系的理想表达，孝宗说："执政于宰相，固当和而不同。"①《古今源流至论》后集卷二《参政》也提出一种理想关系，说："有协同而无扞格，有相维而无相激。相有举事之非，则为参者抗议正救，不曰越职；参有建议之失，则为相者廷争力辨，不曰侵官，此非古者相规之意欤？"当然，在专制独裁政体中，这种理想的"和而不同"制衡关系，很难实现。宰相与执政，要么是结党阿附，党同伐异；要么是钩心斗角，争权夺利。在通常情况下，两者总是相互制衡。

（一）参知政事的参政、议政要求

制衡关系首先表现为参知政事积极要求参政、议政，不甘心仅仅做宰相的附庸。在北宋前期机构运转正常时，这种积极要求并不是争权夺利的表现，而是对自己职权的确认。神宗熙宁元年（1068）正月，唐介拜参知政事。"先时，宰相省阅所进文书于待漏舍，同列不得闻。介谓曾公亮曰：'身在政府而文书弗与知，上或有所问，何辞以对？'乃与同视，后遂为常。"②唐介所争的不仅仅是审阅文书的权利，而是参知政事参政、议政的权利。唐介正因为遇事敢言，"一日自政府归，语诸子曰：'吾备位政府，知无不言，桃李固未尝为汝辈栽培，而荆棘则甚多矣。'"③所以，当王安石独揽中书大权时，唐介便多次与之争论，因没有结果，"不胜愤，疽发于背，薨"。为忠于职守，竟死于职任。

① 《宋史》卷三九一《周必大传》，第11969页。

② 《宋史》卷三一六《唐介传》，第10329页。

③ 《湘山野录》卷中，第34页。

当参知政事被剥夺参政、议政权时，忠于职守者或上疏抗议，或辞官而去。高宗绍兴年间，宰相赵鼎和张浚独揽大权，张浚“视师江上，以行府为名”。参知政事沈与求和知枢密院事孟庾皆愤愤不平，说：“三省、枢密院乃奉行行府文书邪？”绍兴六年（1136）二月，张浚再次外出视察军队，沈与求不得预闻，退而叹息说：“此大事也，吾不与闻，何以居位？”便坚决辞官而去。①皇帝过分依赖宰相，权力发生倾斜，破坏了权力制衡原则，沈与求不愿尸居其位，只有以辞官作为抗议。

（二）参知政事驳议宰相

制衡关系其次表现为参知政事不同意宰相意见，反复驳议，最终有所改变。一部分参知政事，深切领会官制设置意图，坚持职守，并不阿附宰相。在北宋中前期体制运转比较正常的情况下，上述事件时而发生。仁宗即位初，鲁宗道任参知政事，遇事敢言，人称“鱼头参政”，“因其姓，且言骨鲠如鱼头也”。②时王钦若为首相，鲁宗道时时有所驳议，“钦若不堪，曰：‘王子明（旦）在政府日，不尔也。’鲁宗道曰：‘王文正先朝重德，固非他人可企。公既执政平允，宗道安敢不服。’”③

仁宗朝另一参知政事吴育，亦风骨凛然。“育在政府，遇事敢言，与宰相贾昌朝数争议上前，殿中皆失色，育论辩不已，乃请曰：‘臣所辩者，职也。顾力不胜，愿罢臣职。’”④吴育所坚持的是职责，不惜丢官。宰相与参知政事意见相左到这种地步，当然已经违背了“和”的原则，仁宗只得将吴育与枢密副使丁度对换位置。

---

① 《宋史》卷三七二《沈与求传》，第 11543 页。

② 《宋史》卷二八六《鲁宗道传》，第 9628 页。

③ 《长编》卷一〇一，第 2333 页。

④ 《长编》卷一五九，第 3845 页。

有时，因为皇帝更加信任现任参知政事，以至于一位参知政事能够推翻整个宰辅班子的意见，逼迫宰相去位。庆历四年（1038）九月，仁宗欲用陈执中为参知政事，谏官蔡襄、孙甫等一致反对，仁宗强行贯彻自己的意见。《涑水记闻》载：

（陈执中）既至中书，是时杜衍、章得象为相，贾昌朝与执中参知政事，凡议论，执中多与之立异。蔡襄、孙甫所言既不用，因求出，事下中书。甫本衍所举用，于是中书共为奏云："今谏院阙人，乞且留二人供职。"既奏，上颔之。退归，即召吏出札子，令襄、甫且如旧供职。衍及得象既署，吏执札子诣执中，执中不肯署，曰："向者上无明旨，当复奏，何得遽令如此？"吏还白衍，衍取札子坏焚之，执中遂上奏云："衍党顾二人，苟欲令其在谏署，欺罔擅权。及臣觉其情，遂取札子焚之以灭迹，怀奸不忠。"明日，衍左迁尚书左丞，出知兖州，仍即日发遣。贾昌朝为相，蔡襄知福州，孙甫知邓州。顷之，得象亦出知陈州，执中遂为相。①

参知政事特别得皇帝信任，不久必定升迁为宰相。

（三）参知政事调和政府矛盾

参知政事与宰相的制衡关系，不仅仅表现在与宰相意见不一致的时候。称职的参知政事，甚至能起到弥合政府裂缝、调节宰相与其他大臣矛盾、维护"和"之原则的关键性作用。当宰相遭受或上或下的攻击和压力时，自身辩护就显得软弱无力，参知政事从旁调和弥合，往往能够事半功倍。高宗年间参知政事张守，就曾起过这

① 《涑水记闻》卷四，第67、68页。

样的作用。《宋宰辅编年录》载：

> 守在政府，一日，上出侍御史沈与求论宰相范宗尹章付守，倚守为相。守再拜曰："四郊多垒，国步未安。阅一月而再论相，何以系天下望？左右弥缝，臣之职也。"退，上章争益力，天子异焉。他日顾宗尹曰："近世进不相倾夺者几希，张守之贤未之见也。"且命事无大小，宜悉咨决。建炎、绍兴间，吕（颐浩）、范（宗尹）、赵（鼎）、张（浚）先后秉政，守夙夜寅恭，协和群辟，惟靖国是务。及进，则退然若不自己出，向之自为封畛者始愧且革。而吴丞相元中、李丞相伯纪相次起废，李参政泰发亦自庶僚持从橐善类汇进，多时相所不快意者，悉守调护之力。党附之俗，至是潜为消弭。①

张守将"左右弥缝"理解为参知政事职责之所在，他所做的"弥缝"工作有两个方面：一是宰相遭受攻击时为其辩解，以求政府和政局稳定；一是维护不被宰相所喜欢的大臣，并使他们逐渐得到重用，努力做到人尽其才，调和各派矛盾。南渡前期，南宋小朝廷得以稳固，并取得军事战争一系列胜利，其中有张守这一份功劳。

（四）参知政事参与策划政变

参知政事参与策划针对当权宰相的政变，是权力制衡的极端表现。即在权力无法制衡的情况下，采取了消灭对方势力的方式解决双方矛盾。两宋时期，只发生过一次这样的政变。宁宗开禧三年（1207）十一月，朝廷中反对韩侂胄继续发动对金战争的大臣们策

① 《宋宰辅编年录校补》卷一五，第 1026、1027 页。

划了一场政变，以史弥远为主谋，主要参与者就是两位参知政事钱象祖和李壁。政变成功后，钱象祖兼知枢密院事，李壁兼同知枢密院事，两位参政一度主持中央工作。

（五）“和而不同”关系实现

“和而不同”的理想关系，在北宋也曾一度实现。欧阳修嘉祐六年（1061）闰八月拜参知政事，当时首相是韩琦。欧阳修“在政府，与韩琦同心辅政。凡兵民、官吏、财利之要，中书所当知者，集为总目，遇事不复求之有司”[①]。同时，欧阳修遇事敢言，不苟合他人，《长编》载：

> 初，英宗以疾未亲政，太皇太后垂帘，修与二三大臣主国论。每帘前奏事，或执政聚议，事有未同，修未尝不力争。台谏官至政事堂论事，事虽非己出，同列未及启口，而修已直前折其短。士大夫建明利害及所请，前此执政多媕阿，不明白是非，至修必一二数之曰：某事可行，某事不可行。用是怨诽者益多。英宗尝称修曰：“性直，不避众怨。”修亦尝诵故相王曾之言曰：“恩欲归己，怨使谁当？”[②]

直言不讳，却又能与宰相同心同德，精诚合作，在两宋宰相与参知政事关系史上极为少见。英宗体弱多病，又以外藩入继大统，政权能够得以平稳交接，政局能够得以稳定，全部依赖中书大臣的通力合作。

元祐年间，范纯仁为右仆射，王存为尚书左丞。“存在熙宁中

①《宋史》卷三一九，第10379页。

②《长编》卷二〇九，第5082页。

论事，纯仁固已推之，及同执政，趣又多合。然纯仁尝建议罢教畿内保甲，存独言：‘今京师兵籍益削，又废保甲不教，非为国家根本长久之计。且先帝不惮艰难而为之，既已就绪，无故而废之，不可。’论者亦称其不苟相比云。”[①]这也是宰相与副手“和而不同”的范例。

综上所述，宋代参知政事是作为宰相的行政助手而设立的，他们虽然一度取得与宰相分庭抗礼的权力，但为时甚短，应该被视为非正常态。参知政事职权的行使对宰相的权力运作有制衡作用，不过，一个大的前提是参知政事基本上被置于宰相的领导和控制之下，一个总的趋势是参知政事越来越多地成为宰相的附庸，或成为一种制度的摆设。宋代参知政事职权的演变，同样与宋代相权的膨胀同步。

---

① 《长编》卷四二九，第 10357、10358 页。

第六章　枢密院

宋代枢密院是宰辅机构的组成部分，枢密院正副长官与副宰相一起并称“执政”。枢密院分掌军政，与中书对称“二府”。“枢密之任，秉国大权。……本天下之兵柄，代天子之武威，势均中书，号称两府。”[①]但是，两宋期间枢密院职权也在发生不断的变化，中书与枢密院之间职权相互纠缠，这是造成宋代相权复杂化的重要原因之一。

第一节　枢密院机构和职权

官制规定的枢密院机构和职权，是讨论枢密院问题的一个大概依据。枢密院机构和职权的演变，也是围绕着这个中轴点展开。大略介绍《宋史·职官志》规定，并简单回顾其沿革历程，是问题讨论的起点。

一、枢密院沿革

宋代官制的一个重大改革就是民政与军政的分离。所谓“别置中书禁中，是为政事堂，与枢密对掌大政”。“枢密本兵，与中书对掌机务，号东、西二府。”[②]宋初，以同中书门下平章事为宰相，掌民政；枢密院掌军政。中书门下别名政府、东府，枢密院别名右

① 《长编》卷一二四，第2932页。

② 《宋史》卷一六一，第3768、3770页。

府、西府，中书门下与枢密院并称“二府”或“两府”。宋太宗对宰相李昉等说：“中书、枢密，朝廷政事所出，治乱根本系焉。”[1]

仁宗年间，宰相贾昌朝等曾简单回顾宋代之前到宋初中央权力机构中民政与军政权分离的历史，云：“军民之任，自古则同。有唐别命枢臣专主兵务，五代始令辅相亦带使名，至于国初，尚沿旧制。乾德以后，其职遂分，是谓两司。对持大柄，实选才士，用讲武经。”[2]这一段话已经勾勒出自唐至宋中央机构演变的大致情形。

（一）枢密院之前的军政管理

枢密院机构出现之前，宰相“事无不统”，总文武大政，军政在其管辖范围之内。

比较完善的中央职官制度是从秦汉时开始建立的。西汉初年沿袭秦制，设丞相、御史大夫、太尉之职。太尉则专“掌武事。武帝建元二年（前139）省。元狩四年（前119）初置大司马，以冠将军之号。宣帝地节三年（前67）置大司马，不冠将军，亦无印绶、官属。成帝绥和元年（前8）初赐大司马金印、紫绶，置官属，禄比丞相，去将军。哀帝建平二年（前5），复去大司马印绶、官属，冠将军如故。元寿二年（前1）复赐大司马印绶，置官属，去将军，位在司徒上”[3]。从制度上来说，太尉掌管军权，已经分流丞相权利。但是，汉代丞相权力极大，武事亦属其职掌范围，故往往侵夺太尉职权，架空太尉。所以，汉代太尉一职经常空而不设，后武帝干脆去掉太尉一职，设置大司马，却无印绶和官属，军政仍归丞相掌管。此后中央分工专职管理军政者，十分不稳定，屡废屡置。这与丞相“事无不统”、大权独揽的状况密切相关。

汉代以后，虽然中央官制在不断沿袭变革，从“三公制”到

---

① 《长编》卷二六，第600页。

② 《长编》卷一五七，第3805页。

③ 《汉书》卷一九上《百官公卿表上》，第725页。

"三省制"，从太尉到大司马，但是宰相总理大政、事无不统的原则不变，他们是军国大事的决策者。如唐代侍中"佐天子而统大政者也。凡军国之务，与中书令参而总焉，坐而论之，举而行之"①。唐代侍中和中书令都是宰相。

（二）枢密院之沿革

唐代中书省和门下省由合并办公而逐渐演化成一个新的最高权力机构——中书门下，宰相权力再度强化。于是，皇帝便试图控制或削弱相权，设立枢密使之意图正在于此。唐代宗永泰二年（766）十二月，"宦官董秀掌枢密"，胡三省注云："是后遂以中官为枢密使。"②

枢密使初设，权力较小，无厅局。《文献通考》卷五八《职官考十二·枢密院》：

> 枢密使，始以宦者为之，初不置司局，但有屋三楹，贮文书而已。其职掌惟承受表奏，于内中进呈。若人主有所处分，则宣付中书门下施行而已。③

此时枢密使在皇帝和宰相之间起"下达上传"中间环节作用，类似于皇帝的私人秘书，即尚书或中书早年的角色，是皇帝用以控制宰相的一种手段。唐宪宗元和后期，宦官集团已牢牢控制住神策军之军权，宦官势力恶性膨胀，由宦官出任的枢密使之职权也日益扩张，他们开始直接插手国家政事决策。这一时期，往往设二位枢密使，他们与神策军二中尉合称"四贵"，僖宗时期称"内大君"，将宰相的大部分权力侵夺至自己手中。随着枢密使权力的膨胀，枢

① 《旧唐书》卷四三《职官二》，第 1842 页。

② 《资治通鉴》卷二二四，第 1532 页。

③ 《文献通考》卷五八《官职考十二·枢密院》，第 1713 页。

密使就需要有专门的办事机构和行政助手，唐末便有了枢密院的行政机构设置。

宦官势力膨胀，走向极端后反而滑向皇帝设想的对立面，不但起不到加强皇权的作用，皇帝反而被宦官所控制，形同傀儡。于是，皇帝又企图改由士人出任枢密使，以削弱宦官势力。天祐元年（904），昭宗任命亲信蒋玄晖为枢密使，次年十二月，改以王殷知院事代替蒋玄晖，这便是最初的士人出任枢密使。

五代时期，枢密院制度屡有变化。朱温控制政局后，复以蒋玄晖为枢密使，以监视昭宗。昭宗被弑，朱温同时杀掉蒋玄晖，废除枢密使。后梁初创，开平元年（907）五月，朱温改枢密院为崇政院，以亲信敬翔知崇政院事，后改为崇政使，“以备顾问，参谋议，于禁中承上旨，宣于宰相而行之。宰相非进对时有所奏请及已受旨应复请者，皆具记事因崇政院以闻，得旨则复宣于宰相”①。与唐代枢密使作为大致类似。

后梁灭亡后，后唐同光元年（923）十月，废崇政院，复称枢密院，其规模、制度皆模仿唐代。首任枢密使是庄宗亲信郭崇韬和宦官张居翰，然张居翰听命于郭。郭崇韬因权重被杀，庄宗又用宦官李绍宏为枢密使，再一次形成二枢密使都是宦官的格局。明宗即位，罢免张、李，用安崇诲和孔循代之，从此，枢密使就一直由士人充任。

从后唐开始，枢密使渐渐凌驾于宰相之上。五代数任枢密使，都是皇帝的亲信，佐命功臣，“其势倾动天下”，职权重于宰相，几乎总揽内外一切大政，如后唐之郭崇韬、安崇诲，后晋之桑维翰、冯玉，后汉之杨邠、郭威，后周之王峻等等。他们或者直接兼任宰相，或者宰相听命于他们。《文献通考》卷五八《职官考

① 《资治通鉴》卷二六六，第1846页。

十二》评曰：“宰相之外，复有宰相，三省之外，复有一省矣。”因此，五代枢密使也特别招皇帝疑忌。后唐“范延光、赵延寿虽为枢密使，惩安重诲以刚愎得罪，每于政事不敢可否”[1]，甚至涕泣求去。后晋天福四年（939）四月，晋高祖下诏罢废枢密院，然不久又恢复。

后汉杨邠和郭威任枢密使，杨居内，主持政务；郭居外，领兵征战，枢密二使一主内一主外格局大致形成。五代战争频繁，国家机器基本上是在战争状态下运行，所以，枢密使主要权力也是掌管军务，出征或镇守诸将皆由枢密院除授。这是宋代枢密院职权演变的由来。

枢密院成为专理军政的中央机构，实始于宋代。宋代保留了唐五代以来的枢密院机构，使其分管军政，以分宰相之权。贯穿两宋，枢密院机构一直沿袭不变。《宋宰辅编年录》卷一引《南窗纪谈》言宋代设枢密院“用分宰相之权”，宋人对此有一致认识。神宗改制时，与宰辅议论枢密院，宰相曾公亮说：枢密院“欲分宰相权尔”。[2]即：在宋代诸多中央官制及机构设置中，以分宰相之权为目的且贯穿始终的只有枢密院。

有关枢密院职官之演变，《渑水燕谈录》概括说：

唐以中官为枢密使，与中尉谓之“内贵”。梁为崇政院使，后唐旧有带相印者，分东、西二院，晋废。国初复置，与中书为二府，亦名二院，但行东院印耳，其后除授不常。以检校官充使不带正官，自赵普始；带节钺，自曹彬始；签书院事，自石熙载始；文资正官充使，亦自熙载

① 《资治通鉴》卷二七七，第1928页。

② 《长编》卷二一一，第5138页。

始；知院，自张士逊始；以文臣知院兼使相，自王钦若始；签书兼藩镇，自曹玮始。今官制复古（指元丰改制），而枢密之职如旧，与三省长官通谓之执政矣。[1]

二、宋代枢密院机构和职能

宋代枢密院统领军事，却并不直接统帅军队，有军政权，却无握兵之重。其机构设置和职能限度，也以此为依据。

（一）分房

宋初，枢密院分四房：兵房，吏房，户房，礼房。神宗元丰五年（1082）新官制颁行，改为十房，后又增加二房，共十二房，依次为：北面房、河西房、支差房、在京房、教阅房、广西房、兵籍房、民兵房、吏房、知杂房、支马房、小吏房。

两宋时期，还有一些临时性的机构设置，负责军政大事，职责与枢密院类似，如北宋末年的经抚房、南宋初年的御营司等，都直接置于宰相领导之下，下文还将介绍。

（二）职权

《宋史》云：

枢密院，掌军国机务、兵防、边备、戎马之政令，出纳密命，以佐邦治。凡侍卫诸班直、内外禁兵招募、阅试、迁补、屯戍、赏罚之事，皆掌之。以升拣、废置揭贴兵籍。有调发更戍，则遣使给降兵符。除授内侍省官及武选官、将领、路分都监、缘边都巡检使以上。……即事干大计，造作、支移军器，及除都副承旨、三衙管军、三路

① 《渑水燕谈录》卷五，第58页。

沿边帅臣、太仆寺官，文臣换右职，仍同三省取旨。[1]

元丰改制后，枢密院机构保持不变，兵政仍归枢密院。但是，武官铨选除授归尚书吏部，地方民兵和厢军名籍、蕃官加恩等归尚书兵部，枢密院职权已经大大削弱。元祐二年（1087）二月，“太师文彦博言：‘厢军旧隶枢密院，新制改隶兵部，且本兵之府，岂可无籍？’枢密院言：‘官制行，厢军分隶户、兵、工三部，于兵部、工部置籍揭贴。’诏：‘逐部自今进册，以其副上枢密院，仍更互揭贴。’”[2] 神宗虽然刻意保留枢密院，但已无法避免枢密院权势的逐步衰落。这种发展趋势是走向二府合一，枢密院最终被中书所吞并。

（三）差遣设置

枢密院长官设枢密使、知枢密院事、枢密副使、同知枢密院事、签书枢密院事、同签书枢密院事。如任命枢密使，则设副使；如设知枢密院事，则以同知为之副，资浅者为签书、同签书枢密院事。惟熙宁元年（1068），以文彦博和吕公弼为枢密使，韩维和邵亢为枢密副使，又以陈升之为知院事，同时设枢密使和知院事。《容斋随笔》云：“赵汝愚初拜相，陈骙自参知政事除知枢密院，赵辞不受相印，乃改枢密使，而陈已供职累日。朝论谓两枢长，又名称不同，为无典故。案：熙宁元年，观文殿学士、新知大名府陈升之过阙，留知枢密院。故事，枢密使与知院事不并置。时文彦博、吕公弼既为使，神宗以升之三辅政，欲稍异其礼，且王安石意在抑彦博，故特命之。”[3] 洪迈解释了熙宁元年的特殊情况，又说明枢密院不同于中书或三省，一般不同时设两位以上首长。

① 《宋史》卷一六二，第3797、3798页。

② 《长编》卷三九五，第9629、9630页。

③ 《容斋三笔》卷九，第527页。

枢密院长官之员数，比起中书要更少一些，因为枢密院诸多职责经常被中书所兼领。一般说来，设二至四位，即一位枢密使或知院事，一至三位枢密副使或同知、签书、同签书。元符三年（1100）正月，知院事曾布对哲宗说：执政“本是八员，今止有其半”①。中书或三省副职以及枢密院正副长官，皆称执政。八员执政，除去三省的中书侍郎、门下侍郎、尚书左丞、尚书右丞外，枢密院正副长官正好还剩四员定额。

枢密院长官偶尔只剩下一人，也是朝规所不允许的。元祐四年（1089），枢密院以安焘为知院事，赵瞻为签书。七月，安焘以母忧去职，枢密院只剩下赵瞻一人，左谏议大夫梁焘即进言：“臣窃以枢密院朝廷机要之地，兵政边事，所系尤重。今但以独员领之，于国体诚未为安。伏望圣慈特出中旨，委一执政兼权。事干大计，愿留宸念。”② 左司谏刘安世也有类似意见，他们都要求以三省宰执兼任枢密院之职。所以，十一月即除孙固为知院事。

三、重文轻武的枢密院班子结构

枢密院分管军政，按理说枢密院长官应该是武人多于文官，后来崛起于白水黑山之间的金国，枢密院长官就全用武人。宋代枢密院领导班子组成，却正好颠倒过来，枢密院长官以文人士大夫为主，用武人反而成为一种变通，或者是特殊时期的特殊情况。《朝野杂记》载：“枢密使至签书枢密院”，宋人旧制“文武通除”，金人“则专用武臣”。③ 宋人“文武通除”的情况，多数发在战争年月，和平时期则明显表现出重文轻武倾向。用文官为枢密院使副，即能获得朝廷舆论的认可；如启用武人为枢密使，必定遭到大臣们的反对，任职者也最终不安于位，被迫离职而去。

① 《长编》卷五二〇，第 12386 页。

② 《长编》卷四三〇，第 10387、10388 页。

③ 《建炎以来朝野杂记》乙集卷八，第 629 页。

枢密院使副偏重文职倾向，后周时期已经初露端倪。后周三位宰相范质、王溥、魏仁浦，皆兼枢密院之职。入宋以后，三人虽然很快被免去枢密院兼职，但“重文轻武”已逐渐发展成为宋人一项基本国策，明显表现在枢密院班子组成方面。北宋初期，戎马倥偬，枢密院班子“文武通除”，掌握枢密院大权的赵普却是文吏出身。其他枢密使，也大都不是简单的一介武夫。如，吴延祚就“少颇读书”，“好学，聚书万余卷”。[①]

太宗太平兴国六年（981）九月，进士出身的文臣石熙载任枢密使，“用文资正官充枢密使，自熙载始也”[②]。尔后，遂成制度。枢密院长官“或以武臣为之，亦异典也”[③]。真宗大中祥符五年（1012）九月，“以吏部尚书、知枢密院事王钦若，户部尚书、知枢密院事陈尧叟，并以前官加检校太傅、同平章事，充枢密院使。……儒臣领枢密兼使相，自钦若、尧叟始”[④]。儒臣在枢密院地位越来越稳固。

北宋和平时期，用武人为枢密使，已经成为非正常态，必然招致朝野种种猜疑和攻击。景祐三年（1036）十二月，用武将王德用为知枢密院事。“苏绅尝疏‘德用宅枕乾冈，貌类艺祖’，帝匿其疏不下。御史中丞孔道辅继言之，语与绅同，且谓德用得士心，不宜久典机密。”[⑤]“宅枕乾冈，貌类艺祖”八字，是“莫须有”的典型案例，极其恶毒，让王德用无从辩解。宋代以此“莫须有”罪名攻击文臣，便会引起舆论大哗；攻击武臣，却能获得舆论支持。这就不仅仅是“重文轻武”，而是宋代对武人的忌惮已经深入人心。

① 《宋史》卷二五七《吴延祚传》，第8947、8948页。

② 《长编》卷二二，第502页。

③ 《宋史》卷一六二《职官二》，第3801页。

④ 《长编》卷七八，第1786页。

⑤ 《长编》卷一二三，第2907页。

宝元二年（1039）五月，王德用终于因此被罢职。为避嫌疑，王德用甚至将自己的住宅也捐献出去。罢枢密使知随州期间，“谢宾客，虽郡官不与接，在家亦不与家人语。如是逾年，起知曹州，始复语人，以为善处谤也”[①]。王德用如此谨小慎微，可见武人任枢密使之职所承受的巨大舆论压力以及因此产生的后遗症。

北宋另一名将狄青的遭遇更能说明问题。狄青因赫赫战功，皇祐四年（1052）六月被任命为枢密副使，台谏即纷纷表示反对，言狄青“出兵伍为执政，本朝所无”；这样的任命“不守祖宗之成规，而自比五季丧乱之政”等[②]，仁宗仍执意用之。次年五月，狄青因平岭南之功，仁宗欲用其为枢密使，遭到了以宰相庞籍为首的大臣们更激烈的反对。仁宗的意志虽然得以贯彻，反对的意见却一直未断绝，以至谣言四起。或言狄青“家数有光怪，且姓合谶书”[③]。或言狄青“家犬生角”；狄青得京城百姓爱戴，“青每出，辄聚观之，至壅路不得行”；狄青避水相国寺，“行坐殿上，都下喧然”，等等。[④]种种罪名，无中生有，与攻击王德用之言论如出一辙。嘉祐元年（1056）八月，狄青终于因这些“莫须有”罪名被排挤出枢密院。韩琦代之为枢密使，继续监督狄青，次年二月，狄青便在忧虑中去世，年仅 49 岁。

王德用“习知军中情伪，善以恩抚下，故多得士心”。平日谦让大度，以德报怨，荣辱不惊，用为枢密使，连契丹也知道朝廷“得人”。[⑤]狄青“为人谨密寡言，其计事必审中机会而后发。师行，先正部伍，明赏罚，与士同饥寒劳苦。虽敌猝犯之，无一士敢后先

① 《石林燕语》卷七，第 103 页。

② 《长编》卷一七二，第 4153 页。

③ 《石林燕语》卷七，第 103 页。

④ 《长编》卷一八三，第 4435 页。

⑤ 《宋史》卷二七八《王德用传》，第 9468 页。

者，故其出常有功。喜推其功以与将佐”①。二人是北宋难得的将帅之才，在北宋外忧不断的年月里，极其需要这样的人才，然他们的遭遇却是如此相似，宋人“重文轻武”已经走到极端片面的地步。

宋代武人因此不敢居枢密院使副之职。王德用始擢枢密副使之职，辞曰：“臣武人，幸得以驰驱自效，赖陛下威灵，待罪行间足矣。且臣不学，不足以当大任。”②“臣武人”，即为鄙薄抑制的最好理由。或者即使任职枢密长贰，也不敢自视过高，懂得自我抑敛。王德用后升任枢长，有求荐馆职者，王德用答曰：“以君进士登科，所荐应合格矣。然某武人，素不阅书，若奉荐，则色叫矣。”③王德用时刻不忘以“武人”自贬。事态发展的必然结果是枢密院使副班子全部由文臣组成。治平三年（1066）四月，宰相韩琦因此上言“西府当用一武臣”，“西府久不用武臣矣，宜稍复故事”。④提拔名将郭逵为同签书枢密院事，这次任命依然遭到朝廷舆论的反对。

梁天锡先生曾对宋代文资与武资任职枢密院长贰做过统计，云：“两宋 18 朝共 724 员次：文资 659，占 91%；武资 65，占 9%。”具体地说：“北宋太祖开国，武资任枢密长贰较文资为重。太宗、真宗后，国家统一，文资已有超越武资之势。仁、英、神三朝，文资已显较武资为多。哲宗时，全属文资。徽、钦、高各朝，虽略用武资，光宗以后，又全为文资所垄断。”⑤

即使枢密院其他高层官员，也由“旧皆武臣”逐渐改为“文

① 《长编》卷一八五，第 4474 页。

② 《长编》卷一二二，第 2614 页。

③ 《麈史》卷中，第 37 页。

④ 《长编》卷二〇八，第 5051 页。

⑤ 《宋枢密院制度》，第 13 页。

武互用”。如枢密院都承旨，为枢密院属官之首，宋初专用武臣，“熙宁中，王荆公怒李评，罢去，命曾令绰为都承旨。自是方文武互用矣”[①]。

南宋时期，朝廷始终笼罩在战争阴影之下，国家需要将帅出来承担保家卫国的重任，武将出任枢密院使副之事才变得让人们容易接受，众多将帅皆历任枢密院长官职务，如韩世忠、张俊、岳飞、赵葵等。孝宗曾手诏宰相虞允文说：“朕方欲武臣为枢密。”[②]表明了时代的需求。然南宋多以宰相兼枢密院之职，二府决策班子渐渐合为一套，在枢密院领导班子中，仍然是文臣占据上风。

武臣偶为枢密使，既不为时论接受，当然也常常被二府同僚所蔑视。天圣年间张耆为枢密使，太后刘氏不用吕夷简为相，宰相王曾对太后说：“太后不相夷简，以臣度圣意，不欲其班枢密使张耆上尔。耆一赤脚健儿，岂容妨贤如此！”[③]语气轻蔑已极。嘉祐元年（1056）七月，首相文彦博与次相富弼等“共议建储，未尝与西府谋也。枢密使王德用闻之，合掌加额，曰：‘置此一尊菩萨何地？’或以告翰林学士欧阳修，修曰：‘老衙官何所知？’”[④]而后，宰相韩琦敦请太后还政，未与枢密使富弼商议，却遭到舆论抨击。朝野舆论前后明显不同，就是因为一是以武人出任枢密使，一是以文职出任枢密使。

第二节　二府之间矛盾

设立枢密院，目的之一是收地方军权，以削弱地方武装割据势

① 《挥麈前录》卷二，第10页。

② 《宋史》卷三八三《虞允文传》，第11799页。

③ 《长编》卷一〇七，第2495页。

④ 《长编》卷一八三，第4424页。

力。同时，确实也有分宰相之权意图。宋初帝王企图借此使二府各司其职、互相牵制。这种意图的贯彻实施，是从太祖开始的。太祖以唐末为鉴，喜大权独揽，厌臣僚交接。“故事，宰相、枢密使每候对长春殿，同止庐中。上闻普子承宗娶枢密使李崇矩女，即令分异之。”[①] 此举措是一个信号，表明太祖企图分民政与军政为二途的意向和决心。太宗即位，二府独立行事倾向更加明显，雍熙三年（986）征战契丹，“初议兴兵，上独与枢密院计议，一日至六召，中书不预闻”[②]。二府分权做法被贯彻得比较彻底的是太祖开宝后期至真宗景德初年，其间持续约三十余年。二府序位本来有高下之分，中书居枢密院之上，但统治者又特意培植枢密院与中书分庭抗礼的地位，由此造成二府权力分配之复杂化。虽然制度规定二府分掌民政和军政，但是民政和军政又不能截然分开，因此，二府之间的矛盾就不可避免。权力对个体都有着巨大的诱惑力，二府争权是不可避免的。二府的矛盾纠葛，是造成宋代相权复杂化的重要因素之一。

一、二府分权与争权

朝廷政务，民政与军政必然有交叉之处。二府平行，各行其是，必然会出现相互争权、彼此矛盾的现象，尤其是二者权力相交之时。此类情况，史书多有记载。《宋史》载：“中书、枢密制边事多不合，中书赏战功而枢密降约束，枢密诘修堡而中书降褒诏。元发言：‘战守，大事也，而异同如是，愿敕二府必同而后下。’”[③] 曾布也对哲宗说：“三省近日以来，窥伺密院不一。”[④]

二府时有矛盾和冲突，是太祖、太宗有意识引导的结果。《南

① 《宋史》卷二五六《赵普传》，第 8933 页。

② 《长编》卷二七，第 618 页。

③ 《宋史》卷三三二《滕元发传》，第 10674 页。

④ 《长编》卷五一六，第 12281 页。

窗纪谈》云："国朝中书、枢密先后上所言，两不相知，以故多成疑贰。然祖宗亦赖此以闻异同之论，用分宰相之权。"[①] 皇帝分而治之的意图，当然要演变为二府之间矛盾，并且演化为实际操作时的诸多弊病。梁天锡先生将其归纳为三点：推诿塞责，意见分歧，除授重叠。[②] 如咸平五年（1002）十月，侍御史知杂事田锡进言，就分析了二府相互推诿责任作风，云：

> 枢、相商议，别无远谋，无远谋则多失。失于边计者，去年失清远军，今年失灵州；失于邦计者，不知府库有无，不知仓廪虚实。戎夷深入，则请大驾亲往；将帅无功，则取圣慈裁断。所以仓廪盈虚，过不在枢密院；边防动静，事不属中书。因此相承，寖以成例。圣恩若且任用，则不失享富贵；圣旨若令罢免，则不过归班行。[③]

二府平均事权，各行其是，必然是这样的结果，与三省分权鼎立的弊病一模一样。

二、二府地位与关系

二府地位，依照制度，有高下之分，枢密院地位低于中书，枢密使位序在宰相之下。

首先，宰相名义上"总文武之政"，依照制度，宰相可以插手枢密院事务。而枢密院长官则专掌军政，职掌相对狭小。

其次，朝廷班位，枢密使亦在宰相之下，偶有例外。仁宗初年，枢密使曹利用恃功骄横。"旧制，枢密使虽检校三司，兼侍中、尚书令，犹班宰相下。乾兴中，王曾由次相为会灵观使，利用由枢

① 《宋宰辅编年录校补》卷一，第 15 页。

② 《宋枢密院制度》，第 842 页。

③ 《长编》卷五三，第 1160 页。

密使领景灵宫使，时重宫观使，诏利用班曾上，议者非之。未几，曾进昭文馆大学士、玉清昭应宫使……诏宰相、枢密使序班如故事，而利用益骄，尚居次相张知白上。”[①]曹利用骄横最后为自己带来灭顶之灾。其他枢密使则不敢向曹利用学习。“熙宁二年，相陈升之，诏：‘彦博朝廷重臣，其令升之位彦博之下，以称遇贤之意。’彦博曰：‘国朝枢密使，无位宰相上者，独曹利用尝在王曾、张知白上。臣忝知礼义，不敢效利用所为，以紊朝著。’固辞乃止。”[②]枢密使在序位排列上的自觉态度，充分说明了两者之间位置的高下之分。

再次，宰辅晋升次序往往由枢密院长官进而拜相。宰相丁忧起复，时相位上已另有他人，且得皇帝信任，故相也有改任枢密院长官者。如，仁宗嘉祐年间，昭文相富弼丁母忧，到嘉祐末起复，时宰相韩琦正得朝廷信赖，所以，富弼改任枢密使。曾任枢密使而官未至宰相者，有人则引为终身遗憾。如，仁宗朝枢密使钱惟演最大的遗憾就是未任宰相。“惟演尝语人曰：‘吾平生不足者，惟不得于黄纸上押字尔。’盖未尝历中书故也。”[③]其他大臣也以能进东府中书为荣。太后刘氏垂帘期间，赵稹厚结太后兄刘美家婢，得任枢密副使。“命未出，人驰告稹，稹问：‘东头，西头？’盖意在中书。”[④]

其四，从官品来说，北宋前期宰相和枢密使都视本官阶而定，南宋后定制，左、右丞相为正一品，枢密使为从一品。所以，二府虽然没有统属关系，但却有高低位序之分。

宰相与枢密使的等级差别处处显示出来。如拜官之“官告之

① 《宋史》卷二九〇《曹利用传》，第 9707 页。

② 《宋史》卷三一三《文彦博传》，第 10261 页。

③ 《宋史》卷三一七《钱惟演传》，第 10342 页。

④ 《长编》卷一〇九，第 2544 页。

制”：宰相“背五色金花绫纸十七张，晕锦褾袋，犀轴，色带，紫丝网，银帉錔”；枢密使“白背五色金花绫纸十七张，晕锦褾袋，犀轴，色带”。又如，“凡宰相、使相，母封国太夫人，妻封国夫人。枢密使、副使、参知政事、尚书、节度使，母封郡太夫人，妻封郡夫人”①。

另一方面，宋代帝王为了达到二府制衡目的，又特意加强枢密院的权力，使之能与中书平分秋色。所以，在许多方面给予枢密院长官以宰相的同等礼遇。如，《燕翼诒谋录》载：“枢密使拜罢，与宰臣恩数等。”② 曾任宰相者，再度入二府，或出任枢密院长官，如前文提及的富弼，时人并不认为这是降级使用。《挥麈前录》载：

> 前宰相为枢密使者：宋元宪（庠）、富郑公（弼）、文潞公（彦博）、陈秀公（升之）。宣和二年，郑华原（居中）以故相领院事。绍兴七年，秦师垣（桧）亦以前揆拜枢密使，未几复登庸。近岁张魏公（浚）亦然。③

二府之间位序的高下之分和皇帝有时有意识地使二者分庭抗礼，使二府关系显得错综复杂。他们之间没有领导与被领导的关系，但时常在实际操作中枢密院又置于中书宰相的节制之下，尤其是面临重大军事决策之时。

三、二府矛盾协调

要充分发挥中央行政机构的作用，提高其工作效率，必须协调好二府关系，解决好二府之矛盾。宋代解决二府矛盾的方法依赖两个方面，一是靠皇帝的调节驾驭，二是靠二府大臣自身调节。贯彻

① 《春明退朝录》卷中，第 19、21 页。

② 《燕翼诒谋录》卷四，第 37 页。

③ 《挥麈前录》卷二，第 10 页。

两宋始终，在协调二府关系时，这两种力量都在发挥不同程度的作用。只是在不同时期，针对不同对象，各自发挥的作用各不一样。雄才大略帝王在位，能够驾驭二府矛盾，让二府做到和而不同。太宗以后的帝王，显然越来越缺乏这种能力，所以，皇帝发挥的作用以后也就越来越微弱，越来越多地依赖二府大臣间的自我调节。

缺少皇帝在二府之间做调节，只有依赖二府大臣自身的相互调整。二府大臣自我调节有三种方式：一是二府长官中部分大臣充分信任同僚，事事相让。这也只有个别心胸豁达、具有政治远见的宰相才能做到。并且，还需要二府之间的推心置腹和皇帝对两府大臣的充分信任。北宋宰相王旦在这方面有出色的表现。真宗大中祥符年间，王旦为相，寇准任枢密使。寇准是一位有才干的出色的政治家，喜做事、好揽权，棱角分明，锋芒毕露。《宋史》载：

> 寇准数短旦，旦专称准。帝谓旦曰："卿虽称其美，彼专谈卿恶。"旦曰："理固当然。臣在相位久，政事阙失必多。准对陛下无所隐，益见其忠直，此臣所以重准也。"帝以是愈贤旦。中书有事送密院，违诏格，准在密院，以事上闻。旦被责，第拜谢，堂吏皆见罚。不逾月，密院有事送中书，亦违诏格，堂吏欣然呈旦，旦令送还密院。准大惭，见旦曰："同年，甚得许大度量。"①

王旦能如此大度，除了他的心胸气量以外，还基于他对寇准才干和人品的信任，以及真宗对王旦的特别信赖。真宗曾授予王旦不必面旨的专断权。似太祖对赵普、李崇矩的疑心，二府之间关系再好也无法协调工作。这种君臣、二府之间的理想关系，出现可能性

① 《宋史》卷二八二《王旦传》，第 9547 页。

极小。因此，二府争权、矛盾的时候多，协调、合作的时间少。

二府协调的另外一种经常性做法是建立起二府大臣协商、“聚议”的制度，通过集体领导的方式，事先解决矛盾。二府矛盾冲突，造成极大的“内耗”，势必影响中央权力机构正常运转。这是宋代中央机构办事效率低下、官僚拖沓作风盛行的主要原因之一。为了解决这个弊端，二府往往需要相互参预对方事务，建立协商机制。所以，北宋真宗以后，二府之间逐渐确立了“聚议”制，即诸事禀奏之前或退朝之后，二府聚政事堂商议决定。《长编》中有关“是日，三省、枢密院聚议”的记载，也是真宗朝以后慢慢多起来。神宗朝以后，成为定制。而且，国家如有重大举措或面临危难之时，必须更大幅度地提高二府的办事效率，两套决策机构往往合并为一套，南宋绝大多数时候就是如此。

第三节　宰相对枢密院军政节制

二府对掌大柄，军政独立，是宋代帝王的理想设置。在实际实施和操作过程中，肯定不能达到理想化的程度。历史的沿革、环境的需要、君王的偏好、个人的才能，都将不同程度地影响到权力的具体行使过程。尤其是在“人治”的独裁专制社会，权力分配往往因人而异。宋代二府实际权限及相互关系，十分错综复杂，在每一种具体环境中都可能会发生变化。

宋代帝王虽然竭力将军政大权从宰相手中夺走，但是排列史料，就能发现宰相几乎插手枢密院所有事务：

（真宗咸平五年）上语辅臣曰：“大阵兵已倍向来之数，去岁于天雄军、莫州、北平路及前阵别布师旅，此系朝廷机事。今卿等欲以王超为都部署，或受命之后，固有此请，其何以答之！”吕蒙正等曰：“此固不可从也。”上曰：“既任以阃外，则所奏请安可不从，宜召至中书、枢密院，再询其方略。”于是咸言超才堪将帅。①

（真宗咸平六年）河东转运副使郑文宝上言管内广锐兵万余，难得资粮，请徙置近南诸州，又欲令强壮户市马以备征役。诏中书、枢密院参议。李沆等以为广锐皆州兵，本州置营，必虑安土重迁，徙之即致纷扰；又强壮散处村落，无所拘辖，勒其市马，亦恐非便。上复令文宝条对，文宝固执前奏，且言土人久留，恐或生事。上曰：“前令团并军伍，改创营壁，欲其互移本贯。行之已久，而文宝确陈其利。”因命钱若水详度以闻。若水所对，与沆等同，遂罢之。②

（仁宗庆历元年）中书奏：“近添差弓手，准备捕盗。昨令淮南、江南、两浙、荆湖诸州军招置宣毅指挥，充本城禁军，今已成次第。所有添差弓手，须议减放。欲于见第二、第三等户内选留少壮有勇力者，于旧额外增两倍，每五十人置节级一名，其余拣退者及指挥使并遣归农。”从之。③

（仁宗庆历元年）中书、枢密院言：已发在京神卫等二十指挥赴河北路。诏：权遣赴并代路，以丰、麟州危迫

① 《长编》卷五二，第1137页。

② 《长编》卷五四，第1191页。

③ 《长编》卷一三二，第3145页。

故也。[①]

先是，议诸路经略、钤辖不得便宜斩、配百姓，赵抃时在中书，乃言当独许成都四路，王安石执不可，曰："成都与诸路远处何异？"会安石斋祠，中书、枢密院同立法，许之。其后，谢景初奏："成都从来妄以便宜从事，所释诛多不当，乃至有年十五已下、犯法至轻，皆先刺配，候其长之配所。"于是，中书复删定敕文，惟军人犯罪及边防并机速许特断。[②]

（哲宗元祐六年）三省、枢密院同奏："乞将勒住夏国岁赐，分给与河东、陕西经略司，添助汉蕃功赏，庶可激扬士气。"太皇太后曰："甚善。"[③]

（哲宗绍圣四年）三省、枢密院同呈：熙河进筑青石硖役兵等并特支，并泾原筑筵江川并赐茶药，内张询、钟传欲不赐。上问其故，因言："青石硖只合作六百步至四百步堡子，传乃欲作千步城。又以盛夏兴役，非如泾原不得已而为之。"[④]

（哲宗元符元年）三省、枢密院同进呈鄜延奏苗履、张守德获级，诏令走马审验。[⑤]

① 《长编》卷一三三，第 3164 页。

② 《长编》卷二三九，第 5820 页。

③ 《长编》卷四六七，第 11150 页。

④ 《长编》卷四八九，第 11604 页。

⑤ 《长编》卷五〇二，第 11957 页。

以上从《长编》中随意拈出几条北宋史料，涉及边战谋略、兵粮接济、士兵处置、边城修筑、边功论赏等等。即使在枢密院人事任命方面，中书宰相也时常插手，如熙宁年间宰相王安石恶枢密都承旨李评，屡屡在神宗面前攻击，神宗袒护李评，王安石甚至说："陛下方尊宠倚信李评，臣当避位。"① 熙宁五年（1072）七月，李评最终被罢免出朝。熙宁三年（1070）十二月，陕西宣抚使韩绛欲引范纯仁自助，"枢密院得旨，差至中书，寝不行，王安石恶纯仁不附己也"②。或者连溃散兵卒的赦免工作，也由"中书进拟曲赦条目"③，代枢密院负责办理。从小事到大事，中书宰相对枢密院工作节制无所不在。类似史料，举不胜举。不难发现，将中书完全屏除于军政决策之外，在两宋大多数时期内，都是一纸空文。

宋代宰相节制枢密院政务和事务，或者说在不同时期内或多或少地行使着自己"事无不统"的权力，大约可以从历史到现实、从制度到操作，寻觅以下三点原因。

一、宋代宰相之职权："事无不统"

在二府相互关系中，总的趋势是宰相时常要对枢密院的政务、事务加以节制。对此首先可以追溯制度渊源的深层原因。宋代所有文献介绍宰相职权时，都云："中书总文武大政，号令所从出。"④《宋史·职官志》《宋会要·职官》等文献皆有类似记载，宰相"总文武大政"之职权与宋以前并无不同，军政大事当然归属宰相管理范围之内。宰相节制军政，行使权力，名正言顺。《宋史》在解释枢密使、副使等职能时，也强调说："凡边防军旅之常务，与三省分

---

① 《长编》卷二三五，第 5712 页。

② 《长编》卷二一八，第 5304 页。

③ 《长编》卷六七，第 1500 页。

④ 《长编》卷五七，第 1257 页。

班禀奏。事干国体，则宰相、执政官合奏。”① 宋代尽职尽责的贤相或善于揽事的权相，都把参与军国大事之决策，视为自己份内之事。如元祐初，司马光任首相，因病不能到都堂处理政务，就分别给三省和枢密院写信，通过书信的方式领导二府工作。南宋很有政治才干、头脑冷静、处事稳妥的贤相史浩，在孝宗即位、草率北伐之际，屡屡进谏，孝宗执意不从，且绕过史浩，直接下诏。“省中忽得宏渊出兵状，始知不由三省，径檄诸将。浩语陈康伯曰：‘吾属俱兼右府，而出兵不与闻，焉用相哉？不去尚何待乎！’”② 史浩因此罢右仆射，入相仅四个月。史浩不惜辞官而去，就是为了坚持宰相应有的军政参议权。

二、重大军事决策涉及众多方面，必须二府协调

从朝廷政务和事务操作过程来看，二府之间也不能截然分开。

每一次重大军事行动，需要调集大量的粮草，调配成千上万的民伕为其运输服务。古代运输工具落后，每次调集的民伕数量几乎与所派遣的军队数量相等。如，元丰年间“韩存宝受命经制泸州蛮贼公事”，“兵总三万二百二十九，马一千九百七，运粮夫三万余”。③ 元丰四年（1081）朝廷发动对西夏战争，王中正一路“兵六万人，民夫亦六万余人”；高遵裕一路“蕃汉步骑凡八万七千人，民夫九万五千人”④。有时，民伕数量甚至是军队的倍数。如熙宁九年郭逵率兵征战广源，诸将称“兵之在行者十万，夫二十余万”⑤。军国大事，总是与财政预算、地方民力调配紧密相关。所以，军事行动没有宰相参与决策，是很难行得通的。元丰四年（1081）六

---

① 《宋史》卷一六二《职官二》，第 3800 页。

② 《宋史》卷三九六《史浩传》，第 12067 页。

③ 《长编》卷三一一，第 7531 页。

④ 《长编》卷三一六，第 7650、7651 页。

⑤ 《长编》卷二七九，第 6844 页。

月，神宗诏曰："今陕西诸路会集兵马，利害所系不细。应枢密院遣兵将，中书调运军食等事，并会议允当，然后进呈行下。仍于二府逐房各选恭谨敏给吏三二人，专主行，庶可照应前后处分，不致重错。"① 明确二府合作协调关系，并需二府各抽调专门人员负责。绍兴元年（1131），高宗命宰相、参知政事等兼枢密院职，宰臣赵鼎称其"事归一体，无前人所谓枢密调兵，而三省不知；三省财竭，而枢密院用兵不止者矣"②。赵鼎一语道中二府分权的弊病。宋代，凡是和平岁月，枢密院决策相对独立，宰相时常被排除在军政之外；一旦发生战争，宰相立即重新参与决策，而且皇帝也要发布各种诏书，以强调宰相的参与作用。这几乎已经成为一条规律。

宋初，全国尚未统一，四边征伐不断，战争频仍。然太祖雄才大略，总揽一切。此时虽分设中书和枢密院，太祖都能调配自如，决策班子只有一套。且枢密使有时以宰相兼任，如建隆元年（960）二月，昭文相范质、史馆相王溥罢兼参知枢密院事，主要原因是太祖对周旧臣不能完全信任，而集贤相魏仁浦则兼枢密使。而后，太祖极力超拔赵普，由枢密副使、枢密使，进而拜相。赵普在枢密院，朝政决策中心即在枢密院，赵普升任中书宰相，枢密院也自然归其节制。如乾德四年（966），"权知侍卫步军司事王继勋恃恩骄恣，为部曲所讼，付中书鞫实"③。就是中书节制军政的明证。

经过宋初征战杀伐，全国基本上被统一，边境上只有西夏和契丹仍然是很大的战争威胁。真宗即位后，这个矛盾被突出出来。景德元年（1004），契丹再次大举入侵。真宗没有太祖运二府于股掌之上的统帅能力，对付一场大规模的战争，他需要二府之间的紧密协调，因此，"上每得边奏，必先送中书，谓毕士安、寇准曰：'军

① 《长编》卷三一三，第7593页。

② 《宋宰辅编年录校补》卷一五，第973页。

③ 《长编》卷七，第172页。

旅之事，虽属枢密院，然中书总文武大政，号令所从出。乡者李沆或有所见，往往别具机宜。卿等当详阅边奏，共参利害勿以事干枢密院而有所隐也。’”① 面临战争威胁，皇帝被迫承认宰相“总文武大政”的权利，并重新付诸实践。

仁宗年间，西夏成为主要边患威胁，宋、夏战争连绵，宰相兼管军政的问题再次被提上议事日程。《长编》载：

> 诏枢密院自今边事并与宰相张士逊、章得象参议之，即不须签检。国朝旧制，以中书制民，枢密主兵。故元昊反，边奏皆不关中书。翰林学士丁度尝建言：“古之号令，必出于一。今二府分兵、民之政，若措置乖异，则天下无适从，非国体也。请军旅重务，二府得通议之。”知谏院富弼又言：“边事系国安危，不当专委枢密院，而宰相不与。乞如国初，令宰相兼枢密使。”上参取其言，而降是诏。士逊等以诏纳上前，曰：“恐枢密院谓臣等夺权。”弼曰：“此宰相避事尔，非畏夺权也。”②

可见真宗之后二府再次各行其是，形成官场习惯后宰相也畏惧人言而不愿干涉军务，朝廷有为之士则意识到其中弊病，纷纷进言，皇帝在现实需要面前只能接受臣下进谏。庆历二年（1042），又以首相吕夷简判枢密院事、次相章得象兼枢密使，枢密使晏殊同平章事，中书与枢密院再次合为一套决策班子。其后，凡拜相者皆兼枢密院职。庆历四年（1044）十二月，与西夏议和。五年（1045），宰相贾昌朝等便辞免所兼职，云：“向以关陕未宁，兵议

① 《长编》卷五七，第 1257 页。

② 《长编》卷一二六，第 2975 页。

须壹，复兹兼领，适合权宜。今西夏来庭，防边有序，当还使印，庶协邦规，臣等愿罢兼枢密使。”① 环境相对和平时，宰相们自觉地遵循祖宗制度，辞去兼职，以使帝王放心。

真宗、仁宗朝以后，凡朝廷重大军事行动，必然有宰相的参预，而且他们逐渐确立起对枢密院的领导地位。

三、日常性事务，二府不通声气，容易政出多门，无所适从

在日常运作中，不仅仅是军政要务需要二府协调合作，即使许多日常性的事务，也需要二府互通声气。举两条史料为例：

> （太宗端拱二年）中书门下言：“所录《时政记》，缘皇帝每御前殿，枢密院已下先上，宰相未上，所有宣谕圣语，裁制嘉言，无由闻知，虑成漏略。欲望自今差枢密副使二人逐旋抄录，送中书。”遂诏枢密副使张宏、张齐贤同共抄录，自后枢密院事皆送中书，同修为一书而授史官。②

> （真宗景德四年）诏自今中书所行事关军机及内职者，报枢密院；枢密院所行事关民政及京朝官者，报中书。时中书命秘书丞杨士元通判凤翔府，枢密院命士元监内香药库，两府不相知，宣敕各下。遂有此诏。③

二府分离，对中央机构权力行使相当不便。二府相互牵制，相互消耗，必然削弱中央集权，与二府制度设立原意相违背。所以，统治者在不断地做局部调整，以消除弊病。调整的结果是二府之间

① 《长编》卷一五七，第 3805 页。

② 《长编》卷三〇，第 691 页。

③ 《长编》卷六五，第 1460 页。

越来越多地相互参预。

上述阐述的三点，已包含着一个重要信息：当某一宰相特别得帝王信任时，往往形成权相独断的局面，军政和民政大权皆归宰相独揽，如蔡京、秦桧等皆其例。这是“人治”社会一大特征，制度的运作和权力的分配因人而异。

第四节　枢密院参预军政以外政务

宋代枢密院掌军政，且有一整套完善的权力行使机构建制。宋初，武臣意识到帝王分臣下之权以便操纵之意图，恪守本分，不愿过问军政以外政务。《宋史》载：“（曹彬）平蜀回，太祖从容问官吏善否，对曰：‘军政之外，非臣所闻也。’”[①] 这样的态度就很合太祖之意。如前所言，二府各行其是之弊端甚多，因此，在权力行使过程中，二府之间相互参预也就越来越多。这种参预不仅仅是中书对枢密院单向性的参预，而是二府之间相互双向性的参预。

证之史料，枢密院同样时时参与军政以外的大事或小事的商议与决策。如：

> 时二府合班奏事，琦必尽言，虽事属中书，亦指陈其实。同列或不悦，帝独识之，曰：“韩琦性直。”[②]

韩琦时为枢密副使，却时时议论宰相管辖的事务，仁宗仍以其为忠直。可见，枢密院长官干涉军政以外政事，并不会被认为是越权。

---

① 《宋史》卷二五八《曹彬传》，第 8982 页。

② 《宋史》卷三一二《韩琦传》，第 10223 页。

（哲宗元祐六年）枢密院奏事已，韩忠彦问："赵君锡、贾易罢，不知因依，岂非言苏轼否？"太皇太后曰："是也，辄将题诗事诬轼。"①

韩忠彦时为知枢密院事，却过问台谏官被罢免之事，太皇太后也不以其越权，而与其认真讨论。可见枢密使等参与朝廷其他政务在宋代是很正常的事。又：

（哲宗元符三年）上批付三省，以尚书及从官阙，令与枢密院参议。②

文职官员任命，应该是宰相的行政职权，然皇帝要求与枢密院商议，三省并不反对，可见这样操作是符合通常惯例的。

其他如：

（仁宗天圣五年）命参知政事吕夷简、枢密副使夏竦修《真宗国史》，翰林学士宋绶、枢密直学士刘筠陈尧佐同修，宰臣王曾提举。③

（仁宗庆历三年）诏三司下诸路转运司，具析诸州县差徭赋敛之数，委中书、枢密院议蠲减之。④

① 《长编》卷四六四，第 11074 页。

② 《长编》卷五二〇，第 12378 页。

③ 《长编》卷一〇五，第 2436 页。

④ 《长编》卷一三九，第 3342 页。

（仁宗庆历三年）诏中书、枢密院同选诸路提点刑狱官。①

纵观历任枢密院长官所为，朝廷一切大政皆参与商议、讨论。枢密院对军政以外政务或事务之参与，既可以追究其观念、制度上的历史和现实的原因，又有不同环境、皇帝个人好恶等临时变化的因素。从枢密院角度反观二府之关系，才能更加清晰地了解二者之间复杂的纠葛。

一、从枢密院职官渊源来看

从观念和制度方面考察，首先值得注意的是：宋代枢密院长官对应于西汉初年太尉发展而来的。汉代太尉则位居“三公”，是朝廷宰相之一。从宋代职官制度方面考察，枢密院长官都是朝廷宰辅，他们与参知政事一起，被通称为“执政”，时人称枢密使或知院事为“枢相”。宋太宗说：“中书、枢密，朝廷政事所出，治乱根本系焉。”②所以，宰相“坐而论道”“事无不统”等职权观念，某种程度上也适用于枢密院长官。国家大事，枢密院都有参与商议、决策的权力。范仲淹追溯官职沿革说：

周制，三公分兼六官之职，汉以三公分部六卿，唐以宰相分判六曹。今中书，古天官冢宰也；枢密院，古夏官司马也。四官散于群有司，无三公兼领之重。而二府惟进擢差除、循资级、议赏罚检用条例而已。上不专三公论道之任，下不专六卿佐王之职，非法治也。臣请仿前代，以三司、司农、审官、流内铨、三班院、国子监、太常、刑

① 《长编》卷一四四，第3483页。

② 《长编》卷二六，第600页。

部、审刑、大理、群牧、殿前马步军司，各委辅臣兼判其事。凡创置新规，更改前弊，官吏黜陟、刑法轻重、事有利害者，并从辅臣予夺。其事体大者，二府佥议奏裁。①

范仲淹将二府长官对应于古代“三公”来讨论，要求恢复其“论道”“佐王”“佥议”大事之职能。这里，朝廷重大政务或事务，范仲淹认为必须通过“二府佥议”。也就是说，从制度方面着眼，宋人承认枢密院长官与宰相一样，有同等的参政、议政权力。宋代大臣奏议中，也要求皇帝与二府长官“坐而论道”、参议大事。如：

中书、枢密，古之三事大臣，所谓坐而论道者也，止只日对前殿，何以尽天下之事！宜迭召见，赐坐便殿，以极献替，月不过数四足矣。②

明智君主也将召二府“坐而论道”作为开明纳谏、励精图强的主要措施：

（熙宁二年四月）上令中书、枢密院开门通天章阁，盖欲与两府坐而论道也。③

在两宋绝大部分时期，枢密院长官都把参与国家大政作为自己应尽的职责，二府职权显示出某种重叠。如，皇帝有时直接让中书和枢密院同时推荐某一类官员。景德四年（1007）七月，“复置诸

① 《长编》卷一五一，第 3673 页。

② 《长编》卷一一六，第 2723、2724 页。

③ 《宋宰辅编年录校补》卷七，第 381 页。

路提点刑狱官”，真宗“命中书、枢密院择官具名进入”。[1]

有了制度观念的保障，当枢密院长官被排除在朝廷大事商议、决策之外时，就会提出异议，甚至是抗议。如《长编》载：

> 嘉祐初，琦与富弼同相，或中书有疑事，往往私与枢密院谋之。自弼使枢密，非得旨令两府合议者，琦未尝询于弼也，弼颇不怿。及太后还政，遽撤东殿帘帷，弼大惊，谓人曰：“弼备位辅佐，他事固不敢预闻，此事韩公独不能与弼共之耶？”或以咎琦，琦曰：“此事当时出太后意，安可显言于众？”弼自是怨琦益深。[2]

嘉祐三年（1058），富弼为昭文相，韩琦为集贤相，富弼经常主动与枢密院长官商议朝廷大事。治平初，韩琦为昭文相，富弼为枢密使，韩琦则往往独作主张，而不与枢密院商议。时英宗病愈，韩琦当廷要求太后还政，得太后同意后，立即撤帘，如此大事，富弼不得预闻，故有怨言。

这条史例说明两个问题：一是枢密院长官参与军政以外的朝廷大事商议或决策并不是定规，也不是朝廷的明确制度，而只是当时人们的一种观念认定。所以，没有朝廷特旨，韩琦就会独断独行，并借口推托而不与枢密院商议；二是枢密院长官参与军政以外的朝廷大事决策已经成为惯例，在时人的观念中认为理当如此。所以，富弼从前才会以中书疑事商之于枢密院，而任枢密使不得预闻大事时又会有怨言，他人也因此责备韩琦。即从观念上来说，人们认定枢密院有参与军政以外朝廷大事决策的权力，却没有制度上的保

---

① 《长编》卷六六，第 1477 页。

② 《长编》卷二〇一，第 4866 页。

障。这种复杂的情形，经常在朝廷中引起争论。

例如，治平二年（1065），朝廷就英宗应如何对待亲生父亲濮王一事发生“濮议之争”，中书与台谏分成两大派，侍御史吕诲进谏说“国家承五代余弊，文武之政，二府分领。然而军国大计，皆得合议。今议崇奉濮安懿王，此事体至大者，而终不谋于枢府，臣所未喻”①。又，元符三年（1100）诏三省与侍从官集议“太平兴国二年所用是何服纪”，枢密院未得参预，知枢密院曾布与宰相章惇争议说：“密院不与集议，有三不可：太后手诏三省，并陈太妃追册、申王加恩、向宗回等进官，皆非密院职事，得旨同行，而此独不与，一不可也；侍从官皆与议而独密院不与，二不可也；三省若同上，密院不可先追，须别班奏事，恐与体未安，三不可也。”②章惇同意此说，枢密院因此得以参加集议。前一件事是所谓朝廷大事，谏官要求有枢密院参议；后一件事是小事，枢密院也不甘心被排除在外，而且，从曾布的列举来看，枢密院参与议政范围是十分广泛的。

如果不是宰相或枢密使某一方特别揽权，朝廷大事由二府共同商议决定，是被上下认可的通常惯例。皇帝往往将朝廷大事同时咨询或告知二府，二府也共同进呈有关朝廷大事的草拟意见。枢密使俨然享有宰相“事无不统”的权力。南宋时，宰相汤思退对高宗说：“祖宗朝有大政事、大典礼，枢密院皆与议。”③明确指出这已经成为一种制度。证之以史料。哲宗暴卒，钦圣太后召二府商议入继皇位者，宰相章惇主张立简王，知枢密院曾布附同太后意见立端王，最终端王得继位，是为徽宗。其时，“议草遗制，制词皆二府所共草定”。徽宗初即位，太后垂帘听政，然半年后太后主动撤帘，

① 《长编》卷二〇六，第5010、5011页。

② 《长编》卷五二〇，第12372页。

③ 《宋会要·职官》一之五一，第2355页。

“下手书付三省、枢密院，更不候祔庙罢垂帘，更不预事”[①]。又，高宗欲使普安郡王入继大统，与二府商议说：“普安郡王甚贤，欲与差别。”而后，“三省、枢密院进呈普安郡王加官、移镇、进国名，及宣制吉日”。普安郡王后来亦得继位，是为孝宗。[②]其他如二府共同议定“纳后六礼”（《长编》卷464）、“册皇后事”（《长编》卷472）、“同阅浑天仪”（《长编》卷474）、任命地方官（《长编》卷499）等等。这类史料在宋代史书中俯拾即是，不再罗列。

二、五代枢密院权力膨胀沿袭

从观念和制度方面考察还有第二点值得注意者，即枢密院作为皇帝的参谋机构，历史上权力曾经极度膨胀，完全取代了宰相的作用，宰相反而成为枢密院的附庸。司马光回顾说：

> 唐末，诸司使皆内臣领之，枢密使参预朝政，始与宰相分权矣。降及五代，改用士人，枢密使皆天子腹心之臣，日与议军国大事，其权重于宰相。[③]

《默记》亦载：

> 五代自朱梁以用武得天下，政事皆归枢密院，至今谓之二府。当时宰相但行文书而已。[④]

王安石因此评价说：

---

① 《长编》卷五二〇，第12362页。

② 《建炎以来朝野杂记》乙集卷一，第505、506页。

③ 《长编》卷四三一，第10409页。

④ 《默记》卷上，第3页。

> 五代用武，故政出枢密，宰相备位而已，非治法也。[1]

直至北宋初年，江南的南唐依然“机务多归枢密院，宰相备位而已”[2]。五代以来，枢密使一度已经成为实际上的宰相。宋太祖革除其弊端，使二府分权、对掌大柄。然在人们沿袭之观念中，枢密院长官也是宰辅，可以参议大政、“事无不统”。宋代官制列枢密院长官为宰辅，枢密院长官参预朝廷大事决策，被排除在外时又要提出抗议，都是对五代官制的一种延续，或者说是人们心理定式的一种表现。

既然“事无不统”，枢密院长官便可以时时插手军政以外之政务，有时，还是皇帝特别指派，这样的举动不会在朝廷里引起异议，而是习以为常。《燕翼诒谋录》载：

> 远方寒士预乡荐，欲试礼部，假丐不可得，则宁寄举不试，良为可念。谨按开宝二年（969）十月丁亥，诏西川、山南、荆湖等道，所荐举人并给往来公券，令枢密院定例施行。盖自初起程以至还乡费皆公家。[3]

举人赴考、公家予以路费等补助，完全与枢密院无关，却令枢密院定例施行。因为五代以来，各地驿站归枢密院管辖，宋初沿袭，这是五代枢密院权力过于膨胀的一种遗留现象。直到太宗太平兴国三年（978）六月，始“诏自今乘驿者皆给银牌”，不须“枢密院给牒”[4]，剥夺了枢密院这方面权力。

---

① 《长编》卷二一一，第 5139 页。

② 《长编》卷六，第 154 页。

③ 《燕翼诒谋录》卷一，第 5 页。

④ 《长编》卷一九，第 431 页。

又，端拱元年（988）闰五月，太宗以为进士考试不公，“召下第人复试于崇政殿，得进士马国祥以下及诸科凡七百人，令枢密院用白纸为牒赐之，以试中为目，令权知诸县簿、尉”①。中书下属部门负责的进士科举考试既然不公，皇帝故意将复试交由枢密院负责，这种临时措施不会引起朝廷大臣任何异议。

在宋初，一些本该隶属于中书的机构沿袭五代旧习，依然隶属于枢密院，如通进、银台二司。“银台司掌受天下奏状、案牍，抄写条目，进御发付，纠其违失。枢密院主事二人，书令史八人，贴房十一人掌之。”② 通进司“掌受银台司所领天下章奏、案牍，阁门、在京百司文武近臣表疏进御，复颁布之。内侍二人领之，又有枢密院令史四人”③。如前所言，通进、银台二司又掌封驳权，以往归属门下省。然二司沿袭五代制度，一直归属枢密院领导。“二司旧隶枢密院，凡内外奏覆必关二司，然后进。外则内官与枢密吏人主掌，内则尚书内省籍其数以下有司，或行或否，得缘而为奸，禁中不知，外司无纠举之职。”④ 大约在宋太宗后期，二司才合在一处置局，转属中书门下。宋初机构变革的相对滞后，也使枢密院权力得以延续，扩张到其他政务领域。这样的现象在北宋中叶还多少有所存在。如，元丰五年（1082）十一月诏：内侍省“都知、押班除授归枢密院”⑤。虽然北宋中叶以后这种现象越来越少，但仍说明枢密院权力并不仅仅限于军政。

三、个人因素作用

从个人原因的角度考察，在专制“人治”社会里，皇帝对某一

① 《长编》卷二九，第 654 页。

② 《宋会要·职官》二之三七，第 2390 页。

③ 《宋会要·职官》二之二六，第 2384 页。

④ 《宋会要·职官》二之二六，第 2384 页。

⑤ 《宋会要·职官》三六之一八，第 3080 页。

位宰辅的特别信任往往导致权力的倾斜。没有严格宪法或法律依据的职官制度，个人因素常常在不同时期发挥不同作用。假如在任宰相和枢密院长官之间，皇帝更信任后者，那么，枢密使的参政权就要大大扩张，甚至在事实上取代首相位置。

如，仁宗天圣年间，宰相张士逊为枢密使曹利用所推荐，曹利用“凭宠自恣，士逊居其间，未尝有是非之言，时人目之为‘和鼓’”[①]。但此时朝廷法规健全，曹利用尚未凌驾宰相之上。

又，哲宗亲政，以章惇为首相，曾布同知枢密院事，后曾布又进为知枢密院事，当时朝政把持在章惇和曾布手中。翻检绍圣元年至元符三年（1094—1100）哲宗亲政期间史料，朝廷大小事哲宗都与曾布商量决定，对章惇的意见或作为总是不以为然。如元符年间，中书省阙中书舍人，哲宗当面与曾布讨论了十几位候选人，因此旁涉到陕西、河东、河北三路提刑的人选问题。[②]依照常规，这些阙官人选哲宗应该咨询宰相章惇，或者首先咨询宰相章惇，哲宗却谋之于曾布，充分表现了皇帝个人好恶对中央权力转移的影响。在《长编》卷四八五至卷五二〇中，有许多这样的实例。此时，枢密院长官不但要参与朝廷一切事务决策，而且还要取代宰相的作用。

南宋也有类似的事例。南宋开禧三年（1207），同知枢密院事史弥远发动政变，杀害韩侂胄，夺取朝政大权，次年除知枢密院事。这一时期，权力集中到史弥远手中，枢密院权力再度超过三省。朝臣对此颇有微词，《宋史》载：“（倪思）求对，言：‘大权方归，所当防微，一有干预端倪，必且仍蹈覆辙。厥今有更化之名，无更化之实。今侂胄既诛，而国人之言犹有未靖者，盖以枢臣犹兼宫宾，不时宣召。宰臣当同班同对，枢臣亦当远权，以息外

① 《长编》卷一〇七，第 2495 页。

② 《长编》卷五一四，第 12229、12230 页。

议。’枢臣谓史弥远也。”[①]

枢密院长官权力短时期内超过宰相，是五代情形的再现，与人们观念中枢密使可以“无事不统”的先在认定有关。但是，宋代枢密院长官权力超越宰相的时间比较短暂，皇帝往往要把他更信任的宰辅提拔到首相或次相位置上来。曾布元符三年（1100）即拜右仆射，史弥远嘉定元年（1208）即拜右丞相，能够把持朝政的枢密院长官自己也希望早日成为宰相。

此外，南宋二府体制已不健全，常常在特殊情况之下使用权宜之计，即由参知政事与枢密院长贰轮日摄宰相事，总军国大政。这种情况发生在宰相告假或罢去而新任命未及公布之过渡时期。淳祐四年（1244）九月，右丞相史嵩之因父病告假，“诏知枢密院事范钟、签书枢密院事刘伯正轮日当笔”[②]，暂领相事。十二月，史嵩之以父丧罢，范钟拜左丞相兼枢密使、杜范拜右丞相兼枢密使，始罢轮日当笔。宝祐三年（1255）七月，左丞相谢方叔罢，诏：“三省、枢密院机政，令（参知政事）董槐、（同知枢密院事）程元凤轮日当笔，共议取旨。”[③]次月，董槐拜右丞相兼枢密使，罢轮日当笔。宝祐四年（1256）六月，董槐罢相，诏：“（参知政事）程元凤、（同知枢密院事）蔡抗可时暂轮日当笔，军国重务，商榷奏闻。”[④]次月，程元凤拜右丞相兼枢密使，罢轮日当笔。宝祐六年（1258）四月，程元凤罢相，诏参知政事丁大全、签书枢密院事林存暂轮日当笔，同月，丁大全拜右丞相兼枢密使，罢轮日当笔。景定元年（1260）四月，左丞相吴潜罢，新拜右丞相贾似道未到任，诏“（知枢密院事兼参知政事）朱熠、（同知枢密院事兼参知政事）戴庆炣

---

① 《宋史》卷三九八《倪思传》，第12115页。

② 《宋史》卷二一四《宰辅表》，第5622页。

③ 《宋史全文》卷三五，第2320页。

④ 《宋史全文》卷三五，第2328页。

轮日判事，大政则共议以闻”[1]。贾似道至，即罢轮日判事。由枢密院长官兼管三省职事，代替宰相“轮日当笔”，这种情况非常特殊，且都发生在南宋理宗朝。

从上述史实中可以看出，北宋初期以后枢密院权力在逐渐减弱。到了北宋中叶，枢密院未得旨而参预其他朝政，有时就引起了异议。刘挚《论三省枢密院差除奏》说：

> 十月十六日，三省、枢密院同奉圣旨，唐淑问除左司谏等事；又牒十月二十八日，三省、枢密院同奉圣旨，陆佃等罢侍讲事。臣窃睹自来朝制，及近降官制格，凡差除，有中书进拟者，有枢密院者，有三省者，有三省、枢密院同进者。盖建官分职，各有所治，法无相参也。三省、枢密院同取旨者，似止于差除帅臣、边镇大吏、内臣近上差遣而已。今来差谏官，罢侍讲，不识枢密何为而预也？外言籍籍，皆以三省容纵密院侵紊政体，莫不疑异。臣窃以国家所可恃者在纲纪，大臣所宜守者在名分。纲纪正于上，则下无邪志；名分治于下，则政无多门。一有夺移，何患不起？况朝廷今日正当尊强君道，谨守祖宗法制，严臣下之分，以消压权僭之心。今废置官吏，陛下大政而三省之事也，枢密院非其职，逾法出位，横造议论，公然犯分。臣恐积微至著，交乱官守，渐行私意，以害政事。上则陛廉之等慢，下则倾夺之患生，杜渐防微，实系国体。欲望圣慈特降诏旨，戒谕三省、枢密院臣僚，凡以差除拟进者，各依自来条制、班次取旨。所贵正名定分，事无侵逾，以尊朝廷，以正在位。取进止。

① 《宋史》卷四五《理宗》，第873页。

> 贴黄：臣又虑上件差除谏官等事，曾降圣旨特许枢密院同进，借有特旨，乃是圣恩优礼执政，欲合同众论之意，而大臣之节，自当引义辞免，惜朝廷纲纪，以安分守，不应乘便冒进，渐堕失体制。[1]

此奏章乃元丰八年（1085）十月所上，是年四月神宗去世，哲宗以幼童登基，太皇太后垂帘听政。刘挚欲更新朝政，故上奏章。奏章从一个角度证明枢密院对军政以外政务多有插手，直至南宋后期依然如此。

第五节　二府趋同的走势

从中书或三省与枢密院的两个角度观察二府关系问题，发现他们相互间许多政务与事务交错相连，彼此参预，根本无法真正使二府各行其是、独立运行。二府关系之两难处境，《古今源流至论》前集卷六《两府》云：

> 国朝两府之职，其周之冢宰、司马欤？汉之丞相、太尉欤？……中书主民、密院主兵，其事相埒也；中书降麻、密院降宣，其权相等也。将分任其事之为当耶？则军国大务不当专委，未免如富郑公之议；抑并其职为中书耶？则兵柄相维，有关大体，又非所以知祖宗建枢之意。呜呼！分其事固非也，并其职尤非也。必于分之中而有合之理，存于判然不相为谋之际，而实有相贯通者寓，然后可与论设官之深旨欤。[2]

① 《忠肃集》卷三，第 68、69 页。

② 《古今源流至论》前集卷六《两府》，第 87、88 页。

要做到如此分中有合、合中有分的理想境界，十分困难。在实际操作过程中，二府之间的相互参预确实越来越频繁，其必然趋势是二府之间某一方逐渐占据主导地位，即中书或三省对枢密院的节制变得越来越显著。在这个过程中，枢密院的独立性逐渐被取消，二府渐渐表现出趋同的走势。

一、取消枢密院，恢复旧制的要求

宋代职官制度，承继唐代而来，宋人在制度方面时常以唐人为榜样，学习模仿。枢密院制度，并不是盛唐的产物，而是唐朝渐趋衰落之后的权变措施。所以，当宋代二府之间发生矛盾、产生弊病的时候，宋人自然回顾盛唐制度，从宰相“事无不统”的角度出发，要求取消枢密院，将军政大权交还给三省，恢复隋唐旧制。北宋前期，太宗意图更多地统揽中央行政与军政大权，特意让枢密院秉承自己的旨意，完全独立运行，结果在对契丹战争中几乎全军覆没。二府各行其是的弊端，也在这一系列战争中暴露无遗。最早对二府分权的质疑以及有关宰相节制枢密院军务的提议，就是在战争之后被提出，端拱二年（989），知制诰田锡奏曰：

> 臣闻前年出师向北，命曹彬以下欲取幽州，是侯利用、贺令图之辈荧惑圣聪，陈谋画策，而宰臣（李）昉等不知。又去年招置义军，札配军分，宰相（赵）普等亦不知之。岂有议边陲、发师旅，而宰相不与闻？若宰相非才，何不罢免？宰相可任，何不询谋？今宰相普三入中书，再出藩镇，重望硕德，元老大臣，人所具瞻，事无不历。乞陛下以军旅之事，机密之谋，悉与筹量，尽其规

画。此乃国家大体，君父至公。[1]

仁宗年间，西北边疆吃紧，宋廷与西夏战争频繁，二府趋同问题再次被提上议事日程，臣僚甚至进一步讨论是否能够重新合并二府。庆历二年（1042）七月，张方平上奏说：

> 臣窃以朝廷政令之所出，万事之本原，一统于中书。若枢密院，则古无有也。起于后唐权宜之制，因循相承，兵柄寖重，乃与中书对秉衡轴。至于分军民为二体，别文武为两途，宣敕并行，议论难一，事无任责，更相顾望。自古为理，患在多门。况今二府之中，岂尽材猷之士？朝纲内弛，边事日生，西戎北狄，交有凭陵中夏之志。财用殚窘，百职旷废。……谓宜讲求利害，稽复古制，省枢密院，归于中书。若又重于改为，则莫若通枢密院之职事于中书。见任枢密院使副，才者留之，不才者去之。其诸房吏史且皆如旧，措置施舍，徐更图议。是足以一政事之本，重赏罚之权，汰冗滥之员，塞侥幸之望。[2]

仁宗出于与西夏交战的需要，接受张方平等臣下提议，说："军国之务，当悉归中书，枢密非古官。""然未欲遽废，故止令中书同议枢密院事。"[3]命宰相吕夷简兼判枢密院、宰相章得象兼枢密使、枢密使晏殊同平章事。庆历五年（1045），宰相贾昌朝、陈执中罢所兼的枢密使，张方平又多次上奏，退而求其次，强调二府之间应该共同商议军国大事，说：

---

① 《长编》卷三〇，第676页。

② 《全宋文》卷七八五张方平《论请通中书枢密院事奏》，第37册，第48页。

③ 《长编》卷一三七，第3283页。

臣伏以中书、枢密院分掌军国之务，其于朝廷，本实一体。若其远计长虑，思患预防，谋议相通，事始克济。庆历二年，边陲多故，陛下深惟事体，思适机宜，始命宰臣兼枢密使。凡干边事，使同商量。北虏再平，西戎款顺，亦由柄臣协议，上赞睿明，谋通事允，此其效也。昨者宰臣请解枢密，盖由谦远事权，降诏允俞之，时臣亦僭曾论列。方今疆事初定，朝廷稍闲，正是经营补缉之日，未为宴安暇豫之时。臣愚以谓中书、枢密院执政之臣，宜时聚首，同议朝务，讲求得失。至于边防处置，将帅迁改，中书理本所当关预。谓凡稍干大事，并从参议而行，所冀各尽公心，上裨国体。①

自古已来，历代之制，三公之职无所不总。……臣愚以为其边防奏报、军马机宜，依旧常且聚厅，每事并皆同议。于后或有警急庶务，得以周知。傥值有事商量，亦免动人视听。②

嘉祐三年（1058）十二月，刘敞奉旨详定官制，上札子详述改制意见，重提二府合并事宜，其中一条说：

唐制无枢密院，自五代用兵，始与中书对掌机务，名体不正，无甚于此。即欲改正官制，当废院名，以曹事还

① 《全宋文》卷七八五张方平《请令两府聚厅商量公事奏》，第37册，第50页。

② 《全宋文》卷七八五张方平《请不罢两府聚厅商量公事奏》，第37册，第49页。

中书。[1]

北宋诸朝帝王，深刻体会祖宗官制设置意图，在二府合并问题上不愿意做原则性让步。神宗是北宋最有革新意识的皇帝，他主张变法，重用王安石，于是，臣僚又迎合王安石而寄希望于神宗。郭逢原熙宁五年（1072）七月上《议当去枢府书》，云：

> 夫宰相代天理物，无所不统，未闻特设事局、补除官吏而宰相不预者也，今之枢府是已。臣愚以谓当废去枢府，并归中书，除补武臣悉出宰相，军旅之事各责其帅，合文武于一道，归将相于一职，复兵农于一民，此尧、舜之举也。今王安石居宰辅之重，朝廷有所建置于天下，特牵于枢府而不预，则臣恐陛下任安石者盖不专矣。[2]

这一类建议仍然遭到神宗的否决，神宗明确表态说："祖宗不以兵柄归有司，故专命官以统之，互相维制，何可废也？"[3]一语道中枢密院设置的实质。所以，熙宁官制改革时，特意保留枢密院。经神宗的分析强调和官制变革的再次确定，以后的臣僚很少再提二府合并之事。二府分权的不合理性，臣僚们依然有清醒的认识。南宋章如愚甚至归纳说：枢密院"无事之时，清谈有余；纷扰之际，一无所用矣"[4]。北宋中叶以后，大臣采用了避开表层次的制度争执而在事实上加速二府趋同过程的更加务实的措施，使二府决策班子在实际运作中合而为一。

① 《长编》卷一八八，第 4537 页。

② 《长编》卷二三五，第 5721、5722 页。

③ 《宋史》卷一六二《职官二》，第 3800 页。

④ 《山堂考索续集》卷三二《官制门·密院虚设》，第 1107 页。

上述恢复古制的要求，从思想根源上来说，与前文所言要求恢复三省制度的出发点是一样的，都是一种“厚古薄今”思想的表现。从实际操作来说，也确实能起到减少重叠机构、提高行政效率的良好作用。

二、二府“聚议”与同进呈制度确立

张方平要求二府合并的建议中，本来就有退而求其次的“宜时聚首，同议朝务，讲求得失”二府“聚议”之请求。二府分权，确实弊端丛丛，帝王又不愿意从根本上加以改变，二府“聚议”方式就成为最好的弥补手段。

让中书过问枢密院事务，其实从太宗朝就已经开始。太宗与契丹作战失败后，意识到二府绝对分治的弊病，稍稍让中书参预枢密院事务讨论。雍熙三年（986）十二月，对契丹作战再次失利，沧州都部署李继隆负重要责任，朝廷“逮继隆，令中书问状”①，明确让中书参与军政要务。淳化五年（994）十一月，舍人院言：“先是，除授内殿崇班及诸司副使，只枢密院吏送除目，阀阅、爵里并不得知。乞自今诏枢密院件析事状，送中书作词头，乃付院草制。”太宗立即同意执行。②遵循规则，枢密院用人权就要受到中书的节制。至道二年（996）五月，西夏“李继迁率万余众寇灵州，癸卯，四方馆使曹璨自河西入奏。上召宰相等于北苑门，语其故”③。太宗这次就自觉改正屏除宰相于军政决策之外的做法，与宰相们讨论朝廷应该采取的对策，宰相吕端等纷纷发表意见。

从太宗至神宗五朝之间，是朝臣讨论二府合并最热闹的时期。帝王们虽然不接受二府合并的建议，但是，对二府“聚议”之补救性措施都表示赞同，尤其是边疆发生战争需要二府密切磋商之时。

① 《长编》卷二七，第626页。

② 《长编》卷三六，第800页。

③ 《长编》卷三九，第833页。

皇帝发布诏书令二府聚议，是从真宗朝开始。咸平四年（1001），“边臣请城绥州，大屯兵积谷，以遏党项。朝臣互执利害，久而未决。诏中书、枢密院会议。而吕蒙正、王旦、王钦若以为修之不便；李沆言修之便，但恐劳民；向敏中、周莹、王继英、冯拯、陈尧叟皆曰修之便”①。吕蒙正时为昭文相，王旦和王钦若为参知政事，李沆为史馆相，向敏中为集贤相，周莹和王继英为知枢密院事，冯拯和陈尧叟为同知枢密院事，两府长官纷纷发表意见，分成三类。咸平六年（1003），真宗“日访御戎之策”，“因命两府会议，各以状闻。……上总览而裁定之”。②大中祥符六年（1013）正月，“诏自今凡更定刑名、边防军旅、茶盐酒税等事，并令中书、枢密院参详施行，以上封者言二府命令互出，或有差异故也”③。

仁宗时，因与西夏交战，需要二府频频聚议。康定元年（1040）三月，“诏参知政事同议边事，仍书检。从知枢密院事晏殊之请也”。二日后，又“诏中书别置庭与枢密院议边事。遂置庭于枢密院之南”。④庆历五年（1045），宋廷于西夏签署和约，宰相们主动辞去所兼枢密使，但是，几经离合，皇帝和大臣都意识到民政与军政完全分离的不合理性，所以，仁宗在同意宰相辞去兼职时，“又诏枢密院，凡军国机要，依旧同商议施行”。枢密院也请求“自今进退管军臣僚、极边长吏、路分兵马钤辖以上，并与宰臣同议”。得朝廷同意。⑤庆历七年（1047）五月，再次“诏西北二边有大事，自令令中书、枢密院召两制以上同议之”⑥。枢密院事务或决策，中

---

① 《长编》卷五〇，第 1089、1090 页。

② 《长编》卷五四，第 1195 页。

③ 《长编》卷八〇，第 1814 页。

④ 《长编》卷一二六，第 2992 页。

⑤ 《长编》卷一五七，第 3805 页。

⑥ 《长编》卷一六〇，第 3876 页。

书有了越来越多地参与。

而后，皇帝一再强调二府聚议的必要性。治平三年（1066）“五月十七日诏中书、枢密院自今朔、望会于南厅”①。元丰改制后，议事处所迁至都堂，“枢密院事悉合经门下省审省复奏，然后施行”②，也作为制度确定下来。神宗对二府各自职责及应该相互参预的事务做了一个大致规定，“诏釐其事大小：大事，三省与枢密院同议进呈，画旨称三省、枢密院同奉圣旨，三省官皆签书，付枢密院行之。小事，枢密院独取旨，行讫，关三省。每朝，三省、枢密院先同对，枢密院退待于殿庐，三省始留进呈，三省事退，枢密院再上进呈，独取旨，遂为定制”③。元丰八年（1085）四月，哲宗以幼龄登基，再次“诏许枢密院依旧制开便门，与中书省相通，赴都堂议事”④。这一系列诏令，旨在强化二府之间的协作关系，强调二府互相参预对方的政务和事务，以求在朝廷重大决策上取得一致观点，提高中央行政效率。

宋代史料中大量以中书、枢密院或三省、枢密院名义递呈的奏疏，就是二府聚议商定后的结果。至北宋中叶，凡军国大事须二府协商决定基本上成为定制。二府聚议与同进呈制度的确立，意味着宰相可以预闻军政，枢密院亦可以预闻民政，达到了二府宰辅共议大政的目的。尤其是三省宰相插手枢密院事务已经获得制度上的保障，太祖、太宗煞费苦心建立的二府分治制度，很快遭到破坏。

随着二府相互参预的增多，太祖确定的二府分班奏事制度也越来越不合时宜。二府皆不知对方所奏之事，当然不利于“聚议”制

① 《宋会要·职官》一之七七，第2368页。

② 《宋会要·职官》一之三九，第2349页。

③ 《石林燕语》卷五，第69页。

④ 《长编》卷三五四，第8476页。

度。“大抵自元祐以后，渐更元丰之制，二府不分班奏事”[1]，合班奏事遂成定制。其实，这种改变从仁宗庆历年间已经开始，如上引两府合班奏事时韩琦所言便是一例。神宗熙宁年间，宰相王安石与枢密使文彦博也每每在帝前争辩朝廷大事。这种改变是二府班子渐趋合一的一个重要步骤。

三、中书或三省对枢密院领导地位确立

宋代相权膨胀，归根结底，是宰相权力的扩大。在宰辅集体领导班子中，宰相处在核心主导地位，相权每次的膨胀，都要将更多的权力过滤到宰相手中。在宰辅集体领导班子内部，同样存在着权力向宰相集中的一个过程，二府之间的相互参预越来越多，事实上是宰相一步一步地确立起对枢密院的领导地位。这种地位一经最后确定，二府之两套决策班子在实践中就被合并为一套。

如前文所言，二府要求积极协调、密切配合的时候，大都是朝廷面对某次重大军事行动之际。此时宰相参预军政要务决策，实际上是对枢密院的一种领导。这种关系，也是从真宗朝开始建立。对付契丹整个战争过程，以至签订“澶渊之盟”，都是在宰相寇准的调度、领导之下完成的，枢密院此时只成为执行宰相旨意的一个部门。

宰相对枢密院的领导地位，神宗朝以来得到加强。神宗是两宋皇帝中最有进取心的，他初期相当程度地改变了帝王对臣下的猜忌、防范等做法，起用王安石主持变法。新法中的“保甲法”“保马法”都是军政方面的变革。神宗又不甘心执行太宗朝以来对外卑躬屈膝的政策，要求采取积极主动的态度对待边患。所以，神宗时边塞又发生系列战争。神宗仍将边事专委宰相王安石，凡对外作战之大政方针、边疆战略战术之布置、边地将帅之任用、军中粮草之

---

① 《宋史》卷一六一《职官一》，第3770页。

调运，神宗多与王安石商议确定，极少咨询枢密院意见。甚至枢密院长官的任命，也要通过王安石，熙宁八年（1075）闰四月，神宗欲用张方平为枢密使，“既批出，王安石将行文书，吕惠卿留之曰：‘当晚集更议之。’因私于安石曰：‘安道入，必为吾属不利。’翼日，再进呈，其事遂寝”①。熙宁年间多次出现二府合班讨论边疆军事毕，“枢院退，王安石曰”“枢密院退，安石自上”等王安石留身独对的局面②，神宗最后接受的大都是王安石的意见。王安石力排众议，重用王韶，经略边事，取得边塞战争的一系列胜利。洮河之役获胜后，神宗解所佩玉带赠王安石，并且说：“洮河之举，大小并疑，惟卿启迪，迄有成功。今解朕所御带赐卿，以旌卿功。”③此时，王安石对军政干涉过多，枢密院以为王安石欲以中书吞并枢密院，当他们受到台谏弹劾时，“枢密使副文彦博、吴充、蔡挺因此不入院，遣吏送印于中书”④，换一个角度说，神宗对宰相委任之专，让其总揽民政、军政大权，方使熙宁、元丰年间政局焕然一新。

王安石罢相后，神宗改革官制，枢密院权力削弱被制度化。具体表现为两个方面：一是枢密院的用人权“并于吏部”，二是兵部“分掌武举、地图、车甲之政令”⑤。从宏观的角度观察问题，也就是将枢密院的一部分权力转移到宰相手中。

徽宗是两宋期间自我感觉最良好、对形势又最无辨析判断头脑的皇帝。他自以为治下乃太平盛世，国力十分强大，有足够实力对外生事。所以，在位期间发动了系列对外战争。朝廷里，权力则集

① 《长编》卷二三六，第6435页。

② 《长编》卷二三五、卷二三八，第5703、5788页。

③ 《长编》卷二四七，第6023页。

④ 《长编》卷二四〇，第5834、5835页。

⑤ 《山堂考索续集》卷三三《官制门》，第1109、1111页。

中到权相蔡京手中，枢密院唯知奉行蔡京旨意。蔡京又“欲兵柄、士心皆归已，建澶、郑、曹、拱州为四辅，各屯兵二万，而用其姻昵宋乔年、胡师文为郡守。禁卒干掫月给钱五百，骤增十倍以固结之。威福在手，中外莫敢议”①。宣和年间，宰相王黼置经抚房，“主伐燕之议，置于三省，不复以关枢密院”②。枢密院权力几乎完全被夺走。

南宋时期，小朝廷始终笼罩在战争阴影之下。南渡初年，军务紧急，为了便于宰相指挥调度，朝廷于建炎元年（1127）特设御营司，“以宰相为之使”，“本以行幸总齐军中之政，其后遂专兵柄，枢密院几无所预”③。而且，宰相还时时兼“都督诸路军马”之职。《宋史》云：“中兴多以宰相兼领兵政、财用之事，而执政同预焉。”④建炎四年（1130），虽罢御营司，然仍“命宰相范宗尹兼知枢密院”。其间，为了便于指挥，还曾铸成“三省枢密院印”。《朝野杂记》载：“三省枢密院印，建炎三年秋铸，以银为之。时上命滕子济权知三省枢密院，扈从隆祐皇太后往豫章，故铸此印。”⑤绍兴七年（1137），又以宰相张浚兼枢密使。“其后，或兼或否。至开禧，以宰臣兼使，遂成永制。”⑥据《宋宰辅编年录》统计，南宋宰相60位，其中有48位曾兼御营使、知枢密院事、枢密使等职务，只有12位不曾兼军政要职。

具体而言，建炎元年至绍兴二十五年（1127—1155），宰相皆兼枢密使之类职务。绍兴二十五年权相秦桧去世，南北亦因“和

① 《宋史》卷四七二《蔡京传》，第13724页。

② 《宋史》卷一六一《职官一》，第3793页。

③ 《建炎以来朝野杂记》甲集卷一〇，第197页。

④ 《宋史》卷一六二《职官二》，第3803页。

⑤ 《建炎以来朝野杂记》甲集卷四，第104页。

⑥ 《宋史》卷一六二《职官二》，第3801页。

议”签署而相对缓和，故高宗改变做法，自绍兴二十六年至绍兴三十二年（1156—1162），宰相不再兼枢密使。孝宗即位，锐意进取，决心北伐收复失地。故自绍兴三十二年末至乾道九年（1162—1173），宰相又兼枢密使。乾道九年以后，孝宗锐气受挫，光宗、宁宗庸庸无为，故宰相或兼枢密使或不兼，没有定准。开禧二年（1206），权臣韩侂胄以平章军国事身份独揽大政，企图通过北伐建立盖世功勋，故宰相再兼枢密使，遂成定制。咸淳十年（1274）三月，度宗又特地为“师相”贾似道“别置机速房，凡急切边事先行后奏，赏罚支用亦如之，其常程则密院行之”①。宰相作为，更加随心所欲。

南宋年间，宰相是否兼枢密使，仍然与战争密切相关。建炎四年（1130）之前，枢密院基本上被废弃，这是两宋非常独特的一段时期。《宋宰辅编年录》载赵鼎建炎四年除签书枢密院事，云：“前此兵政，悉隶御营使司……至是，鼎始检故事举行，以正西府之体。”②

此外，枢密院长官阙员时，臣僚也要求由中书或三省大臣兼任。元祐四年（1089）七月，知枢密院事安焘丁母忧，枢密院只有同知赵瞻一人，台谏纷纷认为枢密院不宜“以独员领之”，提出“宰相以下至右丞，同是执政，皆可兼枢”。③

在此期间，枢密院个别得皇帝特别信赖的长官，也试图扩大权力，不受宰相限制。孝宗乾道年间，张说签书枢密院事，得孝宗宠信，《宋史》载：“旧制，密院文书皆经门下省，张说在西府，托言边机不宜泄，汝愚谓：‘东、西二府，朝廷治乱所关，中书庶政无一

① 《癸辛杂识》别集下，第313页。

② 《宋宰辅编年录校补》卷一四，第952页。

③ 《长编》卷四三〇，第10388页。

不由东省，何密院不然？’孝宗命如旧制。”[①] 这种企图使枢密院更加独立行使军政权的做法，已经不符合战争年代需求，根本行不通。隆兴元年（1163）十二月，大臣要求“枢密院自今以往凡已被旨文书，并关中书、门下，依三省式画黄、书读，以示钦重出命之意”。孝宗立即同意。[②]

宰相大权独揽，甚至使二府执政们都无所事事。《宋宰辅编年录》引《遗史》载：绍兴五年，赵鼎、张浚以左右仆射兼知枢密院事、都督诸路军马，“浚出视师江上，以行府为名。而鼎居中总政事，表里相应”。参知政事沈与求和知枢密院事孟庾“皆不能平，常曰：‘三省、枢密院，却乃奉行行府文书邪？’”[③] 孟庾托病求去，沈与求也自求离去。有时，枢密院长官甚至成为虚衔，如绍兴十一年（1141）收三大将兵权，韩世忠和张俊除枢密使，岳飞除枢密副使，都是虚衔。

总之，宋太祖等开国帝王所设想的军民分政、二府对掌大柄、帝王总揽一切的理想中央权力行使方案，在两宋绝大多数时间内都不能得到很好落实。二府之间总是在不断地争斗和冲突之中，总是在相互干涉对方。在这一场权力争夺战中，宰相一方由于处在有利的位置上，所以多占上风。其发展趋势是二府之间的相互参预越来越多，宰相的“总文武大政”越来越多地成为现实行为。北宋后期以来，宰相逐渐确立起对枢密院的领导地位，南宋时宰相更是经常兼枢密院长官之职，二府乃至最终合并为一套决策班子。宋人评价这个演变过程，也十分肯定二府趋同的积极作用。《古今源流至论》前集卷六《两府》曰：

---

① 《宋史》卷三九二《赵汝愚传》，第 11982 页。

② 《宋会要·职官》三之二〇，第 2407 页。

③ 《宋宰辅编年录校补》卷一五，第 1012 页。

盖自范质、王溥免相之后，而二府之事权裂矣。获继迁母之议非细事也，密院知之而中书初未知之；兴兵蓟门之役非末故也，密院谋之而中书不预闻之，此田公锡抗言密院公事宰相不得预闻、中书政事枢密不得预议，不能无憾于咸平之时也。迨夫景德间，真宗每得边奏必送中书，于是有共参利害之意，澶渊百万之师，寇公亲扶日，毂尺箠笞之，而北敌几无只轮匹马之返。此非景德相通之验欤？自寇公免相之后，而二府之事权又裂矣。戎酋之降非末节也，而中书初不预知（角嘶罗之事）；元昊之叛非小警也，而边奏皆不关中书，此丁度力言二府分政若措置乖异，则天下无适从，不能无激于康定之初也。迨夫庆历间，仁宗因张方平之议，于是宰相有兼枢之职。西边陆梁之贼，吕、章二公分命名帅戮力平之，而卒致骨寒胆破之谣。此非庆历兼领之效欤？自贾昌朝、陈执中免相之后，而二府之事权又益裂矣。赵明与西人战，密院赏功而中书降约束；郭逵修堡栅，密院方诘责而中书已降褒诏，此滕达道深叹熙宁战守异议之非也。迨夫元丰诏大事三省与密院同议矣，元祐诏除授谏官三省、密院同进呈矣，然是时边事利害尤未甚相通者。至建炎间，高宗乃以宰臣张浚兼枢密，而赵鼎亦以左仆射兼之。是时也，国步尚艰，敌势方张，戡乱而治，支危而安，再植巍巍中天之业者，皆左扶右持之力。此非建炎兼领之功欤？噫！自国初以至中兴，其分其合，不知其几。大抵合之则文武相通，分之则兵政异情。咸平、景德、康定、庆历、熙宁、建炎之得失可知也，可不审哉！虽然，主民而知兵，此固关天下之大计，密院而不预中书，亦非大臣相维之意。是故，枢使而同平章事，君子以为庆历之善谋。密司不与三省之差除，议者为元符惜之。[1]

通过上述简单排列，二府关系被梳理得比较清楚。假如将宰相行使军政大权加以分类，大致可分为三类：第一，紧密型。宰相大权独揽，枢密院只成为附属机构。这往往发生在权相秉政时期或战争年月。第二，松散型。二府各行其是，宰相只是在重大军政问题上参与商议、决策，这种做法符合宋代的“祖宗邦规”，是“正常态”的权力运行机制。第三，游离型。宰相基本被排除在军政决策之外，这往往发生在帝王颇有才略、要求充分驾驭臣僚的情况下，这种情形持续时间甚短。

依据上述分类原则，将两宋各阶段二府关系加以排列，大致情况如下：

其一，宋太祖建隆元年（960）至宋太祖开宝六年（973），约13年，紧密型。太祖、太宗、赵普等组成中央核心决策班子。至开宝六年（973）赵普罢相止。其时，平定内乱、开拓边境，已暂告一个段落，境内只剩下南唐、北汉。太祖初年，虽已不让二府长官相互兼职，然在实际权力运行过程中，二府还不能真正分开。

其二，宋太祖开宝六年（973）至宋真宗景德元年（1004），约31年，游离型。太祖后期逐渐使二府分立，各行其是，太宗时有变本加厉的倾向，真宗初期承继了这种做法。

其三，宋真宗景德元年（1004）至景德三年（1006），约3年，紧密型。此时寇准出任宰相，正值契丹大举入侵，真宗委全权于寇准，枢密院无所事事。

其四，宋真宗景德三年（1006）至宋仁宗庆历二年（1042），约35年，松散型。因宋、辽战争结束、寇准罢相，二府紧密型关系

① 《古今源流至论》前集卷六《两府》，第88、89页。

随之告一段落。但二府遇重大军国政务共同商议制度，已经确立。

其五，宋仁宗庆历二年（1042）至宋仁宗庆历五年（1045），约3年，紧密型，因宋、夏战争而导致宰相与枢密使相互兼职。兼职者有吕夷简、贾昌朝、晏殊、陈执中、章得象、杜衍五位。

其六，宋仁宗庆历五年（1045）至宋神宗熙宁三年（1070），约25年，松散型。这一段时期内，宰相不再兼枢密院职，然宰相过问枢密院军政已经是名正言顺之事，皇帝也多次下诏书令枢密院文书送中书或三省共同商议。

其七，宋神宗熙宁三年（1070）至宋神宗熙宁七年（1074），约3年，紧密型。熙宁三年末王安石拜相，神宗欲对外有所作为，依赖王安石在中央主持、调度，将军政权委之宰相，枢密使几无所预。

其八，宋神宗熙宁七年（1074）至宋徽宗政和二年（1112），约38年，松散型。熙宁七年王安石罢相后，神宗更多地掌握了中央民政和军政权，即使是王安石熙宁八年再度入相，也已经没有了第一次为相时统揽一切大政之权力。不过，这一阶段的松散型，更接近于紧密型，中书宰辅对枢密院政务和事务有了更多的节制权。

其九，宋徽宗政和二年（1112）至宋高宗绍兴二十五年（1155），约43年，紧密型。政和二年蔡京第三次入相，基本上已经统揽了朝廷一切军政要务。蔡京致仕以后，继任的宰相延续了蔡京做法，大都将枢密院置于自己控制之下。宣和四年王黼为伐燕之事设经抚房，更是直接由三省独揽军权。南渡初期，兵荒马乱，宰相始终控制军权。一直到绍兴二十五年秦桧去世，宰相基本上都兼御营使或枢密院之职。建炎年间，枢密院几被废弃，一切决策由宰相作出。

其十，宋高宗绍兴二十六年（1156）至绍兴三十二年（1162），约7年，松散型。南北因“和议”签署而相对缓和，故高宗改变做法，自绍兴二十六年至绍兴三十二年（1156—1162），宰相不再兼枢密使。

其十一，绍兴三十二年（1162）至宋孝宗乾道九年（1173），约 11 年，紧密型。孝宗即位，锐意进取，决心北伐，收复失地，故宰相再兼枢密院长官。

其十二，乾道九年（1173）至宋宁宗开禧二年（1206），约 33 年，松散型。宰相或兼或否。

其十三，宋宁宗开禧二年（1206）至宋恭帝德祐二年（1276），约 70 年，紧密型。此后，宰相兼枢密使，遂成定制。且朝政绝大多数时间被权臣所把持。

统计起来如下，三种类型各占时间大约如下：紧密型：约 146 年，北宋约 38 年，南宋约 108 年。松散型：约 140 年，北宋约 100 年，南宋约 40 年。游离型：约 31 年，皆在北宋。根据数字统计，可以得出以下三点结论：第一，二府关系在两宋时期的发展趋势是日趋紧密，北宋后期开始，以枢密院分宰相之权的制度构思基本上归于失败，至南宋，二府班子多数时间合而为一。第二，枢密院绝对置于宰相控制之下、二府关系处于紧密型的时间约占两宋三百余年历史的一半，其发展趋势是宰相权力日益膨胀，南宋时期，多数时间枢密院要秉承宰相旨意行事，宰相最终将枢密院置于自己领导之下。

第七章　宋代宰相与三司关系

宋代帝王特别重视国家财政管理。太宗对宰相说："唐中叶以降，藩镇擅命，征赋多不入于公家，下陵上替，经制隳坏。苟前代措置得当，则已致太平，岂复烦朕思虑也。"[①]从国治民安角度认识财政问题的重要性。宋代沿袭唐制，设三司以管理财政。淳化元年（990）十二月，左正言谢泌请求"自今凡政事送中书，机事送枢密院，财货送三司，复奏而后行"。太宗立即同意，"遂著为定制"。[②]《古今源流至论》后集卷二《三司》言："我朝以宰相主民，枢府主兵，三司主财，国家大务，莫重三者，故不得不专其职也。"《宋史》介绍三司云："国初沿五代之制，置使以总国计，应四方贡赋之入，朝廷不预，一归三司。通管盐铁、度支、户部，号曰计省，位亚执政，目为计相。其恩数廪禄，与参、枢同。"[③]北宋前期建立三司制度，集中财权，是为了更好地协调国家财政收支，以求财利归于朝廷。苏辙说："祖宗参酌古今之宜，建立三司，所领天下事几至大半，权任之重，非他司比。推原其意，非以私三司也。事权分则财利散，虽欲求富，其道无由。"[④]《古今源流至论》前集卷九《财计》说："利权宜合不宜分，利源宜公不宜私，此国朝建置三司之美

① 《长编》卷三七，第 815 页。

② 《长编》卷三一，第 708 页。

③ 《宋史》卷一六二《职官二》，第 3807 页。

④ 《长编》卷四二二，第 10224 页。

意也。”

宋代宰相与三司之关系，一直是研究者关注的热点。许多研究者认为宋代民权、兵权、财权三者分立。而财权的独立，则是相权削弱的主要因素。上文已经讨论了宋代相权强化的问题，所以，有必要对宰相与三司之关系做一个回顾。

第一节　三司制度建立和演变

三司，指盐铁、度支、户部三个管理国家财政的专门职能部门。唐初国家财政管理，原本隶属于三省六部，三司则是从六部之户部演化而来。三司逐渐演变为独立的专门管理财政的部门，有一个历史发展过程。

一、唐以前三司制度渊源

任何政体之国家都设有财政管理的职能部门和职官。三司作为唐末至北宋前半期之制度或差遣设置，追随其渊源，原本是沿袭尚书省户部变化而来。所以，讨论三司制度的渊源，也就是沿溯户部或国家财政管理机构的发展历程。

《唐六典》云：“户部尚书，周之地官卿也……侍郎，周之小司徒中大夫也。”①《通典》则云：“今户部之职，与地官之任虽亦颇同，若征其承受，考其沿袭，则户部合出于度支。度支，主计算之官也。算计之任，本出于《周礼·天官》之司会云。”②从实际职责来看，周官司徒辖“泉布、货贿之政，以及万民之判，百族之市，罔不听其治焉”③。与后代户部所管辖范围相近，《唐六典》所言较为正确。汉代设大司农管理财政，又有尚书民曹，主吏人上书

① 《唐六典》卷三《尚书户部》，第63页。

② 《通典》卷二三《职官五》，第635页。

③ 《历代职官表》卷六，第121页。

兼主缮修工作。三国魏文帝置度支尚书，专掌军国支计。南北朝时期，制度上大致沿袭魏晋。隋朝建三省六部制，民部为六部之一。唐高宗即位，为避唐太宗李世民之讳，改为户部。户部尚书“掌天下土地、人民、钱谷之政，贡赋之差。其属有四：一曰户部，二曰度支，三曰金部，四曰仓部”[①]。至此，户部已经有了完整的机构设置，后来的三司之一“度支”，为户部下属部门之一。

二、三司制度出现和确立

唐初，三省发生趋同演变之后，三省六部制渐趋湮没，新的更趋实用的机构和官职逐渐产生。最初，皆以临时差遣名目出现，尔后演化为固定制度。财政管理，关系到国家生死存亡之命脉，所以，与财政管理有关的盐铁、转运、度支、户部诸使，地位渐渐稳定，作用渐渐突出，最终导致国家财政机构变革，三司体制就是变革的产物。

三司名称，最早见之于唐宪宗元和七年（812）。[②]三司使之差遣名，唐后期已经出现，《资治通鉴》载唐昭宗天复元年（901）闰六月，“（崔）胤时领三司使”[③]。但是，唐朝“三司”或“三司使”还没有成为专称。《云麓漫钞》载：

> 唐三司使有三：凡鞫狱以尚书侍郎与御史中丞、大理卿为三司使；中叶以后，有三司使，总户部、盐铁、度支；皇太子监国，则詹事、左右庶子，亦号三司使。[④]

① 《新唐书》卷四六《百官一》，第1192页。

② 《廿二史考异》卷五八：“王播奏商人于户部、度支、盐铁三司飞钱，谓之‘便换’。三司之名，始见于此。”第850页。

③ 《资治通鉴》卷二六二，第1821页。

④ 《云麓漫钞》卷七，第120页。

《新唐书》言：

凡冤而无告者，三司诘之。三司，谓御史大夫、中书、门下也。[1]

三司，开始用来通称合作办理某一公务的三个行政部门。分管财政的盐铁、度支、户部三司之间，唐代实际上也自成体系，“宰臣各判一司，不置使额”[2]。盐铁主管工商收入，户部主管两税收入，度支主管财政分配。三司在全国各地下设巡院，称盐铁巡院、度支巡院、户部巡院，作为中央派出机构，管理地方具体财务。《资治通鉴》载：唐昭宗天祐三年（906）三月，“以朱全忠为盐铁、度支、户部三司都制置使，三司之名始于此”[3]。这是最早以一人兼管三司的，然朱全忠“辞不受”。

《旧五代史》叙述唐朝以来国家财政机构设置和任职演变，云：

天成元年（926）四月，诏废租庸院，依旧为盐铁、户部、度支三司，委宰臣一人专判。长兴元年（930）八月，以许州节度使张延朗行工部尚书，充三司使，班在宣徽使之下。三司置使，自延朗始也。唐朝已来，户部、度支掌泉货。盐铁时置使名，户部、度支则尚书省本司郎中、侍郎判其事。天宝中，杨慎矜、王鉷、杨国忠继以聚货之术，媚上受宠，然皆守户部、度支本官，别带使额，亦无所改作。下及刘晏、第五琦，亦如旧制。自后亦以宰臣各判一司，不置使额。乾符后，天下兵兴，随处置租庸使

① 《新唐书》卷四八《百官三》，第 1235 页。

② 《旧五代史》卷一四九《职官志》，第 1996 页。

③ 《资治通鉴》卷二六五，第 1843 页。

> 以主调发，兵罢则停。梁时乃置租庸使，专天下泉货。庄宗中兴，秉政者不闲典故，踵梁朝故事，复置租庸使，以魏博故吏孔谦专使务。敛怨于下、斫丧王室者，实租庸之弊故也。洎明宗嗣位，思革其弊，未及下车，乃诏削除使名，但命重臣一人判其事，曰判三司。①

即，到后唐明宗时，三司名称才渐渐固定下来。后唐明宗时，三司制度已经初步成型。

三、宋代三司制度

宋代三司制度变化分为两个阶段。神宗改制前，三司掌管国家财政大权。《合璧事类》后集卷八《官制门》云："凡户口、田产、钱谷、食货之政令，皆归于三司。"元丰改制后，罢三司，财权归户部，重新恢复到隋朝、初唐的制度。

北宋前期，三司差遣设置屡有变化。三司长官为三司使或权三司使、判三司事，太平兴国元年（976）十二月，以贾琰为三司副使，"三司置副使自琰始"②。太平兴国八年（983）三月，分三司为三部治事，"分置三使"，沿袭三司制度的初期状态；淳化四年（993）五月，三部又合并为三司，"复置使一员，总领三部"。用后唐三司制度。同年十月，三司改为总计度司，次年十二月，分总计司为三部。咸平六年（1003）六月，因为"三司各置使局，不相总统，彼此自求充济，以促办为务。至于出纳移用，均会有无，则专吝封执，动相违戾；或交摭利病，以邀功希进。哗言日闻于上，颇烦亲决，文符互出，莫知适从。丁亥，始并盐铁、度支、户部为一使，命刑部侍郎、权知开封府寇准为兵部侍郎、充三司使。复置

---

① 《旧五代史》卷一四九《职官志》，第1996页。

② 《长编》卷一七，第387页。

盐铁、度支、户部副使”[①]。“以寇准尝执政，故以为使，兼总三部。”[②]其后或分或合，而以三司合一时间居多。

三司使“掌邦国财用之大计，总盐铁、度支、户部之事，以经天下财赋二均其出入焉”。三司具体分工：“盐铁，掌天下山泽之货，关市、河渠、军器之事，以资邦国之用。度支，掌天下财赋之数，每岁均其有无，制其出入，以计邦国之用。户部，掌天下户口、税赋之籍，榷酒、工作、衣储之事，一供邦国之用。”[③]

元丰改制前，朝臣对三司制度已有议论，大致是要求恢复尚书省二十四司，取消三司设置。太宗朝著作郎罗处约上疏认为：“三司之制非古”，要求“复尚书都省故事……以今三司钱刀、粟、帛、管榷、度支之事，均在二十四司”。[④]真宗朝右司谏孙何上疏追溯三司渊源，认为三司乃朝纲紊乱时期之弊政，如今天下太平，“所宜三部使额，还之六卿”[⑤]。嘉祐三年（1058）十二月，刘敞奉旨详定官制，上札详述改制意见，其一云：“尚书二十四司既为虚名，所以官冗员众，蠹财害政。即欲改正官制，当罢三司，复二十四司及九卿官，使有定员。”[⑥]

在三司归并尚书省之前，其所掌管的具体事务已逐渐分割给其他职能部门。如司农寺，北宋前期职事多归三司，本寺止掌供籍田九科，大、中、小祀祭所需猪、牲、蔬果、明房油，以及掌常平仓平籴利农等事。熙宁三年至元丰五年之间（1070—1082），司农寺职权大幅度增加，既是财务机构，又是推行新法的政务机构，制订

① 《长编》卷五五，第 1205 页。

② 《隆平集》卷一《官名》，第 14 页。

③ 《宋史》卷一六二《职官二》，第 3807、3808 页。

④ 《长编》卷二九，第 660、661 页。

⑤ 《长编》卷四五，第 958 页。

⑥ 《长编》卷一八八，第 4537 页。

和颁发了免役法、方田均税法和保甲法，督领各路提举常平司及其部属，掌管常平钱、免役钱、坊场钱，青苗法、农田水利法的继续实施等等。所以，当时主持中书工作的王安石先后以自己亲信吕惠卿、邓绾等判司农寺。又，熙宁五年（1072）三月，创置在京市易务，赐内藏库钱一百万贯为本钱，以平价收敛货物，欲打破商人垄断市场，平稳物价。市易务虽然名义上隶属三司，但事实上直接受中书宰相领导。“吕嘉问以户部判官提举市易务，挟王安石之势，凌慢三司使薛向。……市易本隶三司，而嘉问气焰日盛，三司固多出其下。”①又，熙宁六年（1073）六月，“置军器监，总内外军器之政。其所统摄并依将作，仍以吕惠卿、曾孝宽为判监，所置官属，令逐官奏举。军器旧领于三司胄案，三司事丛，判案者又数易，至是，始案唐令置监而废胄案焉”②。三司事权逐步转移，三司事务更多地置于中书监控之下。

元丰改制后，三司完全取消，归并于户部，“权发遣三司使安焘试户部尚书”③，安焘是宋朝最后一位三司使。三司官署也暂时改为尚书省办公处所。改制后，一切财政大权归户部所有，户部则直接隶属于三省，置于宰相领导之下。《渑水燕谈录》概括元丰改制以前三司制度嬗变过程说：

> 唐末，始分度支、盐铁、户部，专领财赋。唐明宗始号三司，总以一使。本朝或曰判三司，或曰权判，或曰点检三司。开宝中，以参知政事二人点检三司，既而更用宰相为提举。兴国中，分二使同判三司，逾年，复析为三使。淳化中，又合为三司，而又以天下为十道，二京为

① 《长编》卷二五一，第6133页。

② 《长编》卷二四五，第5972、5973页。

③ 《长编》卷三二五，第7825页。

左、右计，置二计使，分判十道。别命三司总计使判左、右计事，三司如故。咸平末，三司各置副使，其官轻则曰发遣，迄元丰初不废。今悉归尚书省。[1]

其中言及宋以前，与史实略有出入，归纳宋代史实，则都准确。

三司归并尚书省户部以后，朝臣又感觉到旧日三司制度财权集中的合理性，对此有所议论。元祐元年（1086）初，司马光就讨论了取消三司制度的不合理性，云："自改官制以来，备置尚书省六曹二十四司及九寺三监，各有职事。将旧日三司所掌事务，散在六曹及诸寺监，户部不得总天下财赋。既不相统摄，帐籍不尽申户部，户部不能尽知天下钱谷之数，五曹各得支用钱物，有司得符，不敢不应副，户部不能制。户部既不能知天下钱谷出纳见在之数，无由量入为出，五曹及内百司各自建白理财之法，申奏施行，户部不得一一关预，无由尽公共利害。今之户部尚书，旧三司使之任也。左曹隶尚书，右曹不隶尚书，天下之财分而为二，视彼有余，视此不足，不得移用。天下皆国家之财，而分张如此，无专主之者，谁为国家公共爱惜、通融措置者乎？譬如人家有财，必使一人专主管支用，使数人主之，各务己分，所有者多互相侵夺。又人人得取用之，财有增益者乎？故利权不一，虽使天下财如江海，亦恐有时而竭，况民力及山泽所出有限制乎！此臣所以日夜为国家深忧者也。"[2]但三司制度始终没有再恢复。也就是说，自此以后，宰相对财政大权的控制毋庸置疑。以下所要讨论的是北宋前期三司制度时期宰相与三司之相互关系，以及宰相所控制的财政权问题。

---

① 《渑水燕谈录》卷五，第 58 页。

② 《长编》卷三六八，第 8872 页。

第二节 三司归属中书领导

宋代帝王建立三司制度，是为了收缴地方财权，以达到中央集权之目的，而不是分宰相之权。宋太祖曾问赵普："自唐季以来，数十年间，帝王凡易十姓，兵革不息，生灵涂地，其故何哉？吾欲息兵定长久之计，其道如何？"赵普认为唐末五代之乱，"无他，节镇太重，君弱臣强而已。今欲治之，惟稍夺其权，制其钱谷，收其精兵，则天下安矣"[①]。北宋开国两朝皇帝所要努力做到的就是收取地方兵权、财权，强化中央集权。在财政管理方面，"制其钱谷"是朝廷宗旨。太宗时，做到了"外州无留财，天下支用悉出于三司"[②]。三司制度完善之后，三司使地位在朝臣中被突出出来，《宋史》所谓"位亚执政，目为计相"。从制度方面考察，需要注意两点：第一，三司使位置在执政之下，不在宰辅之列。第二、三司使仅仅是因为作用重要而被人们视同辅相。所以，三司使往往是执政最佳候补人选。《容斋续笔》载："国朝除用执政，多从三司使、翰林学士、知开封府、御史中丞进拜，俗呼为'四入头'。"[③]朝廷确实有意将三司使选拔为宰辅。《古今源流至论》前集卷九《财计》云："国朝吕申公之任禁掖，必先除户部；蔡文忠之参大政，必先除三司使，此古者冢宰理财之意也。"和平岁月，财政是国家最为重大的政务之一，宰辅有财政部门的差遣经历，便于以后的"事无不统"。

三司是否归属宰相领导，《宋史》没有明确说明，后人则众说纷纭。或以为三司独立于中书宰相领导之外，掌管财政大权，这是

① 《邵氏闻见录》卷一，第 2 页。

② 《长编》卷三四，第 746 页。

③ 《容斋续笔》卷三，第 253 页。

宋代相权削弱重要原因之一。这种观点曾被史学界普遍接受。

然而，依据史料分析，三司当归属中书领导，他们之间有上下级直属关系，三司分宰相财权说法很难成立。庆历四年（1044）八月，参知政事范仲淹向仁宗建议，要求对归属二府领导负责的朝廷政务做一大致分工，让每一位辅臣负起具体职责。他说："臣请仿前代，以三司、司农、审官、流内铨、三班院、国子监、太常、刑部、审刑、大理、群牧、殿前马步军司，各委辅臣兼判其事。"① 所列举下属部门，三司首当其冲。如果从宋代史料中爬梳，能够清晰地发现三司归属中书领导这一史实。

一、中书操纵三司人事任命权

职能部门是否独立，重要的是看他是否有用人权。即：其部门最高长官任命出自皇帝独断，尔后，部门长官又有任命下属各级官员的权力。也就是说，皇帝委专任于部门最高长官，部门长官又对下属任命负一定之责，形成上下相维、自行运转的独立体系。以此标准来衡量三司，就能明显看出三司机构与中书的从属关系，在皇帝和三司使以及三司僚属之间，还间隔着宰相一层领导关系，由宰相掌握三司用人权，中书应该是三司直属上级单位。

（一）三司使任命

从制度上来说，高层官僚任命权都掌握在皇帝手中。上文已经讨论了宰相代行用人决策权问题，尤其是针对宰相管辖的直属部门，宰相更多地代行用人决策权。如枢密院、台谏等非宰相下属部门，一般说来宰相不能过问他们官员的任命。②

三司部门最高长官三司使的任命，从操作过程来看，都是要经

---

① 《长编》卷一五一，第 3673 页。

② 这里叙说的是正常的、一般的人事任命情况，不包括权相独裁中央政局特殊情况。此外，部门运作之间，错综复杂，因人而异，如以上讨论之二府关系，偶尔仍然会有越权行为发生，同样属于特殊情况。

过宰相的。他与其他中书下属部门一样，首先由宰相推荐合适人选名单，再由皇帝定夺。康定元年（1040）九月，“中书进拟三司使”，仁宗提议由叶清臣权三司使公事。[①]庆历八年（1048）四月，叶清臣再次出任权三司使，《长编》云：

> 咸平末，并三部为使，官轻者则为权使公事。康定初，清臣已为权使公事，今再领三司，当为使，而又为权使，中书误也。自是，遂分权使与权使公事为两等。又，三司使旧班在翰林学士之上，权使即与正同，三司使结衔，皆在官职之上。及是，宰相陈执中欲抑清臣，降敕时移权三司使在职下结衔，其后遂班翰林学士之下。[②]

从叶清臣两次出任三司长官情况来看，操作过程如下：中书宰相进拟人选名单，皇帝拍板决断，再由中书“降敕”宣布。皇帝最后决断，如果成为象征性过程时，宰相就代使了决策权，这就是上文讨论宰相职权时所涉及的问题。宰相也确实在其间掺杂私意，如陈执中为抑制叶清臣，竟悄悄变更成规。皇祐元年（1049）三月，叶清臣与判大名府贾昌朝发生争执，“宰相欲两中之”，徙贾昌朝判郑州、叶清臣知河阳。[③]叶清臣最后离开三司，还是因为宰相的排斥。

宰辅引用、任免三司使或三司长官因宰辅之故得以任免事例在宋代屡见不鲜。太祖时，权判三司赵玭“与宰相赵普不协，因称足病，求解职”[④]。张澹因为附会参知政事卢多逊而得权点检三司公

① 《长编》卷一二八，第 3038 页。

② 《长编》卷一六四，第 3944 页。

③ 《长编》卷一六六，第 3995 页。

④ 《长编》卷八，第 190 页。

事。[①]真宗时，参知政事“丁谓以符瑞、土木迎帝意，而以（林）特有心计，使干财利佐之”。引林特为权三司使。[②]仁宗天圣四年（1026）九月，“时三司阙官，中书议除人”，后根据仁宗意见，用王博文为户部副使。[③]“嘉祐中，梁庄肃公克家为相，以益州路转运使张掞为三司副使，时议不厌。是时王逵罢淮南转运使，至京，久无差遣，人或问曰：‘何为后于张掞也？’逵曰：‘我空手冷面至京，岂得省副耶？’此论尤喧。”[④]嘉祐年间，包拯“尝自至中书，诟责宰相，指陈前三司使张方平过失，怒宰相不早罢之”[⑤]。嘉祐七年（1062）五月，“知荆南府、工部侍郎李参为群牧使。执政初议，欲用参为三司使，（参知政事）孙抃独不可，曰：‘此人若主计，外台承风刻削，则天下益困敝矣。’乃不果用”[⑥]。

即使皇帝欲更换三司使，也须获得宰相同意。英宗亲政后，不满三司使蔡襄，曾一再要求宰相更换人选，韩琦等共奏说：“三司事无阙失，罢之无名，今更求一人材识、名望过襄者，亦未有。”[⑦]因此，蔡襄又继续留任。最后，英宗意见得到贯彻，也是在不断坚持并获得宰相同意之后的事情。熙宁三年（1070）八月，“三司副使阙，执政拟用（傅）尧俞”，参知政事王安石“恶尧俞不附己，故专以资序抑之”，最后傅尧俞为权发遣盐铁副使。不久，神宗又对王安石说：“三司副使不才，如何更择人”，王安石则干脆认为三司是多余设置的机构，“三司所治，多是生事以取赂养吏人，不然则

---

① 《长编》卷一五，第 320 页。

② 《宋史》卷二八三《林特传》，第 9565 页。

③ 《长编》卷一〇四，第 2421 页。

④ 《东轩笔录》卷一二，第 136、137 页。

⑤ 《长编》卷一八九，第 4555 页。

⑥ 《长编》卷一九六，第 4761 页。

⑦ 《长编》卷二〇四，第 4946 页。

三司何至事多如此？”[①]为后来归并三司之官制改革做好了舆论准备。熙宁五年（1072）六月，以王克臣权发遣盐铁副使，也是神宗与宰相王安石商议的结果。[②]

从太祖朝到神宗改制之前，所有史料都证明：三司长官任命必须通过中书宰辅。

（二）三司其他官员任免

宰相既然是三司部门直属上级，因此，三司其他官员的任免，宰相或中书部门也有权力过问，或直接插手负责。此类史料在宋代史籍中同样是大量存在的。天禧三年（1018）十月，“中书言三司判官、转运使副秩满当迁者，但进士及第或带馆职者，皆欲授名曹。从之”[③]。天圣二年（1024）六月，朝廷明令“三司检法官自今有阙，令流内铨依公拣选，保明以闻，其三司使副无得复举”[④]，剥夺了三司使副推荐下属的权力。景祐二年（1035）九月，仁宗因为“三司胥吏猥多，或老疾不知书计”，派人进行选择淘汰工作，“已而，三司后行朱正、周贵、李逢吉等数百人，辄相率诣宰相吕夷简第喧诉，夷简拒不见。又诣王曾（时为集贤相）第，曾以美言谕之，因使列状自陈”[⑤]。三司胥吏聚集宰相家申诉闹事，原因就是中书为三司直属上级。可以断定，如果枢密院或台谏发生类似事件，被精简者决不会跑到宰相家闹事。陈执中为昭文相，也进行过类似机构精简淘汰工作，“三司勾当公事及监场务官，权势所引者，

① 《长编》卷二一四，第 5194、5195、5223 页。

② 《长编》卷二三四：“乙丑，权盐铁副使、兵部郎中陈经知润州，度支郎中、同知审官西院王克臣权发遣盐铁副使。经以病求出，王安石请用罗拯代之，上欲且留拯为发运使，曰：‘克臣可代经也。’安石曰：‘善。’”第 5680 页。

③ 《长编》卷九四，第 2170 页。

④ 《长编》卷一〇二，第 2360 页。

⑤ 《长编》卷一一八，第 2776 页。

皆奏罢之，内外为之肃然”[①]。然陈执中却喜以私恩用人，御史何郯说：“向传式不才，累被人言，不可任以要剧，而执中以私恩用传式至三司副使；吕昌龄曲事执中宠嬖之兄弟，至为三司判官。”[②]《东轩笔录》载：“刘沆为集贤相，欲以刁约为三司判官，与首台陈恭公（执中）议不合，刘再三言之，恭公始允。”[③]熙宁四年（1071）八月，神宗与王安石讨论三司判官人选问题，认为“数易职司不便”，王安石则认为“其称职者，乃可久任”，神宗最后还是听取了王安石的意见，更换了户部判官。[④]

三司差遣具体设置和机构调整，宰相也要提供方案或提出意见，帮助皇帝决策。真宗时，宰相王旦认为三司“三部勾院为一司，实为繁剧，纵使重官为之，徒益事势，于勾稽则愈疏矣。若复分三部设官，选才力俊敏者主之，庶乎分减簿领，稍得精意”[⑤]。意见立即被真宗采纳。皇祐五年（1053）九月，“罢三司提举司勾当公事官，从宰臣陈执中所奏也”[⑥]。

三司使当然有推荐下属的权力，如庆历二年（1042）正月，“用三司使姚仲孙请，以度支判官、刑部员外郎、秘阁校理范宗杰为制置解盐使”。四月，“以度支副使杨日华为盐铁副使，施昌言为度支副使。初，权三司使姚仲孙言度支比盐铁为繁，而日华以疾数在告，且荐昌言，故改之”[⑦]。但三司使用人之建议，一般情况下需获得宰辅许可，才能得以落实，这是每一部门长官对属下的正

① 《宋史》卷二八五《陈执中传》，第 9603 页。

② 《长编》卷一六五，第 3966 页。

③ 《东轩笔录》卷一三，第 151 页。

④ 《长编》卷二二六，第 5500、5501 页。

⑤ 《长编》卷八七，第 1997 页。

⑥ 《长编》卷一七五，第 4234 页。

⑦ 《长编》卷一三五，第 3215、3232 页。

常推荐。

大量史料说明，宰相掌握三司用人权，三司使听命于宰相。从用人权角度考察，三司隶属中书的关系十分清楚。

二、中书及二府对三司负领导责任

用人权之外，中书与三司上下级关系也十分清晰，中书对三司负有领导责任。从三司的财政立法、行政领导等各个方面，都能得到证明。

（一）三司财政立法权听命于二府

三司如果独立于宰相领导之外，直接接受皇帝的“委任”，必须能够自行决定财政制度，以及拥有采取与此相关的系列措施权。这样，三司长官才能面对皇帝，独立对三司全面事务负责。如果上述权力操纵在宰相手中，那么，对皇帝负责的只能是中书，中书是议定制度、做出决策的机构，三司则为其下属执行机构。

揆之史实，宋代三司立法权基本上是由中书宰相掌握，而且，财政与军政也密不可分，所以，有时还要求枢密院参预三司立法权的商议讨论。如庆历七年（1047）二月，三司使张方平认为仁宗对臣下具体政务干涉过细，要求“自余细务，合下三司提举司、开封府等处者，只乞传宣中书、枢密院札下逐处有司”[①]。三司部门长官的请求，已经将皇帝、二府、三司之三级领导关系交代得清清楚楚，三司直接归属中书管辖。

从大量史料爬梳中可以发现，三司财政立法权必须通过中书，经中书颁布为条规，三司仅仅是下属执行单位。如，至道元年（995）五月，太宗“召三司孔目官李溥等二十七人，问以计司钱谷之务。溥等言尽知其利病，不可以口占，愿得条对。许之，俾中使押送中书，限五日具奏”。“李溥等条上三司利害七十一事，中书

① 《长编》卷一六〇，第3863页。

参校其四十四事可行，遂著于籍，其十九事令（三司使）陈恕等议定而后行之。”[1]景德四年（1007）五月，宰相王旦对真宗“言淮南榷酤”，“且言诸路各置转运使，复遣官检举酒税，竞以增益课利为功，烦扰特甚”，真宗因此“诏三司取一年中等之数，立为定制，自今中外勿得更议增课，以图恩奖”。[2]大中祥符六年（1013）正月，诏“茶盐酒税等事，并令中书、枢密院参详施行”[3]。大中祥符九年（1016）十月，真宗派员“与三司同共定夺”茶盐制度，要求“送中书门下参详”。[4]天圣元年（1023）正月，命三司使李谘等“较茶、盐、矾税岁入登耗，更定其法，遂置计置司，以枢密副使张士逊、参知政事吕夷简、鲁宗道总之”[5]。仁宗庆历初，知谏院张方平上言云：“臣欲乞于两省已上官，选差才敏之士三两员，就三司与使副据国用岁计之数，量入以为出，平货物之轻重，通天下之有无，较其利害之原，以革因循之弊。旋具事节，先到中书、枢密院开陈商量，必久远可行者，奏上取裁。”[6]庆历六年（1046）十一月，三司欲悉榷沧、滨二州盐，朝廷已经同意而令未下，新上任的权三司使张方平立即反对，认为河北盐课已“均之两税钱”，现在的措施“岂非再榷乎”？而且，盐贵之后，就会导致“契丹常盗贩不已”，“敌盐滋多”，利在契丹。仁宗立即醒悟，对张方平说：“卿语宰相立罢之”，张方平则回答说：“法虽未下，民已户知之，当直以手诏罢之，不可自有司出也。”仁宗“即命方平密撰手诏下之”[7]。这一次

① 《长编》卷三七，第813、814页。

② 《长编》卷六五，第1454页。

③ 《长编》卷八〇，第1814页。

④ 《长编》卷八八，第2025页。

⑤ 《长编》卷一〇〇，第2314页。

⑥ 《长编》卷一三五，第3233页。

⑦ 《长编》卷一五九，第3852、3853页。

决策可以绕过宰相是因为情况特殊，正说明平日三司法令必须通过中书宰相。庆历七年（1047）十二月，三司使张方平上疏言理财弊病，结尾说："权诸利害，至于根本，则关配动静，臂指伸缩，乃系二府，非有司所预。谨具大略，乞下中书、枢密院审加图议，裁于圣断。"其后，张方平又有所建议，结尾亦云"伏望令中书、枢密院检会臣前奏，审加计议，裁于圣断"①。这段话明确指出三司立法权在二府。嘉祐三年（1058）九月，朝臣议论茶叶通商之利，或上言"请罢给茶本钱，纵园户贸易，而官收税租钱与所在征算归榷货物，以偿边籴之费，可以疏利源而宽民力……宰相富弼、韩琦、曾公亮决意向之，力言于帝"，仁宗因此命"三司置局议之"。②熙宁三年（1070）十一月，中书编修条例所言："三司年例合科买物色，其可减省，止令在京买之；或岁计物须至下外州军科买者，著为定式；如式外不时而科买者，须奏定旨。"③熙宁三年（1070）十二月，命宰相"王安石提举编修《三司令式》并《敕》及《诸司库务岁计条例》。翰林学士元绛、权三司使李肃之、权发遣盐铁副使傅尧俞、权户部副使张景宪、度支副使王靖、同修起居注李寿朋、集贤校理陈绎，并同详定"④。熙宁五年（1072）三月，中书奏疏言及"通有无、权贵贱以平物价，所以抑兼并"问题，神宗诏曰："宜出内藏库钱帛，选官于京师置市易务，其条约委三司本司详定以闻。"⑤熙宁六年（1073）正月，宰相"王安石请增三司吏禄"，"上从其请"。⑥熙宁十年（1077）三月，三司讨论食盐官卖，三司长官多"希王安

① 《长编》卷一六一，第 3896、3898 页。

② 《长编》卷一八八，第 4527 页。

③ 《长编》卷二一七，第 5275、5276 页。

④ 《长编》卷二一八，第 5308 页。

⑤ 《长编》卷二三一，第 5622 页。

⑥ 《长编》卷二四二，第 5890、5891 页。

石意”，王安石去职后才罢部分地区食盐官卖。[1]元丰三年（1080）三月，“诏中书别议措置三司帐法”[2]。元丰四年（1081）四月，“诏：茶场司条，令中书别立抵挡法”[3]。

以上史料说明两点：其一，中书是皇帝和三司之间的中介机构，是三司的直接上级领导；其二，三司条例是否可行，须经中书审定通过，财政立法权掌握在中书宰相手中。其操作过程大约如下：由三司部门向中书提出建议，或议定条例申报中书，中书宰相审核之后，择重要者或可行者，奏报皇帝，而后再由中书下达指示，著为条例。也有因中书宰辅建议，得到皇帝同意，颁布施行的。

（二）中书宰相是三司行政上级

三司部门事务，宰相负有直接行政领导责任。在日常工作中，像处理其他直接下属部门事务一样，中书经常与三司发生上下级领导关系，从来不会引起“侵夺有司”的责备或疑问。如，真宗即位初，“命三司具中外钱谷大数以闻，盐铁使陈恕久而不进，上命辅臣诘之”[4]。这是皇帝通过三司直接行政领导而过问三司事务。其后，度支使梁鼎曾言“中书唤臣，令计度如何辇运、科拨夏秋二税者”[5]。又是上级部门召下属询问、考察日常工作情况。

甚至，三司财政收支状况，宰相可以通盘掌握，皇帝不一定预闻。“章圣朝，帑藏盈溢，其名其数皆籍于三司，惟三司得知之，而人主不得以私之也。章圣屡欲知之，而宰臣李沆终不以进，虑开

① 《长编》卷二八一，第 6885 页。

② 《长编》卷三〇四，第 7405 页。

③ 《长编》卷三一二，第 7570 页。

④ 《长编》卷四三，第 921 页。

⑤ 《长编》卷五四，第 1176 页。

人主之侈心也。”[1]

三司部门不合理的举措，作为行政上的直接领导，宰相要向皇帝奏报改正。咸平四年（1001）三月，宰相吕蒙正对真宗说：“备边经费，计臣之责，近者但委转运使。至于出入盈虚之数，计臣或不能周知，此甚无谓也。”真宗立即“下诏申警三司，令举其职，傥闻阙误，必正典刑”[2]。庆历二年（1042）三月，“中书言，三司每岁买红花、紫草各十万斤，民不能供。诏止买五万斤，禁中及外人应给红、紫罗帛者，给染价”[3]。熙宁五年（1072）九月，检正中书五房公事曾布言：“乞于三司选吏二百人，专置司磨勘天下帐籍，以至三部勾院亦皆选吏置官，责以审复。”[4]熙宁十年（1077），诏令整顿财政收入支出，“以中书言诸路财赋岁入岁支，转运司多不尽心，惟称阙乏，宜有会计出入之法，以察增耗，以知有余不足之处也”[5]。凡此种种，皆可以说明三司置于中书领导之下。

三司为中书直接下属机构，宋人也有间接言及。熙宁九年十月，“权同都提举市易司吴安持以父在中书，乞罢领市易都提举”。当时，吴安持父亲吴充为中书宰相，而市易司则隶属三司，吴安持要求回避，说明三司与中书有着直接的隶属关系。而朝臣吕嘉问则认为“百司无非中书统摄”，吴安持没有必要特地回避。[6]宋代只有形成上下级直接领导关系，亲友故旧才要求回避。

（三）中书节制三司事务

中书在许多时候甚至直接插手三司事务，或越过三司亲自处理

---

① 《山堂考索续集》卷三三《官制门·户部》，第1110页。

② 《长编》卷四八，第1055页。

③ 《长编》卷一三五，第3229页。

④ 《长编》卷二三八，第5802页。

⑤ 《长编》卷二九一，第7126页。

⑥ 《长编》卷二七八，第6808页。

财政事务。这是作为三司直接上级领导部门，对下属机构干涉过多时所发生的必然现象。景德四年（1007）八月，“宰臣言今岁丰稔，菽麦甚贱，为富民所蓄，请官为敛籴，以惠农民”，真宗“出内库钱五十万贯付三司，市菽麦”。[①]其后，宰相寇准“恶三司使林特之奸邪”，对林特所为多有拦阻。林特“以河北岁输绢阙，督之甚急。准颇右转运使李士衡而沮特，且言在魏时尝进河北绢五万而三司不纳，以至阙供，请劾主吏以下”。真宗虽不太同意寇准意见，但仍然“勉从其请”。[②]天圣元年（1023）九月，“中书言：‘近岁三司积下勾磨帐籍颇多，至有因循之失，而官物遂无所归。欲令三部副使催督送司，以岁月为次，仍令举判开拆司提举，具每月逐部所磨帐籍以闻。’从之”[③]。天圣二年（1024）七月，三司讨论茶法，二府大臣也积极发表意见，得皇帝首肯。[④]庆历四年（1044）九月，参知政事贾昌朝认为“用兵以来，天下民力颇困”，建议各地“毋得承例折变科率物色，其须科折者，并奏听裁。即虽有宣敕及三司移文而于民不便者，亦以闻”。得朝廷同意。[⑤]熙宁九年（1076）五月，中书要求“令三司支银绢折算钱十五万缗，赴熙河路市粮草”；同年九月，中书讨论私铸钱之事，要求“违法纳私钱官司，欲令三司依法施行”，皆得皇帝同意。[⑥]

三司在具体事务处理方面意见如果与中书不同，最后往往是中书意见占上风。如熙宁八年，“三司请废杂卖场，中书户房以为不便”，神宗要求三司复议此事，三司即改变主张，因此“复置杂卖

① 《长编》卷六六，第1480页。

② 《长编》卷八四，第1922页。

③ 《长编》卷一〇一，第2334页。

④ 《长编》卷一〇二，第2361页。

⑤ 《长编》卷一五二，第3701页。

⑥ 《长编》卷二七五、卷二七七，第6732、6783页。

场”。[①]宰辅这一系列对三司财政事务的参预和领导，都被朝廷视为正常情况，不会引起侵权之类的异议。

三司一般性事务同样受中书节制，须禀报中书、申请得旨。如，熙宁七年（1074）九月，三司大火，房屋、文书焚烧殆尽，检正中书五房公事李承之要求三司官吏整理遗留文书档案，“并具火势先后，申中书看详收救并烧失若干，量轻重赏罚”。得神宗同意。[②]熙宁八年（1075）闰四月，“诏三司，具未置熙河路买马场以前买马钱物岁支若干，于何官司出办，自用茶博买后如何封桩，申中书取旨”[③]。

宰相对三司事务干涉过多、过细，甚至招致皇帝的批评。熙宁元年（1068）有旨“差后苑工匠造舒国、祁国公主下嫁礼物，而后苑奏留不遣，中书请令两所应办。上曰：‘此细务也，不足以累宰职，自今一听三司裁决。’”[④]

皇帝这类批评只能换一个角度证明宰相对三司事务的全面干涉，而且，这种批评并不影响宰相对三司的领导作用。神宗时，参知政事王安石得神宗支持，主持变法，目的是富国强兵，所以，变革财政制度是变法的最主要内容。王安石为了避免三司旧机构拖后腿，另设制置三司条例司，侵夺三司原有职权。虽然反对派大臣一直要求“将制置条例司与青苗补助之法只归三司”[⑤]，神宗和王安石却没有同意。新机构的设置，是为了宰辅更方便地操纵财政权，当然，这时候中书已经是由王安石一人做主。

中书宰辅节制三司事务更直接做法是由宰辅兼任三司财政部门

① 《长编》卷二六九，第6607页。

② 《长编》卷二五六，第6260页。

③ 《长编》卷二六三，第6432页。

④ 《宋会要·职官》一之一八，第2338页。

⑤ 《长编》卷二一〇，第5103页。

长官。开宝五年（972）十一月，“命参知政事薛居正兼提点三司淮南、湖南、岭南诸州水陆转运使事，吕余庆兼提点三司荆南、剑南诸州水陆转运使事”①。次年九月，薛、吕二人升迁为宰相，仍兼三司职事。②北宋前期已开宰辅兼职三司之例。王安石变法，重在改变国家财政收支状况，所以，财政机构和财政法规变革首当其冲。《长编》载：

> 诏三司置会计司，以宰相韩绛提举。先是，绛奏“三司总天下财赋，其出入之数并无总要、考校盈虚之法。欲选官置司，以天下户口、人丁、税赋及场务、坑冶、河渡、房园之类租额年课及一路钱谷出入之数，去其重复注籍，岁比较增亏及其废置钱物、羡余、横费等数。或收多，则寻究因依，以当职之官能否为黜陟；若支不足，或有羡余，理当推移，使有无相济，如此则国计大纲，朝廷可以省察，议论正事，足宽民力。仍乞臣绛提举。”而三司使章惇亦言：“天下财赋，帐籍汗漫，无以察其耗登之数，请选置才士，删修为策，每年校其增亏，以考验诸路当职之官能否，得以升黜。”故有是命。③

元丰改制三司归并于户部以后，宰相为了更直接地操纵朝廷财政大权，依然需要兼任财政方面职务，其做法与北宋前期宰辅兼三司职务一样。如南宋时期，为了应付战争岁月的特殊情况，需要进一步将财权集中到宰辅手中，宰辅兼任财政部门长官的情况就比较常见。《朝野杂记》载：

① 《长编》卷一三，第 292 页。

② 《宋史》卷二一〇《宰辅表》，第 5421、5422 页。

③ 《长编》卷二五七，第 6276 页。

> 隆兴初，言者请法有唐之制，命宰相兼领三司使职事。财谷出纳之大纲，宰相领之于上，而户部治其详。上是之，命秘书省讨论来上。乾道二年（1166）冬，遂命宰相兼制国用使，参知政事同知国用事。五年二月戊申，罢国用司。八年，正丞相官名。夏四月，诏“丞相事无不统，所有兼制国用使，与参政更不入衔”云。[①]

开禧年间，韩侂胄用兵，曾一度恢复国用使，并增设参计官、同参计官等。韩侂胄被诛后，即废。[②]

三、矫正三司独立倾向

皇权和相权，始终是一对矛盾的统一体。皇帝为了揽取更多权力，有时直接插手三司财政事务，中书宰相中介环节被忽略，因此造成三司某种程度上的独立倾向。这种倾向一露苗头，臣下马上就会有“侵夺有司”的异议，而予以及时的谏诤和纠正。至和二年（1055）四月，知谏院范镇言：

> 伏见周制，冢宰制国用，唐宰相兼盐铁转运，或判户部，或判度支，然则宰相制国用，从古然也。今中书主民，枢密院主兵，三司主财，各不相知。故财已匮而枢密院益兵不已，民已困而三司取财不已。中书视民之困，而不知使枢密减兵、三司宽财以救民困者，制国用之职不在中书也。而欲阴阳和，风雨时，家给人足，天下安治，不可得也。欲乞使中书、枢密院通知兵民财利大计，与三司

① 《建炎以来朝野杂记》甲集卷一〇，第 199 页。

② 《建炎以来朝野杂记》乙集卷一三，第 725 页。

量其出入，制为国用，则天下民力庶几少宽，以副陛下忧劳之心。此非使中书、枢密大臣躬亲繁务如三司使之比，直欲令知一岁之计以制国用尔。①

三司或户部作为独立行政部门，虽然归属宰辅直接领导，但毕竟具有部门独立性，对上级领导会产生离心力。随着宋代相权膨胀，权臣甚至要求消解这些政府重要部门的独立性。宋代宰相职权随着时间的推移不断地扩张，权臣意志最终得以实现，他们最终囊括枢密院军政权、三司财政权于一身，形成南宋时期权臣独揽大政的局面。从南宋后期权臣所兼之职中就可以看出他们权力范围已经囊括一切，如开庆元年（1259）十月，贾似道拜右丞相，“兼枢密使，依前京西、湖南北、四川宣抚大使，都大提举两淮兵甲，总领湖广、江西、京西财赋，湖北、京西军马钱粮，专一报发御前军马文字，兼提领措置屯田，判江陵军府事兼管内劝农营田使”②。这一连串令人眼花缭乱的头衔，说明此时宰相已经将所有的权力，包括从中央到地方的财政权力，都进一步地集中到自己手中。

综上所述，宋代设立三司是为了收缴地方财政大权，并不是为了分宰相之权。在宋代，三司依然是中书直接下属机构，三司人事任命权、财政立法权都操纵在中书宰辅手中。中书对三司事务插手过多，并没有引起“侵夺有司”的责难，至多是要求中书充分发挥下属部门在所负职责范围内的应有作用。三司事务越过中书，则会引起非议，并被要求得到及时改正。

① 《长编》卷一七九，第4332、4333页。

② 《宋史》卷二一四《宰辅表》，第5638、5639页。

第八章　宰相与台谏的关系

宋代宰相握有行政大权，而且权力相当集中。对相权的监控，除了君主在最后决策时加以调节、否决以外，更为主要的是宋人建立了一套完整的台谏系统以行使监察权，与宰辅的行政权形成制衡机制。枢密副使吕公弼对英宗说："谏官、御史，耳目之官……陛下当以政事责成大臣，而委视听于台谏，"[①]各委其责，发挥监督作用，以保证权力机制正常运转。即使皇权对相权实施调节和监控，也依赖台谏官所提供的信息。所以，台谏官员被称为"耳目之官"。仁宗说："台谏为朕耳目之官，而事有不能周知，固将博问朝士大夫，以广听察。"[②]英宗时御史中丞贾黯说："谏官、御史，本人主耳目。"[③]或认为，宋代宰相权力在被一再分割之后，还要受到台谏的严密监控，这是相权削弱的一方面因素。因此，要透彻理解宋代相权之全面强化，就必须对宋代宰相与台谏关系做一番审视。

第一节　台谏的渊源和建制

在专制政体社会里，监察类官员的设置是为了避免某种权力的失控，以保证国家的久治长安。所以，这种制度可以一直推溯到先

① 《长编》卷二〇五，第4979页。

② 《长编》卷一九四，第4691页。

③ 《长编》卷二〇四，第4951页。

秦社会。这里只是讨论宋以前制度渊源和宋代台谏建制。

一、隋唐以前监察官吏

传说远古时代，已经有监察制度萌芽。《史记・五帝本纪》卷一载黄帝时“置左右大监，监于万国”；《尚书・尧典》称舜时设有谏官，令龙出纳帝命。延续至周朝，《周礼・保氏》云：“保氏掌谏王恶”，“凡祭祀、宾客、会同、丧纪、军旅，王举则从，听治亦如之”。另外设有“小宰”，《周礼・小宰》云：“小宰之职，掌建邦之宫刑，以治王宫之政令，凡宫之纠禁。”他们都还不是专职监察官员，只是职责中兼有监察任务。西周还设有“御史”，仅仅是许多官职的泛称。春秋时期，诸侯国开始设立比较专门的检察官员，如齐国的“大谏”和“大行”，韩、赵、魏的御史和郎官等等，但他们依然是非专职的。

中国古代监察制度是在秦汉魏晋南北朝时期逐渐形成并建立的。秦朝设谏议大夫、给事中等，负有一定的监察职责。此时给事中还属加官，由大夫、博士、议郎兼领。朝廷三公之一御史大夫，主要是辅助丞相治理国家，职掌副丞相，具体职掌为“典正法度”“举劾非法”，有御史府机构。他们分工负责的内容包括了补察政令之偏私阙失，“实后世司宪之职所由出”[①]。汉承秦制，规模上有所扩大。御史大夫之下设有御史丞、御史中丞。御史中丞“在殿中兰台，掌图籍秘书，外督部刺史，内领侍御史员十五人，受公卿奏事，举劾案章”[②]。御史丞则留御史大夫寺，内领御史三十人，司掌一般官吏之监察。汉朝还不时下诏，要求臣僚推荐“直言极谏之士”。汉武帝以后，“内朝”权势浸重，御史大夫所属“外朝”权力逐渐被削弱。汉成帝绥和元年（公元前 8 年），御史大夫改为

---

① 《历代职官表》卷一八，第 341 页。

② 《汉书》卷一九上《百官六卿表》，第 725 页。

大司空，监察之职权渐渐划归“内朝”所有。后又几度变更，御史大夫几度复名，制度处于不稳定的变化期。

东汉时不设御史大夫，而专设御史中丞，始称御史台，又称兰台寺，开始更多地负纠察之职。后代或复设大夫，或只设中丞，职责都是一样的，他们是监察类官员的首长。魏晋南北朝时期，御史台内部机构设置有很大的随意性，不稳定性是这一时期监察机构的突出特征。三国魏派二御史居殿中，纠察非法之事，即后世殿中侍御史起始。魏晋以来，御史台脱离太府卿系统，逐渐发展成为独立的朝廷监察机构，御史中丞渐成专职监察官，“掌奏劾不法”[①]。“自皇太子以下，无所不纠。”[②]朝廷特意推尊御史中丞，“其出入，千步清道，与皇太子分路，王公百辟，咸使逊避，其余百僚，下马弛车止路傍，其违缓者，以棒棒之”[③]。所属有治书侍御史、分掌侍御史、二丞侍御史等。同时，汉魏以来由侍中寺基础上发展而来的门下省，逐渐成为掌规谏的言谏机构，设侍中、散骑常侍、给事中、谏议大夫等职官。

隋朝以前，中央监察类官员设置情况并没有形成一定之规，职责范围屡有伸缩变化。这是台谏官体系的生成期。

二、隋唐台谏官体系

隋唐时期，中央政府建立起完善的台谏体系，御史台成为中央最高行政监察机关。此时，门下省已经纳入三省范围，成为宰相行政机构之一。但他们行使封驳权，并且仍然负有言谏责任。其余监察百官的职责，主要由台官负责。

隋代置御史台，脱离宰相领导而独立行使监察权。御史台职官设置也较完备，有御史大夫一人，为御史台长官；治书侍御史二

① 《宋书》卷四〇《百官下》，第1250页。

② 《通典》卷二四《职官六》，第663页。

③ 《通典》卷二四《职官六》，第665页。

人，为台长副贰，掌台内簿领；属员则有侍御史八人、殿内侍御史和监察侍御史各十二人。隋室讳中，故省中丞，增治书御史之品以代之。

唐承隋制。唐高宗李治即位，为避帝讳，复改治书御史为御史中丞。御史台设御史大夫一人、中丞二人。御史大夫掌“刑法典章，纠正百官之罪恶，中丞为之贰”。下属三院：台院，设侍御史六人，“掌纠举百寮”之事，负责中央官员的纠弹及要案推鞫；殿院，设殿中侍御史九人，“掌殿庭供奉之仪”，即纠察朝廷礼仪；察院，设监察御史十五人，“掌分察百寮，巡按州县”[①]。门下和中书二省以下又设左右谏议大夫、补阙、拾遗，掌“谏谕得失”“供奉讽谏”之事，合称谏院。

唐高宗时，改御史台为宪台，与东台门下、西台中书、文昌台尚书对应，御史台又称南台，御史大夫为大司宪，御史中丞为司宪大夫。武则天时改为肃政台，分左、右，故称左台、右台。中宗神龙初，废左右肃政台，复设左右御史台。其后，又将左右台合并为一。

隋唐以御史台与谏院相互补充，加强中央行政监察机构在议政、决策过程中的作用，唐代帝王即以“纳谏”著称。这是台谏体系的完善期。

三、宋代御史台和谏院设置

宋代台谏系统有一个重建和完善的过程，在两宋政治生活中发挥十分重要的作用。

（一）御史台

宋袭唐制，设御史台为最高监察机构之一，“掌纠绳内外百官奸慝，肃清朝廷纪纲，大事则廷辩，小事则奏弹。以郎中、员外兼

---

① 《新唐书》卷四八《百官志》，第 1235、1237、1239 页。

侍御史知杂事，为之贰。其属有三院：一曰台院，侍御史隶焉。二曰殿院，殿中侍御史隶焉。三曰察院，监察御史隶焉”①。御史大夫官高不授，以御史中丞为台长，编制一员。以侍御史为副长官，侍御史必兼知杂事，称侍御史知杂事，简称知杂御史、知杂、知杂事。宋初，三院御史多差出外任或者在京领他局，没有定员。真宗以后，三院御史定为六员，天禧元年（1017）二月诏曰：“御史台除中丞、知杂、推直外，置侍御史已下六员，并不兼领职务，每月添支十五千，三年内不得差出。”②仁宗时，御史缺员，资历合格者少，御史台开始设殿中侍御史里行和监察御史里行。真宗以后，还对御史职任和赏罚有了明确规定，大中祥符九年（1016）二月诏曰：三院御史“自今在台供职并止二年。若曾纠弹公事，显是修职，候满日特升陟；如全无振举者，当议比类对换别官外任差遣。仍令本台勘会在职事状及有无功过诣实以闻”③。

（二）谏院

谏院是宋代另一个最高监察机构。宋初，谏院尚未独立，常以门下和中书二省官员二人判院事，设左右谏议大夫、补阙、拾遗，分隶门下和中书二省。太宗端拱元年（988），太宗“以补阙、拾遗任当献纳，时多循默，失建官本意，欲立新名，使各修其职业。二月乙未，改左右补阙为左右司谏，左右拾遗为左右正言”④。然北宋“承五代之弊，官失其守，故官、职、差遣离而为三。今之官，裁用以定俸入尔，而不亲职事。谏议大夫、司谏、正言，皆须别降敕，许赴谏院供职者，乃曰谏官”⑤。即：有谏官名者还必须由朝

① 《宋会要·职官》一七之一，第 2734 页。

② 《宋会要·职官》一七之五，第 2736 页。

③ 《宋会要·职官》一七之五，第 2736 页。

④ 《长编》卷二九，第 647 页。

⑤ 《长编》卷一一〇，第 2564 页。

廷下令赴谏院供职，才算真正谏官，其他的仅仅是官称，与谏院无关。真宗天禧元年（1017）二月，正式设置谏院，专铸谏院官印，在门下和中书设谏官六员，不再兼领他职，这是宋代最早设置的专职谏官。仁宗明道元年（1032）七月，朝廷迁门下省，而将门下省旧址改建成谏院，谏院从此有了独立办公场所。神宗改制，谏院定为八员。高宗建炎三年（1129），诏谏院于中书、门下后省之侧独立设局，不再隶属中书、门下两省，“以登闻检、鼓院专隶”①。绍兴二年（1132）后，恢复元丰旧制。

（三）台谏合一

宋代之前，御史台和谏院各有分工，“谏官掌献替，以正人主；御史掌纠察，以绳百僚”②。其实，两者之间并没有明确分界线，臣僚所为，可以秉承帝王旨意；帝王言行，可以受身边大臣影响。所以，御史台和谏院既然负有相同的监察职责，在实际操作中往往职能相通而混同。到了宋代，台谏区分已经不十分明显。元符二年（1099）八月，“都省勘会”分定台谏职责云：“台官虽已分定所言职事，窃虑未至明白，除已降朝旨合遵守外，欲更申明行下。谏官职在拾遗补阙，凡朝政阙失，悉许论奏。则自宰臣至百官、自三省至百司，任非其人，事有失当，皆得课正。台官职在绳愆纠缪，凡官司稽违，悉许弹奏。则宰臣至百官、自三省至百司，不循法守，有罪当劾，皆得纠正。”③即使如此细说，仍然难以辨明二者职责之区分，实际中总是交叉在一起，故台、谏渐渐合一。

最初，御史台与谏院之间也相互负有监察之责，二者不通往来，以免党同伐异。“国朝故实，台、谏官元不相见。故赵清献公为御史，论陈恭公，而范蜀公以谏官与之争。元丰中，又不许两省

① 《宋会要·职官》三之五〇，第 2422 页。

② 《山堂考索续集》卷三六《官制门》，第 1122 页。

③ 《宋会要·职官》一七之一六，第 2742 页。

官相往来，鲜于子骏乞罢此禁。元祐中，谏官刘器之、梁况之等论蔡新州，而御史中丞以下，皆以无章疏罢黜。靖康时，谏议大夫冯澥论时政失当，为侍御史李光所驳。今两者合为一府，居同门，出同幕，与故事异。”[①] 洪迈所说台、谏合一是南宋之事，其实，二者互通声气，甚至相互兼职，从北宋时就已经开始。《长编》载仁宗庆历年间事，云：“御史台中丞厅之南，有谏官御史厅，盖御史得兼谏职也。”[②] 台、谏合一，北宋中期以来已渐成事实。

为了保证台谏系统独立性，朝廷有时采取一些过分措施。如，元祐元年（1086）十一月，朝廷又令“隔截门下、中书两省谏官，别开门出入，不得与给事中、中书舍人相通”。这种隔离方法不利台谏监察职能的发挥，所以，遭到台谏一致反对，于是再诏称“谏官直舍且令依旧，所有前降擗截指挥，更不施行”[③]。

（四）台谏作用恢复和完善

经过唐末五代战乱，台谏系统遭到彻底破坏。赵宋建国，台谏系统首先面临着重建和完善的问题，其监察职能的发挥，同样经历了重建和完善之过程。

宋初，内外战争频仍，无暇从容“坐而论道”，“谏官废职，制诏有所未当，给事中不敢封还驳正，遗、补亦不敢直言其失……又御史不能弹奏”[④]，监察系统十分不健全。从太宗开始，逐渐注意台谏作用。“太宗推敦台宪，动畏弹奏。雍熙九年，春宴，上欢甚，时滕中正权中丞，上谓群臣曰：‘朕所乐者，非歌舞樽罍，盖时平民康，与卿等放怀同庆尔。’顾中丞曰：‘三爵之饮宴，实为常礼，朕与群臣彻常算，快饮数杯可乎？’中正奏曰：‘臣闻文王在镐，与鱼

① 《容斋续笔》卷三，第 252 页。

② 《长编》卷一五四，第 3736 页。

③ 《长编》卷三九二，第 9533、9540 页。

④ 《长编》卷二二，第 496 页。

藻同乐。古之诫者，但恐湎淫失度尔。今君臣熙洽，穆穆皇皇，微臣敢不奉诏。’殿上皆呼万岁。遂以虚爵遍授，俾恣饮焉。”①太宗欲群臣多饮几杯酒，亦征得御史中丞的同意，方才实行，表现出特别推尊台谏的态度。真宗进一步着手整顿中央监察机构御史台和谏院，使台谏进入正常监察运转体系。

宋代台谏系统之完善期在仁宗朝，这也是宋代台谏发挥作用的黄金时期。仁宗比较尊重台谏的谏诤，曾因宫内做道场，赐群僧紫罗各一匹，特别嘱咐群僧说：“来日出东华门，以罗置怀中，勿令人见，恐台谏有文字论列。”宋人因此评价说：“仁宗以微物赐僧，尚畏言者，此所以致太平也。”②仁宗即位初，刘筠出任御史中丞，“先是，三院御史言事皆先白中丞，筠举旧仪，榜三院门，令台属各举纠弹之职，毋白丞、杂知”③。此后，台谏长官御史中丞也成为监察的对象。如，嘉祐五年（1060）五月，台谏官唐介、王陶等八人集体弹劾御史中丞韩绛，韩绛因此降职。④仁宗亲政后，台谏作用达到顶点，出现了一批著名谏官。天圣末年，郭劝、曹修古、杨偕、段少连四人因直言敢谏，当时号称“四御史”。宝元年间，孔道辅出任御史中丞，“性鲠挺特立，遇事弹劾无所阿避，出入风采肃然。及再执宪，权贵益惮之”⑤。庆历三年（1043）八月，又规定谏官可以随两府大臣“日赴内朝”，加强监督。⑥庆历五年（1045）二月，右正言钱明逸认为“阁门仪制，每日上殿不得过三班”，限制了谏官言事，要求“今后谏臣有本职事求对，虽已有三班外，亦听上殿

① 《玉壶清话》卷八，第 80 页。

② 《邵氏闻见录》卷二，第 13 页。

③ 《长编》卷九九，第 2300 页。

④ 《长编》卷一九一，第 4626 页。

⑤ 《长编》卷一二四，第 2923 页。

⑥ 《长编》卷一四二，第 3415 页。

敷奏"。获仁宗同意。[①]这又为谏官随时见皇帝提供了便利。宋人自言："台谏之职，在国初则轻，在仁宗之时则重；在国初则为具员，在仁宗之时则为振职。"[②]《古今源流至论》前集卷三《庆历人材》评价仁宗朝台谏作用说："叩镮大呼，不曰忤旨；叩榻论事，不曰沽名，台谏之风采可想也。"

仁宗以后，从制度层面而言，台谏都受到极高重视。但是，北宋末年以来，台谏渐渐失职，南宋时台谏很少正常行使监察权。南宋孝宗以后，台谏几乎名存实亡。到了南宋末年，元兵入侵，急迫形势又要求台谏停止讨论朝政。在南宋流亡小朝廷中，宰相陈宜中唆使言官弹劾陆秀夫，张世杰云："此如何时，动以台谏论人。"[③]这也形成一条规律，兵荒马乱之时，台谏作用自然减弱。

宋代御史中丞有极高的品望，是二府宰辅主要候补人选，与三司使、知开封府、翰林学士合称"四入头"。有时，朝廷为了推重台谏，特意让现任或前任执政出任御史中丞。"太宗时张宏自枢密副使、真宗时李惟清自同知枢密院为御史中丞，盖重言责也。仁宗时，亦多命前执政，如晏元献公、王安简公皆是。"[④]

第二节　台谏对宰辅的制衡关系

宋代相权强化的结果，使得朝野多种矛盾都集中到宰辅身上。如何有效地保持相权与皇权之间的平衡，就成为朝廷关注一大问题。台谏作为皇帝耳目，其主要目的是扩大皇帝之视听，遏制相权之膨胀，行使对宰相的监察权。神宗元丰五年（1082）八月，诏

① 《长编》卷一五四，第 3748 页。

② 《宋史全文》卷七上引吕中《大事记》，第 305 页。

③ 《宋史》卷四五一《陆秀夫传》，第 13276 页。

④ 《石林燕语》卷七，第 97 页。

曰："三省、枢密院、秘书、殿中、内侍、入内内侍省，听御史长官及言事御史弹纠。"① 台谏监察对象，二府首当其冲。台谏在朝政运转正常时期，曾经有效地发挥作用。

一、宰相不可插手台谏任免

宋代宰相将"进退百官"视为自己当然的权力，经常代替皇帝行使用人权，甚至可以引荐二府执政或继任宰相，参知政事、枢密院使副、三司使的任用，也都与宰相的好恶、推荐有关。但是，从制度上来说，宰辅不能过问台谏官的任免，否则，台谏就失去了监督相权的作用。仁宗说："祖宗法不可坏也。宰相自用台官，则宰相过失无敢言者矣。"② 这一条在宋代也已经成为"祖宗家法"。绍圣末，权通判通远军李深上书曰："祖宗故事，凡进退言事官，虽执政不得与闻，盖以杜绝台谏私于宰执也。"③ 违背此条祖宗成规，往往要受到朝论一致攻击。台谏官是权力平衡机制中不可缺少的一环，台谏官的选择，因此被提高到与决定宰辅人选同样重要的地步。苏舜钦宝元元年（1038）上疏论及"择贤"，云："盈庭之士，不须尽择，在择一二辅臣及御史、谏官而已。"④ 帝王选择官员只要把握这几个关键位置，朝政就能正常运作。

（一）台谏官荐举

宋代特别重视台谏官的选拔和任用，除了必要的资历以外，在遴选过程中要保证两点：第一，荐举时排除宰辅干扰；第二，皇帝绝对控制任用台谏决策权。

任用官员第一步就是臣下向朝廷推荐可用之才。"御史之任，所以纠察百僚，苟非刚正无私，不可滥居此职，故须先择举主，使

① 《长编》卷三二九，第 7916 页。

② 《长编》卷一一三，第 2647 页。

③ 《长编》卷四九一，第 11669 页。

④ 《长编》卷一二一，第 2853 页。

之引类。是以受诏者知明主眷待之厚，遴简端良；被举者体朝廷责任之意，崇尚名节。”[1]推荐者身份既关系到被荐者是否有能力，又牵涉到他们复杂的社会背景。元祐五年（1090）九月，苏辙奏曰：“臣伏见唐制，御史属官皆大夫、中丞自举。及本朝旧法，亦皆丞、杂及两制举人。盖以人主耳目之官，不欲令执政用其私人，以防壅蔽。”[2]这是确定台谏官荐举最主要的原则，皇帝根据此原则来指定台谏官荐举者，宋代基本制度如此。“近制，御史有阙，则命翰林学士、御史中丞、知杂事迭举二人，而自上择取一人为之。”[3]这种荐举制度是承袭唐朝而来。“故事，台官皆御史中丞、知杂与翰林学士互举，其资任须中行员外郎以下、太常博士以上，曾任通判人。未历通判，非特旨不荐，仍为里行。此唐马周故事也。”[4]

除了御史台中丞和知杂及翰林学士两类举主以外，皇帝还经常指定中书与门下二省的中书舍人和给事中为台谏举主。元祐六年（1091）闰八月，诏曰：“御史中丞举殿中侍御史二员，翰林学士、中书舍人同举监察御史二员，给事中举监察御史二员以闻。”[5]元祐七年（1092）八月，“诏令御史中丞、侍御史，并翰林学士、中书舍人，各同举台官二员以闻”[6]。诏书中所提及的这三类官员，地位都较高，而且与监察工作都有或多或少的联系，举荐台谏可以与他们的本职工作联系起来。

御史中丞是台谏之长，荐举下属是其分内之事。御史中丞郑雍上言曰：“故事，御史有阙，诏本司荐属官以正名举职。”又云：“臣

① 《长编》卷四三九，第10582、10583页。

② 《长编》卷四四八，第10766页。

③ 《长编》卷二〇五，第4967页。

④ 《石林燕语》卷一，第12页。

⑤ 《长编》卷四六五，第11110页。

⑥ 《长编》卷四七六，第11348页。

谓风宪之地，责任所专，傥使官属多由他司所荐，恐非朝廷责任之本意。如未许本台专举，且乞用故事，专举一次。”哲宗立即同意了郑雍请求，“诏令御史中丞更举监察御史二员以闻”①。可见，御史台长官是台谏官的主要举荐者，包括御史台副长官知杂事。翰林学士任职清要，职责之一是在皇帝身边备顾问，所以，他们也经常对朝廷大事提出意见或提供建议，起类似监察的作用。中书舍人和给事中虽属二省官员，然具有相对独立性，负有封驳之责，行使监察权是他们的本职工作，他们实际上形成台谏系统之外的第二监察系统。

朝廷选择这三类人作为台谏官举主，包含深意，这可以使监察工作自成体系，独立运转。南宋周必大概括这一遴选制度说：“祖宗故事，明降指挥，令翰林学士、给、舍，或侍从之贤，及台、谏之长，各荐数人，然后就其中选择用之。”②这里提及的“侍从之贤”者，当指负监察与建议职责的翰林学士。不包括在这几类之中的其他台谏官举荐者，一定是皇帝特殊指定的，但以上述几类举荐者最为常见。

（二）宰辅不可为台谏官举主

宋代相权强化，宰辅经常自觉或不自觉地插手朝廷所有事务，包括台谏官的荐举任用。有时皇帝也有所放松，指定宰辅为台谏官举主之一。有时则为了表示对宰辅的信任，特诏废除“执政尝所荐举不得为御史”的限制。③然上述情况或一经发觉，立即会得以纠正；或不久又重新规定宰辅不得为台谏举主。仁宗明道二年（1033）十二月，罢免侍御史张沔、殿中侍御史韩渎之职，因为他们是宰相李迪直接任命的，仁宗因此重申：“自今台官有阙，非中

① 《长编》卷四六五，第11110页。

② 《全宋文》卷五〇七二周必大《台谏员数回奏》，第228册，第246页。

③ 《长编》卷一八九，第4565页。

丞、知杂保荐者，毋得除授。”[①] 庆历四年（1044）八月，仁宗再诏曰：“自今除谏官，毋得用见任辅臣所荐之人。”[②] 哲宗元符三年（1100）三月，诏曰：“宰臣、执政、侍从，举台谏官各三、五人。”随即下诏修正云：“宰臣、执政官勿预。”[③] 靖康元年（1126）四月，钦宗重申：“台谏者，天子耳目之臣，宰执不当荐举，当出亲擢，立为定制。”[④]

既有“祖宗成规”，许多宰辅也自避嫌疑。元丰二年（1079）十月，参知政事蔡确言：“御史何正臣、黄颜，皆臣任中丞日荐举，臣今备位政府，理实为嫌，乞罢正臣、颜御史。”[⑤] 元祐五年（1090）七月，太皇太后高氏欲用田子谅为台官，门下侍郎刘挚即言“子谅，臣之姻家，故事不可用”。田子谅最终不得任台谏官。[⑥] 元祐六年（1091）八月，御史中丞缺员，辅臣奏曰：“中丞及侍御史阙，缘御史杨畏有言，宜谨择言者，虑近臣巧说，引其密党，以此臣不敢进拟。”[⑦]

因台谏进言而获得执政位置，同样需要避嫌。庆历三年（1043）七月，谏官欧阳修、余靖、蔡襄言“枢密副使范仲淹有宰辅才，不宜局在兵府”，朝廷因此改命范仲淹为参知政事，范说：“执政可由谏官而得乎？”坚决加以推辞。[⑧] 范仲淹不接受中书职务，不是因为自己资历或能力不够，仅仅是因为避嫌。

---

① 《长编》卷一一三，第 2647 页。

② 《宋会要·职官》三之五二，第 2423 页。

③ 《宋会要·选举》二八之二八，第 4691 页。

④ 《宋会要·职官》三之五六，第 2425 页。

⑤ 《长编》卷三〇〇，第 7360 页。

⑥ 《长编》卷四四五，第 10712 页。

⑦ 《长编》卷四六四，第 11080 页。

⑧ 《长编》卷一四二，第 3399 页。

（三）宰辅不可罢免台谏官

宰辅在选用、任命台谏官方面没有发言权，在罢免台谏官方面同样不许插手。否则，台谏监察作用仍然容易落空，因为宰辅只需将严格监督他们的台谏官设法罢免，就可以躲避监察了。宋代在这一方面也有严格的制度保证。

嘉祐元年（1056）十二月，台官范师道、赵抃得罪宰相被出，御史中丞张昇立即抗言说："天子耳目之官，进退用舍，必由陛下，奈何以宰相怒斥之！愿明曲直，以正名分。"且要求与其属下共进退。争论到最后，宰相李沆不得不自请外放，离开中书，仁宗则对张昇赏识有加。[①]在这一中书与台谏争辩过程中，明显看出皇帝扶持台谏势力，以遏制宰相权势的意图。

（四）皇帝控制台谏官任免权

皇帝直接控制台谏官任免权，是台谏官发挥"天子耳目"作用的保证。这种控制，不仅表现在推荐台谏官举主每次都由皇帝指定，而且，皇帝有时还直接下达诏令，干涉台谏官任免。大约有以下两种方式：

其一，否决大臣荐举，任命自己中意人选。如，庆历八年（1048），"台阙知杂，执政欲进其党"，仁宗却另外任命何郯为侍御史知杂事，并对何郯说："卿不阿权势，故越次用卿。"[②]平日，皇帝就留意台谏人选，需要时就可以及时提拔。建炎年间，赵鼎由司谏迁为殿中侍御史，御史中丞范宗尹认为不合制度，高宗回答说："朕除言官，即置一簿，考其所言多寡，此祖宗旧制，外廷未必知也。鼎所言四十事，已行三十六事。"[③]从高宗话来看，不但他自己注意台谏任职时的政绩，而且这种做法是"祖宗旧制"，由来

① 《长编》卷一八四，第 4460 页。

② 《长编》卷一六五，第 3974 页。

③ 《宋宰辅编年录校补》卷一四，第 952 页。

已久。

其二，不要臣下推荐，直接下旨，任命或罢免台谏官。仁宗宝元二年（1039）十二月，仁宗认为御史中丞孔道辅与二府大臣朋比为奸，“诏中书，自今御史阙官，宜如先朝旧制，具两省班簿来上，朕自择官令举人”[①]。取消了臣下的荐举台谏权。当然，这条诏令并没有被很好地贯彻落实，但皇帝越过举荐者，直接任命台谏官之事，还是时有发生。英宗治平二年（1065）六月，御史台“阙两员，举者未上，内出（范）纯仁、（吕）大防名而命之”[②]。这是皇帝亲自任命台谏之例。神宗熙宁三年（1070）六月，贬知谏院胡宗愈，神宗对执政指责胡宗愈说：“略不为朕作耳目，专沮败朝廷所欲为。”[③]元丰五年（1082）四月，神宗又亲笔批复“（满）中行奏事不实不当，落侍御史知杂事，以直集贤院知无为军”[④]。这些都是皇帝亲自黜落台谏之例。

多数台谏官任命，还是在臣下推荐的基础上，由皇帝再做出最后决断。一方面，宋代“祖宗法制，台谏官必出自宸衷”[⑤]，“台官必由中旨，乃祖宗法也”[⑥]。徽宗时，“侍御史陈次升乞除罢言官并自内批，不由三省进拟”，得徽宗首肯。[⑦]另一方面，任用台谏官，不参考臣僚意见，也是不可取的。宋代君臣，十分注意台谏官的任免，以保证皇帝的决断权力。如，“宝元中，御史府久阙中丞。……仁宗疑之，异时，因问许公（吕夷简）曰：‘何故久不除中丞？’许

① 《长编》卷一二五，第 2947 页。

② 《长编》卷二〇五，第 4967 页。

③ 《长编》卷二一二，第 5159 页。

④ 《长编》卷三二五，第 7817 页。

⑤ 《山堂考索》后集卷六《官制》，第 493 页。

⑥ 《长编》卷一一三，第 2647 页。

⑦ 《宋史》卷三一四《范纯礼传》，第 10278 页。

公奏曰：‘中丞者，风宪之长，自宰相而下，皆得弹击，其选用，当出圣意，臣等岂敢铨量之？’”[①] 又，庆历三年（1043）三月，仁宗亲选欧阳修、余靖、王素为谏官，蔡襄闻之贺诗曰：“御笔新除三谏官，喧然朝野尽相欢。”不久，蔡襄也得除谏官。[②]

依据史料，宋人任命台谏官过程大致如下：先由皇帝指定举荐者，然后皇帝根据推荐上来的名单做出抉择，任命台谏官。在整个过程中，始终保证皇帝意图的贯彻实施。仁宗曾对宰相言及台谏选择标准：“谏官、御史，必用忠厚淳直、通世务、明治体者，以革浮薄之弊。”[③] 宋代皇帝无论根据什么途径选择台谏，大体都是依照这样的准则。

（五）宰辅与台谏之间回避制度

台谏与宰辅之间既然存在着监察平衡机制，在人选方面就必须有所回避，宰辅与台谏之间不能存在着亲友故旧等过于密切的私人关系，以免照顾情面，徇私枉法。宋代以制度形式将两者相互回避规定固定下来，宋代史料中有大量这方面记载。如，仁宗庆历六年（1046）八月，监察御史唐询出知湖州，“以宰相亲嫌罢也”[④]。元祐六年（1091）三月，“殿中侍御史岑象求为金部郎中，以避苏辙亲嫌也”[⑤]。元祐八年（1093），“诏执政官亲戚不除谏官”[⑥]。元符元年（1098），曾布列举近日所除台谏官，“皆是执政门下人，不可用”。哲宗深表同意。[⑦] 元符三年（1100）十一月，王觌新授试

① 《东轩笔录》卷三，第 33 页。

② 《涑水记闻》卷四，第 66 页。

③ 《长编》卷一七一，第 4116 页。

④ 《长编》卷一五九，第 3845 页。

⑤ 《长编》卷四五六，第 10921 页。

⑥ 《宋会要·职官》三之五五，第 2425 页。

⑦ 《长编》卷四九四，第 11736 页。

御史中丞、兼修国史与实录修撰，左正言任伯雨等立即上言说："史院系宰相监修，今中丞仍为属官，朝夕相见，恐非所以重风宪、远嫌疑之道。"王觌因此改除翰林学士。[①]隆兴二年（1164）九月，监察御史王稽中言与执政王之望"素昧平生"，"然士大夫皆言臣是之望所荐"，"若不回避，清议不容"，孝宗因此下诏辩明说："王稽中乃朕亲擢，非王之望所属，不当过为回避。"[②]

刘安世归纳云："是以祖宗之制，凡见任执政曾经荐举之人，皆不许用为台官，盖欲其弹击之际，无所顾避而得尽公议也。"[③]具体而言，宰辅之子弟、亲戚、门生，以及宰辅进入二府之前所举荐的朝臣等等，都需要回避。章惇对太皇太后高氏叙述此回避制度说："台谏所以纠绳执政之不法，故事，执政初除，亲戚及所举之人见为台谏官，皆徙他官。"[④]这就从制度上保证了宰辅不可操纵台谏。

推而广之，有时皇帝对二府大臣与台谏关系过于密切也会心存疑忌。庆历初，二府大臣范仲淹、富弼等主持朝政革新，谏官欧阳修极力襄助，"庆历革新"无疾而终，范仲淹等都被驱赶出朝，与皇帝对他们之间关系有所怀疑相关。直到庆历末年，朝臣还以此为言，称"自昔年二府大臣及台谏官有互为表里者，圣聪觉悟，已行黜典"[⑤]。

这种回避制度因皇帝好恶而时时被置之一旁。熙宁初，王安石任参知政事，其连姻谢景温为侍御史知杂事，因为神宗特别信任王安石，两人之间不仅没有回避，谢景温还时常充当王安石扫清政敌

① 《宋会要·职官》一七之二六，第 2747 页。

② 《宋会要·职官》一七之三四，第 2751 页。

③ 《长编》卷四一五，第 10072 页。

④ 《长编》卷三六〇，第 8607 页。

⑤ 《长编》卷一六三，第 3933 页。

的喉舌。熙宁末年，王安石再次入相，其子王雱任右正言，虽然王雱病废，但依然是与制度相抵触的。此时御史中丞邓绾也是依附王安石得以升迁，他不但在政治上阿谀王安石，甚至上言要求录用王安石的子与婿，连王安石也认为“绾为国司直，职当纠察官邪，使知分守，不相干越，乃与宰臣乞恩，极为伤辱国体”①。元祐二年（1087）八月，吕陶上疏言：“本朝故事，为御史者，有两府是举主，并须回避。盖置台谏以检察两府之过，若用其门生故吏，虑致徇私，此祖宗御下之机权，至深至密。近岁以来，此制隳紊，只避亲戚，不避举主。昨除杜纯为侍御史，明知是韩维亲家，略不回避，奋然用之，无复忌惮。中外传闻，莫不骇叹。”②元祐四年（1089）六月，朝廷任命韩忠彦为尚书左丞，“右谏议大夫范祖禹之妻与忠彦之妻，从兄弟也，祖禹引嫌乞回避。右司谏吴安诗言忠彦之妹嫁其子，右正言刘安世言其子娶忠彦之女，皆乞回避。诏特不回避，仍不得为例。祖禹等力辞，讫不许”。殿中侍御史孙升进谏说：“伏以朝廷设谏官、御史，为人主耳目，正欲检察大臣之私。今谏官、御史七员，而令谏官三人不避大臣之嫌，则是人主耳目已废其半矣。虽陛下待大臣以至公，责谏官以大义，然固有成法，既许规避。则人之常情，不无私意，既废国法，又抑人情，故公议有所未协。”③朝廷没有采纳孙升的意见，再次人为地破坏了回避制度。

二、台谏对宰辅势力遏制

宋代皇帝大都有意识扶持台谏势力，用以监察宰辅议政、施政、决策过程中的缺失或私心。至和二年（1055）六月，赵抃入对，阐述台谏对宰辅监察之重要作用，言：“宰相有罪恶彰露，迹状

① 《长编》卷二七八，第 6797 页。

② 《长编》卷四〇四，第 9846 页。

③ 《长编》卷四二九，第 10363、10364 页。

狼籍，谏官不论列，御史不纠弹，天子不得闻，下情不得通，积日持久，天子之势危矣。”① 哲宗时御史中丞邢恕论述御史作用，云：

> 执政大臣欲擅权者，必先摧沮台谏官，台谏气夺，则无敢议己者，然后得以专辄用事，封殖朋党。明圣有为之主欲收揽权纲者，必先择台谏，非其人则或废黜，或他迁之。如得其人，则须听用其言，然后执政大臣不得专权用事，威福不出于己，则朋党自然破散，群下莫不一意以事君，忘私而徇公，则主势隆于上，治道成于下，非小补也。②

在朝廷各个职能部门运转正常情况下，台谏确实发挥了较好的监察作用。史称台谏“言及乘舆，则天子改容；事关廊庙，则宰相待罪”③。宋代众多宰辅罢免，都与台谏弹劾有关。皇祐三年（1051）十月，宰相文彦博出知许州，起因于殿中侍御史里行唐介的弹劾；庆历七年（1047）三月，宰相贾昌朝与枢密副使吴育争执，御史中丞高若讷言“阴阳不和，责在宰相”④，贾昌朝因此罢相；至和二年（1055）六月，宰相陈执中因殿中侍御史赵抃等的“交章论列”而罢免；嘉祐六年（1061）四月陈旭罢枢密副使，因台谏“交章论列”，仁宗虽然“知言者非实”，但还是遵循台谏舆论。宋代这类事例不胜枚举，但是，多数集中在北宋中期以前。北宋后期以来，朝纲紊乱，台谏渐渐为宰相所用，局面就颠倒过来了。

因台谏监察、中书不得随意行事之事例就更多了。至和二年（1055）五月，“诏中书公事自今并用祖宗故事施行。初，宰相刘

① 《长编》卷一八〇，第4346页。

② 《长编》卷四九三，第11717页。

③ 《山堂考索续集》卷三六《官制门》，第1126页。

④ 《长编》卷一六〇，第3865页。

沆建言中书不用例，而议者皆以为非便，左司谏贾黯奏罢之”①。台谏势力鼎盛时甚至能一定程度上左右中书宰相意志。嘉祐四年（1059）七月，陈舜俞、钱藻、汪辅之试才识兼茂明于体用科，并入等，陈舜俞、钱藻皆授官，汪辅之因监察御史里行沈起“言其无行，罢之。辅之躁忿，因以书诮让富弼曰：‘公为宰相，但奉行台谏风旨而已，天下何赖焉！’弼不能答”②。

为了防止御史处理事务受中书影响，宋人确立台谏言事独立原则，甚至不允许皇帝插手。咸平二年（999）四月，御史中丞张咏上言：“请自今御史、京朝官使臣受诏推劾，不得求升殿取旨及诣中书咨禀。”获真宗同意。③“受诏推劾”，本来就是秉特旨办事，关键是不到中书禀报，排除了中书干扰。咸平五年（1002）六月，又诏曰：“御史台勘事，不得奏援引圣旨，及于中书取意。”④独立言事原则，是台谏发挥监察作用的有效保证。为了防微杜渐，规定“谏官例不与宰相相见”。元祐四年（1089）十二月，太皇太后高氏欲宰相吕大防传话给台谏官刘安世等，吕大防便引此规定拒绝。⑤

第三节　宰相对台谏控制

台谏如果一直能够很好地发挥监察作用，当然就不可能出现权相独掌中枢大柄的局面。宋代宰相在受到台谏监督时，自然具有反制衡的离心力。无论在哪一段时期，宰相与台谏的矛盾总是存在的。北宋哲宗以前，皇帝基本上有效地控制且调节了两者之间的矛

---

① 《长编》卷一七九，第4335页。

② 《长编》卷一九〇，第4584页。

③ 《长编》卷四四，第940页。

④ 《宋会要·职官》五五之四，第3600页。

⑤ 《长编》卷四三六，第10515页。

盾。在皇帝的监控之下，或宰相退让，或台谏顾全大局，或皇帝有意识地偏袒与自己意见相同的一方，将另一方调离中央，矛盾得以比较妥善地解决。当后来的皇帝越来越不具备治国才能时，权力越来越多地落入宰相之手，台谏与宰相关系也随之发生变化。权相当然不允许台谏作梗，与权相意见相左的台谏官便难以在中央政府中立足。台谏一步步落入宰相控制之中，逐渐演变为权相的附庸，甚至堕落为宰相的鹰犬。于是，台谏监察权成为一句空话，台谏对相权也完全失去了约束力，反而为虎作伥，成为帮助相权恶性膨胀的急先锋。

一、台谏所处不利位置

台谏官负有监察之职责，所谓“台宪之职，所宜纠察奸邪，辩明冤枉，廷臣有不法之事，得以奏弹；下民有无告之人，得以申理”①。其使命就是弥补缺失，向朝廷提出批评意见，肃正朝廷纲纪法规，监察对象包括皇帝和宰相。有大事则在朝廷辩论抗争，小事则上章弹劾。所以，从履行职责角度，台谏在多数时间里很自然地将自己摆在与皇帝和宰相对立面的不利位置上。王夫子甚至认为：“谏官者，以绳纠天子，而非以绳纠宰相者也。”②在皇帝作为不合规矩或错误时，常常是宰辅秉承皇帝旨意而台谏极力诤谏反对。这类事情大都发生在北宋中期以前，当时朝廷政治还比较清明，台谏能够独立行事，后期台谏为宰相所用，上述矛盾随之消失，二者沆瀣一气。

北宋曾发生两次比较大规模的台谏与皇帝和宰辅对立事件。第一次是明道二年（1033），仁宗与宰相吕夷简等商议废黜皇后郭氏，右司谏范仲淹与“权御史中丞孔道辅率知谏院孙祖德，侍御史

① 《长编》卷六〇，第1339页。

② 《宋论》卷四《仁宗》，第90页。

蒋堂、郭劝、杨偕、马绛，殿中侍御史段少连，左正言宋郊、右正言刘涣，诣垂拱殿门，伏奏皇后不当废，愿赐对以尽其言。护殿门者阖扉不为通，道辅抚铜环大呼曰：'皇后被废，奈何不听台谏入言！'"。后又"悉诣中书"，"众哗然，争致其说"。其结果是皇帝哄骗他们到中书，中书哄骗他们明日再议。台谏官散去后，宰相吕夷简"即奏台谏伏阁请对，非太平美事，乃议逐道辅等。丙辰旦，道辅等始至待漏院，诏道辅出知泰州，仲淹知睦州，祖德等各罚铜二十斤。故事，罢中丞，必有告辞。至是，直以敕除。道辅比还家，敕随至，又遣使押道辅及范仲淹亟出城。仍诏谏官、御史，自今并须密具章疏，毋得相率请对，骇动中外"[①]。第二次是治平三年（1066），英宗与昭文相韩琦、集贤相曾公亮、参知政事欧阳修和赵概商议欲追崇生父濮安懿王，侍御史知杂事吕诲、侍御史范纯仁、监察御史里行吕大防等合奏，坚决反对，与中书相互奏章辩争。最后也是中书意见得以贯彻实施，台谏纷纷被解官。[②]

在上述争斗中，皇帝与中书立场一致，或者说是中书秉承了皇帝的旨意。元祐六年（1091）十月，签书枢密院事王岩叟对太皇太后高氏指责台谏气焰说："陛下亦觉近日台谏官太甚否？今日两个上，明日两个上。"太皇太后便笑着回答说："今日又两个未上也。"[③]语气之间，完全赞同王岩叟说法，对台谏的抵触情绪非常明显。皇帝与宰辅一样，对台谏制衡天然地具有反作用的离心力。中书权势本来就远远在台谏之上，台谏完全是依赖皇帝的支持才得以行使监察权。一旦失去皇帝的支持，台谏就无法与中书抗衡，自然而然地沦为附庸，被宰相所操纵控制。台谏所处的不利位置，加速了这种演变的过程。南宋以后，台谏上章论宰相，意见很少被采

① 《长编》卷一一三，第2648、2649页。

② 《长编》卷二〇七，第5023—5039页。

③ 《长编》卷四六七，第11161页。

纳，“自是，台谏多引退者”[1]，或者干脆堕落为宰相的鹰犬。

台谏所处的不利位置，是台谏易受宰相操纵的表层原因。

二、执政插手台谏官荐举

宋代有不允许执政插手台谏官荐举的“祖宗旧制”，却不能一概而论。宋代宰相处于权力中心，最得皇帝信赖，皇帝往往是将自己最亲信的大臣安排在这个位置上。在不自觉或自觉之中，他们难免要过问台谏官的任免工作，有时是皇帝特意垂询，有时则是宰相故意揽权。洪迈叙述宰辅不得荐举台谏之回避制度后，又云：“此制亦不能常常恪守也。”[2]

证之实例。嘉祐四年（1059）五月，仁宗为了表示对执政的信任，从包拯所请，“旧制，两制臣僚不许诣执政私第，执政尝所荐举，不得为御史，其悉除之”[3]。从变更制度入手，为宰辅插手台谏荐举打开方便之门。熙宁四年（1071）四月，“御史台阙中丞”，神宗欲用韩维，宰相王安石则坚持用杨绘，说：“维必同俗，非上所建立，更令异论益炽，不如用绘。”[4]即韩维是变法反对派，神宗最终听取了王安石意见。杨绘任职以后，也成为新法反对者，于是，“王安石为上言杨绘不宜在言职”[5]，同年七月，杨绘即被罢去。御史中丞居然进退皆由宰相。元丰末年，章惇说：“故事，谏官皆令两制以上奏举，然后执政进拟。”[6]也就是说，从推荐候选人到进拟名单，宰相都可以过问。这与不许宰辅插手台谏官任免的祖宗家法明显抵触，在独裁体制中就可以行得通。类似史实，还可以列举一

① 《建炎以来朝野杂记》甲集卷五，第125页。

② 《容斋三笔》卷一四，第593页。

③ 《长编》卷一八九，第4564、4565页。

④ 《长编》卷二二二，第5406页。

⑤ 《长编》卷二二四，第5439页。

⑥ 《长编》卷三六〇，第8606页。

些。如，寇准“在中书，喜用寒畯，每御史阙，则取敢言之士”①。寇准所为当然是没有私心，但说明宋代宰相确实在某种程度上掌握着台谏官的任免权。元祐宰相司马光、吕公著和隆兴宰相张浚都分别奉诏荐举过台谏官。宋代皇帝一再下诏不许宰辅荐举台谏，臣僚奏章也屡屡言及此事，正说明这种现象存在的普遍性和严重性。

在许多时间里，宰辅荐举、拟进台谏官名单，还是要受到舆论批评，尤其是在北宋时期。但是，制度上的疏漏已经为宰相对台谏的控制安排了伏笔，一旦相权膨胀，就可以利用制度空隙以达到把持台谏目的。

三、台谏为宰相所用

台谏在一定程度上控制着朝廷舆论，可以用来作为打击政敌的最佳武器。权相把持中央大权，台谏是他们首先需要越过的一道屏障。他们或者是先引其党为台谏，将政敌一一排挤出中央政府；或者是事后更换台谏班子，使之成为手中操纵自如、随心所欲的一根棍子，用来打击政敌。早在北宋中期，“言事官多观望宰相意”②。这种现象，在王安石主持变法之后，就比较多地发生了。

王安石熙宁年间主持变法，是北宋最大的一场政治纷争，政见不同的臣僚纷纷发表看法，不容含糊其间。原来中书和台谏班子，多数是变法的反对派，所以，王安石主持中央政局之后，陆续罢免了御史中丞吕公著和冯京、权监察御史里行程颢、右正言李常、监察御史里行张戬和王子韶、侍御史知杂事陈襄、知谏院胡宗愈等等。《宋大事记讲义》卷一六列有王安石“逐谏官”“罢谏院”“排中丞”“罢中丞贬御史”诸条，《宋史·王安石传》也列举熙宁元年至四年被王安石罢免的19位台谏名单。并且，引进同党李定和

① 《长编》卷六二，第1389页。

② 《宋史》卷三一一《庞籍传》，第10198页。

薛昌朝为权监察御史里行、谢景温为侍御史知杂事、邓绾为同知谏院、蔡确为知杂御史等等。先前，王安石任参知政事，与吕公著交好，“乃荐吕公著为御史中丞”①，后与吕公著政见相左，方改荐他人。王安石与神宗共同认识到，大臣对变法议论纷纷的原因之一是“朕置台谏非其人”②，所以，对大臣所言“数逐台谏非是”③的意见置若罔闻，大批更换政见不同的台谏官。于是，熙宁年间或者是“台谏之臣，默默其位而不敢言事，至有规避百为，不敢居是职者”；或者是执政大臣“专用其所亲爱之人”为台谏官，“或小有违忤，即加贬逐，以惩后来，必得佞谀之尤者，然后为之”④。在功利目的前提下引进的台谏，往往多观言察色、见风使舵之辈，如“乌台诗案”中陷害苏轼的李定、舒亶等。其后，满中行为御史，“不达人主之聪明，而为宰相之鹰犬”⑤，台谏风气，渐渐败坏。南宋章如愚谴责说：“安石作俑，始于钳天下之口。”⑥

王安石大批更换台谏，虽然已经不合祖训，但是，还不是纯粹从个人喜恶出发，而是以变法大局为重，出发点是为公。“元祐更化”，重新执政的旧党则不分青红皂白、从小团体私利出发，全部更换台谏班子。他们坐稳位子后，又分裂成朔党、洛党、蜀党，利用台谏攻击对方，以至奔竞钻营的小人纷纷被引荐到台谏的位置上。⑦如当时宰相刘挚“引赵君锡为中丞，挚厌宾客，君锡申明谒

---

①《邵氏闻见录》卷九，第92页。

②《长编》卷二一〇，第5104页。

③《长编》卷二一二，第5159页。

④《长编》卷二五二，第6153、6161、6162页。

⑤《长编》卷三七六，第9126页。

⑥《山堂考索续集》卷三六《官制门》，第1122页。

⑦参见诸葛忆兵：《洛蜀党争辨析》，载《宋代文史考论》，中华书局2002年版，第273—283页。

禁，朝行中言君锡为执政止客。又荐叶伸为台官，以合挚意。阴与贾易相结，挚所不悦，则奋力排击”[①]。绍圣初，言官攻击元祐年间“力援党与，以为台谏”[②]，确为事实。此后，一朝天子一朝宰相、一朝宰相一朝台谏之现象，就屡屡出现。

至南宋，愈演愈烈。秦桧擅权，就依赖台谏起家。监察御史萧振，因与宰相赵鼎不合外放。秦桧为相，即招为己用。“时，召萧振入台，振，秦桧死党也。首攻刘大中，大中既去，赵鼎亦丐去，正人端士扫地尽矣。论者云：秦氏窃柄十有八年，毒流天下，皆自振发之，故目振曰‘老萧’云。”[③]而后，台谏纷纷换成秦桧私党，执政“少忤桧意，则台谏探桧意而弹击之。桧或谕意于台谏，使言其罪。既已罢去，则继有章疏夺其职。或犹未已，又有章疏，然后责偏州安置，或居住”[④]。太学生刘黻等上言揭穿台谏伎俩说：“台谏为大臣友党，内简相传，风旨相谕，且甘为鹰犬而听其指嗾焉。宰相所不乐者，外若示以优容，而阴实颐指台谏以去之；台谏所劾击者，外若不相为谋，而阴实奉承宰相以行之。”[⑤]

秦桧死后，“枢密汤鹏举效桧所为，植其党周方崇、李庚，置籍台谏，锄异己者”[⑥]。以后权臣擅权，纷纷效其所为，韩侂胄擅权就经历了类似过程。他先利用右正言李沐、御史中丞谢深甫、殿中侍御史杨大法、监察御史刘德秀和刘三杰攻去宰相赵汝愚[⑦]，掌权

① 《长编》卷四六七，第 11151 页。

② 《宋宰辅编年录校补》卷一〇，第 614 页。

③ 《宋宰辅编年录校补》卷一五引方畴《稽山语录》，第 1032 页。

④ 《宋宰辅编年录校补》卷一六，第 1094 页。

⑤ 《宋史》卷四〇五《刘黻传》，第 12244 页。

⑥ 《宋史》卷三八四《叶义问传》，第 11817 页。

⑦ 《续编两朝纲目备要》卷四，第 60 页。

后则转而“扼塞言路，从官既不言事，而台谏亦多牵制顾望”[①]。史弥远独相，所为亦如此。“自丞相史弥远当国，台谏皆其私人，每有所劾荐，必先呈副，封以越簿纸书，用简版缴达。合则缄还，否则别以纸言某人有雅故，朝廷正赖其用，于是旋易之以应课，习以为常。”[②]明代王夫之总结出宋史一条规律，曰：“巨奸且托台谏以登庸。”[③]

宰相对台谏的控制，方法多种多样，如引用亲故，荐举软懦，台谏虚位，阙员不补，罢黜异己，言官迁职等等。宰辅对台谏的控制，宋人就深有感触，欧阳修说：“方今谏人主则易，言大臣则难。”[④]正直敢言的台谏总是少数，独裁专制社会里的多数官僚都精通看风使舵、八面玲珑之术，台谏官当然不会例外。宋祁曾总结台谏弊病说：“有势者其奸如山，结舌不问；无援者索疵吹毛，飞文历诋。未及满岁，已干宰司，希兼职而求进秩矣。”[⑤]独裁政体官员的共同弊病，是宰相操纵台谏的深层原因。

与宋代相权膨胀同步，宋代台谏体系经历了独立行使监察职权到渐渐堕落为宰相鹰犬的过程。吕中《宋大事记讲义》卷一七大致概括说：“治平以前为大臣者，皆以台谏之言而去；治平以后为台谏者，皆以大臣之怒而去；而熙宁四年之后为台谏者，皆大臣之私人也。”南宋以后，台谏在多数时间内失去了应有的作用，反而为权相所用。以台谏监察与宰辅议政、施政、决策相制衡之目的，完全变为一句空话。

综上所述，宋代中央职官制度多个方面的梳理，都指向“相权

① 《续编两朝纲目备要》卷七，第 129、130 页。

② 《癸辛杂识》前集，第 36 页。

③ 《宋论》卷四《仁宗》，第 92 页。

④ 《长编》卷一九三，第 4682 页。

⑤ 《长编》卷一二一，第 2855 页。

强化”。宋人以科举考试改变官员队伍之成分，依赖以宰辅为代表的士大夫治理国家，大致摆脱了宋以前政权贵族世袭、阶层固化的重大弊病，对独裁政体的实质有所改变，国家管理之理性化空前增强，为专制政体灌注了鲜活的生命力。这就是学术界喜欢谈及的宋代社会“近世”化的最根本原因，宋代社会的诸多重大改变，可以从中寻觅踪迹或信息。

附 录

附录一 宋代宰辅年表

人名	拜职时间	改任时间	罢免时间
*范质	建隆元年（960）二月昭文相		乾德二年（964）正月
*王溥	建隆元年（960）二月史馆相		乾德二年（964）正月
*魏仁浦	建隆元年（960）二月集贤相		乾德二年（964）正月
吴延祚	建隆元年（960）二月枢密使		建隆三年（962）六月
*赵普	建隆元年（960）八月枢副	建隆三年（962）十月进枢密使	
		乾德二年（964）正月进集贤相，寻加监修国史；五年（967）三月，进昭文相	开宝六年（973）八月
	太平兴国六年（981）九月昭文相		太平兴国八年（983）十月
	端拱元年（988）二月昭文相		淳化元年（990）正月
李处耘	建隆三年（962）十月枢副		乾德元年（963）九月

李崇矩	乾德二年（964）正月枢密使		开宝五年（972）九月
王仁瞻	乾德二年（964）正月枢副		乾德五年（967）正月
* 薛居正	乾德二年（964）四月参政	开宝六年（973）九月史馆相；九年（976）十月进昭文相	太平兴国六年（981）六月卒
吕余庆	乾德二年（964）四月参政		开宝六年（973）九月
* 沈义伦（伦）	乾德五年（967）二月枢副	开宝六年（973）九月进集贤相；九年（976）十月进史馆相	太平兴国七年（982）四月
刘熙古	开宝五年（972）二月参政		开宝六年（973）五月
* 卢多逊	开宝六年（973）九月参政	开宝九年（976）十月进集贤相	太平兴国七年（982）四月
楚昭辅	开宝六年（973）九月枢副	开宝九年（976）十月进枢密使	太平兴国六年（981）十一月
曹彬	开宝九年（976）二月枢密使		太平兴国八年（983）正月
	至道三年（997）八月枢密使		咸平二年（999）六月卒
石熙载	太平兴国四年（979）正月签书	太平兴国四年（979）四月改枢副；六年（981）九月枢密使	太平兴国八年（983）八月
窦偁	太平兴国七年（982）四月参政		太平兴国七年（982）十月卒
郭贽	太平兴国七年（982）四月参政		太平兴国八年（983）七月
柴禹锡	太平兴国七年（982）四月枢副		雍熙二年（985）十二月
	淳化四年（993）六月知院事		至道元年（995）四月
王显	太平兴国八年（983）正月枢副	同年（983）六月进枢密使	淳化二年（991）九月

	咸平二年（999）七月枢密使		咸平三年（1000）二月
弥德超	太平兴国八年（983）正月枢副		太平兴国八年（983）四月
* 宋琪	太平兴国八年（983）三月参政	太平兴国八年（983）十一月拜相；雍熙元年（984）十一月加昭文相	雍熙二年（985）十二月
* 李昉	太平兴国八年（983）七月参政	太平兴国八年（983）十一月拜相；雍熙元年（984）十一月加史馆相	端拱元年（988）二月
	淳化二年（991）九月史馆相		淳化四年（993）十月
李穆	太平兴国八年（983）十一月参政		太平兴国九年（984）正月卒
* 吕蒙正	太平兴国八年（983）十一月参政	端拱元年（988）二月进史馆相	淳化二年（991）九月
	淳化四年（993）十月拜相		至道元年（995）四月
	咸平四年（1001）三月昭文相		咸平六年（1003）九月
李至	太平兴国八年（983）十一月参政		雍熙三年（986）正月
	至道三年（997）四月参政		咸平元年（998）十月
王沔	太平兴国八年（983）十一月同签书	雍熙三年（986）八月进枢副；端拱元年（988）二月改参政	淳化二年（991）九月
* 张齐贤	太平兴国八年（983）十一月同签书		雍熙三年（986）七月

	端拱二年（989）七月进枢副	淳化二年（991）四月改任参政 同年九月拜相	淳化四年（993）六月
	咸平元年（998）十月拜相		咸平三年（1000）十一月
辛仲甫	雍熙三年（986）六月参政		淳化二年（991）三月
张宏	雍熙三年（986）八月枢副（《长编》无）		雍熙四年（987）四月
	端拱元年（988）二月再任枢副		淳化二年（991）四月
赵昌言	雍熙四年（987）四月枢副		端拱元年（988）三月
	淳化四年（993）十月参政		至道元年（995）正月
杨守一	端拱元年（988）二月签书		是年九月卒
张逊	端拱二年（989）七月签书	淳化二年（991）四月进枢副；九月进知院事	淳化四年（993）六月
陈恕	淳化二年（991）四月参政		淳化二年（991）九月
温仲舒	淳化二年（991）四月枢副	淳化二年（991）九月改同知	淳化四年（993）十月
	至道三年（997）正月参政		咸平元年（998）十月
* 寇准	淳化二年（991）四月枢副	淳化二年（991）九月改同知	淳化四年（993）六月
	淳化五年（994）九月参政		至道二年（996）七月
	景德元年（1004）八月集贤相		景德三年（1006）二月

	大中祥符七年（1014）六月枢密使（同中书门下平章事充使）		大中祥符八年（1015）四月
	天禧三年（1019）六月入相	天禧三年（1019）十二月加集贤相	天禧四年（1020）六月
贾黄中	淳化二年（991）九月参政		淳化四年（993）十月
*李沆	淳化二年（991）九月参政		淳化四年（993）十月
	至道三年（997）四月参政	咸平元年（998）十月进史馆相	景德元年（1004）七月卒
刘昌言	淳化四年（993）六月同知		至道元年（995）正月
*吕端	淳化四年（993）六月参政	至道元年（995）四月拜相 至道三年（997）四月加监修国史	咸平元年（998）十月
赵镕	淳化四年（993）十月同知	至道元年（995）四月进知院事	至道三年（997）八月
*向敏中	淳化四年（993）十月同知	至道三年（997）八月改枢副；咸平元年（998）十月改参政；咸平三年（1000）正月参政权同发遣枢密院事；咸平四年（1001）三月进集贤相	咸平五年（1002）十月
	大中祥符五年（1012）四月集贤相	天禧元年（1017）八月加监修国史；天禧三年（1019）十二月进昭文相	天禧四年（1020）三月卒
苏易简	淳化四年（993）十月参政		至道元年（995）四月

钱若水	至道元年（995）正月同知		至道三年（997）六月
张洎	至道元年（995）四月（参政）		至道三年（997）正月
李昌龄	至道二年（996）二月（参政）		至道三年（997）五月
王化基	至道三年（997）正月（参政）		咸平四年（1001）三月
李惟清	至道三年（997）正月（同知）		至道三年（997）八月
夏侯峤	至道三年（997）八月（枢副）		咸平元年（998）十月
杨砺	咸平元年（998）十月（枢副）		咸平二年（999）八月卒
宋湜	咸平元年（998）十月（枢副）		咸平三年（1000）正月卒
周莹	咸平三年（1000）二月（知院事）		咸平五年（1002）六月
王继英	咸平三年（1000）二月（知院事）	景德元年（1004）八月（枢密使）	景德三年（1006）二月卒
*王旦	咸平三年（1000）二月（同知）	咸平四年（1001）三月（参政）；景德三年（1006）二月（拜相）；四年（1007）八月加监修国史；大中祥符五年（1012）二月进昭文相	天禧元年（1017）七月
*冯拯	咸平四年（1001）三月（同知）	景德元年（1004）八月（签书）；二年（1005）四月（参政）；三年（1006）二月（知院事）	大中祥符四年（1011）七月
	天禧四年（1020）七月改任（枢密使）	天禧四年（1020）十一月（集贤相）；乾兴元年（1022）七月进昭文相	天圣元年（1023）九月

陈尧叟	咸平四年（1001）三月（同知）	景德元年（1004）八月（签书）；三年（1006）二月改任（知院事）；大中祥符五年九月（枢密使）	大中祥符七年（1014）六月
	大中祥符八年（1015）四月（枢密使同平章事）		大中祥符九年（1015）八月
* 王钦若	咸平四年（1001）四月（参政）		景德二年（1005）四月
	景德三年（1006）二月（知院事）	大中祥符五年（1012）九月（枢密使）	大中祥符七年（1014）六月
	大中祥符八年（1015）四月（枢密使同平章事）	天禧元年（1017）八月（拜相）	天禧三年（1019）六月
	天圣元年（1023）九月（昭文、史馆相）		天圣三年（1025）十一月卒
* 毕士安	景德元年（1004）七月（参政）	景德元年（1004）八月（史馆相）	景德二年（1005）十月卒
赵安仁	景德三年（1006）二月（参政）		大中祥符五年（1012）九月
韩崇训	景德三年（1006）二月（签书）		景德四年（1007）八月
马知节	景德三年（1006）二月（签书）	大中祥符五年 *1012 九月（枢副）	大中祥符七年（1014）六月
	天禧元年（1017）九月（知院事）		天禧二年（1018）闰四月
* 丁谓	大中祥符五年（1012）九月（参政）		大中祥符九年（1016）九月
	天禧三年（1019）六月（参政）	天禧三年（1019）十二月（枢密使）；四年（1020）七月（昭文、史馆相）	乾兴元年（1022）六月罢

王嗣宗	大中祥符七年（1014）七月（枢副）		大中祥符八年（1015）七月
曹利用	大中祥符七年（1014）七月（枢副）	天禧元年（1017）九月（同知）；二年（1018）六月改任（知院事）；三年（1019）十二月（枢密使）	天圣七年（1029）正月
张旻(耆)	大中祥符九年（1016）正月（枢副）		天禧元年（1017）八月
	天圣三年（1025）十二月（枢密使）		明道二年（1033）四月
陈彭年	大中祥符九年（1016）九月（参政）		天禧元年（1017）二月卒
* 王曾	大中祥符九年（1016）九月（参政）		天禧元年（1017）九月
	天禧四年（1020）八月（参政）	乾兴元年（1022）七月（集贤相）	天圣七年（1029）六月
	景祐元年（1034）八月（枢密使）	景祐二年（1035）三月（集贤相）	景祐四年（1037）四月
* 张知白	大中祥符九年（1016）九月（参政）		天禧二年（1018）十二月
	乾兴元年（1022）十一月（枢副）	天圣三年（1025）十二月（集贤相）	天圣六年（1028）二月卒
任中正	大中祥符九年（1016）正月（枢副）	天禧元年（1017）九月（同知）；三年（1019）十二月改任（枢副）；四年（1020）八月（参政）	乾兴元年（1022）六月
* 李迪	天禧元年（1017）九月（参政）	天禧四年（1020）七月（集贤相）	天禧四年（1020）十一月

	明道二年（1033）四月再入（集贤相）		景祐二年（1035）三月
周起	天禧元年（1017）九月（同知）	天禧三年（1019）十二月（枢副）	天禧四年（1020）九月
曹玮	天禧四年（1020）正月（签书）		天禧四年（1020）九月
钱惟演	天禧四年（1020）八月（枢副）	乾兴元年（1022）七月（枢密使）	乾兴元年（1022）十一月
*吕夷简	乾兴元年（1022）七月（参政）	天圣七年（1029）二月（集贤相）同年八月进昭文、史馆相	明道二年（1033）四月
	明道二年（1033）十月再入（昭文、史馆相）		景祐四年（1037）四月
	康定元年（1040）五月（昭文相兼史馆）	庆历二年（1042）七月兼判枢密院事	庆历三年（1043）三月
鲁宗道	乾兴元年（1022）七月（参政）		天圣七年（1029）二月卒
*晏殊	天圣三年（1025）十月（枢副）		天圣五年（1027）正月
	明道元年（1032）八月再任（枢副）	同年同月改任参政	明道二年（1033）四月
	康定元年（1040）三月（知院事）	康定元年（1040）九月（枢密使）；庆历二年（1042）七月同平章事；三年（1043）三月（集贤相兼枢密使）	庆历四年（1044）九月
夏竦	天圣五年（1027）正月（枢副）	天圣七年（1029）二月（参政）；七年（1029）八月复为（枢副）	明道二年（1033）四月

	庆历三年（1043）三月（枢密使）		未到任即罢。
	庆历七年（1047）三月（枢密使）		庆历八年（1048）五月
* 张士逊	天禧五年（1021）正月（枢副）	天圣六年（1028）三月改任（集贤相）	天圣七年（1029）二月
	明道元年（1032）二月再任（集贤相）	明道二年（1033）四月进昭文、史馆相	明道二年（1033）十月
	宝元元年（1038）三月（昭文相兼史馆）		康定元年（1040）五月致仕
范雍	天圣六年（1028）三月（枢副）		明道二年（1033）四月
姜遵	天圣六年（1028）三月（枢副）		天圣八年（1030）九月卒
薛奎	天圣七年（1029）二月（参政）		明道二年（1033）十一月
* 陈尧佐	天圣七年（1029）二月（枢副）	天圣七年（1029）八月（参政）	明道二年（1033）四月
	景祐四年（1037）四月（集贤相）		宝元元年（1038）三月
王曙	天圣七年（1029）八月（参政）		明道元年（1032）七月
	明道二年（1033）十月（枢密使）		景祐元年（1034）八月卒
赵稹	天圣八年（1030）九月（枢副）		明道二年（1033）四月
杨崇勋	明道元年（1032）八月（枢副）	同年十二月（枢密使）	明道二年（1033）十月
* 王随	明道二年（1033）四月（参政）	景祐二年（1035）二月（知院事）；四年（1037）四月（昭文相兼史馆）	宝元元年（1038）三月
李咨	明道二年（1033）四月（枢副）	景祐二年（1035）二月（知院事）	景祐三年（1036）十二月卒

王德用	明道二年（1033）四月（签书）	明道二年（1033）十月（枢副）；景祐二年（1035）二月改任（同知）；三年（1036）十二月（知院事）	宝元二年（1039）五月
	至和元年（1054）三月（枢密使）		嘉祐元年（1056）十一月
蔡齐	明道二年（1033）十月（枢副）	景祐二年（1035）二月（参政）	景祐四年（1037）四月
宋绶	明道二年（1033）十月（参政）	景祐二年（1035）二月（枢副）	景祐四年（1037）四月
	康定元年（1040）三月（知院事）	康定元年（1040）九月（参政）	同年十二月卒。
韩亿	景祐二年（1035）二月（同知）	景祐四年（1037）四月（参政）	宝元元年（1038）三月
盛度	景祐二年（1035）二月（参政）	景祐四年（1037）四月（知院事）；宝元元年（1038）三月（参政）	宝元二年（1039）十一月
*章得象	景祐三年（1036）十二月（同知）	宝元元年（1038）三月（集贤相）；庆历二年（1042）七月兼枢密使；三年（1043）三月进昭文相；九月加监修国史	庆历五年（1045）四月
程琳	景祐四年（1037）四月（参政）		宝元二年（1039）十一月
石中立	景祐四年（1037）四月（参政）		宝元元年（1038）三月
王鬷	景祐四年（1037）四月（同知）	宝元元年（1038）三月（参政）；宝元二年（1039）十一月（知院事）	康定元年（1040）三月
李若谷	宝元元年（1038）三月（参政）		康定元年（1040）九月

王博文	宝元元年（1038）三月（同知）		位枢密三十六日，卒。
* 陈执中	宝元元年（1038）三月（同知）		康定二年（1040）三月
	庆历四年（1044）九月（参政）	庆历五年（1045）四月（集贤相兼枢密使，十月免兼）；七年（1047）三月进昭文、史馆相	皇祐元年（1049）八月
	皇祐五年（1053）闰七月（昭文相兼史馆）		至和二年（1055）六月
张观	宝元元年（1038）四月（同知）		康定元年（1040）三月
夏守赟	宝元二年（1039）五月（同知）		康定元年（1040）八月
* 宋庠	宝元二年（1039）十一月（参政）		庆历元年（1041）五月
	庆历五年（1045）正月（参政）	庆历八年（1048）五月（枢密使）；皇祐元年（1049）八月（集贤相）	皇祐三年（1051）三月
	嘉祐三年（1058）六月（枢密使）		嘉祐五年（1060）十一月
王贻永	康定元年（1040）三月（同知）	康定元年（1040）九月（枢副）；庆历五年（1045）正月（枢密使）	至和元年（1054）三月
* 杜衍	康定元年（1040）八月（同知）	康定元年（1040）九月（枢副）？？	庆历二年（1042）三月
	庆历三年（1043）四月（枢密使）	庆历四年（1044）九月（集贤相兼枢密使）	庆历五年（1045）正月
晁宗悫	康定元年（1040）九月（参政）		庆历二年（1042）三月
郑戬	康定元年（1040）九月（同知）	同月（枢副）	庆历元年（1041）五月

王举正	庆历元年（1041）五月（参政）		庆历三年（1043）七月
任中师	庆历元年（1041）五月（枢副）		庆历三年（1043）九月
任布	庆历元年（1041）五月（枢副）		庆历二年（1042）七月
* 贾昌朝	庆历三年（1043）三月（参政）	庆历四年（1044）九月（枢密使）；五年（1045）正月（集贤相兼枢密使）；四月进昭文、史馆相；十月免兼枢密使	庆历七年（1047）三月
	嘉祐元年（1056）十一月（枢密使）		嘉祐三年（1058）六月
* 富弼	庆历三年（1043）八月（枢副）		庆历五年（1045）正月
	至和二年（1055）六月（集贤相）	嘉祐三年（1058）六月（昭文相兼史馆）	嘉祐六年（1061）三月
	嘉祐八年（1063）五月（枢密使）		治平二年（1065）七月
	熙宁二年（1069）二月（昭文相兼史馆）		熙宁二年（1069）十月
* 韩琦	庆历三年（1043）四月（枢副）		庆历五年（1045）三月
	嘉祐元年（1056）八月（枢密使）	嘉祐三年（1058）六月（集贤相）；六年（1061）闰八月（昭文相兼史馆）	治平四年（1067）九月
范仲淹	庆历三年（1043）四月（枢副）	同年八月（参政）	庆历五年（1045）正月
吴育	庆历五年（1045）正月（枢副）	庆历五年（1045）四月（参政）；六年（1046）八月（枢副）	庆历七年（1047）三月

*庞籍	庆历五年（1045）正月（枢副）	庆历八年（1048）五月（参政）；皇祐元年（1049）八月（枢密使）；三年（1051）十月（昭文相兼史馆）	皇祐五年（1053）闰七月
*丁度	庆历五年（1045）四月（枢副）	庆历六年（1046）八月（参政）	庆历八年（1048）四月
*文彦博	庆历七年（1047）三月（枢副，同月改参政）	庆历八年（1048）正月（集贤相）；皇祐元年（1049）八月进昭文、史馆相	皇祐三年（1051）十月
	至和二年（1055）六月（昭文相）	嘉祐元年（1056）十二月加监修国史	嘉祐三年（1058）六月
	治平二年（1065）五月（枢密使）		熙宁六年（1073）四月
	元祐元年（1086）（平章军国重事）		元祐五年（1090）二月
高若讷	庆历七年（1047）三月（枢副）	皇祐元年（1049）八月（参政）；三年（1051）十月（枢密使）	皇祐五年（1053）五月
明镐	庆历八年（1048）四月（参政）		庆历八月（1048）六月卒
*梁适	皇祐元年（1049）八月（枢副）	皇祐三年（1051）十月（参政）；五年（1053）闰七月（集贤相）	至和元年（1054）七月
*刘沆	皇祐三年（1051）三月（参政）	至和元年（1054）八月（集贤相）	嘉祐元年（1056）十二月
王尧臣	皇祐三年（1051）十月（枢副）	嘉祐元年（1056）闰三月（参政）	同年八月卒。
狄青	皇祐四年（1052）六月（枢副）	皇祐五年（1053）五月（枢密使）	嘉祐元年（1056）八月
孙沔	皇祐五年（1053）五月（枢副）		至和元年（1054）三月
田况	至和元年（1054）三月（枢副）	嘉祐三年（1058）六月（枢密使）	嘉祐四年（1059）五月

程戡	至和元年（1054）七月（参政）	嘉祐元年（1056）闰三月（枢副）	嘉祐五年（1060）四月
* 曾公亮	嘉祐元年（1056）十二月（参政）	嘉祐五年（1060）十一月（枢密使）；六年（1061）闰八月（集贤相）；熙宁二年（1069）十月（昭文相兼史馆）	熙宁三年（1070）九月
张昇	嘉祐三年（1058）六月（枢副）	嘉祐五年（1060）十一月（参政）；六年（1061）闰八月（枢密使）	治平二年（1065）七月
孙抃	嘉祐五年（1060）四月（枢副）	嘉祐五年（1060）十一月（参政）	嘉祐七年（1062）三月
欧阳修	嘉祐五年（1060）十一月（枢副）	嘉祐六年（1061）闰八月（参政）	治平四年（1067）三月
* 陈旭（升之）	嘉祐五年（1060）十一月（枢副）		嘉祐六年（1061）四月
	治平二年（1065）五月（枢副）		治平四年（1067）九月
	熙宁元年（1068）七月（知院事）	熙宁二年（1069）十月（集贤相）	熙宁三年（1070）十月
	熙宁五年（1072）十二月（枢密使）		熙宁八年（1075）闰四月
赵概	嘉祐五年（1060）十一月（枢副）	嘉祐七年（1062）三月（参政）	熙宁元年（1068）正月
包拯	嘉祐六年（1061）四月（枢副）		嘉祐七年（1062）五月卒
胡宿	嘉祐六年（1061）闰八月（枢副）		治平三年（1066）四月
吴奎	嘉祐七年（1062）三月（枢副）		治平元年（1064）十二月
	治平四年（1067）正月（枢副）	治平四年（1067）三月（参政）	治平四年（1067）九月
王畴	治平元年（1064）十二月（枢副）		治平二年（1065）二月卒

吕公弼	治平二年（1065）五月（枢副）	治平四年（1067）九月（枢密使）	熙宁三年（1070）七月
郭逵	治平三年（1066）四月（同签书）		治平四年（1067）九月
张方平	治平四年（1067）九月（参政）		同年十月
赵抃	治平四年（1067）九月（参政）		熙宁三年（1070）四月
* 韩绛	治平四年（1067）九月（枢副）	熙宁三年（1070）四月（参政）；十二月进昭文相	熙宁四年（1071）三月
	熙宁七年（1074）四月（史馆相）		熙宁八年（1075）八月
邵亢	治平四年（1067）九月（枢副）		熙宁元年（1068）十二月
唐介	熙宁元年（1068）正月（参政）		熙宁二年（1069）四月卒
* 王安石	熙宁二年（1069）二月（参政）	熙宁三年（1070）十二月（史馆相）	熙宁七年（1074）四月
	熙宁八年（1075）二月（昭文相）		熙宁九年（1076）十二月
* 司马光	元丰八年（1085）五月（门下侍郎）	元祐元年（1086）闰二月（左仆射）	同年九月卒。
冯京	熙宁三年（1070）七月（枢副）	熙宁三年（1070）九月（参政）	熙宁八年（1075）正月
	熙宁九年（1076）十二月（知院事）	元丰三年（1080）九月（枢密使）	元丰四年（1081）正月
* 吴充	熙宁三年（1070）九月（枢副）	熙宁八年（1075）四月（枢密使）；九年（1076）十二月（史馆相）	元丰三年（1080）三月
* 王圭（珪）	熙宁三年（1070）十二月（参政）	熙宁九年（1076）十二月（集贤相）；元丰三年（1080）九月加监修国史；五年（1082）四月（左仆射）	元丰八年（1085）五月卒

蔡挺	熙宁五年（1072）二月（枢副）		熙宁八年（1075）正月
吕惠卿	熙宁七年（1074）四月（枢副）		熙宁八年（1075）十月
王韶	熙宁七年（1074）十二月（枢副）		熙宁十年（1077）二月
元绛	熙宁八年（1075）十二月（参政）		元丰二年（1079）五月
曾孝宽	熙宁八年（1075）十二月（签书）		元丰元年（1078）闰正月
孙固	元丰元年（1078）闰正月（同知）	元丰三年（1080）九月（枢副）；四年（1081）正月（知院事）	元丰六年（1083）七月
	元祐三年（1088）四月（门下侍郎）	元祐四年（1089）十一月（知院事）	元祐五年（1090）四月卒
* 吕公著	元丰元年（1078）九月（同知）	元丰三年（1080）九月（枢副）；四年（1081）正月改同知	元丰五年（1082）四月
	元丰八年（1085）七月（尚书左丞）	元祐元年（1086）闰二月（门下侍郎）；四月（右仆射）；三年（1088）四月（平章军国重事）	元祐四年（1089）二月卒
薛向	元丰元年（1078）九月（同知）	元丰三年（1080）九月（枢副）	同月
* 蔡确	元丰二年（1079）五月（参政）	元丰五年（1082）四月（右仆射）；八年（1085）五月（左仆射）	元祐元年（1086）闰二月
* 章惇	元丰三年（1080）二月（参政）		元丰四年（1081）三月
	元丰五年（1082）四月（门下侍郎）	元丰八年（1085）五月（知院事）	元祐元年（1086）闰二月
	绍圣元年（1094）四月（左仆射）		元符三年（1100）九月

*韩缜	元丰四年（1081）正月（同知）	元丰六年（1083）七月（知院事）；八年（1085）五月（右仆射）	元祐元年（1086）四月
张璪	元丰四年（1081）三月（参政）	元丰五年（1082）四月（中书侍郎）	元祐元年（1086）九月
蒲宗孟	元丰五年（1082）四月（尚书左丞）		元丰六年（1083）八月
王安礼	元丰五年（1082）四月（尚书右丞）	元丰六年（1083）八月（尚书左丞）	元丰七年（1084）七月
安焘	元丰六年（1083）七月（同知）	元祐元年（1086）闰二月（知院事）；三月辞知院事，依旧同知；二年（1087）六月（知院事）	元祐四年（1089）七月
	绍圣元年（1094）闰四月（门下侍郎）		绍圣二年（1095）十一月
	元符三年（1100）十一月（知院事）		建中靖国元年（1101）七月
李清臣	元丰六年（1083）八月（尚书右丞）	元祐元年（1086）闰二月（尚书左丞）	元祐二年（1087）四月
	绍圣元年（1094）二月（中书侍郎）		绍圣四年（1097）正月
	元符三年（1100）四月（门下侍郎）		建中靖国元年（1101）十月
*吕大防	元祐元年（1086）闰二月（尚书右丞）	元祐元年（1086）十一月（中书侍郎）；三年（1088）四月（左仆射）	绍圣元年（1094）三月
*范纯仁	元祐元年（1086）闰二月（同知）	元祐三年（1088）四月（右仆射）	元祐四年（1089）六月
	元祐八年（1093）七月（右仆射）		绍圣元年（1094）四月

韩维	元祐元年（1086）五月（门下侍郎）		元祐二年（1087）七月
*刘挚	元祐元年（1086）十一月（尚书右丞）	元祐二年（1087）五月（尚书左丞）；三年（1088）四月（中书侍郎）；四年（1089）十一月（门下侍郎）；六年（1091）二月（右仆射）	元祐六年（1091）十一月
王存	元祐二年（1087）五月（尚书右丞）	元祐三年（1088）四月（尚书左丞）	元祐四年（1089）六月
胡宗愈	元祐三年（1088）四月（尚书右丞）		元祐四年（1089）三月
赵瞻	元祐三年（1088）四月（签书）	元祐四年（1089）六月（同知）	元祐五年（1090）三月卒
*韩忠彦	元祐四年（1089）六月（尚书左丞）	元祐五年（1090）三月（同知）；七年（1092）六月（知院事）	绍圣三年（1098）正月
	元符三年（1100）二月（门下侍郎）	同年四月（右仆射）同年十一月进左仆射	
	元符三年（1100）十月（左仆射）		崇宁元年（1102）五月
许将	元祐四年（1089）六月（尚书右丞）		元祐五年（1090）十二月
	绍圣二年（1095）十月（尚书左丞）	绍圣四年（1097）闰二月（中书侍郎）；崇宁元年（1102）六月（门下侍郎）	崇宁三年（1104）八月
傅尧俞	元祐四年（1089）十一月（中书侍郎）		六　年（1091）十一月卒
*苏颂	元祐五年（1090）三月（尚书左丞）	元祐七年（1092）六月（右仆射）	元祐八年（1093）三月
苏辙	元祐六年（1091）二月（尚书右丞）	元祐七年（1092）六月（门下侍郎）	绍圣元年（1094）三月
王岩叟	元祐六年（1091）二月（签书）		元祐七年（1092）五月

范百禄	元祐七年（1092）六月（中书侍郎）		元祐八年（1093）三月
梁焘	元祐七年（1092）六月（尚书左丞）		元祐八年（1093）六月
郑雍	元祐七年（1092）六月（尚书右丞）		绍圣二年（1095）十月
刘奉世	元祐七年（1092）六月（签书）		绍圣元年（1094）五月
邓温伯	绍圣元年（1094）二月（尚书左丞）		绍圣元年（1094）五月卒
*曾布	绍圣元年（1094）六月（同知）	绍圣四年（1097）闰二月（知院事）；元符三年（1100）十月（右仆射）	崇宁元年（1102）闰六月
蔡卞	绍圣二年（1095）十月（尚书右丞）	绍圣四年（1097）闰二月（尚书左丞）	元符三年（1100）五月
	崇宁元年（1102）十月（知院事）		崇宁四年（1105）正月
林希	绍圣四年（1097）闰二月（同知）		元符元年（1098）四月
黄履	绍圣四年（1097）闰二月（尚书右丞）		元符二年（1099）闰九月
	元符三年（1100）二月（尚书右丞）		元符三年（1100）十一月
蒋之奇	元符三年（1100）四月（同知）	建中靖国元年（1101）七月知院事	崇宁元年（1102）十月
范纯礼	元符三年（1100）十一月（尚书右丞）		建中靖国元年（1101）六月
陆佃	建中靖国元年（1101）七月（尚书右丞）	同年十一月（尚书左丞）	崇宁元年（1102）六月
章楶	建中靖国元年（1101）七月（同知）		崇宁元年（1102）七月

温益	建中靖国元年(1101)十一月(尚书右丞)	崇宁元年(1102)六月(中书侍郎)	
*蔡京	崇宁元年(1102)六月(尚书左丞)	崇宁元年(1102)七月(右仆射);二年(1103)正月(左仆射)	崇宁五年(1106)二月
	大观元年(1107)正月(左仆射)		大观三年(1109)六月
	政和二年(1112)五月(公相)		宣和二年(1120)六月致仕
	宣和六年(1124)十二月落致仕领三省事		七年(1125)四月复致仕
*赵挺之	崇宁元年(1102)六月(尚书右丞)	崇宁元年(1102)八月(尚书左丞);二年(1103)四月(中书侍郎);三年(1104)九月(门下侍郎);四年(1105)三月(右仆射)	崇宁四年(1105)六月
	崇宁五年(1106)二月(右仆射)		大观元年(1107)三月
*张商英	崇宁元年(1102)八月(尚书右丞)	崇宁二年(1103)四月(尚书左丞)	崇宁二年(1103)八月
	大观四年(1110)二月(中书侍郎)	同年六月(右仆射)	政和元年(1111)八月
吴居厚	崇宁二年(1103)四月(尚书右丞)	崇宁三年(1104)九月(中书侍郎);五年(1106)正月(门下侍郎)	大观元年(1107)正月
	大观四年(1110)八月(门下侍郎)	大观四年(1110)八月(知院事)	政和三年(1113)正月
安惇	崇宁二年(1103)四月(同知)		
张康国	崇宁三年(1104)九月(尚书左丞)	崇宁四年(1105)二月(知院事)	大观三年(1109)三月卒

邓洵武	崇宁三年（1104）九月（尚书右丞）	大观元年（1107）正月（尚书左丞）；元年（1107）三月（中书侍郎）	大观元年（1107）五月
	政和六年（1116）五月（知院事）		宣和三年（1121）正月卒
刘逵	崇宁四年（1105）二月（同知）	崇宁五年（1106）正月（中书侍郎）	崇宁五年（1106）十二月
* 何执中	崇宁四年（1105）二月（尚书左丞）	大观元年（1107）正月（中书侍郎）；三月（门下侍郎）；三年（1109）六月（左仆射）	政和六年（1116）四月致仕
梁子美	大观元年（1107）正月（尚书右丞）	大观元年（1107）三月（尚书左丞）；元年（1107）六月（中书侍郎）	大观二年（1108）八月
朱谔（绂）	大观元年（1107）三月（尚书右丞）		同年六月卒
* 徐处仁	大观元年（1107）八月（尚书右丞）		同年十月丁母忧
	靖康元年（1126）二月（中书侍郎）	同年三月（太宰）	同年八月
林摅	大观元年（1107）八月（同知）	大观元年（1107）闰十月（尚书左丞）；二年（1108）九月（中书侍郎）	大观三年（1109）四月
* 郑居中	大观元年（1107）闰十月（同知）	大观三年（1109）四月（知院事）	大观四年（1110）十月
	政和三年（1113）五月（知院事）	政和六年（1116）五月（太宰）	政和七年（1117）八月丁母忧
	宣和三年（1121）五月（领院事）		五年六月卒。

* 余深	大观二年（1108）九月（尚书左丞）	大观三年（1109）四月（中书侍郎）；四年（1110）二月（门下侍郎）	同年五月
	政和二年（1112）六月（门下侍郎）	政和七年（1117）十一月（少宰）；宣和元年（1119）正月（太宰）	宣和二年（1120）十一月
管师仁	大观三年（1109）四月（同知）		同年六月
薛昂	大观三年（1109）四月（尚书左丞）		大观四年（1110）六月
	政和三年（1113）四月（尚书右丞）	政和六年（1116）八月（尚书左丞）；七年（1117）十二月（门下侍郎）	重和元年（1118）九月
* 刘正夫	大观三年（1109）四月（尚书右丞）	大观四年（1110）八月（中书侍郎）；政和六年（1116）五月（少宰）	政和六年（1116）十二月致仕。
侯蒙	大观四年（1110）二月（同知）	大观四年（1110）八月（尚书左丞）；政和六年（1116）八月（中书侍郎）	政和七年（1117）十月
邓洵仁	大观四年（1110）八月（尚书右丞）		政和三年（1113）四月
王襄	政和元年（1111）三月（同知）		同年九月
童贯	政和六年（1116）十一月（签书）	政和七年（1117）三月（权领院事）；十二月进领院事	宣和五年七月致仕
	宣和六年（1124）八月落致仕（领院事）		靖康元年（1126）二月致仕

* 白时中	政和六年（1116）十一月（尚书右丞）	政和七年（1117）十一月（中书侍郎）；重和元年（1118）九月（门下侍郎）；宣和六年（1124）九月（太宰）	靖康元年（1126）正月
* 王黼	重和元年（1118）正月（尚书左丞）	重和元年（1118）九月（中书侍郎）；宣和元年（1119）正月（少宰）；二年（1120）十一月（太宰）	宣和六年（1124）十一月致仕
冯熙载	重和元年（1118）九月（尚书左丞）	宣和元年（1119）三月（中书侍郎）	宣和三年（1121）十一月
范致虚	重和元年（1118）九月（尚书右丞）	宣和元年（1119）三月（尚书左丞）	宣和元年（1119）八月丁母忧
* 张邦昌	宣和元年（1119）三月（尚书右丞）	宣和元年（1119）十一月（尚书左丞）；三年（1121）十一月（中书侍郎）；靖康元年（1126）正月（少宰）；二月（太宰）	靖康元年（1126）三月
			建炎元年（1127）五月
王安中	宣和元年（1119）十一月（尚书右丞）	宣和三年（1121）十一月（尚书左丞）	宣和五年（1123）正月
* 李邦彦	宣和三年（1121）十一月（尚书右丞）	宣和五年（1123）二月（尚书左丞）；六年（1124）九月（少宰）；七年（1125）十二月（领院事）；靖康元年（1126）正月（太宰）	靖康元年（1126）二月

赵野	宣和五年（1123）二月（尚书右丞）	宣和六年（1124）九月（尚书左丞）；靖康元年（1126）正月（中书侍郎）	靖康元年（1126）四月
蔡攸	宣和五年（1123）六月（领院事）	宣和七年（1125）十二月（门下侍郎）	靖康元年（1126）二月
宇文粹中	宣和六年（1124）九月（尚书右丞）		靖康元年（1126）二月
蔡懋	宣和六年（1124）九月（同知）	靖康元年（1126）正月（尚书左丞）	靖康元年（1126）二月
耿南仲	宣和七年（1125）十二月（同知）	靖康元年（1126）二月（尚书左丞）；四月（门下侍郎）	建炎元年（1127）五月
*吴敏	宣和七年（1125）十二月（门下侍郎）	靖康元年（1126）正月（知院事）；二月（少宰）	靖康元年（1126）八月
李棁	靖康元年（1126）正月（同知）	同年二月（尚书左丞）	靖康元年（1126）三月
*李纲	靖康元年（1126）正月（尚书右丞）	同年二月（知院事）	同年九月
	建炎元年（1127）五月（右仆射）	同年七月（左仆射）	同年八月
王孝迪	靖康元年（1126）正月（中书侍郎）		靖康元年（1126）二月
	建炎三年（1129）三月（中书侍郎）		同年四月
*唐恪	靖康元年（1126）正月（同知）	靖康元年（1126）三月（中书侍郎）；八月（少宰）	靖康元年（1126）闰十一月
路允迪	靖康元年（1126）正月（签书）		同年六月
	建炎二年二月（签书）		同年同月（中兴小纪 p33）

	建炎三年（1129）正月（签书）		同年四月
种师道	靖康元年（1126）正月（同知）	同年四月复除同知	靖康元年（1126）二月
宇文虚中	靖康元年（1126）二月（签书）		同年三月
* 何㮚	靖康元年（1126）三月（尚书右丞）	同年八月（中书侍郎）	同年十一月
	同年十一月（门下侍郎）	同年闰十一月（右仆射）	同月被俘，扈二圣北狩
许翰	靖康元年（1126）三月（同知）		同年八月
	建炎元年（1127）七月（尚书右丞）		同年八月
陈过庭	靖康元年（1126）八月（尚书右丞）	同年十一月（中书侍郎）	同月出使被拘，扈二圣北狩
聂昌	靖康元年（1126）八月（同知）		同年十一月出使，被害
李回	靖康元年（1126）八月（签书）		同年十一月
	建炎四年（1130）正月（同知）	绍兴元年（1131）八月（参政）	同年九月
冯澥	靖康元年（1126）十月（知院事）		同年十一月；次年五月
	同年闰十一月（尚书左丞）		建炎元年（1127）五月
王㝢	靖康元年（1126）九月（尚书左丞）		同年十月
孙傅	靖康元年（1126）十一月（尚书右丞）	同月（同知）	

曹辅	靖康元年（1126）十一月（签书）		
张叔夜	靖康元年（1126）闰十一月（签书）		
* 黄潜善	建炎元年（1127）五月（中书侍郎）	建炎元年（1127）六月（门下侍郎兼权中书侍郎）；七月（右仆射）；二年（1128）十二月（左仆射）	建炎三年（1129）二月
* 汪伯彦	建炎元年（1127）五月（同知）	建炎元年（1127）六月（知院事）；二年（1128）十二月（右仆射）	建炎三年（1129）二月
吕好问	建炎元年（1127）五月（尚书右丞）		同年七月
张悫	建炎元年（1127）六月（同知）	同年十一月乙未（尚书左丞）；丙午再迁（中书侍郎）	建炎二年（1128）五月卒
颜岐	建炎元年（1127）十一月（同知）同年同月迁尚书左丞	建炎二年（1128）十二月（门下侍郎）	建炎三年（1129）四月
郭三益	建炎元年（1127）十一月（同知）		建炎二年（1128）九月卒
许景衡	建炎元年（1127）十二月（尚书右丞）		建炎二年（1128）五月
* 朱胜非	建炎二年（1128）五月（尚书右丞）	建炎二年（1128）十二月（中书侍郎）；三年（1129）三月（右仆射）	建炎三年（1129）四月
	绍兴二年（1132）九月（右仆射兼知院事）	三年四月丁母忧，七月起复	绍兴四年（1134）九月

卢益	建炎二年（1128）十二月（签书）	建炎三年（1129）三月（尚书左丞）	后二日
	建炎四年（1130）正月（权知三省枢密院事）		
* 吕颐浩	建炎三年（1129）二月（签书）同年三月知院事	建炎三年（1129）四月（右仆射）；闰八月（左仆射兼知院事）	建炎四年（1130）四月
	绍兴元年（1131）九月（左仆射）		绍兴三年（1133）九月
叶梦得	建炎三年（1129）二月（尚书左丞）		同年三月
张澄	建炎三年（1129）二月（尚书右丞）		同年四月
王渊	建炎三年（1129）三月（签书）		同月，苗刘之乱中被害
李邴	建炎三年（1129）三月（同签书）	建炎三年（1129）四月（尚书左丞）改参政；七月权知三省枢密院事	建炎三年（1129）八月
郑瑴	建炎三年（1129）三月（同签书）	同年四月（签书）	同年七月卒。
* 张浚	建炎三年（1129）四月（知院事）		绍兴四年（1134）三月
	同年十一月（知院事）	绍兴五年（1135）二月（右仆射兼知院事）	绍兴七年（1137）九月
	隆兴元年（1163）正月（枢密使）	同年十二月（右仆射兼枢密使）	隆兴二年（1164）四月
滕康	建炎三年（1129）五月（签书）	同年八月权知三省枢密院事（中兴小纪p77）	建炎四年（1130）正月

王綯	建炎三年（1129）七月（参政）		建炎四年（1130）五月
周望	建炎三年（1129）七月（同签书）		建炎四年（1130）五月
*杜充	建炎三年（1129）七月（同知）	闰八月（右仆射）	建炎四年（1130）二月（正月已降敌）
刘珏	建炎三年（1129）八月（同知）		建炎四年（1130）正月
张守	建炎三年（1129）九月（同签书）	建炎四年（1130）五月（参政）	绍兴元年（1131）八月
	绍兴六年（1136）十二月（参政）		绍兴八年（1138）正月
*范宗尹	建炎三年（1129）十一月（参政）	建炎四年（1130）五月（右仆射兼知院事）	绍兴元年（1131）七月
*赵鼎	建炎四年（1130）五月（签书）		建炎四年（1130）十一月
	绍兴四年（1134）三月（参政）	绍兴四年（1134）九月（右仆射兼知院事）；绍兴五年（1135）二月（左仆射兼知院事）	绍兴六年（1136）十二月
	绍兴七年（1137）九月（左仆射兼枢密使）		绍兴八年（1138）十月
谢克家	建炎四年（1130）八月（参政）		绍兴元年（1131）正月
富直柔	建炎四年（1130）十一月（签书）	绍兴元年（1131）八月（同知）	同年十一月
*秦桧	绍兴元年（1131）二月（参政）	绍兴元年（1131）八月（右仆射兼知院事）	绍兴二年（1132）八月
	绍兴七年（1137）正月（枢密使）	绍兴八年（1138）三月（右仆射兼枢密使）；绍兴十一年（1141）六月（左仆射兼枢密使）	绍兴二十五年（1155）十月致仕

孟庚	绍兴元年（1131）十月（参政）	绍兴五年（1135）四月（知院事）	同年七月
翟汝文	绍兴二年（1132）四月（参政）		同年六月致仕
权邦彦	绍兴二年（1132）五月（签书）	六月兼权参政	绍兴三年（1133）二月卒
席益	绍兴三年（1133）二月（参政）		绍兴四年（1134）二月
徐俯	绍兴三年（1133）二月（签书）		绍兴四年（1134）四月
韩肖胄	绍兴三年（1133）五月（同签书）		绍兴四年（1134）正月
	绍兴八年（1138）十二月（签书）		绍兴十年（1140）二月
胡松年	绍兴四年（1134）七月（签书）		绍兴五年（1135）闰二月
沈与求	绍兴四年（1134）九月（参政）		绍兴六年（1136）二月
	绍兴七年（1137）正月（同知）	同年三月（知院事）	
折彦质	绍兴六年（1136）三月（签书）	同月（参政）	同年十二月
陈与义	绍兴七年（1137）正月（参政）		绍兴八年（1138）三月
刘大中	绍兴八年（1138）三月（参政）		同年十月
王庶	绍兴八年（1138）三月（枢副）		同年十一月
孙近	绍兴八年（1138）十一月（参政）		绍兴十一年（1141）四月
李光	绍兴八年（1138）十二月（参政）		绍兴九年（1139）十二月
王伦	绍兴九年（1139）正月（同签书）		
楼炤	绍兴九年（1139）五月（签书）		绍兴十年（1140）六月

	绍兴十四年（1144）三月（签书，寻兼权参政）		同年五月
王次翁	绍兴十年（1140）七月（参政）		绍兴十三年（1143）闰四月
韩世忠	绍兴十一年（1141）四月（枢密使）		同年十月
张俊	绍兴十一年（1141）四月（枢密使）		绍兴十二年（1142）十一月
岳飞	绍兴十一年(1141)四月（枢副）		同年八月
范同	绍兴十一年(1141)七月（参政）		同年十一月
何铸	绍兴十一年(1141)十一月（签书）		绍兴十二年（1142）八月
* 万俟卨	绍兴十二年（1142）八月（参政）		绍兴十四年（1144）二月
	绍兴二十六年(1156)三月(参政)	同年五月（右仆射）	二十七年三月卒
孟忠厚	绍兴十二年（1142）九月（枢密使）		同年十一月

程克俊	绍兴十二年(1142)十月(签书)	寻兼权参政	绍兴十三年(1143)六月
	绍兴二十六年(1156)六月(参政)		二十七年七月卒
李文会	绍兴十四年(1144)五月(签书兼权参政)		同年十二月
杨愿	绍兴十四年(1144)十二月(签书)		绍兴十五年(1145)十月
李若谷	绍兴十五年(1145)十月(签书，寻兼权参政)	绍兴十七年(1147)正月(参政)	同年二月
秦熺	绍兴十五年(1145)十月(知院事)		同月
	绍兴十八年(1148)三月(知院事)		同年四月
何若	绍兴十七年(1147)正月(签书)		同年三月
段拂	绍兴十七年(1147)三月(参政)		绍兴十八年(1148)正月
汪勃	绍兴十七年(1147)四月(签书)	绍兴十八年(1148)二月兼权参政	绍兴十八年(1148)七月
詹大方	绍兴十八年(1148)七月(签书兼权参政)		同年九月卒

余尧弼	绍兴十八年（1148）十月（签书兼权参政）	绍兴二十年（1150）二月（参政）	绍兴二十一年（1151）十一月
巫伋	绍兴二十年（1150）二月（签书）	绍兴二十一年（1151）十一月兼权参政	绍兴二十二年（1152）四月
章夏	绍兴二十二年（1152）四月（签书兼权参政）		同年九月
宋朴	绍兴二十二年（1152）十月（签书兼权参政）		绍兴二十三年（1153）十月
史才	绍兴二十三年（1153）十月（签书兼权参政）		绍兴二十四年（1154）六月
魏师逊	绍兴二十四年（1154）六月（签书兼权参政）		同年十一月
施钜	绍兴二十四年（1154）十一月（参政）		绍兴二十五年（1155）四月
郑仲熊	绍兴二十四年（1154）十一月（签书兼权参政）		绍兴二十五年（1155）六月
* 汤思退	绍兴二十五年（1155）六月（签书） 同年十月兼参政	绍兴二十六年（1156）五月（知院事）；绍兴二十七年（1157）六月（右仆射）；绍兴二十九年（1159）九月（左仆射）	绍兴三十年（1160）十二月
	隆兴元年（1163）七月（右仆射兼枢密使）	同年十二月（左仆射兼枢密使）	隆兴二年（1164）十一月
董得元	绍兴二十五年（1155）八月（参政）		同年十二月

魏良臣	绍兴二十五年（1155）十一月（参政）		绍兴二十六年（1156）二月
*沈该	绍兴二十五年（1155）十二月（参政）	绍兴二十六年（1156）五月（左仆射）	绍兴二十九年（1159）六月
张纲	绍兴二十六年（1156）八月（参政）		绍兴二十七年（1157）九月
陈诚之	绍兴二十六年（1156）九月（同知）	绍兴二十八年 *1158 二月（知院事）	绍兴二十九年（1159）六月
汤鹏举	绍兴二十七年（1157）二月（参政）	同年八月（知院事）	同年十一月
*陈康伯	绍兴二十七年（1157）九月（参政）	绍兴二十九年（1159）九月（右仆射）；绍兴三十一年（1161）三月（左仆射）；次年十二月兼枢密使	隆兴元年（1163）十二月
	隆兴二年（1164）十一月（左仆射兼枢密使）		乾道元年（1165）二月
王纶	绍兴二十八年（1158）二月（同知）	绍兴二十九年（1159）十二月（知院事）	绍兴三十年（1160）六月
贺允中	绍兴二十九年（1159）七月（参政）		绍兴三十年（1160）八月
	隆兴二年（1164）八月（知院事兼参政）		

叶义问	绍兴三十年(1160)正月（同知）	同年七月（知院事）	绍兴三十二年（1162）十月
*朱倬	绍兴三十年(1160)七月（参政）	绍兴三十一年(1161)三月（右仆射）	绍兴三十二年（1162）六月
周麟之	绍兴三十年(1160)七月（同知）		绍兴三十一年（1161）六月
杨椿	绍兴三十一年(1161)三月(参政)		
黄祖舜	绍兴三十一年（1161）九月（同知）		隆兴元年(1163)二月
汪澈	绍兴三十二年（1162）四月（参政）		隆兴元年(1163)五月
	乾道元年（1165）九月（知院事）	同年十二月(枢密使)	乾道二年(1166)四月
*史浩	绍兴三十二年（1162）七月（参政）	隆兴元年（1163）正月(右仆射兼枢密使)	同年五月
	淳熙五年（1178）三月（右丞相）		同年十一月
张焘	绍兴三十二年（1162）十月（同知）	隆兴元年（1163）三月（参政）	隆兴元年(1163)三月
辛次膺	隆兴元年（1163）三月（同知）	同年五月（参政）	同年六月
洪遵	隆兴元年（1163）五月（同知）		隆兴二年(1164)七月
周葵	隆兴元年（1163）六月（参政）	隆兴二年（1164）七月兼权知院事	同年（1164）闰十一月
王之望	隆兴二年（1164）九月（参政）		同年闰十一月
钱端礼	隆兴二年（1164）十一月（签书）	同年十二月（参政兼权知院事）	乾道元年(1165)八月

* 虞允文	隆兴二年（1164）十一月（同签书，寻兼权参政）	同年十二月（同知兼权参政）	同年八月
	乾道元年（1165）三月（参政兼同知）	乾道三年（1167）二月（知院事）	
	乾道五年（1169）六月（枢密使）	同年八月（右仆射兼枢密使）；乾道八年（1172）二月（左丞相兼枢使）	乾道八年（1172）九月
王刚中	隆兴二年（1164）十二月（签书）	乾道元年（1165）三月（同知）	同年六月致仕
* 洪适	乾道元年（1165）四月（签书）	同年八月（参政兼权知）；次月兼同知；十二月（右仆射兼枢密使）	乾道二年（1166）三月
* 叶颙	乾道元年（1165）八月（签书，寻兼权参政）	同年十二月（参政兼同知）	乾道二年（1166）五月
	乾道二年（1166）十二月（知院事）	同月（左仆射兼枢密使）	乾道三年（1167）十一月
* 魏杞	乾道二年（1166）三月（同知兼权参政）	同年五月（参政）；八月兼同知；十二月进右仆射兼枢密使	乾道三年（1166）十一月
林安宅	乾道二年（1166）五月（同知兼权参政）		同年八月
* 蒋芾	乾道二年（1166）五月（签书）	同年八月兼权参政；十二月（参政）；乾道四年（1168）二月（右仆射兼枢密使）	乾道四年（1168）七月丁母忧

* 陈俊卿	乾道二年（1166）十二月（同知兼权参政）	乾道三年（1167）十一月（参政兼同知）；乾道四年（1168）十一月（右仆射兼枢密使）；乾道五年（1169）八月（左仆射兼枢密使）	乾道六年（1170）五月
刘珙	乾道三年（1167）十一月（同知兼参政）	乾道四年（1168）七月（同知兼参政）	乾道四年（1168）八月
王炎	乾道四年（1168）二月（签书）	乾道五年（1169）二月参政兼同知，乾道七年（1171）七月（枢密使）	乾道九年（1173）正月
* 梁克家	乾道五年（1169）二月（签书）四月兼参政	乾道六年（1170）闰五月（参政兼同知）；次年三月兼权知院事	乾道九年（1173）十月
	乾道八年（1172）二月（右丞相兼枢密使）	淳熙九年（1182）九月（左丞相兼枢密使）	淳熙十三年（1186）十一月
张说	乾道七年（1171）三月（签书）	乾道九年（1173）正月（同知） 同年十月（知院事）	淳熙元年（1174）七月
王之奇	乾道八年（1172）二月（签书）		乾道九年（1173）正月
* 曾怀	乾道八年（1172）二月（参政）	乾道九年（1173）十月（右丞相）	淳熙元年（1174）六月
	淳熙元年（1174）七月（右丞相）		同年十一月
沈夏	乾道九年（1173）正月（签书）	同年十月（同知）	同年十二月
	淳熙二年（1175）五月（同知）		淳熙二年（1175）闰九月
郑闻	乾道九年（1173）正月（签书）	同年十月（参政）	淳熙元年（1174）三月

	淳熙元年（1174）七月（参政）		同年十月卒
姚宪	乾道九年（1173）十二月（签书）	淳熙元年（1174）四月（参政）	同年六月
*叶衡	淳熙元年（1174）四月（签书）	同年六月（参政）；十月兼权知院事；十一月进右丞相	淳熙二年（1175）九月
杨倓	淳熙元年（1174）七月（签书）		同年十一月
龚茂良	淳熙元年（1174）十一月（参政）		淳熙四年（1177）六月
李彦颖	淳熙元年（1174）十二月（签书）	淳熙二年（1175）闰九月（参政）	淳熙五年（1178）三月
	淳熙九年（1182）七月（参政）		淳熙十年（1183）正月
*王淮	淳熙二年（1175）闰九月（签书）	淳熙三年（1176）七月（同知）；淳熙四年（1177）五月（参政）；淳熙五年（1178）六月（知院事，十一月改枢密使）；淳熙八年（1181）八月（右丞相兼枢密使）；淳熙九年（1182）九月（左丞相）	淳熙十五年（1188）五月
*赵雄	淳熙三年（1176）七月（签书）	淳熙四年（1177）十一月（同知）；淳熙五年（1178）六月（参政）；同年十一月（右丞相）	淳熙八年（1181）八月
范成大	淳熙五年（1178）四月（参政）		同年六月
钱良臣	淳熙五年（1178）六月（签书）	同年十一月（参政）	淳熙八年（1181）九月

*周必大	淳熙七年（1180）五月（参政）	淳熙九年（1182）六月（知院事）；淳熙十一年（1184）六月（枢密使）；淳熙十四年（1187）二月（右丞相）；淳熙十六年（1189）正月（左丞相）	淳熙十六年（1189）五月
谢廓然	淳熙七年（1180）五月（签书）	淳熙八年（1181）八月（同知）；次月兼权参政	淳熙九年（1182）六月
	淳熙十一年（1184）六月（枢密使）		
施师点	淳熙十年（1183）正月（签书）	同年八月（参政兼同知）	淳熙十五年（1188）正月
	淳熙十四年（1187）二月（知院事）		
黄洽	淳熙十年（1183）八月（参政）	淳熙十五年（1188）正月（知院事）	淳熙十六年（1189）正月
*留正	淳熙十三年（1186）闰七月（签书）	淳熙十四年（1187）八月（参政兼同知）；淳熙十六年（1189）正月（右丞相）；绍熙元年（1190）七月（左丞相）	绍熙五年（1194）八月
萧燧	淳熙十五年（1188）正月（参政兼权知院事）		淳熙十六年（1189）正月
王蔺	淳熙十六年（1189）正月（参政）	同年五月（知院事兼参政）；绍熙元年（1190）七月（枢密使）	绍熙元年（1190）十二月

* 葛邲	淳熙十六年（1189）正月（同知）	绍熙元年（1190）七月（参政）；同年十二月（知院事）；绍熙四年（1193）三月（右丞相）	绍熙五年（1194）正月
胡晋臣	绍熙元年（1190）七月（签书）	同年十二月（参政兼同知）；绍熙四年（1193）三月（知院事）	
陈骙	绍熙三年（1192）六月（同知）	绍熙四年（1193）三月（参政）；绍熙五年（1194）七月（知院事）；同年八月兼参政	绍熙五年（1194）十二月
* 赵汝愚	绍熙四年（1193）三月（同知）	同年十月（知院事）；绍熙五年（1194）七月（枢密使兼参政）；同年八月（右丞相）	庆元元年（1195）二月
* 余端礼	绍熙四年（1193）七月（同知）	绍熙五年（1194）七月（参政兼同知，寻免兼）；同年十二月（知院事）；庆元元年（1195）二月兼参政；同年四月（右丞相）；庆元二年（1196）正月（左丞相）	庆元二年（1196）四月
罗点	绍熙五年（1194）七月（签书）		
* 京镗	绍熙五年（1194）九月（签书）	同年十二月（参政）；庆元元年（1195）四月（知院事）；庆元二年（1196）正月（右丞相）；庆元六年（1200）闰二月（左丞相）	庆元六年（1200）八月卒

郑侨	绍熙五年（1194）十二月（知院事）	庆元元年（1195）四月（参政）；庆元二年（1196）正月（知院事）	庆元三年（1197）正月
*谢深甫	庆元元年（1195）四月（签书）	庆元二年（1196）正月（参政）；庆元四年（1198）八月（知院事兼参政）；庆元六年（1200）闰二月（右丞相）；嘉泰三年（1203）正月兼知院事	嘉泰三年（1203）正月
何澹	庆元二年（1196）正月（同知）	同年四月（参政）；庆元六年（1200）闰二月（知院事兼参政）	嘉泰元年（1201）七月
叶翥	庆元二年（1196）四月（签书）	庆元四年（1198）正月（同知）	
许及之	庆元四年（1198）八月（同知）	嘉泰二年（1202）十一月（参政）；嘉泰三年（1203）五月（知院事兼参政）	嘉泰四年（1204）四月
*陈自强	庆元六年（1200）七月（签书）	嘉泰元年（1201）七月（参政兼同知）；嘉泰二年（1202）十一月（知院事）；嘉泰三年（1203）正月兼参政；五月（右丞相）；开禧二年（1206）正月兼枢密使	开禧三年（1207）十一月
张釜	嘉泰元年（1201）七月（签书）		同年八月
张岩	嘉泰元年（1201）八月（参政）		嘉泰三年（1203）正月

	嘉泰四年（1204）十月（参政）	开禧二年（1206）三月兼知院事；七月（知院事）	开禧三年（1207）九月
程松	嘉泰元年（1201）八月（同知）		嘉泰二年（1202）七月
袁说友	嘉泰二年（1202）八月（同知）	嘉泰三年（1203）正月（参政）	同年九月
傅伯寿	嘉泰三年（1203）正月（签书）		
费士寅	嘉泰三年（1203）二月（签书）	同年十月（参政）；嘉泰四年（1204）四月兼知院事	开禧元年（1205）三月
张孝伯	嘉泰三年（1203）十月（同知）	嘉泰四年（1204）四月（兼参政）	同年八月
* 钱象祖	嘉泰四年（1204）四月（同知）	开禧元年（1205）四月（参政兼知院事）	开禧二年（1206）三月
	开禧三年（1207）四月（参政）；同年十一月兼知院事	同年十二月（右丞相兼枢密使）；嘉定元年（1208）十月（左丞相兼枢密使）	嘉定元年（1208）十二月
刘德秀	开禧元年（1205）四月（签书）		同年九月
* 韩侂胄	开禧元年（1205）七月平章军国事		开禧三年（1207）十一月
李壁	开禧二年（1206）七月（参政）		开禧三年（1207）十一月
丘崈	开禧二年（1206）十一月（签书）		开禧三年（1207）正月
	嘉定元年（1208）七月（同知）		未至，八月以疾致仕
卫泾	开禧三年（1207）十一月（签书）	同年十二月（参政）	嘉定元年（1208）六月
雷孝友	开禧三年（1207）十二月（参政）	嘉定元年（1208）十月（知院事兼参政）	

* 史弥远	开禧三年（1207）十二月（同知）	嘉定元年（1208）正月（知院事）；六月兼参政；十月（右丞相兼枢密使）	嘉定元年（1208）十一月丁母忧
	嘉定二年（1209）五月起复（右丞相兼枢密使）	绍定六年（1233）十月（左丞相兼枢密使）	绍定六年（1233）十月
林大中	开禧三年（1207）十二月（签书）		
楼机	嘉定元年（1208）八月（同知）	同年十月（参政）	嘉定三年（1210）十二月
楼钥	嘉定元年（1208）八月（签书）	同年十月（同知）；嘉定二年（1209）正月（参政）	
章良能	嘉定二年（1209）正月（同知）	嘉定六年（1213）四月（参政）	
宇文绍节	嘉定二年（1209）正月（签书）		
郑昭先	嘉定七年（1214）七月（签书兼权参政）	嘉定八年（1215）七月（参政）；嘉定十二年（1219）三月（知院事）；四月兼参政	嘉定十四年（1221）十二月
曾从龙	嘉定八年（1215）七月（签书）	嘉定十二年（1219）二月（同知）；三月（参政）	嘉定十二年（1219）四月
	端平元年（1234）六月（参政）	端平二年（1235）三月兼同知；六月（知院事兼参政）；同年十一月（枢密使）	
任希夷	嘉定十二年（1219）二月（签书）	嘉定十三年（1220）七月 * 知院事兼参政	十四年八月

宣缯	嘉定十四年（1221）八月（同知）；闰十二月兼参政	嘉定十五年（1222）九月（参政）；宝庆元年（1225）十一月（同知）；宝庆三年（1227）正月（参政兼同知）	端平三年（1236）九月
俞应符	嘉定十四年（1221）八月（签书）	同年闰十二月兼权参政	嘉定十五年（1222）六月卒
程卓	嘉定十五年（1222）九月（同知）		嘉定十六年（1223）六月卒
薛极	嘉定十五年（1222）九月（签书）	宝庆元年（1225）十一月（参政）；绍定元年（1228）六月兼同知；十二月（知院事）；绍定六年（1233）十月（枢密使）	端平元年（1234）四月
葛洪	嘉定十七年（1224）十二月（同签书）	宝庆元年（1225）十一月（签书）；绍定元年（1228）十二月（参政）	绍定四年（1231）七月
袁韶	绍定元年（1228）十二月（同知）		绍定三年（1230）十二月
* 郑清之	绍定元年（1228）十二月（签书）	绍定三年（1230）十二月（参政兼签书）；绍定四年（1231）四月兼同知；绍定六年（1233）十月（右丞相兼枢密使）；端平二年（1235）六月（左丞相兼枢密使）	端平三年（1236）九月
	淳祐七年（1247）四月（右丞相兼枢密使）	淳祐九年（1249）闰二月（左丞相兼枢密使）	淳祐十一年（1251）十一月

* 乔行简	绍定三年（1230）十二月（同签书）	绍定四年（1231）四月（签书）；绍定六年（1233）十月（参政兼同知）；端平元年（1234）六月（知院事）；端平二年（1235）五月兼参政	端平三年（1236）九月
	端平三年（1236）十一月（左丞相兼枢密使）	嘉熙三年（1239）正月平章军国事	嘉熙四年（1240）九月
陈贵谊	绍定五年（1232）七月（同签书）	绍定六年（1233）十月（参政兼签书）；端平元年（1234）六月（同知）	端平元年（1234）十月致仕
郑性之	端平元年（1234）六月（签书）	端平二年（1235）六月（同知）；十一月兼权参政；端平三年（1236）七月（参政）；九月兼同知；嘉熙元年（1237）二月（知院事兼参政）	
真德秀	端平二年（1235）三月（参政）		同年五月致仕，卒
* 崔与之	端平二年（1235）六月（参政）	端平三年（1236）九月（右丞相兼枢密使）	嘉熙三年（1239）六月致仕
陈卓	端平二年（1235）三月（同签书）	同年六月（签书）	
魏了翁	端平二年（1235）十一月（签书）		端平三年（1236）二月
余嵘	端平二年（1235）十二月（同签书）		
李鸣复	端平三年（1236）七月（签书）；九月兼参政	嘉熙元年（1237）八月（参政）	嘉熙元年（1237）二月
	嘉熙二年（1238）五月（知院事）	淳祐四年（1244）正月（参政）	同月罢

李埴	嘉熙元年（1237）正月（同知）		嘉熙二年（1238）六月卒
邹应龙	嘉熙元年（1237）二月（签书兼参政）		同年六月
*李宗勉	嘉熙元年（1237）二月（同签书）	嘉熙元年（1237）八月（签书）；二年（1238）五月（参政）；三年（1239）正月（左丞相兼枢使）	嘉熙四年（1240）闰十二月卒
余天锡	嘉熙二年（1238）正月（同签书）	嘉熙二年（1238）五月（签书）；三年正月（参政）；二月兼同知	淳祐元年三月
赵以夫	嘉熙二年（1238）七月（同知）		淳祐元年（1241）三月
*游似	嘉熙三年（1239）正月（同签书）	同年八月（参政），闰十二月（知院事）；淳祐五年（1245）十二月（右丞相兼枢密使）	淳祐二年（1242）二月
	淳祐四年（1244）十二月（知院事兼参政）		淳祐七年（1247）四月
*史嵩之	嘉熙三年（1239）正月（右丞相兼枢密使）		淳祐六年（1246）十二月
许应龙	嘉熙三年（1239）八月（签书）		同年十月
林略	嘉熙三年（1239）八月（同签书）		同年十月

*范钟	嘉熙三年（1239）十一月（签书）	嘉熙四年（1240）闰十二月（参政）；淳祐二年（1242）二月（知院事兼参政）；四年（1244）十二月（左丞相兼枢密使）	淳祐六年（1246）二月
徐荣叟	嘉熙四年（1240）闰十二月（签书）	淳祐二年（1242）二月（参政）	同年六月
别之杰	淳祐二年（1242）二月（签书）	同年六月（同知兼权参政）	同年十二月
	淳祐七年（1247）七月（参政）		淳祐八年（1248）十月
*赵葵	淳祐二年（1242）二月（同知）		同年十二月
	淳祐四年（1244）十二月（同知）	淳祐五年（1245）十二月（知院事兼参政；七年（1247）四月（枢密使兼参政）；九年（1249）闰二月（右丞相兼枢密使）	淳祐十年（1250）三月
高定之	淳祐二年（1242）六月（签书）	淳祐三年（1243）正月兼参政	淳祐七年（1247）八月卒
*杜范	淳祐二年（1242）六月（同签书）	淳祐四年（1244）正月（同知）；十二月（右丞相兼枢密使）	淳祐五年（1245）四月卒
刘伯正	淳祐四年（1244）正月（签书，寻兼权参政）	同年十二月（参政兼签书）	淳祐五年（1245）正月
金渊	淳祐四年（1244）三月（签书）		
李性传	淳祐五年（1245）正月（签书兼权参政）	同年十二月（同知）	同月罢

陈韡	淳祐五年（1245）十一月（同签书）	淳祐五年（1245）十二月（同签书兼参政）；六年（1246）六月（参政兼同知）；七年（1247）四月（知院事）	淳祐九年（1249）闰二月
王伯大	淳祐七年（1247）四月（签书）；五月兼参政	淳祐八年（1248）七月（参政）	淳祐八年（1248）七月
*吴潜	淳祐七年（1247）四月（同签书）	同年五月兼参政	同年七月
	淳祐九年（1249）十二月（同知兼参政）	十一年（1251）三月参政，十一月右丞相兼枢密使	淳祐十二年（1252）十一月
	开庆元年（1259）十月（左丞相兼枢密使）		景定元年（1260）四月
郑寀	淳祐七年（1247）七月（同签书）		同年八月
应䌛	淳祐八年（1248）七月（同知）；十月兼参政	淳祐九年（1249）闰二月（参政）	九年十一月
*谢方叔	淳祐八年（1248）七月（签书）；十月兼参政	淳祐九年（1249）闰二月（参政）；十一年（1251）三月（知院事兼参政）；十一月（左丞相兼枢密使）	宝祐三年（1255）七月
史宅之	淳祐八年（1248）七月（同签书）	淳祐九年（1249）闰二月（同知）	同年十二月卒
徐清叟	淳祐九年（1249）十二月（同知兼参政）	淳祐十一年（1251）三月（同知）；十二年（1252）十月（参政）；宝祐二年（1254）四月（知院事兼参政）	宝祐三年（1255）七月

* 董槐	淳祐十一年（1251）十二月（签书）	淳祐十二年（1252）十月（同知）；宝祐元年（1253）七月兼权参政；二年（1254）五月（参政）；三年（1255）八月（右丞相兼枢密使）	宝祐四年（1256）六月
* 贾似道	宝祐二年（1254）五月（同知）	宝祐四年（1256）四月（参政）；五年（1257）正月（知院事）；六年（1258）十一月（枢密使）；开庆元年（1259）十月（右丞相兼枢密使）；咸淳三年（1267）正月（平章军国重事）	咸淳九年（1273）十月
	咸淳十年（1274）正月起复		德祐元年（1275）二月
李曾伯	宝祐二年（1254）五月（参政）		
王埜	宝祐三年（1255）六月（签书）		寻罢
* 程元凤	宝祐三年（1255）六月（同签书）	三年八月（签书）；宝祐四年（1256）四月（参政）；七月（右丞相兼枢密使）	宝祐六年（1258）四月
	咸淳三年（1267）三月（右丞相兼枢密使）		同月
蔡抗	宝祐三年（1255）八月（同签书）	宝祐四年（1256）四月（同知）；十月（参政）	宝祐四年（1256）十二月
张磻	宝祐四年（1256）七月（签书）	宝祐四年（1256）十一月（同知）；五年（1257）八月（参政）	宝祐五年（1257）十月致仕

*丁大全	宝祐四年（1256）十一月（签书）	宝祐五年（1257）八月（同知兼权参政）；六年（1258）正月（参政兼同知）；六年四月（右丞相兼枢密使）	开庆元年（1259）十月
马天骥	宝祐四年（1256）十一月（同签书）		宝祐五年（1257）六月
吴渊	宝祐五年（1257）正月（参政）		寻致仕
林存	宝祐五年（1257）十月（签书）	宝祐六年（1258）正月兼权参政；四月（同知兼权参政）	宝祐六年（1258）十一月
朱熠	宝祐六年（1258）四月（签书）	宝祐六年（1258）十一月（同知兼权参政）；开庆元年（1259）六月（参政）；十一月兼权知院事；景定元年（1260）四月（知院事兼参政）	景定二年（1261）三月
饶虎臣	宝祐六年（1258）十一月（签书）	开庆元年（1259）六月（同知）；十一月兼权参政；景定元年（1260）四月（参政）	景定元年（1260）五月罢
戴庆炣	开庆元年（1259）九月（签书）；十一月兼权参政	景定元年（1260）四月（同知兼参政）	同年八月卒
皮荣龙	景定元年（1260）四月（签书）；五月兼权参政	景定二年（1261）四月（参政）；十二月兼权知院事	景定三年（1262）二月
沈炎	景定元年（1260）五月（同签书）	景定二年（1261）四月（同知兼权参政）	二年十月

何梦然	景定二年（1261）四月（签书）	景定二年（1261）十月（同知兼参政）；十二月（参政）；四年（1263）三月兼权知院事；九月（知院事兼参政）	景定五年（1264）四月
*江万里	景定二年（1261）八月（同签书）	咸淳元年（1265）二月（同知）	二年十二月
	咸淳元年（1265）闰五月（参政）		咸淳二年（1266）正月
	咸淳五年（1269）正月（参政）	同年三月（左丞相兼枢密使）	咸淳六年（1270）正月
马光祖	景定二年（1261）十二月（同知）		景定四年（1263）六月
	咸淳三年（1267）六月（参政）	咸淳五年（1269）三月（知院事兼参政）	同年五月
孙附凤	景定三年（1262）三月（签书）	六月兼权参政	
杨栋	景定三年（1262）三月（同签书）	景定三年（1262）十月（签书兼权参政）；四年九月（同知兼权参政）；五年（1264）五月（参政）	景定五年（1264）七月
*叶梦鼎	景定三年（1262）十月（同签书）	景定四年（1263）九月（签书）；五年（1264）五月（同知兼权参政）；十一月（参政）；咸淳三年（1267）正月（参政）？咸淳三年（1267）八月（右丞相兼枢密使）	咸淳五年（1269）正月
姚希得	景定五年（1264）五月（签书）；八月兼权参政	景定五年（1264）十一月（同知兼参政）；六年（1265）二月（参政）	咸淳二年（1266）四月

* 王爚	咸淳元年（1265）二月（签书）	同年闰五月（同知兼权参政）	咸淳二年（1266）四月
	咸淳二年（1266）五月（参政）	咸淳三年（1267）正月（知院事兼参政）	咸淳三年（1267）六月
	咸淳十年（1274）十一月（右丞相兼枢密使）？	德祐元年（1275）三月（左丞相兼枢密使）；六月（平章军国重事）	同年七月 十二月卒
* 马廷鸾	咸淳元年（1265）闰五月（签书）	咸淳三年（1267）八月（同知）；四年（1268）四月兼权参政；五年（1269）正月（参政兼同知）；三月（右丞相兼枢密使）	咸淳八年（1272）十一月
* 留梦炎	咸淳元年（1265）十一月（签书）	咸淳二年（1266）五月（同知）；三年（1267）正月兼参政；八月（枢密使）	咸淳四年（1268）正月
	德祐元年（1275）六月（右丞相兼枢密使）	同年十月（左丞相兼枢密使）	十一月遁，降元
包恢	咸淳二年（1266）五月（签书）		咸淳四年（1268）十二月
常挺	咸淳三年（1267）正月（签书）	咸淳三年（1267）八月（同知兼权参政）；十一月（参政）	咸淳四年（1268）十一月
陈宗礼	咸淳六年（1270）正月（签书）	十月兼权参政	同年十一月致仕
赵顺孙	咸淳六年（1270）正月（同签书）	十月兼权参政	咸淳十年（1274）二月
* 章鉴	咸淳八年（1272）六月（同签书）；十月兼权参政	咸淳九年（1273）九月（签书）；十年（1274）十月（同知兼权参政）；十一月（右丞相兼枢密使）	德祐元年（1275）三月

* 陈宜中	咸淳九年（1273）九月（同签书）	咸淳十年（1274）十月（签书兼权参政）	德祐元年（1275）二月
	德祐元年（1275）正月（同知兼参政）	德祐元年（1275）二月（知院事兼参政）；三月（右丞相兼枢密使）；六月（左丞相兼枢密使）；	德祐元年（1275）九月
	德祐元年（1275）十月（右丞相兼枢密使）		二年正月遁
	景炎元年（1276）五月（左丞相兼枢密使）		十一月遁
曾渊子	德祐元年（1275）正月（同知）		德祐元年（1275）三月遁
	景炎三年（1278）三月（参政）		
文及翁	德祐元年（1275）正月（签书）		德祐元年（1275）三月遁
倪普	德祐元年（1275）正月（同签书）		德祐元年（1275）三月遁
陈合	德祐元年（1275）三月（同签书）		
高斯得	德祐元年（1275）三月（签书）	德祐元年（1275）四月兼权参政	
* 李庭芝	德祐元年（1275）四月（参政）	德祐元年（1275）六月（知院事兼参政）；景炎元年（1276）五月（右丞相）	景炎元年（1276）七月死难
陈文龙	德祐元年（1275）七月（签书兼权参政）	德祐元年（1275）十一月（同知）；十二月（参政兼权知院事）	德祐二年（1276）正月遁
	景炎元年（1276）五月（参政）		六月罢，十二月死难
夏贵	德祐元年（1275）八月（枢副）		

黄镛	德祐元年（1275）十一月（同知）；十二月（同签书兼权参政）	德祐二年（1276）正月（参政）	
*吴坚	德祐元年（1275）十二月（签书）	德祐二年（1276）正月（左丞相兼枢密使）	
谢堂	德祐元年（1275）十二月（同知）		德祐二年（1276）正月
*文天祥	德祐元年（1275）十二月（签书）	二年正月（右丞相兼枢密使），不拜；景炎元年（1276）五月（右丞相兼知院事），不拜	三年十二月被执
常楙	德祐二年（1276）正月（参政）		同月遁
夏士林	德祐二年（1276）正月（签书）		
家铉翁	德祐二年（1276）正月（签书）		
*贾余庆	德祐二年（1276）正月（同签书）	二月（右丞相兼枢密使）	
刘岊	德祐二年（1276）二月（同签书）		
刘黻	景炎元年（1276）五月（参政）		
张世杰	景炎元年（1276）五月（签书）	景炎三年（1278）四月（枢密使）	次年二月死难
陆秀夫	景炎元年（1276）五月（签书）	景炎三年（1278）四月（右丞相兼枢使）	次年二月死难

注：1. 枢副：枢密副使。2. 参政：参知政事。3. 知院事：知枢密院事。4. 同知：同知枢密院事。5. 签书：签书枢密院事。6. 同签书：同签书枢密院事。*：后补或后迁。北宋宰相共 72 位，南宋宰相共 56 位，宋亡后 4 位，两宋共 128 位，总计 132 位

附录二　参考文献

（一）著作

[1] 孔安国．尚书正义［M］．孔颖达，等，正义．上海：上海古籍出版社，2011.

[2] 郭庆藩．庄子集释［M］. 王孝鱼，点校．北京：中华书局，1985.

[3] 王先慎．韩非子集解［M］. 钟哲，点校．北京：中华书局，2006.

[4] 杨伯峻．春秋左传注［M］．北京：中华书局，1981.

[5] 黎翔凤．管子校注［M］. 梁运华，整理．北京：中华书局，2006.

[6] 吕不韦．吕氏春秋［M］．毕沅，辑校．北京：中华书局，1991.

[7] 司马迁．史记［M］．北京：中华书局，2003.

[8] 班固．汉书［M］．北京：中华书局，2002.

[9] 范晔．后汉书［M］．李贤，等，注．北京：中华书局，1982.

[10] 陈寿．三国志［M］．裴松之，注．北京：中华书局，2006.

[11] 房玄龄，等．晋书［M］．北京：中华书局，1982.

[12] 沈约．宋书［M］．北京：中华书局，1983.

[13] 刘昫，等．旧唐书［M］．北京：中华书局，1986.

[14] 欧阳修，等．新唐书［M］．北京：中华书局，1986.

［15］薛居正，等．旧五代史［M］．北京：中华书局，1987.

［16］欧阳修，等．新五代史［M］．北京：中华书局，1997.

［17］脱脱，等．宋史［M］．北京：中华书局，1995.

［18］脱脱，等．辽史［M］．北京：中华书局，1991.

［19］宋濂，等．元史［M］．北京：中华书局，1983.

［20］张廷玉，等．明史［M］．北京：中华书局，2003.

［21］赵尔巽，等．清史稿［M］．北京：中华书局，1977.

［22］李林甫，等．唐六典［M］．陈仲夫，点校．北京：中华书局，1992.

［23］徐松．宋会要辑稿［M］．北京：中华书局，1997.

［24］曾巩．隆平集校证［M］．王瑞来，校证．北京：中华书局，2012.

［25］吕中．宋大事记讲义［M］．文渊阁四库全书本。

［26］李心传．建炎以来系年要录［M］．上海：上海古籍出版社，2008.

［27］李心传．建炎以来朝野杂记［M］．北京：中华书局，1985.

［28］李攸．宋朝事实［M］．丛书集成初编本．

［29］佚名．续编两朝纲目备要［M］．汝企和，点校．北京：中华书局，1995.

［30］徐自明．宋宰辅编年录校补［M］．王瑞来，校补．北京：中华书局，1986.

［31］王得臣．麈史［M］．黄纯艳，整理．郑州：大象出版社，2003.

［32］佚名．宋季三朝政要［M］．王瑞来，笺证．北京：中华书局，2010.

［33］宋大诏令集［M］．司义祖，整理．北京：中华书局，

1997.

［34］罗泌 . 路史［M］. 文渊阁四库全书本。

［35］章如愚 . 山堂考索［M］. 北京：中华书局，1992.

［36］马端临 . 文献通考［M］. 北京：中华书局，1986.

［37］范祖禹 . 唐鉴［M］. 上海：上海古籍出版社，1981.

［38］司马光 . 资治通鉴［M］. 上海：上海古籍出版社，1994.

［39］李焘 . 续资治通鉴长编［M］. 北京：中华书局，2004.

［40］赵汝愚 . 宋朝诸臣奏议［M］. 北京大学中国中古史研究中心，校点，整理 . 上海：上海古籍出版社，1999.

［41］黄淮，杨士奇 . 历代名臣奏议［M］. 文渊阁四库全书本 .

［42］杜佑 . 通典［M］. 王文锦，等，点校 . 北京：中华书局，1996.

［43］吴兢 . 贞观政要［M］. 上海：上海古籍出版社，1984.

［44］谢维新 . 古今合璧事类备要后集［M］. 文渊阁四库全书本 .

［45］林駉 . 古今源流至论［M］. 文渊阁四库全书本 .

［46］王应麟 . 玉海［M］. 扬州：广陵书社，2003.

［47］陈邦瞻 . 宋史纪事本末［M］. 北京：中华书局，1977.

［48］毕沅 . 续资治通鉴［M］. 上海：上海古籍出版社，1987.

［49］纪昀，等 . 钦定历代职官表［M］. 上海：上海古籍出版社，1993.

［50］钱大昕 . 廿二史考异［M］. 方诗铭，等，点校 . 上海：上海古籍出版社，2004.

［51］黎靖德 . 朱子语类［M］. 北京：中华书局，1999.

［52］王夫之 . 宋论［M］. 北京：中华书局，1998.

［53］范仲淹 . 范仲淹全集［M］. 范能浚，编集，薛正兴，校点 . 南京：凤凰出版社，2004.

［54］苏颂 . 苏魏公文集［M］. 王同策，等，点校 . 北京：中

华书局，2004.

[55] 苏轼.苏轼文集[M].孔凡礼，点校.北京：中华书局，1996.

[56] 刘挚.忠肃集[M].陈晓平，等，点校.北京：中华书局，2002.

[57] 曾枣庄，刘琳.全宋文[M].上海：上海辞书出版社，合肥：安徽教育出版社，2006.

[58] 唐圭璋.全宋词[M].北京：中华书局，1980.

[59] 刘敏中.中庵集[M].文渊阁四库全书本.

[60] 田况.儒林公议[M].储玲玲，整理.郑州：大象出版社，2003.

[61] 文莹.湘山野录[M].郑世刚，等，点校.北京：中华书局，1997.

[62] 文莹.玉壶清话[M].郑世刚，等，点校.北京：中华书局，1997.

[63] 司马光.涑水记闻[M].邓广铭，等，点校.北京：中华书局，1997.

[64] 王辟之.渑水燕谈录[M].吕友仁，点校.北京：中华书局，1997.

[65] 王栐.燕翼诒谋录[M].诚刚，点校.北京：中华书局，1997.

[66] 邵伯温.邵氏闻见录[M].李剑雄，等，点校.北京：中华书局，1997.

[67] 邵博.邵氏闻见后录[M].刘德权，等，点校.北京：中华书局，1997.

[68] 吴处厚.青箱杂记[M].李裕民，点校.北京：中华书局，1997.

[69] 魏泰. 东轩笔录 [M]. 李裕民，点校. 北京：中华书局，1997.

[70] 沈括. 梦溪笔谈 [M]. 上海：上海书店出版社，2009.

[71] 王铚. 默记 [M]. 朱杰人，点校. 北京：中华书局，1997.

[72] 苏辙. 龙川略志 [M]. 俞宗宪，点校. 北京：中华书局，1997.

[73] 苏辙. 龙川别志 [M]. 俞宗宪，点校. 北京：中华书局，1997.

[74] 蔡絛. 铁围山丛谈 [M]. 冯惠民，等，点校. 北京：中华书局，1997.

[75] 宋敏求. 春明退朝录 [M]. 诚刚，点校. 北京：中华书局，1997.

[76] 朱弁. 曲洧旧闻 [M]. 孔凡礼，点校. 北京：中华书局，2002.

[77] 曾布. 曾公遗录 [M]. 程郁，整理. 郑州：大象出版社，2003.

[78] 赵彦卫. 云麓漫钞 [M]. 傅根清，点校. 北京：中华书局，1998.

[79] 张世南. 游宦纪闻 [M]. 崔文印，点校. 北京：中华书局，1997.

[80] 王明清. 挥麈录 [M]. 田松清，校点. 上海：上海古籍出版社，2012.

[81] 叶梦得. 石林燕语 [M]. 宇文绍奕，考异. 侯忠义，点校. 北京：中华书局，1997.

[82] 陆游. 老学庵笔记 [M]. 李剑雄，等，点校. 北京：中华书局，1997.

［83］李心传 . 旧闻证误［M］. 崔文印，点校 . 北京：中华书局，1997.

［84］叶绍翁 . 四朝闻见录［M］. 沈锡麟，等，点校 . 北京：中华书局，1997.

［85］罗大经 . 鹤林玉露［M］. 王瑞来，点校 . 北京：中华书局，1997.

［86］洪迈 . 容斋随笔［M］. 孔凡礼，点校 . 北京：中华书局，2006.

［87］周密 . 齐东野语［M］. 张茂鹏，点校 . 北京：中华书局，1997.

［88］周密 . 癸辛杂识［M］. 吴企明，点校 . 北京：中华书局，1997.

［89］张淏 . 云谷杂记［M］. 张宗祥，校录 . 北京：中华书局，1958.

［90］张光祖 . 言行龟鉴［M］. 文渊阁四库全书本 .

［91］柳诒徵 . 中国文化史［M］. 上海：上海古籍出版社，2001.

［92］祝总斌 . 两汉魏晋南北朝宰相制度研究［M］. 北京：中国社会科学出版社，1990.

［93］张帆 . 元代宰相制度研究［M］. 北京：北京大学出版社，1997.

［94］谭天星 . 明代内阁政治［M］. 北京：中国社会科学出版社，1996.

［95］邓小南 . 课绩・资格・考察［M］. 郑州：大象出版社，1997.

［96］龚延明 . 宋代官制辞典［M］. 北京：中华书局，1997.

［97］白钢 . 中国政治制度通史［M］. 北京：人民出版社，

1997.

［98］黄惠贤，陈锋．中国俸禄制度史［M］．武汉：武汉大学出版社，1996.

［99］梁天锡．枢密院制度［M］．台北：黎明文化事业公司，1981.

［100］张其凡．宋初政治探讨［M］．广州：暨南大学出版社，1995.

［101］中国科学院历史研究所翻译组．宫崎市定论文选集［M］．北京：商务印书馆，1963.

［102］彭信威．中国货币史［M］．上海：群联出版社，1954.

［103］诸葛忆兵．宋代文史考论［M］．北京：中华书局，2002.

（二）论文

［1］晁福林．论战国相权［J］．中国社会科学，1998（5）．

［2］张荫麟．宋太宗继统考实［J］．文史杂志，1941（8）．

［3］钱穆．论宋代相权［J］．中国文化汇刊，第二卷，1942.

［4］张邦炜．论宋代的皇权和相权［J］．四川师范大学学报，1994（2）．

［5］陈振．关于北宋前期的宰相制度［J］．中州学刊，1985（6）．

［6］姜锡东．关于北宋前期宰相制度的几个问题［J］．中州学刊，1990（2）．

［7］史继刚．宋代宰执的谒禁制度［J］．西南师范大学学报，1990（3）．

［8］杨光华．宋代后妃、外戚预政的特点［J］．西南师范大学学报，1994（3）．

［9］苗书梅．宋代宗室、外戚与宦官任用制度述论［J］．史学月刊，1995（5）．

［10］姚澄宇．唐朝政事堂制度初探［J］．中国史研究，1982（3）．

［11］王超．政事堂制度辨证［J］．中国史研究，1983（4）．

［12］魏向东．论唐玄宗时期的政事堂宰相独断制［J］．中国史研究，1992（4）．

［13］李湜．论唐代宰相中书门下二省制［J］．中国史研究，1996（1）．

［14］刘兆君．隋唐“三省宰相制度”辨［J］．辽宁师范大学学报，1991（1）．

［15］杜文玉．论五代枢密使［J］．中国史研究，1988（1）．

［16］李郁．五代枢密使和枢密院初探［J］．晋阳学刊，1990（1）．

［17］李鸿宾．五代枢密使（院）研究［J］．文献，1991（2）．

［18］杨倩描．唐宋时期的三司体制述论［J］．河北师院学报，1990（4）．

［19］付礼白．北宋三司使的性质与相权问题［J］．山东大学学报，1991（1）

［20］虞云国．宋代台谏系统的破坏与君权相权之关系［J］．学术月刊，1995（1）．

［21］虞云国．试论宋代对台谏系统的监控［J］．史林，1997（3）．

后　记

“宋代宰辅制度研究”是我在北京师范大学历史系博士后流动站期间从事的研究课题，这部专著则是这一课题阶段性的研究成果。当完成一阶段的课题研究，将这一份成果终于可以交到出版社时，心中依然惴惴不安。我是从研究宋代文学领域转入宋史研究的。攻读硕士学位期间，我师从陶尔夫教授。陶先生教导我要扎实做学问，阅读、研究古代作品，必须更多、更深入地熟悉那个时代。于是，我渐渐地对宋代的历史发生了越来越浓厚的兴趣。1994年，我负笈南下，师从郁贤皓先生，攻读博士学位。郁先生在古代文学研究界以厚实的史学功底和卓著的研究成果闻名，郁先生为我开设的学位课程中就有“宋史研读”，课程作业“洛蜀党争考辨”后来发表在《南京师范大学学报》上，这是我发表的第一篇宋史论文。我的博士学位论文又涉及众多的宋代职官制度考辨问题，我进一步领会到“文史不分家”这句老生常谈的深刻含义。往往一段史实的错误认定，就使这一段文学史的面目变异。如我所完成的论文《周邦彦提举大晟府考》，就是通过史实考订，重新认识北宋后期词坛。这是我博士论文中的章节内容。完成博士论文期间，我发现自己以往学习历史，不免急功近利，没有真正吃透历史。所以，当时就下决心完成论文之后，一定好好浸淫史籍之中，补上这一课。十分幸运的是，北师大历史系为我提供了一个很好的学习研究机会。进站伊始，我的指导老师黎虎先生就与我讨论研究重点。黎先生认为，中央职官制度是每一朝代职官制度的核心，而宰辅制度则是核心中的核心，建议我抓住重点研究，提纲挈领，纲举目张。对从文学研究领域完全转移到史学研究领域，应该说我当时的心理准备还是不够的。在黎先生的鼓励与帮助下，我毅然选定研究重点，开始了新的探索历程。由于先天性的不足，该专著中的疏漏一定不少，我期待着专家学者给我提出批评意见。

我非常感谢陶尔夫先生、郁贤皓先生、黎虎先生在我学习、研究过程中所给予我的指导、帮助与鼓励。他们正直无私、献身学术研究的品格，也将永远记忆在我心中，成为我今后努力学习的榜样。这部专著的出版，应该是我向他们所做的一个学习、研究阶段性汇报。但愿我今后能有更多的研究成绩，以回报老师的辛勤培育和教导。

2000 年元月于中国人民大学